역사의 거울로 본
교회·신학·기독교

역사의 거울로 본
교회 · 신학 · 기독교

———

초판 1쇄 인쇄 2020년 7월 20일
초판 1쇄 발행 2020년 7월 24일

지은이 이상규
펴낸이 박신웅
펴낸곳 도서출판 생명의 양식
등록번호 서울 제 22-1443호(1998년 11월 3일)
주소 06593 서울시 서초구 고무래로 10-5(반포동)
전화 02-533-2182
팩스 02-533-2185
홈페이지 www.qtland.com
디자인 남C風

ISBN 979-11-6166-098-1
값은 뒤표지에 있습니다.

※ 이 책은 저작권법에 의해 보호를 받는 출판물입니다.
출판사의 허락이 없이는 기록된 형태의 무단 전재와 복제를 금합니다.

역사의 거울로 본
교회·신학·기독교

이상규 지음

생명의 양식
THE BREAD OF LIFE

추천의 글 · 06
저자의 글 · 08

제1부 / 초기 기독교와 역사 · 10

1장 초기 그리스도인들의 일상과 휴머니즘 · 12
2장 부활절은 어떻게 지키게 되었을까? · 39
3장 왜 성탄절은 12월 25일인가? · 51
4장 교회사에서 본 '가정 교회' · 60
5장 교회사에서 본 순교 · 83
6장 교회사에서 본 목회 형태의 변천 · 107
7장 교회사에서 본 평화, 평화주의 전통 · 115
8장 아우구스티누스와 국가 권력 · 139

제2부 / 교회 개혁과 개혁주의 신앙 · 150

1장 칼빈과 칼빈의 공헌 · 152
2장 교회사에서 본 장로 제도 · 170
3장 교회사에서 본 장로교 정치 제도 · 198
4장 개혁교회 전통에서 본 교회와 국가 · 210
5장 개혁교회의 사회적 책임 · 235

제 3 부 / 기독교와 현대사회 ·266

- 1장　교회사에서 본 사형 제도 ·268
- 2장　동성애 금지에 대한 교회사적 검토 ·302
- 3장　'열린 예배' 어떻게 볼 것인가? ·324
- 4장　교회사에서 본 장례법, 화장과 매장 ·337
- 5장　추모 의식에 대한 역사적 고찰 ·350
- 6장　교회사에서 본 섬김과 봉사 ·362
- 7장　케직 사경회의 기원과 발전 ·384

제 4 부 / 기독교와는 다른 전통들 ·404

- 1장　유사 기독교와 이단 ·406
- 2장　이단 사상의 계보 : 종말론 이단의 경우 ·418
- 3장　이단 사상의 계보 : 정경관 이단의 경우 ·431
- 4장　윌리엄 밀러의 그리스도 재림론 ·443
- 5장　종교 다원주의, 어떻게 볼 것인가 ·455

추천의 글

그리스도인들의 공동체인 교회와 그 공동체를 구성한 그리스도인들의 모습과 활동에 관심을 가진 독자들에게 이 책을 기쁘게 추천합니다. 역사를 깊이 연구해 온 역사학자의 글이지만 전혀 딱딱한 글이 아닙니다. 편안한 마음으로 기독교의 역사, 특히 서양 역사의 한 축을 감당했던 기독교 공동체의 역사, 그리고 세상을 변화시킨 그리스도인들의 삶과 사상을 알아가는 기회가 되기를 바라면서 이 책을 추천합니다.

총신대학교 신학대학원 명예교수(조직신학) _ **김길성**

한국교회사에 주목하면서도 교회사 전반에 걸친 주요한 주제들에 대해 꾸준히 연구하시는 이상규 박사의 저술 속에는 '교회를 위하는 교회사가'의 면모가 뚜렷하게 드러납니다. 또 이 책에는 교회 개혁과 갱신뿐만 아니라, 교회부흥을 진작시킬 수 있는 교회사적 성찰이 엿보입니다. 독자들은 이 책을 통해 탁월한 교회사가의 눈에 투영된 교회, 신학, 그리고 기독교의 참 모습이 어떠해야 하는지를 직시하게 될 것입니다.

아세아연합신학대학교 교수(역사신학) _ **박응규**

스스로 크리스천이라고 의식하며 사는 사람이라면 일상 속에서 '그리스도인다움'이 어떤 것일까 궁금할 때가 있습니다. 성경에서 바로 답을 찾을 수 없고, 딱히 누구에게 묻기도 마땅찮은 의문들…. 교회사학자로 다수의 교회사 서적을 펴낸 저자는 이 책에서 교회역사에서 혹은 신앙생활 속에서 우리가 가질 수 있는 이런 의문들에 대해 명쾌한 해답을 제시합니다. 구체적인 문제에서 시작하지만 우리 신앙의 본질을 다루고 있다는 점도 독자들이 즐길 묘미일 것입니다.

백석대학교 기독교전문대학원 교수(역사신학) _ **임원택**

이 책은 '학제적' 및 '융합적' 연구를 반영한 학문적이면서도 실용적인 책입니다. 이 책에서 개혁주의 신앙, 가정과 교회, 교회 절기, 열린 예배, 장로교 정치제도 등 교회 내의 문제들뿐만 아니라 교회와 국가, 평화주의, 이단문제, 종교다원주의 등 조직신학과 기독교윤리적 문제들까지 취급합니다. 형식면에서 교회사의 거울에 비추어보면서도, 성경, 조직신학, 기독교윤리학의 거울에 비추어 심층적으로 분석하고 있습니다. 최근에 나온 책들 가운데서 흔치 않는 유용한 책이라고 생각하며 추천합니다.

계명대학교 신학과 교수(조직신학) _ **황재범**

저자의 글

이번에 『역사의 거울로 본 교회 신학 기독교』라는 또 한 권의 책을 출판하게 되었습니다. 전 4부로 구성된 이 책은 각기 다른 시기에 다른 목적으로 쓴 25편의 교회, 역사, 신학에 관한 소논문을 엮은 것으로서 제목이 암시하듯이 우리 시대에 제기되는 여러 주제에 대한 역사적 검토라고 할 수 있습니다.

제1부 '초기 기독교와 역사'에서는 우리가 늘 궁금해 하는 부활절과 성탄절의 기원, 목회 형태의 변천 과정, 그리고 초기 그리스도인의 일상의 삶이 어떠했는가에 대해 소개하였고, 최근 논란이 된 가정교회, 순교의 개념, 그리고 전쟁과 평화에 대한 기독교회의 인식이 어떠했는가에 대하여 검토하였습니다. 또 종교문제에 대하여 공권력을 동원할 수 있는가에 대한 아우구스티누스의 견해를 소개하면서 그의 생각이 후대 교회에 어떤 영향을 주었는가에 대해 소개하였습니다.

제2부 '교회 개혁과 개혁주의 신앙'에서는 장로교와 장로 제도, 그리고 장로교 제도가 한국 사회에서 어떻게 인식되고 변용되어 왔는가를 소개하고, 장로제가 가장 성경적인 교회정치 제도라고 여겼던 칼빈과 칼빈 사상이 후대 교회에 끼친 기여 혹은 공헌이 무엇인가를 소개하였습니다. 또 개혁교회 전통에서 교회와 국가의 문제를 소개하고, 개혁교회는 사회적 책임에 대해 어떻게 인식하고 있는가를 제시함으로서 전도와 사회적 책임의 상호 관계를 균형 있게 이해하도록 몇 가지 사례와 원리를 제시하였습니다.

제3부 '기독교와 현대사회'에서는 우리 시대 뜨거운 논란이 일고 있는 사형 제도, 동성애, 예배 형식, 장법과 추모 의식 등에 대해 성경적인 그리고 역사적인 가르침을 제시하면서 우리 시대의 질문에 답변을 시도하였습니다. 또 기독교회는 어떻게

섬김과 봉사의 사역을 감당해 왔는가를 소개하였고, 교회 지도자들이 궁금해 하는 케직 운동의 배경, 기원과 역사에 대해 소개하였습니다.

제4부 '다른 전통들'에서는 복음 전도에 부정적 영향을 주는 유사종교, 사이비 이단, 혹은 유사 기독교의 성격, 발흥 원인과 배경, 활동 등에 대해 소개하면서, 이단 사상은 결코 새로운 운동이 아니라 과거 교회사에서 빈번히 출현했던 비기독교운동의 재현이라는 점을 정경관과 종말론 이단을 실 예로 제시하였습니다. 또 미국에서 시작된 위경(僞經) 운동인 윌리엄 밀러의 종말론과 기독교의 유일성을 부인하는 종교다원주의 사상에 대해 소개하였습니다. 따라서 이 책은 우리 시대에 제기되는 여러 질문에 대한 역사적인 대답이라고 할 수 있고, 한국교회의 현실적 질문에 대한 응답이라고 생각합니다.

이 책은 거제시의 고현교회의 학술지원비로 연구되고 출판되었습니다. 고현교회는 여러 가지로 부족한 필자의 학구의 여정을 격려해 주었고, 두 차례에 걸쳐 연구 기금을 지원해 주었습니다. 이것은 어느 개인을 지원한다기보다는 우리의 모든 학문은 근본적으로 교회를 섬기는 것이어야 한다는 정신을 보여준 것이라고 생각합니다. 박정곤 담임목사를 비롯하여 당회원과 성도들에게 충심으로 감사를 드립니다. 부족한 글임에도 불구하고 추천의 글을 주신 김길성 박응규 임원택 황재법 네 분 교수님께와 이 책 출판을 위해 수고를 아끼지 아니한 '생명의 양식'의 박신웅 박사와 윤웅열 강도사님께 깊은 감사를 드립니다.

2020년 6월 6일 _ **이상규**

제 1 부

초기 기독교와 역사

1장 초기 그리스도인들의 일상과 휴머니즘
2장 부활절은 어떻게 지키게 되었을까?
3장 왜 성탄절은 12월 25일인가?
4장 교회사에서 본 '가정 교회'
5장 교회사에서 본 순교
6장 교회사에서 본 목회 형태의 변천
7장 교회사에서 본 평화, 평화주의 전통
8장 아우구스티누스와 국가 권력

1장 / 초기 그리스도인들의 일상과 휴머니즘 ※

시작하면서

초기 그리스도인들은 어떻게 살았을까? 그들은 로빈슨 크루소처럼 '외로운 섬,' '갇혀진 도성'에 살았을까? 아니면 불신자들과 어깨를 맞대고 살았을까? 그들도 사회에 영향을 주며 공공의 유익(usui publico)을 추구했을까? 그들이 속한 공동체에서의 공적인 삶(public life), 곧 폴리테이아(πολιτεία)[1]는 어떠했을까? 그들은 그 사회와 그 지역민들에게 의미를 주며 사랑과 섬김, 자선과 베풂을 통해 그리스도의 가르침을 실현했을까? 이 글에서는 이런 질문에 답하고자 한다.

초기 그리스도인들은 결코 자기들만의 공동체를 조직하지 않았다. 그들은 로마 제국의 지배하에서, 그레코-로만적인 상황에서 불신자들 한가운데서 살았다. 그들은 황제숭배 반대, 군 복무 거부, 음란한 연극이나 격투기의 관람 거부 등 기독교적 가치와 반하는 점을 제외하고는 그 시대의 사람과 함께 살았다. 더 적극적으로 그리스도인과 그 공동체는 그 시대의 가치를 넘어서는 사랑의 실천자이자 복지의 시혜자로 살았다. 그들은 인간 생명의 고귀함을 가르치며 인도주의적 사랑을 실천했다.[2] 이 글에서는 이런 사례를 통해 초기 기독교의 휴머니즘적 성격을 제시하고자 한다. 이 글에서 '초기'라고 말할 때 이 말은 기독교가 제국의 종교로 화하기 이전(pre-christendom) 시기, 곧 콘스탄티누스 1세(Flavius Valerius Aurelius Constantinus)에 의해 기독교가 공인되는 313년 이전시기로 제한하고자 한다. 이 당시 그리스도인들의 삶의 방식은 흔히 분리주의적이었다고 평가되고 있다. 이런 입장을 보인 대표적인 인물이 로버트 웨버였다. 로버트 웨버(Robert Webber)는 기독교와 문화와의 관계를 3가지 모델로 설명하면서, 313년 기독교 공인 이전의 초기 교회를 '분리 모델'(Separational model)의 전형으로 제시했다. 그는 이들이야 말로 "사회 구조에 참여하는 것을 거부하거나 문화 활동에의 창조적인 노력을 하지 않음으로서 어떻게 해서든지 이 세상으로부터 벗어나려는 시도를 포함한다." 라고 말하고 있다.[3] 이런 방식의 또 다른 예로 초기 기독교의 지도적 인물로서 라틴 교부였던 테르툴리아누스(Tertullianusus, 150-220)와 16세기 종교 개혁기에 국가교회(State Church)로부터 이탈했던 재세례파(Anabaptists)를 들고 있다. 리처드 니버(Richard Niebuhr)의 5가지 문화유형을 단순화시킨 웨버의 주장은 일견 일리 있는 주장이지만, 이 주장은 전적으로 교회와 국가, 혹은 기독교와 국가 권력 간의 관계에서만 적용될 수 있는 주장이다.

4세기 이전의 초기 그리스도인들은 이 땅에서의 삶을 잠정적인 것으로 이해하고, 국가 권력의 교회 지배나 신교의 자유를 억압하는 일에 대하여 저항하였기에 국가에 대한 분리주의적 견해를 가진 것은 사실이지만 이들이 문화 활동에의 창조적인 노력마저도 기피한 것은 아니었다. 도리어 이들은 일상의 삶의 현장에서 독자적인 문화 활동을 전개하였고, 그것을 통해 그 시대의 시혜자로 살았다. 이것마저도 분리주의적이라고 말하는 것은 매우 부당하다. 사실 4세기 이전의 그리스도인들이야 말로 부와 권력과 명예에 대해서는 초연하면서도 매우 '현실적인 일상(日常)'을 추구했다. 그것은 현실에 뿌리를 둔 일상의 삶인데, 이를 통해 기독교적 가치를 심어 주었던 것이다. 그 기독교적 가치가, 인간애의 실현이라는 점에서, 명백하게 휴머니즘적 성격을 지니고 있다.

이 점을 말하기 위해 먼저 초기 기독교의 형성과 발전, 성장에 대해 기술하고자한다. 여기서 초기 기독교에서는 공개적인 전도가 불가능했음에도 불구하고 기독교 공동체의 사랑의 실천이 복음의 신속한 전파의 요인이었음을 지적할 것이다. 제 2항에서는 초기 그리스도인들이 그 처한 상황에서 자기 자신들을 어떻게 인식해 왔던가 하는 정체성의 문제를 논의할 것이다. 그리스도인들의 삶의 태도는 자기 자신의 정체성을 어떻게 인식하는가에 기초하기 때문이다. 제3항에서는 초기 그리스도인들의 자기 인식에서 배태된 휴머니즘적 성격의 몇 가지 측면을 소개할 것이다.

가. 초기 기독교의 형성과 발전

1) 기독교 복음의 확산

기원후 30년경 설립된 예루살렘 교회는 신약 시대 최초의 지역 교회라고 할 수 있다. 그 후 안디옥에 이방인 교회가 설립되었고, 이 교회를 중심으로 기독교 복음은 당시 세계로 확장되었다. 기독교는 여러 불리한 정치적 상황 가운데서도 요원의 불길처럼 퍼져 갔고, 110년에서 120년 어간에는 기독교 복음이 로마 제국의 거의 모든 지역으로 전파된 것으로 보인다. 기독교가 제국의 종교로 공인받기 이전인 4세기 초, 기독교 인구는 로마 제국 전체 인구의 약 10퍼센트에 달했다. 이 점에 대해 하르나크(Adolf von Harnack)는 이렇게 해석했다.

> "최초의 이방인 교회가 시리아 안디옥에 세워진 후 70년째가 되던 해 플리니는 강경한 어조로 기독교가 변방 지역인 비두니아 지역 전역에 퍼져 가던 상황에 대해 기록했다. … 이로부터 다시 70년째가 되던 해에 벌어진 부활절 논쟁(the Pascha controversy)은 로마를 본부로 하여 리용에서부터 에뎃사에 이르는 넓은 지역에 기독교 조직이 있었다는 사실을 말해 준다. 이후 또다시 70년째가 되던 해 데키우스(Decius)황제는 머지않아 기독교회의 감독이 아니라 자신과 경쟁해야 하는 황제를 로마에서 만나게 될 것이라고 단언했다. 그리고 다시 70년이 가기 전에 십자가는 로마 국기에 부착되었던 것이다." [5]

스데반에서부터 오늘에 이르기까지 기독교가 그 사회의 주류가 되기 전까지는 기독교의 가르침과 삶의 방식은 이 세상에서는 '낯선 것'이었고, 이 세상의 가치와는 상합할 수 없는 '전도된 가치'였다. 기독교의 가르침은 당시의 헬라-로마 사회나 문화 전통으로 볼 때 '야만인의 철학'(barbaros philosophia)이었다.[6] 따라서 기독교 복음은 그 시대의 가치, 사상, 윤리와 동행할 수 없었다. 그럼에도 불구하고 기독교 복음은 서진(西進)의 과정을 거쳐 팔레스타인에서 소아시아로, 소아시아에서 유럽으로 확산되었다. '극동의 떠오르는 태양,' 예루살렘[7]에서 기원한 복음은 바울이나 사도들 외에도 무명의 전도자들에 의해 안디옥, 소아시아, 로마, 고울, 스페인, 알렉산드리아와 북아프리카 지역으로 전파된 것이다.

기독교가 각 지역으로 전파되었고, 빠르게 성장하였다는 점은 의심의 여지가 없다.[8] 2세기 후반에 나온 무명의 인물에 의해 기록된 『디오그네투스에게 보낸 서신』(*Epistle to Diognetus*)에서는, "그리스도인이 날마다 점점 더 증가하고 있다"(day by day increase more and more)고 기록했다.[9] 3세기의 오리게네스는 "수다한 사람들이 반대자들의 두려움에도 불구하고 믿음으로 나오고 있다."[10]고 기록했다. 로마 제국으로부터 공인받기 이전 시기에 기독교는 상당한 제약 가운데 있었다. 기독교는 불법의 종교로 간주되어 신교의 자유를 누리지 못했고, 공개적인 집회가 아니라 신자들만의 제한된 집회소인 가정 교회 형태로 유지되었다. 또 사회적으로는 약자 등 신분상으로 하층민 중심의 공동체였고, 당시의 이교적 비도덕적 사회에 적극적으로 참여할 수 없는 제한된 삶의 영역 가운데 있었다. 그럼에도 불구하고 기독교는 도처에서 빠른 속도로 증가해 갔다. 그러나 그 누구도 정확한 통계 수치를 제시하지 못한다. 그것은 삐에르 꾸방(Pierre Chuvin)이 말하는 바와 같이 고대사에서 수적인 평가(quantitative evaluations)는 여전히 난해한 과제로 남아 있기 때문이다.[11] 기독교 신자 비율은 학자에 따라 약간의 차이가 있으나 초기 기독교회의 성장이 주목할 만한 것이었다는 점에는 이견이 없다.

2) 기독교 확장의 배경

우리에게 가장 중요한 질문은 로마 제국 변방의 예수 운동이 어떻게 3세기가 못 되어 제국의 주도적인 종교로 성장할 수 있었는가 하는 점이다. 우선 기독교 확장에 영향을 준 불리한 상황과 유리한 여건들을 살펴보고자 한다.

(1) 불리한 상황들

초기 기독교는 정치적으로나 사회적으로 매우 불리한 조건하에 있었다. 기독교는 300여 년간 불법의 종교(religio illicita)로 간주되었고, 박해와 탄압을 받았다.[12] 초기 그리스도인들에게는 어떤 체계화된 조직도 없었고 집회의 자유를 누리지도 못했다. 트라야누스(Traianus, 98-117) 같은 진보적인 황제조차도 비두니아 지방의 총독이었던 플리니(Pliny)에게 보낸 글에서 화재를 대비한 소방대 조직이 아무리 순수한 비정치적인 목적이라 할지라도 15명 이상 모이는 것을 허락하지 말도록 지시했을 정도였다.[13]

교회 공동체는 정상적인 재산의 취득도 불가능했으므로 교회당 건물을 소유하지 못했다. 교회 공동체의 독립된 집회소가 최초로 발견된 것은 256년 유프라테스 강 상류 지역에 위치한 두라-유로포스(Dura-Europos)에서였다. 말하자면 예루살렘에서 기독교회가 탄생한 이래 230여 년간 독립된 집회소로서 예배당을 갖지 못했다. 따라서 초기 3세기 동안의 교회 공동체는 가정 교회에 바탕을 둔 비밀 집회로 유지되었다. 그럼에도 불구하고 기독교는 신속한 성장을 계속하였다.

(2) 유리한 요인들

로마 제국에서 기독교의 신속한 확장에 기여한 유리한 환경도 없지 않았다. 예컨대 블레이클록(E. M. Blaiklock)이 지적하듯이 로마 제국의 통일과 한 황제의 지배하에 있었다는 사실은 기독교의 확장에 유리한 여건이었다. 군소 국가들이 제각기 자기 변방을 지키던 시대는 지나갔고, 로마 황제 카이사르가 당시 세계를 지배했다. 대서양에서 카스피해까지, 그리고 스페인에서 나일강까지, 하드리아 국경에서 유브라데에 이르는 모든 지역이 로마 제국의 지배하에 있었다. 이런 통일은 세 가지 점에서 그리스도의 사역과 복음 전파에 공헌했다고 볼 수 있다.

첫째, 이동과 여행의 편리함을 제공해 주었다. 그 당시 그 넓은 세계가 수많은 민족 중심으로 분리되고 독립된 별개 국가로 존재했다면 가는 곳마다 반대와 저항에 부딪치고 입국과 수속에 상당한 지장을 받았을 것이다. 그러나 통일된 제국하에 있기에 국경을 넘거나 월경하는 일이 용이했다. 둘째, 로마의 도로, 즉 공공 도로는 복음 사역에 많은 편의를 제공했다. '모든 길은 로마로 통한다'는 말은 당시의 교통과 도로 사정을 말하고 있는데, 2세기 이레니우스는, "로마인들은 세계 평화를 이룩했고, 우리는 도로를 따라 바다를 건너 우리가 가고 싶은 곳은 어디나 두려움 없이 갈 수 있다."라고 했다. 이 준비된 도로를 통해 로마 군인들이 어느 곳이나 갈 수 있었듯이 그리스도의 복음도 이 길을 통해 진군할 수 있었을 것이다. 셋째, 언어의 통일 또한 기독교의 신속한 확장에 유리한 환경을 제공했다. 예수님이 탄생하기 300여 년 전에 알렉산더는 당시 세계를 제패하고 헬라어를 편만하게 했다. 초기 복음 사역자들이 언어가 통일되지 않는 다양한 종족들 가운데서 사역했다면 그들의 사역에 많은 장애가 있었을 것이다.

3) 초기 기독교와 전도

4세기 이전의 기독교회는 탄압받는 집단으로서 공개적인 회집이나, 전도, 증거가 불가능했다. 이들의 집회는 신자들만의 은밀한 예배와 교제로 이루어졌다. 그들은 공개되지 않는 곳에 모였고(행12:10-17), 공개적으로 전도하지도 않았다.

이브 콩가르(Yves Congar)는, "초대 교회 그리스도인들은 자연인들의 번영과 안녕을 위한 기도는 했지만 그들의 회심을 위해서 기도한 적은 거의 없었다."고 말했다. 선교에 대한 저명한 연구가인 노버트 브록스(Norbert Brox)는 초대 교회에 선교 명령에 대한 반응이 없었다는 것은 대단히 놀랄 만한 일이라고까지 말했다. 즉 초기 기독교 교부들의 문헌 속에는 전도에 대한 목회적 권고가 없었다는 것이다. 이 점을 체계적으로 주장한 학자는 메노나이트 학자인 알렌 크라이더(Alan Kreider)였다. 그는 초기 교부들의 글에서 복음 전도를 권면하는 증거를 찾을 수 없다고 말한다.[14] 그 한 가지 사례로 키프리아누스(Cyprianus)의 경우를 제시하고 있다.

북아프리카의 주교이자 순교자였던 키프리아누스(Cyprianus)는 그의 저서 『에드 꾸이리누스』(Ad Quirinum) 제3권에서 새 신자들을 위한 신앙생활에 필요한 120항의 거룩한 교훈을 담고 있다. 그런데 이 교훈에 형제들끼리 서로 도와야 하고 그리스도인은 항상 깨어서 기도해야 한다는 등의 내용은 있지만, 전체 교훈 중에서 불신자들에게 전도를 촉구하는 내용은 단 한 구절도 없었다.[15] 이처럼 전도나 증거를 권하지 않았던 것은 공개적인 증거가 불가능했고, 그럴 경우 심각한 희생을 지불해야 했기 때문이다. 말하자면 초기 기독교에서는 예배와 전도 사이에 아무런 관련이 없었다는 것이다.

4) 성장의 요인들

그럼에도 불구하고 어떻게 로마 제국하에서 기독교가 급속도로 확산될 수 있었을까? 초기 3세기 동안의 급속한 복음의 확장에는 여러 요인이 있지만, 알렉산드리아의 클레멘트[16]나 오리게네스는 근본적으로 '하나님의 섭리'라고 말한다. 오리게네스는, "하나님께서는 당신의 가르침을 받아들일 수 있도록 모든 민족들을 준비시키셨다. 모든 민족들이 로마의 한 황제의 지배를 받도록 하셨다. 그리하여 민족 간에 상호 적대적인 태도가 예수께서 '가서 모든 민족을 가르치라'고 하신 예수님의 분부를 사도들이 실천하는데 큰 장애가 되지 않도록 하셨다."[17] 고 했다. 유세비우스는 이러한 수용적 정황을 '복음의 준비'(praeparatio evangelica)라고 불렀다.[18]

  복음의 확장에 대한 간단명료한 대답은 있을 수 없다. 많은 요인들이 영향을 끼쳤지만, 그리스도인의 건실한 결혼과 가정 윤리, 기독교의 평등사상, 형제애적 사랑, 그리스도인의 생활 태도, 평신도들의 증거와 선교, 변증가들의 활동, 공용어(lingua franca)로서의 헬라어의 사용, 설교나 저술에서 헬라어의 사용, 디아스포라와 회당의 징검다리 역할 등이 주된 요인으로 지적되어 왔다. 기독교의 성공에 대한 다양한 주장이 있지만, 알렌 크라이더는 초기 3세기 동안 로마 제국에서의 기독교의 지리적 확장과 수적 성장에 끼친 가장 중요한 요인은 그리스도인들의 삶의 모범 때문이라고 주장한다.[19] 즉 그는 초기 그리스도인들은 제한된 환경에서 박해 가운데 있었고, 기독교 복음을 공공장소에서 공개적으로 증거 할 수 없었고, 기독교가 성장할 수 없는 환경 가운데 있었지만 그리스도인 공동체는 예수를 닮은 삶을 추구했다. 이것은 산상수훈을 실천하는 삶이었고, 이기적 물질주의에 매몰되지 않았으며, 노예나 여성들과 같은 사회적 약자들 가운데서 평등을 실천했다.

  또 가난한 자와 약자들과 병자들을 위해 자비와 사랑을 실천했다. 이러한 인도주의적 실천에 나타난 변화된 삶을 통해 시위되는 기독자적 생활 방식이 생명력을 지녔고, 그것이 복음의 확장을 가능케 했던 힘의 원천이었다고 크라이더는 말하고 있다. 곧 예수의 가르침을 그들의 삶 속에 형상화시켰기 때문에 비록 교부들의 문서에서 불신자들에게 전도를 촉구하는 내용이 없었지만 기독교는 광범위하게 전파되었다고 주장한다.

나. 초기 그리스도인들의 자기 인식 : 길 가는 나그네들

그렇다면 초기 그리스도인들이 현실에 안주하지 않고 이타적인 삶의 방식을 개발해 갈 수 있었던 이유는 무엇일까? 초기 그리스도인들은 자기 자신을 어떻게 인식했을까?

이들은 근본적으로 이 땅에서는 나그네로 인식했다. 그들은 이 땅을 영구한 도성으로 여기지 않고 '지나는(passing away) 나그네' 곧 역려과객(歷旅過客)이라고 보았다. 그래서 자신들을 '파로이코이'(παροικοι), 곧 '나그네'라고 불렀다. 베드로전서 2:11, "나그네와 행인 같은 너희를 권하노니…"에서 처음 사용된 '파로이코이'라는 말은 기독교인들의 삶의 방식과 현실 세계에 대한 태도를 반영하는 용어였다. 유사한 용어로 '파로이키아'(παροικια, 벧전 1:17), '파레피데모이'(παρεπιδημοι, 행인, 2:11) 등이 사용되었다. 고대 헬라 세계에서 사용된 '파로이코스'(παροικος)는 법적인 용어였다. 즉 시민권이 없이 국내에 거주하는 외국인을 가리키는 용어였는데, 이에 해당하는 라틴어가 peregrinus이었다. 영어의 필그림(pilgrim)은 여기서 기원하였다. 이 단어에는 비영속성, 일시성, 잠정성 등의 의미가 있다. 그리스도인들은 이교적인 세계에서 이질성(heterogeneity)을 인식하고 이 세상의 가치와는 구별된 삶을 지향했다. 그들은 이 땅에서의 삶을 무가치하다고 본 것이 아니라 이 땅의 가치와 다른 이상을 추구했고 그 이상을 현실 생활에서 구현하고자 했다. 바로 그런 이유 때문에 구원사적인(salvation-historical) 중요성을 지니는 구별된 방식의 삶을 살아갈 수 있었다. 비록 저들의 발은 그 땅에 속해 있었으나 그들의 머리는 천국에 두고 있었다. 말하자면 이 땅에 살고 있었지만 천국에 소망을 두고 사는 심리적 이민자들이었다. 바로 이런 현실 인식에서 현세적 부와 권력, 명예에 탐닉하지 않는 새로운 문화를 창조했는데 그것이 바로 나눔과 섬김, 그리고 비이기적 삶의 방식이었다. 이것이 초기 그리스도인들의 일상이었다. 이것을 도널드 크레이

빌(Donald B. Kraybill)을 '전도된 가치'라고 말하고 이런 가치를 실현하는 신국을 '전도된 왕국'(The Upside-down Kingdom)이라고 불렀다.[20]

초기 그리스도인들은 이 땅의 가치에 연연하지 않았기 때문에 이 세상의 어떤 것에 탐닉하지 않고 이 세상과 구별된 새로운 공동체를 형성해 갈 수 있었던 것이다. 그들이 권력에 무심했다는 것은 공무원이 되거나 공직에 취임하여 국가 권력기관으로 진출하지 않았다는 것을 의미한다. 이런 일로 분리주의자로 불리기도 했으나 진정한 의미에서 이들은 분리주의자들이 아니었다. 그들이 무관심하고 분리하고자 했던 것은 권력과 부와 영예, 곧 그 시대의 가치였다. 도리어 이들이 불신자들 한가운데서 노출된 채로 살면서 가난한 이웃을 돌보고 병든 이웃을 배려했다. 이들이 실천한 사랑은 일상에 뿌리를 둔 현실주의였고, 그들이 추구한 것은 타계주의(other-worldliness)가 아니라 반세속주의(counter-worldness accommodation)였을 뿐이다. 이 점을 보여 주는 교부들의 기록이 많고, 또 반기독교적 헬라 저술가들의 언급이 있지만 대표적인 한 가지 경우가 무명의 변증가에 의해 기록된 『디오그네투스에게 보낸 편지』(Letter to Diognetus)이다.

> "그리스도인들은 그들이 사는 지역이나 언어나 습관에서 다른 이들과 구별되지 않는다. … 그들은 어떤 이상한 지역에 별도로 살거나 독특한 말을 사용하거나 특별한 생활 방식을 가지지 않는다. 그들이 같은 지역에 살지라도 그들은 나그네로 산다. 그들은 다른 시민들처럼 모든 것을 공유하지만 이방인들처럼 모든 것을 견딘다. … 그들도 이 땅에서 힘써 일하지만 그들의 시민권은 하늘에 있다."[21]

초기 그리스도인들이 당시의 가치관을 거부했다고 하여 분리주의적이라고 말하는 것은 매우 부당하다. 그들이 거부한 것은 현실에서의 삶을 거부한 것이 아니라 현실에서의 세속적인 가치였다.

다. 초기 기독교의 휴머니즘

1) 그 성읍의 평안하기를 힘쓰라

초기 그리스도인들은 일상의 삶을 통해 자기들이 속한 사회의 진정한 평안을 추구하는 사람들이었다. 비록 그들이 로마 제국의 압제하에서 사회에 소요를 일으키고, 소동케 하는 반사회적 인물로 오해받고 비난받기도 했으나, 진정한 의미에서 이들은 그들의 사회의 평안과 평화를 추구했다. 예레미야는 바벨론의 포로로 잡혀간 자기 백성들에게, "너희는 내가 사로잡혀 가게 한 그 성읍의 평안하기를 힘쓰고, 위하여 여호와께 기도하라."(렘 29:7)고 했는데, 이것은 '그 도시의 복지를 구하라'(Seek the welfare of the city)는 말씀이었다. 그래서 이 표현은 초기 그리스도인들의 사회적 삶의 양식으로 이해되었다. '공동의 유익'(usui publico)은 그리스도인들이 예레미야가 말한 구약 전통에 따라 그레코-로만 사회에서 실행하고자 했던 일상생활의 양식을 결정했다. 그 양식이 '그 도시의 유익을 구하라'는 기독교 전통의 사회관이었다. 그래서 2세기 아시아의 총독은 에베소에 있는 제빵 업자들이 노동 쟁의를 벌였을 때 그들을 책망하면서 '그 도시의 복지'(τὸ τῇ πόλει συμφέρον)에 무관심하다고 말했을 정도였다. 호주 퀸즈랜드 대학교 트리니티 칼리지의 브루스 윈터(Bruce Winter)는 사회의 시혜자(施惠者)로서 그리스도인들(Christians as benefactors)에 대한 광범위한 연구인 *Seek the Welfare of the City* (Grand Rapids: Eerdmans, 1994)를 통해 초기 그리스도인들이 그 사회에 어떤 역할을 했으며, 어떻게 그 도시의 복지를 위해 살았는가를 제시한 바 있다. 이 책에서 저자는 초기 그리스도인들은 일상의 삶을 통해 그 사회에 시혜자로 살았다고 지적했다. 앞에서 언급했듯이 1세기 당시의 그리스어 폴리테이아(πολιτεία)는 '정치학'(politics)이라는 개념보다 훨씬 포괄적이었다. 그것은 집안에서의 사적 생활과 반대되는 의미, 곧 한 사회의 공적 생활의 전부(the whole of life)를 포괄하는 그런 의미를 지니는데,²² 그리스도인들은 이런 사회적 삶(public life)으로부터 결코 자신을 분리하지 않았다. 도리어 그런 사회적 삶을 통해 그 사회에 유익을 주고자 했다. 그 한 가지 사례를 2세기 변증가 유스티누스(Justine Martyr)은 이렇게 말하고 있다.

> "전에는 부와 재산을 늘리는 일에 기쁨을 느꼈던 우리가 이제는 가진 것을 공동 기금으로 모으고 필요한 사람들과 함께 나누고 있다. 전에는 서로 증오하며 죽이고, 다른 족속의 사람과는 풍습이 다르다고 상종도 하지 않았던 우리가 이제는 그리스도가 나타내 보이신 후 그 분의 공정하신 명령에 따라 함께 살면서 원수를 위해 기도함은 이방인들도 우리처럼 그리스도께서 주신 좋은 소망을 함께 나누기 위함이다."²³

이것이 초기 그리스도인들의 일상이었다.

2) 사랑과 자비와 배품

초기 그리스도인들의 사랑의 실천은 하나님 사랑의 구체적인 표현이었다. 특히 기독교 공동체 내의 선의의 봉사 활동은 이 시기 교회의 중요한 발전이었다. 그래서 180년 『페레기누스의 죽음』이란 책을 써서 기독교를 비방했던 사모사타의 루치아노(Lucian of Samosata, c. 120-?) 마저도 기독교인들에 대하여 다음과 같은 기록을 남겨 주고 있다. "그들 본래의 율법 수여자는 그들은 서로 형제들이며, 서로가 서로를 사랑하라고 가르쳤다. 그 형제들에게 도움을 줄 일이 발생하면 그들은 즉각적으로 도움을 베풀기를 주저하지 않았다. 이런 경우에 그들은 형제에 대한 배려를 아까워하지 않았다."²⁴ 라고 했다. 테르툴리아누스(Tertullianus)는 "우리들이 많은 대적들에게 감동을 주는 것은 바로 위난자들에 대한 우리의 보살핌(care for the helpless)이며 우리의 자애의 실천이다. 그들은 이렇게 말한다. (자신들은 서로를 미워하지만) '그들이(그리스도인들을 칭함) 어떻게 서로를 사랑하는지를 보라.' (이교도 자신들은 서로를 죽이려고 혈안이 되어 있지만) '그들(그리스도인들을 칭함)은 서로를 위해 목숨까지 버릴 각오가 되어 있음을 보라'고." 고 말한다.[25]

야고보서(1:1-5)에서 강조되었던 '자비를 행치 않음(unmercifulness)에 대한 경고는 속사도 교부였던 헤르마스(Herma)의 『목자』(Shepherd)에서도 동일하게 강조되고 있고, 이 책과 『디다케』(Didache, c. 100)에서는 '조건 없는 배품'(unconditional giving)을 강조하고 있다.[26] 3세기 이전의 교부들의 문서에서 빈번하게 나오는 공통된 경구는 "'이것들은 다 내 것이라' 고 말하지 말지니라."(οὐκ ἐρεῖς ἴδια εἶναι)는 경구였다.[27] 말하자면 초기 그리스도인들이 가난하고 핍절된 이웃에게 구제하고, 병들고 고통당하는 이들에게 사랑과 자비를 베풀고, 옥에 갇힌 자들을 보살펴 주는 인도주의적 봉사는 바로 복음에 대한 확신, 구원에 대한 감사의 표현이었고 기독교적 사랑과 자비의 실천이었다.

이런 이웃을 향한 사랑과 배려는 교회 내에서도 이루어졌다. 그 한 가지 사례로 피터 램페(Peter Lampe)는 로마 교회에서의 부한 사람과 가난한 사람들 사이에 있었던 물적 교환과 이로 인한 평균화에 대한 정보를 제시하고 있다. 즉 부유한 그리스도인들은 교회의 공동 기금을 통해 가난한 성도들에게 물질을 나누어 주고 공유함으로써 계층 사이의 물질 소유의 평균화가 이루어졌다고 한다.[28] 이를 통해 로마의 그리스도인들은 포용(inclusivity)과 관대함(generosity)을 보여 주었다고 지적한다.

위대한 교회사학자 하르나크(Adolf von Harnack)는 초기 그리스도인들의 일상을 소개하면서, 교회는 고아와 과부를 보살폈고, 유약한 자와 병든 자와 장애인을 도와주고 간호(care)하여 주었으며, 옥에 갇힌 자와 탄광촌의 고달픈 이들을 돌보고, 가난한 이들을 돕고, 죽은 자를 매장해 주었고, 노예들을 보살폈으며, 재난을 당한 이들을 돌보고 여행자들을 선대했다고 지적하고, 각각의 경우를 초기 문헌에 근거하여 자세하고 기술했다.[29] 말하자면 사랑과 자비, 선행과 봉사는 기독교 공동체가 추구했던 일상의 가치이자 삶의 방식이었다.

2세기 후반에 기록된 『사도헌장』(Apostolic Constitutions)이라는 문헌에서 집사란 "선한 일을 행하는 자들이며, 가난한 자들을 멸시하거나 부한 자들을 존경하지 않고, 주야로 사람들을 돌보며, 어려움에 처한 이들을 찾아보고 이들이 교회의 공금 사용에서 소외되지 않도록 하며, 선한 일을 위해 물질이 사용되도록 하는 이들"로 정의되고 있다. 또 같은 문맥에서 '과부들'의 역할을 말하고 있는데, 이들은 "질병으로 고통당하는 이들에게 도움을 주고, 감독이 지녀야 하는 자질 중에서 가난한 자들을 사랑하는 자(φιλόπτωχος)의 특성이 요구된다."[30]고 했다. 테르툴리아누스의 『과부들에 관하여』(On the Widows)에 보면 과부들이 교회의 봉사에 있어서 특별한 위치를 점했다고 지적한다.[31]

3) 인간의 고통에 대한 사랑과 간호

고대인들은 사후 세계를 준비하는데 온갖 관심을 기울였으나, 예수 그리스도의 사역으로 시작된 초기 기독교 공동체는 인간의 지상에서의 삶도 중시했고, 건강을 돌보는 간호, 혹은 치료 행위도 그리스도인들의 소중한 봉사 영역이었다. 이것은 마태복음 25:35-45에 하신 예수님의 사랑과 자비에 대한 설교가 교회와 신앙적 삶에 광범위한 영향을 끼쳤기 때문이다.[31] 육과 영을 이원론으로 파악하는 신플라톤주의적 헬레니즘이나, 초기 기독교에 심대한 영향을 끼쳤던 영지주의(Gnosticism)나 마니교(Manichaeanism) 또한 이원론적 기초에서 육체(물질)에 대해 지나치게 과소평가했음에도 불구하고 기독교회는 육신의 아픔에 대해서도 방관하지 않았다. 질병을 불경건과 혼동했던 후기 기독교의 수도원적 경향에도 불구하고 치유자 그리스도상(像)은 교회사의 중요한 모범으로 남아 있었다. 이런 점에서 의사인 프로본샤는 이렇게 말했다.

> "정신면에서 히포크라테스(Hippocrates of Cos)는 '의학의 아버지'였고, … 고대 의학계의 진정한 정상(頂上)인 이 뛰어난 그리스인이 현대의 의료인들에게 모범을 보인 것은 사실이다. 그러나 의학에 가장 큰 공헌을 한 이는 히포크라테스가 아니라 예수였다는 점이 종종 무시되고 있다. 바로 이 겸손한 갈릴리 사람이 역사상의 어떤 다른 인물보다도 의술의 본질적 의미와 정신에 큰 영향을 남겨 주었다. … 예수는 방법이나 규범들에 사랑이라는 매개를 가져다주며, 이 사랑이 없으면 참된 치료는 사실상 불가능하다. '의학의 정신적인 아버지'는 코스 섬의 히포크라테스가 아니라 나사렛의 예수였다." [33]

결과적으로 병약자에 대한 관심과 사랑은 의학 분야에서도 영향을 끼쳤고, 인간의 육체적·정신적 건강에 대해 공자(孔子)를 거쳐 부처, 이슬람교 지도자들에 이르기까지 그 누구도 예수 그리스도만큼 영향을 끼치지 못했다.

간호란 모든 사람의 건강을 유지하고 증진하기 위해 안전한 환경을 조성하고 간호 대상자인 인간의 육체적, 정신적, 정서적 또는 사회적인 면에서 그들을 돌보고 위로하고 평안하게 도와주며, 치료와 회복을 위해 돌보는 일련의 활동이라고 정의할 수 있는데,[34] 기독교는 이런 박애의 사역에 중요한 동기와 의미, 그리고 모범을 제시했다.[35] 비록 건강을 돌보는 간호 행위(health care)가 고대 사회에도 없지 않았지만 간호사학자(看護 史學者)인 패트리시아 도나우(Patricia Donahue)는 "기독교의 시작과 함께 간호의 역사가 오늘날까지 지속적인 시작이 되었다"고 했고,[36] 간호사학자들인 돌란(Dolan), 피쯔패트릭(Fitzpatrict), 그리고 헤르만(Herrmann)은,

> "예수 그리스도의 교훈과 모범은 간호사의 역할을 확대하는 일뿐만이 아니라 재능 있는 간호사의 양성에도 광범위한 영향을 끼쳤다. 그리스도는 하나님 사랑과 이웃 사랑

의 필요성을 강조하였다. 최초의 조직화된 간호사 집단(organized group of nurses)은 예수 그리스도의 모범과 도전에 대한 직접적인 응답의 결과였다."37

라고 평가했다. 초기 기독교 공동체는 인간의 지상에서의 삶도 중시했고, 인간의 육체를 돌보는 인도적 봉사는 간호, 치료 행위까지 외연되었다. 초기 기독교 공동체에서 간호와 치유 행위가 널리 용인되었다는 사실을 보여 주는 여러 증거들이 있다. 성직자들의 목회적 주의를 요하는 여러 문제들이 있었지만 우선순위에서 병든 자들을 방문하는 것은 성직자들의 책임 목록에서 상위에 속했다.38 2세기 초 변증가였던 쿠아드라투스(Quadratus)는 그의 『변증』(Apology)에서 교회에서 병약한 자들에 대한 인도적 사역이 그의 시대까지 계속되었음을 기술했다.39 2세기 중엽의 로마의 변증가였던 유스티누스(125-163)는 어떻게 그리스도인들이 예수의 이름으로 사람들을 치유하였는가를 그의 변증서에서 증거하고 있다.40 유스티누스에 의하면 2세기 중엽에 이르러 기독교 공동체는 가난한 이들이나 병든 자를 돌보는 간호 활동이 상당히 조직화되어 있었음을 암시하고 있다. 일주일에 한 번씩 자발적인 헌금이 거두어져 그것이 관리자나 감독에게 맡겨졌고, 그 헌금은 고아와 과부, 질병으로 고통당하는 사람들, 갇힌 사람들, 그리고 외국인 체류자들을 보호하는 데 사용되었다고 한다.41 이레니우스(Irenaeus)는 치유 행위는 하나님의 창조적인 능력을 나타내는 그리스도인들의 당연한 행동이라고 보았다.42

알렉산드리아의 오리게네스(Origen, c. 185-254)은 그의 『켈수스 논박』(Against Celsus)에서 그리스도인들이 어떻게 "악령을 추방하고 다양한 치료를 행 했는가"에 대하여 말하면서 자신이 목격한 바를 기록했다.43 감독 코넬리우스(Cornelius)에 의하면 250년경 로마 교회의 경우 1,500명의 과부와 가난한 이들을 도왔고44 특히 병든 자를 간호하고 치료해 주었는데, 치료가 불가능했을 경우 교회는 기도하고 방문하여 간호해 주고 물질로 위로하였다고 한다. 이 일을 감당했던 이들이 집사(deacons)와 과부들(widows)과 여집사들(deaconesses)이었다.[45] 이상의 점들을 고려해 볼 때 유약한 자 병든 자에 대한 치유 사역은 적어도 3세기까지 기독교 공동체에서 수행되었음을 보여 준다. 교회는 건강의 회복과 치유를 목회의 주요 과제로 삼았음을 알 수 있다. 이것이 초기 그리스도인들의 일상이었다.

4) 위난한 자에 대한 자비 : 파라볼라노이

사랑의 계명, 곧 하나님 사랑과 이웃 사랑은 예수님이 가르치신 최고의 윤리였고, 기독교의 중핵을 이루는 실천적인 윤리였다. 진실한 사랑은 세월의 흐름과 관계없이 어느 사회에서나 동일한 의미를 지니는 거룩한 힘이었다. 초기 그리스도인들은 고난의 여정에서도 저들의 일상의 삶을 통해 이 힘의 위력을 보여 주었다.

사도 시대에는 교회 안에 여러 직분이 있었다. 사도들이 공궤하는 일에 매여 있을 수 없으므로 집사를 선출했고, 여러 지역에 교회가 설립되었을 때 자연스럽게 장로 직분이 생겨났다. 후일 장로직의 분화가 나타나 지금의 목사가 세워졌다. 그런데 성경에는 언급이 없으나 초기 기독교 공동체 안에는 중요한 한 가지 칭호가 있었다. 그것이 파라볼라노이(παραβολάνοι)였다.[46] 그 의미는 '위험을 무릅 쓰는 자들'이라는 뜻이다.

251년 말에는 전염병이 유행했다. 이때는 데키우스(Trajan Decius)의 박해로 그리스도인들이 이교도들에 의해 희생을 당하던 시기였다. 이 병은 종교에 상관없이 수많은 인명을 앗아갔다. 부유한 이교도들은 달아났으며 전염된 사람들과의 접촉을 피해 다녔다. 부모는 자식을 버렸고, 자식은 부모를 내다 버렸다.

도시에는 죽은 이들의 시체가 쌓이고 있었다. 키프리아누스(Thascius Caecilius Cyprianus)의 전기 작가인 폰디우스(Pontius)에 따르면 키프리아누스는 그리스도인 공동체에 권고하기를 자신들의 소명에 신실해야 한다고 말했다. 즉 그는 하나님의 선하심과 자비하심을 설명하면서, 이렇게 권면했다.

"우리가 단지 우리(그리스도인)들만을 소중히 여기고 우리끼리만 자비를 베푼다면 그 것은 놀라운 일이 아니지만, 세리나 이교도들이 하는 것 이상으로 선으로 악을 이기고, 하나님께서 관용을 베푸신 것 같이 관용을 베풀고, 원수조차도 사랑하며, 주님께서 권고하신 대로 핍박하는 자의 구원을 위해서 기도한다면 우리는 온전하게 될 것이다. 하나님께서는 변함없이 태양을 떠오르게 하시며 비를 내리셔서 씨앗들을 기르시고, 이러한 모든 선하심을 그의 백성들에게 보이실 뿐만 아니라 이방인들에게도 그렇게 하신다. 만일 누가 스스로 하나님의 아들이라고 고백한다면 그 사람은 아버지를 본 받아야 함이 마땅하지 않겠는가? 우리는 하나님의 자녀로서 다시 태어났기 때문에 그 분의 자녀로서 합당한 삶을 살아야 한다."[47]

키프리아누스의 설교는 전염병이 돌고 있는 위험한 상황 속에서도 그리스도인들은 사랑을 실천해야 한다는 가르침이었다. 키프리아누스는 마태복음 5:43-48의 말씀을 그들이 처한 위험한 상황 속에 적용하면서 동료 그리스도인들은 이교도들과는 다르게 행하라고 가르쳤다. 이것은 최근에 자신들을 핍박하던 원수들을 사랑할 수 있는 기회였다. 어떤 그리스도인들은 자신이 전염병에 감염될 위험이 있음에도 불구하고 감염자들에게 음식을 공급하고 회복을 도와주었고, 도움을 베풀었다. 그들은 위험을 감수하면서 동료 그리스도인만이 아니라 이교도들에게도 지극한 사랑을 베풀었다. 바로 이들에게 영예로운 이름이 붙여졌다. 그것이 '파라볼라노이'였다. 위험한 전염병에도 불구하고 피하지 않고 사람들을 돌보아 주었던 이들에 의해 많은 이들의 인명을 구했고, 이 위기 상황에서 이교도들은 기꺼이 신자가 되기를 자청하였다. 자신들의 신앙과는 달리 기꺼이 그리스도인들의 진실한 사랑에 감동하여 마음을 열었던 것이다.[48] 그들은 말 없는 사랑의 실천자들이었다.

5) 초기 기독교와 평화주의 전통

일반적으로 초기 기독교는 폭력, 살인, 전쟁을 반대하는 평화 지향적인 교회였다는 점에 의견의 일치를 보고 있다.[50] 초기 기독교 공동체가 군 복무를 반대하고 비폭력 평화주의를 지향했음은 하르나크(Adolf von Harnack), 캐둑스(C. J. Cadoux), 헤링(G. J. Heering), 헐스버그(Guy F. Hershberger), 그리고 폴 램지(Paul Ramsey)[51] 등의 연구를 통해 분명히 제시되었다. 폴리카르푸스는 155년경 빌립보인들에게 악에게 대항하지 말라는 베드로의 말씀(벧전 2:23)에 순복하라고 했고, 180년경 변증가 아테나고라스(Athenagoras)는 동일한 취지의 기록을 남겼다. 분명한 증거는 174년 테르툴리아누스가 그리스도인들은 군 복무를 할 수 없다는 보다 강력한 권면 속에 나타나 있다. 군인이 신자가 되었을 경우 즉각적으로 군 복무를 그만두던지, 순교자가 될 각오를 해야 한다고 보았다. 2세기 후반기 이교도 켈수스(Celsus)는 기독교도를 비판하면서 비전(非戰)은 제국의 멸망을 가져올 것이라고 기독교의 군 복무 반대와 평화주의적 입장을 비판했다. 그의 비판을 보면 비록 일부의 그리스도인 군 복무자가 없지 않았으나 초기 그리스도인들은 군 복무를 반대했음을 알 수 있다. 258년에 순교한 키프리아누스는 "사람을 죽이는 살인은 범죄로 간주되지만 국가라는 이름으로 행하는 살인(즉 전쟁)은 용기로 간주된다."고 비판했다. 4세기 역사가 유세비우스는 기독교인이 군 복무를 거부했던 사례를 소개하고 있는데, 막시밀리안(Maximilian)이라는 21살의 누미디아 출신의 청년은 군 복무를 거절한 이유로 295년 3월 12일 사형에 처해졌다.

군 복무를 반대한 것은 그것이 전쟁의 수단이 된다는 이유에서였다. 물론 이런 점과 관련하여 여전히 끝나지 않는 상반된 견해가 있다. 군 복무를 반대한 것은 비폭력 평화주의 전통 때문이 아니라, 군 복무 중 당연히 제기될 수 있는 우상 숭배의 위험성과 박해자인 로마 제국에 대한 혐오감 때문이라는 주장이 그것이다. 또 어떤 이들은 초기 그리스도인들의 반전 의지는 종말론에 근거한다고 생각했다.[52] 비록 이런 점과 관련하여 이견이 없지 않으나 초기 기독교는 반전, 평화주의 이상을 지녔음은 부인할 수 없다.

군 복무를 반대하고 평화주의적인 입장을 보인 가장 대표적인 인물은 테르툴리아누스(Quintus Septmius Florens Tertullianusus, c.160-c.220)였다.[53] 그는 197년경부터 224년까지 약 20여년에 걸쳐 집필 활동을 했는데, 그의 저작 중에서 그리스도인의 군 복무와 전쟁에 대한 대표적인 작품은 『변증서』(*Apologeticum*)와 『우상숭배론』(*De Idololatria*)인데, 197년경 쓰여진 『변증서』는 이교도들에게 기독교 신앙을 변호하는 것이 주된 목적이었다. 그는 이 책에서 그리스도교의 비폭력적 특성을 말하면서도 동시에 그리스도인들이 국가적 의무에 소홀하다는 비판에 유의하여 신자의 군 복무를 인정하고 있다. 이 『변증서』는 이교의 불신과 로마 제국의 물리적인 박해, 그리고 이교 철학자들의 기독교 비판에 대항하여 기독교 신앙을 변호하려는 의도에서 저술된 책이다. 특히 켈수스(Celsus)의 비판을 의식하면서, 그리스도인들은 황제를 위해 기도하고, 제국을 수호하는 군대의 승리를 기원하며, 신자들은 일반적으로 좋은 시민이며, 제국에 저항하는 어떤 비난도 옳지 않다고 말하고 있다. 그리고 그리스도인들은 남을 죽이기보다는 기꺼이 자신이 죽고자 하는 이들(rather be killed than kill)이라고 했다. 이런 진술에서 테르툴리아누스는 그리스도인의 군 복무를 인정하면서 동시에 그리스도인들의 평화주의적 성격을 보여 주었다.

그런데 그의 후기 저술들, 곧 『우상숭배론』과 『화관론』에서는 『변증서』와는 달리 군 복무는 그리스도인들에게 적절치 못한 행위로 말하고 있다. 그가 군 복무를 반대한 것은 두 가지 이유에서였다. 즉 우상 숭배와 피 흘림을 피할 수 없다는 이유 때문이었다. 만일 이 두 가지를 피할 수 있다면 양심의 채찍을 맞지 않고 군 복무를 할 수 있다고 말한다. 테르툴리아누스는 피를 흘리지 말아야 할 것을 가르치면서, "주님께서 검을 사용하는 자는 검으로 망할 것이라고 하였는데도 그리스도인들이 검으로 무장하는 것이 합당한 일인가?"라고 반문하고 이는 부당한 것임을 주장했다.[54] 칼로 행사되는 폭력이나 전쟁을 반대했던 것이다. 테르툴리아누스는 우상 숭배와 폭력에의 반대라는 측면에서 군 복무를 반대하고 적극적으로 평화주의적 이상을 강조한 교부였다. 그가 주피터의 이름으로 행해지는 로마에서의 혈투(bloody games)를 반대했던 것도 이런 인간 생명의 소중성에 기초한다. 폭력이나 전쟁은 생명의 파괴 혹은 동일한 인간에 대한 살상이었으므로 군 복무를 반대하고 비전(非戰), 반전(反戰)의 평화주의적 이상을 가졌던 것이다.

이런 점들은 초기 교회의 휴머니즘적 성격을 보여 준다고 하겠다. 그러나 기독교가 로마 제국의 국가가 된 이후 평화주의 전통은 정당 전쟁론으로 발전하여 전쟁을 수용하게 된다. 이것을 헤링은 기독교의 타락(fall)이라고 불렀다.

맺음말

이상에서 우리는 초기 그리스도인들의 폴리테이아, 곧 사회적 삶을 헤아릴 수 있는 몇 가지 경우를 간략하게 살펴보았다. 교회 혹은 교회 공동체에 속한 그리스도인들은 이 세상과 절연하고 살지 않았다. '갇혀진 도성'에서 신자들만의 성곽을 쌓지도 않았다. 그들은 타계주의적 삶을 지향하여 문화 활동에 있어서 창조적인 노력을 시도하지 않았다고 볼 수도 없다. 도리어 사회적 일상을 중시하고 사랑의 시혜자로 살았다. 당시 사람들과 마찬가지로 대중 가운데 흩어져 살았다. 그들의 외형은 남과 다르지 않았다. 비록 그들은 세속의 한가운데서 살았으나 성경의 가르침을 따라 살았다. 그들은 인도주의자로 자처하지도 않았다. 그러나 그들의 순전한 삶은 결과적으로 인도주의적 성격을 지니게 된 것이다. 휴머니즘은 하나님의 말씀에 순종하는 삶이 가져 온 떨어진 이삭(落穗)이었다.

오늘의 한국 교회가 새로워지는 것은 부와 권력과 명예로부터 자유하고, 나눔과 섬김과 사랑의 실천을 통해 이웃과 사회에 감동을 주는 일일 것이다. 즉 세속적 가치에는 무관심하되, 기독교적 가치에는 적극적일 때 기독교는 이 세상과는 분리되어(beyond) 있으면서 이 세상을 변화시킬 수(transform) 있을 것이다. 인간에 대한 사랑과 배려, 인간 생명의 고귀함에 대한 믿음은 우리의 일상의 삶을 변화시켜 준다. 따라서 우리의 일상에서 기독자적 자애의 실천은 한국 교회를 쇄신하는 길일 것이다. 한국 교회가 구호를 외치고 성명서를 발표하고 공개적인 시위를 하지만 감동을 주지 못하는 이유가 여기에 있다.

1장 / 초기 그리스도인들의 일상과 휴머니즘

※이 글은 침례신학연구소, 『크리스천 휴머니즘의 길』(대전: 침례신학대학출판부, 2012), 53-86에 게재되었음.

1 πολιτεία는 일반적으로 politics로 번역되지만 그리스어에서 말하는 의미는 보다 광범위하다. 인간의 사회적 삶(public life)을 총괄하는 보다 포괄적인 의미를 지닌다.

2 이 점에 대한 중요한 연구가 Bruce W. Winter, *Seek the Welfare of the City*(Grand Rapids: Eerdmans, 1994)이다. 이 글은 이 책의 정신을 반영하였다.

3 로버트 웨버, 『기독교문화관』, 이승구 역 (서울: 엠마오, 1984), 15-6.

4 모든 초대 교회 그리스도인들을 분리주의자로 간주해서는 안 된다는 주장이 있다. 이 점에 대해서는 Robert H. Grant, *Early Christianity and Society*(NY: Harper, 1977)을 참고할 것. 이 책은 『초기 기독교와 사회』, 대한기독교출판사 역간.

5 A. Harnack, *The Mission and Expansion of Christianity in the First Three Centuries*, 2 (NY: Williams and Norgate, 1905), 335f.

6 barbaros philosophia의 개념과 개념사에 대해서는 Guy G. Stroumsa, *Barbarian Philosophy* (Tübingen: Mohr Siebeck, 1999), 57ff를 참고할 것.

7 유세비우스의 『팔레스타인의 순교자들』(*Martyrs of Palestine*)에서는 3세기 말 팔레스타인의 로마 총독과 기독교인 팜피루스(Pamphilus)간에 있었던 대화를 소개하고 있는데, 총독이 "당신 어디서 왔소?"라고 물었을 때에 팜피루스는 "예루살렘에서 왔습니다."라고 대답했다. 총독은 다시 물었다. "그곳이 어디 있소?"라고 했을 때 그는 "그곳은 극동 떠오르는 태양에 있소."라고 대답했다(*Martyrs of Palestine* 11. 9-12). 이 대화는 두 가지 사실을 암시해 준다. 첫째는 팔레스타인의 총독마저도 예루살렘을 알지 못했다는 점이었고, 둘째는 팜피루스가 이 땅의 도시 예루살렘이 아니라 하늘의 예루살렘을 말하려는 의도가 있었음을 보여 준다. 이것은 진정한 본향을 사모했던 콘스탄티누스 이전 시대의 기독교 공동체의 신념을 반영하고 있다. 이들에게 있어서 예루살렘은 저 먼 극동의 해 뜨는 곳이었다. Guy G. Stroumsa, 294 참고.

8 Alan Kreider, "Worship and Evangelism in Pre-Christendom(The Laing Lecture for 1994)", *Vox Evangelica*, 24 (1994) : 7.

9 *Epistle to Diognetus*, 6.9.

10 Origen, *Contra Celsum*, 3.9.

11 Pierre Chuvin, *A Chronicle of the Last Pagans*(Cambridge: Harvard University Press, 1990), 12. 초기 로마 제국하에서의 기독교 인구를 측정해 보고자 시도했던 첫 인물은

18세기 영국의 역사가 에드워드 기번(Edward Gibbon)이었다. 그런데 그는 콘스탄티누스가 개종할 당시 기독교 인구는 전체 인구의 20분의 1로 보았다. 후대 학자들은 이 추정은 지나치게 적은 수치로 보았고, 어윈 구디노프(Erwin Goodenough)는 1931년에 쓴 『로마 제국하에서의 교회』(The Church in the Roman Empire)에서 콘스탄티누스 시대, 곧 4세기 초의 기독교 인구는 전체인구의 약 10%로 추정했는데, 당시 제국의 인구를 6천만 명으로 본다면 기독교 인구는 6백만 명에 달하는 것으로 보았다. 이 견해는 Arthur Boak, J. C. Russell, Ramsay MacMullen, Robert Wilken 등 여러 학자들에 의해 광범위한 지지를 받았다. Adolf von Harnack, *Mission and Expansion of Christianity in the First Five Centuries* (NY: Williams and Norgate, 1961), 946-55. 하르나크에 의하면 3세기 말에 이르러서는 기독교는 로마 제국 전역으로 확산되었고, 로마 제국의 총인구 5천만 중에서 기독교 신자는 적어도 7백만에 이르러 전 인구의 약 15%가 기독교로 개종한 것으로 보았다.

12 로마 제국은 모든 종교를 두 가지로 구분하였다. 합법적인 종교와 불법의 종교가 그것인데, 합법적인 종교란 황제숭배를 허용하는 종교였고, 황제숭배를 거부하는 종교는 불법의 종교로 간주되어 법의 보호를 받지 못했다. 당시 대부분의 종교는 이미 다신교(多神敎)였으므로 자기 신앙에 황제숭배를 첨가하는 것은 문제시되지 않았다.

13 *Epistles of Pliny*, X, 33, 34. 112년 트라이아누스(Traianus) 황제는 비두니아(Bithynia) 지방 총독으로 플리니를 파견했는데, 그는 그의 삼촌이었던 역사가 플리니와 구별하기 위해 젊은 플리니(Pliny the younger)로 불린다. 그는 매사를 스스로 결정하지 못하고 황제의 지시를 따르는 전형적인 공무원상을 보여 주고 있는데, 그는 비두니아 지방 대도시에서의 화재사건 이후 일종의 의용소방대 조직을 건의했는데, 황제는 이 조직이 정치적인 성격을 띨 위험이 있다고 보아 이를 허락하지 않았다. 그 대신 각 가정에서 물동이와 펌푸를 준비해 두게 하고, 소화(消火)작업을 개인의 의무로 간주했다. 마이클 그린(김경진), F. F. 부르스, 『초대 교회 역사』, 서영일 역 (서울 : CLC, 1992), 212-13 참고.

14 알렌 크라이더, 『초대 교회의 예배와 전도』, 허현 역 (서울: KAP, 2003), 16.

15 Cyprian, *Ad Quirinum*, 3, preface, 9, 120.

16 *Stromata* I, 28. 3.

17 Origen, *Against Celsus* 2. 30.

18 이와는 달리 부정적으로 설명하는 이들도 있다. 대표적인 인물이 기번이다. 그는 『로마 제국 쇄망사』 1권 (1776) 15, 16장에서 기독교의 기원과 발흥을 취급하는데, 기독교를 사회적인 암으로 보았고, 철학의 부패와 미신의 발흥이 기독교가 성공하는데 기여한 요소들이라고 보았다. 도즈(Dodds)는 "기독교가 성공한 단 하나의 이유는 그의 반대 세력이 약화된 점에 있었다."고 하여 그 당시의 종교적 진공성을 그 이유로 들었다. 말하자면 기독교의 싸움은 시체와의 싸움이었다는 것이다(Dodds, *Pagan and Christian*, 132).

19 크라이더, 『초대 교회의 예배와 전도』, 7-38.

20 Donald B. Kraybill, *The Upside-down Kingdom* (Scottdale: Herald Press, 1990), 10. 크레이빌은 예수 그리스도의 제자가 된다는 것은 현세의 가치와는 상반되는 반문화적 가치 (countercultural values)가 잘 표현되고 있는 새로운 공동체, 곧 하나님의 나라에 가입하는 것을 의미한다고 말하고 있다. "하나님 나라 백성들의 공동체적인 삶은 가시적이고 외적으로 드러나는 삶이다. 우리 제자들은 눈에 띄게 나누는 삶을 실천하는 사람들이다. 우리는 희년 정신을 실천한다. 소비나 재산의 축적 대신 넉넉히 나눠 주는 삶을 실천하는 사람들이다. 우리의 믿음이 우리의 호주머니를 열게 한다. 우리는 받을 것을 기대하지 않는 채 나누어 준다. 우리는 하나님이 우리를 용서하셨듯이 우리도 자의적으로 용서한다. 우리는 사랑스럽지 못한 사람들에게 나타날 수 있는 오점들을 기억하지 않는다. 가난한 자들을 향한 진정한 사랑이 … 우리를 움직인다. 우리는 더 낮은 곳을 바라보고 그리로 내려간다. 우리는 우리의 종교 구조를 심각하게 받아들이지 않는다. 우린 종교적인 관습에서조차도 예수님은 주님이시고 주인이라는 사실을 인정한다, 우리는 지배하기보다는 섬기는 쪽을 택한다."

21 Cyril C. Richardson ed, *Early Christian Fathers LCC*, Vol. 1 (Philadelphia: Westminster, 1953).

22 C. Meier, *The Greek Discovery of Politics* (Harvard: University Press, 1990), 13ff.

23 Justin, *1 Apology*, 14. 알렌 크라이더, 『초대 교회의 예배와 전도』, 28에서 재인용.

24 Harnack, *The Mission and Expansion of Christianity in the First Three Centuries*, 188.

25 Tertullianus, *Apology*, xxxix. 그리스도인들의 사랑과 자애에 대한 비슷한 내용이 Caecilius, Minuc. Felix, ix에도 나온다.

26 *Didache*, I. 5f.

27 Harnack, *The Mission and Expansion*, 151. "thou shall not say these things are thine own."

28 크라이더, 『초대 교회의 예배와 전도』, 32.

29 Harnack, *The Mission and Expansion*, 153ff.

30 *Apostolic Constitutions in Texte u. Unters.*, ii. 5. 8f. Harnack(1961), 161에서 재인용.

31 칼 볼츠, 『초대 교회와 목회』, 박일영 역 (서울: 컨콜디아사, 1997), 267.

32 기독교의 사랑과 자비에 관한 고전적인 연구는 Uhlhorn, *Die christliche Liebestatigkeit in der alten Kirche*(ist. ed., 1882)인데, *Christian Charity in the Ancient Church*(Edinbourgh, 1883)로 영역되었다. 이 책에서 저자는 기독교 공동체의 사회봉사에 관해 신학적, 역사적 연구를 시도했으나 하르나크는 당시의 이방 세계의 자선과 봉사에 대해 공정하게 다루지 않았다고 지적했다. *The Mission and Expansion*, 147.

33 J. W. Provonsha, "The Healing Christ," *Current Medical Digest* (December 1959), 3.

34 이영복, 『간호사』 (파주: 수문사, 1997), 16.

35 모든 그리스도인들은 가난한 자와 병든 자와 힘없는 자를 돌보고 섬겨야 한다(마 25:31-46, 히 13:1-3, 약 1:27)는 1세기 기독교의 가르침은 이런 운동의 동력이 되었다.

36 Patricia Donahue, *Nursing : The First Art- An Illustrated History*(St. Louis: Mosby, 1985), 93.

37 Josephine Dolan, *M. Louise Fitzpatrick and Eleanor Krohn Herrmann, Nursing in Society : A Histirical Perspective*(Philadelphia : W. B. Saunders, 1983), 43.

38 Hyppolytus, *Apostolic Tradition*, 34 ; Chrysostom, *On the Priesthood*, 3:16. 성직자나 병 고치는 자들은 환자의 몸에 기름을 발랐는데, 히폴리투스는 병든 자에게 바르는 기름을 들고 기도하는 기도문을 남겨 두고 있다. "당신께서 그 기름을 사용하고 함께 나누는 사람들에게 건강을 허락해 주옵시고, 그것을 맛보는 모든 사람에게 위로를, 그것을 사용하는 모든 사람에게 건강을 주옵소서"(Hyppolytus, 5).

39 J. Stevenson, *A New Eusebius*(London : SPCK, 1995), 58. 쿠아드라투스의 기록은 다음과 같다. "But the work of our Saviour were always present (for they were genuine): namely, those who were healed, those who rose from the dead; who were not only seen in the act of being healed or raised, but were also always present; and not merely when the Saviour was in earth, but after his departure as well, they lived for a considerable time; insomuch that some of them survived even to our own day."

40 Justin Martyr, *Second Apology*, 6.

41 Justin, *Apology*, I, 67, 6; Tertullianus, *Apology*, 39, 5; Dionysius of Corinth in Eusebius, *The Ecclesiastical History*, iv. 23.10.

42 M. T. 켈시, 『치유와 기독교』, 배상길 역 (서울: 대한기독교출판사), 162.

43 교회의 치유에 대한 초기 교부들의 언급은 다음과 같은 저서들에 나타나 있다. Quadratus, *Apology*; Justin Martyr, *Second Apology*, 6, *Dialogue with Trypho*, 30, 39, 76, 85; Theophilus of Antioch, *To Autolycus*, I.13, II.8; Tertullianus, *To Scapula*, 4, *The Soul's Testimony*, 3, *De Spectaculis*, 26, 29, *Apology*, 23, 27, *On the Soul*, 57; Tatian, *To the Greeks*, 17f. 20, 켈시, 161에서 재인용.

44 Eusebius, *The Ecclesiastical History*, vi. 43.

45 Harnack, *The Mission and Expansion*, 161.

46 F. L. Cross and E. A. Livingstone, *The Oxford Dictionary of the Christian Church* (Oxford: Oxford University Press, 1977), 1029-30.

47 Pontius, *Vita Cypriani*, 9. 크라이더, 『초대 교회의 예배와 전도』, 61-2에서 재인용.

48 Rodney Stark, *The Rise of Christianity*, 81ff. 260년에 알렉산드리아에서 있었던 이와 유사한 사건에 관해서는 Eusebius, *The Ecclesiastical History*, vii.22.2-10을 보라.

49 이 글은 필자의 "초기 기독교의 평화주의 전통," 『역사신학논총』11(2006. 6): 8-28을 선별적으로 요약하였음.

50 이 점에 대한 포괄적 연구로는 Roland H. Bainton, *Christian Attitudes Toward War and Peace*(Nashville : Abingdon, 1960), George Kertesz, *Christians War and Peace, A Historical Survey from the first Century to 1985*(Broughton Press, 1989), 武袖一郞, 『キリスト敎非戰平和主義』(キリスト敎圖書出版社, 1985), 오만규, 『초기 기독교와 로마군대』(서울: 한국신학연구소, 1999) 등이 있다.

51 Paul Ramsey, *War and Christian Conscience : How Shall Modern War be Conducted Justly*(Duke University Press, 1961).

52 Bainton, *Christian Attitudes Toward War and Peace*, 67.

53 John Driver, *How Christians Made Peace with War*(Scottsdale : Herald Press, 1988), 39; Bainton, *Christian Attitudes Toward War and Peace*, 73.

54 *De Corona Militis*, 11.2.

2장 / 부활절은 어떻게 지키게 되었을까?

가. 부활은 어떤 의미를 지니는가?

예수님의 부활은 가장 신비로운 사건일 것이다. 죽은 자의 부활은 인간의 이성으로는 헤아리기 어려운 인류 역사에서 유일 무이한 사건이기 때문이다. 예수님의 부활은 '신념의 고백'이 아니라 '역사적 사실'이었다. 예수의 십자가상에서의 죽음, 그리고 부활은 기독교 신앙의 토대이며 기독교 신앙의 기초였다. 그래서 복음서 기자는 복음서의 삼분의 일 이상을 예수님의 수난과 부활 사건에 할애하고 있다. 사도행전과 서신서에서는 부활의 역사성과 실재성 위에서 그리스도의 생애와 사역을 설명하고 있다. 성경 기자들은 부활의 실재성을 확신하고 있었고, 이를 논증하려고 시도하지는 않았다. 사도들이나 초대 교회는 예수의 부활은 의심할 수도, 부인할 수도 없는 역사적 사실로 확신하고 있었기 때문이다. 예수 그리스도는 "그 안에 생명이 있었으므로"(요 1:14) "사망에 매여 있을 수 없었다."(행 2:24). 그래서 베드로는 그를 '생명의 주'(행 3:15)라고 불렀다. 예수의 십자가와 부활은 성경의 중심 메시지이며, 사도적 설교의 핵심이었다.

그럼에도 불구하고 인간의 이성으로 헤아릴 수 없다는 합리주의적 판단 때문에 부활의 역사성에 대한 많은 의문이 제기되었다. 예수의 부활에 대한 의심과 불신은 사도 시대는 물론 2세기의 이교 법학자 켈수스(Publius Juventius Celsus, 67-130)로부터 19세기 소위 '역사적 예수 연구'가인 스트라우스(David Friedrich Strauss, 1808-1874)와 르낭(Joseph Ernest Renan, 1823-1892), 그리고 오늘에 이르기까지 있어 왔다. 이 의심은 크게 세 가지로 정리될 수 있다.

첫째는 예수의 부활 자체를 부인하려는 것이었다. 예수의 육체적 사망 그 자체를 인정하지 않음으로서 부활의 실제성에 대한 기록을 허구적인 것으로 보려는 것이었다. 두 번째는 '죽음', '몸' 혹은 '부활' 등의 의미를 재해석하거나, 비과학적 표현으로 보아 그 의미를 약화시켜 부활의 실재성을 무력화시키려는 시도였다. 자유주의적인 현대 신학자들의 시도였다. 셋째는 부활에 관한 성경 기록을 역사적 사실에 대한 증언으로 보지 않고 초대 교회의 기대(expectation)나 신앙 고백(confession)으로 봄으로써 그 사실성을 부인하려는 시도였다. 이런 의심은 근본적으로 인간 이성의 판단을 절대시하는 데카르트 이후의 이성적 합리주의의 결실이었다. 이 역시 현대 신학자들의 시도였다.

사실, 죽은 자의 부활은 '이성의 한계' 안에서는 아레오바고에서 바울의 설교를 들었던 아테네 철학자들처럼 이해할 수 없는 주장이었다. 아테네 사람들은 예수의 부활에 대한 바울의 설교를 듣고 기롱하지 않았던가?(행 17:32). 이미 켈수스는 부활에 관한 첫 증언은 일곱 귀신 들렸던 미치광이요 신경질적 여인이었던 막달라 마리아의 말에 근거한 것이었으므로 믿을 수 없다고 부활을 부인하였고, '역사적 예수' 연구가였던 르낭은 베드로가 내적 긴장과 동요 때문에 흥분된 상태에서 예수의 부활을 '객관적 사실'로 받아들였다는 홀츠만(Heinrich Julius Holtzmann, 1832-1910)의 설명에 첨언하여 "한 환각자의 열정이 부활하신 신의 모습을 만들었다"고 불평했다. 특히 18세기 이후 성경비평학의 대두와 함께 이성의 판단을 유일한 표준으로 간주했던 자유주의 신학자들은 '빈 무덤'에 관한 해석에 집중했다.

복음서의 부활 기사는 부활절 아침 여인들이 무덤으로 찾아가서 빈 무덤을 발견한 것으로부터 시작되므로 빈 무덤에 대한 합리적 설명은 부활의 역사성을 부인할 수 있다고 보았기 때문이다. 빈 무덤에 관한 설명은 '허위설' 혹은 '시체 도난설', 곧 로마 군인을 금품으로 매수한 뒤 시체를 옮겨 놓고는 예수가 부활했다고 거짓을 유포했다는 주장과, '무덤 오인설', 곧 여인들이 극도의 슬픔 때문에 정상적이지 않았고 따라서 예수의 무덤이 아닌 다른 무덤을 찾아갔다는 주장과, '기절설', 곧 예수는 십자가에서 죽지 않고 단지 기절했다가 무덤에서 소생한 후 부활했다는 주장 등이 있다. 이와 같은 자유주의 신학자들의 주장의 허구성에 대해서는 이미 존 스토트(John Stott)가 그의 『기독교의 기본 진리』(Basic Christianity)에서 명쾌하게 설명했듯이 가설과 비약과 추측에 근거한 의도된 부정일 뿐이다.

어떤 이들은 죽음과 부활을 과학적, 역사적 표현으로 보지 않고 주관적, 해석적 표현으로 이해하여 그 의미와 실재성을 부인하기도 한다. 예수의 부활은 초대 교회의 희망 사항이며, 부활에 대한 주관적 소망을 객관화한 신앙 고백이라고 말한다. 한국의 어떤 신학자는 예수의 부활은 "죽음의 정복이 아니라 하나님의 정의의 생존성을 확증하는 사건"[1]이라고 해석함으로써 부활 자체를 인정하지 않고 단지 부활 기사가 의미하는 바가 무엇인가가 중요하다고 말하고 있다. 그래서 예수의 부활을 "고인의 소망을 생생하게 그리고 과감하게 밀고 나간다면 고인은 우리와 더불어 살아 있게 되는 것"과 같은 것으로 이해하고 있다. 악의적인 왜곡이다.

부활은 기독교 신앙의 핵심이자 기독교적 소망의 토대이므로 예수의 부활을 부인하는 것은 '역사적 기독교'와 구별되는 신학적 이단이며, '다른 기독교' 운동일 뿐이다.[2] 예수의 부활은 역사적 사건이었다. 예수님은 자신의 수난과 함께 부활을 예고하였고, 하나의 표적(sign)으로 묘사하였다. 바울은 로마서 서두에서 "예수님은 죽은 자 가운데서 부활하여 능력으로 하나님의 아들로 인정되었다"(롬 1:4)고 했다. 누가는 부활에 대해 "확실히 많은 증거가 있다"(행 1:3)고 하였고, 사도행전은 '부활의 복음서'라고 불릴 만큼 부활이 확증되고 있다(2:24, 32, 3:15, 26, 4:10, 33, 5:30, 10:40, 13:30-34, 17:31 등). 무엇보다도 제자들의 변화는 부활에 대한 가장 뚜렷한 증거였다(행 15:26, 17:6). 사도들이 한낱 꾸며낸 이야기나 거짓을 유포하기 위해 옥에 갇히고 채찍을 맞고 죽음까지 각오했겠는가? 나사렛 예수 운동이 유대교의 벽을 넘어 예루살렘의 평화를 해칠 만큼 위협적이었지만 유대교와 당국자는 탄압하려고만 했지 부활의 사실성을 부인하려는 어떤 노력도, 부활을 부인하려는 어떤 증거도 제시하지 못했다. 저들이 부활의 역사성을 부인할 수 있었다면 기독교 운동은 처음부터 붕괴되고 말았을 것이다.

예수님의 탄생은 자연적이었지만 잉태는 초자연적이었다. 그의 죽음은 자연적이었지만 부활은 초자연적이었다. 그의 잉태와 부활은 그의 신성을 입증하기보다는 신성에 부합되는 것이었다.

예수의 부활이 어떤 의미를 지니는 것보다 더 우선하는 것은 그 부활의 역사성에 대한 확신이다. 부활 신앙은 교리적 중요성을 지니고 있다. 예수의 육체 부활을 부인하면 성경의 진실성도 부인하는 결과가 되고 만다. 왜냐하면 성경은 일관되게 부활을 분명한 사실로 서술하고 있고, 그 기초 위에서 그리스도의 구원 역사를 증거하고 있기 때문이다.

그렇다면 예수 그리스도의 부활은 기독교 신앙에서 어떤 의미를 지니는가?

첫째, 예수 그리스도의 부활은 해리슨(F. Harrison)의 설명처럼 예수님은 우리를 위해 오신 하나님의 아들이었음을 확신시켜 주셨고, 그의 사역이 완전히 이루었음을 보여 주며(행 4:25, 롬 5:7), 우주적인 주님이 되셨음을 보여 주셨다. 그의 오심과 사역, 죽음과 부활은 하나님 편에서는 주권적인 사랑의 표현이었으며, 그리스도의 편에서는 대속적인 구속 사역이었고, 우리에게는 속죄와 칭의와 성화의 기초였다.

둘째, 예수의 부활은 죄와 사망의 정복을 의미한다. 무덤이 인생의 종착지가 될 수 없다는 점을 보여 주었다. 이것은 예수의 부활이 주는 최대의 복음이며 그리스도인의 희망이다. 뿐만 아니라 부활은 믿는 자의 영생에 대한 보증이다. 예수의 부활은 "잠자는 자들의 첫 열매"가 되었고(고전 15:20), 그는 "죽은 자들 가운데 먼저 나신 자"(골 1:18, 계 1:5)가 되었다. '첫 열매'는 추수로부터 차용해 온 개념으로(레 23:10 이하) 앞으로 걷어 들일 모든 추수를 표시하였듯이 예수님의 부활은 앞으로 있을 모든 신자의 부활을 보증하는 것이었다. "내가 살았으므로 너희도 살겠음이라"(요 14:19)는 말씀처럼 그의 부활은 우리의 부활에 대한 보증이다.

셋째, 부활은 신적 사건이며 그 아들에 대한 하나님의 보증이었다. 예수님은 스스로를 부활이요 생명이라고 하였고(요 11:25) 자신이 생명을 버리거나 취할 권세가 있음을 선언하였다(요 10:18). 그러면서도 부활은 신적 사건이며 그 아들에 대한 하나님의 보증으로 설명하고 있다(롬 6:14, 갈 1:1, 벧전 1:3 등). 즉 사도들이 예수님의 부활을 선포할 때 그들은 의미심장하게 능동태가 아니라 수동태로 묘사하였다. 즉 "하나님께서 그를 살리셨다"고 했다. 즉 하나님께서 행하신 일이었다. 부활, 그것은 인간 구원을 위한 하나님의 구체적인 사랑이었다.

넷째, 예수 그리스도의 부활은 진리의 영원한 승리를 보여 준다. 죽은 전통에 매인 유대 지도자들이 로마 권력과 결탁하여 예수를 체포하고 십자가에 못박고, 무덤에 인봉하고 약 2천 근, 곧 1톤에 달하는 큰 돌로 가로막고, 그도 모자라 파수병까지 세웠으나 진리이신 예수를 영원히 감금할 수는 없었다. 그 안에 생명이 있었으므로 그는 부활하신 것이다. 부활은 불의에 대한 완전한 승리였다. 아더 홈즈(Arthur Holmes)의 말처럼 "모든 진리는 하나님의 진리"이며,[3] 하나님의 진리는 영원하다. 예수 그리스도의 부활, 그것은 기독교 신앙의 토대이며 신자의 영원한 소망이다. 이런 점에서 부활의 소망은 그리스도인이 누리는 최고의 특권이다.

나. 부활절은 어떻게 지키게 되었을까?[4]

그렇다면 우리가 지키는 부활절은 어떻게 시작되었을까? 부활절은 교회가 지키는 최대의 명절이다. 흔히 우리는 성탄절을 교회가 지키는 가장 중요한 절기인 것처럼 생각하지만 초대 교회에서나 그 이후의 교회 전통에서 부활절이 더욱 중시되었다. 이것은 태어난 때보다 죽은 때를 중시하는 당시의 일반적 관례의 영향도 있었겠지만, 초대 교회에서부터 예수님의 부활을 기념하는 부활절이 성탄절보다 오랜 역사를 지니고 있었다. 이처럼 부활절은 교회가 지키는 중요한 절기이지만 부활절의 유래나 역사에 대해서는 별로 알려져 있지 않다.

교회가 언제부터 일 년 중 어느 특정한 날을 정하여 부활절로 지켜 왔는가에 대해서는 분명하게 말할 수 없다. 적어도 3세기 이전에는 이에 대한 분명한 기록이 없기 때문이다. 또 신약 성경 중에서도 부활절을 교회적 절기로 지키며 축일(祝日)로 삼았다는 증거가 없다. 단지 초대 교회는 유월절을 기념하는 절기 혹은 행사를 지켰던 흔적만이 있을 뿐이다. 고린도전서 5:7-8에 보면 "너희는 누룩 없는 자인데, 새 덩어리가 되기 위하여 묵은 누룩을 내 버리라. 우리의 유월절 양 곧 그리스께서 희생되셨느니라. 이러므로 우리가 명절을 지키되 묵은 누룩으로 말고 악하고 악의에 찬 누룩으로도 말고 누룩이 없이 오직 순전함과 진실함의 떡으로 하자"는 말씀이 있다. 이 말씀은 신약 교회가 유월절을 기념하는 절기를 지켰음을 암시하고 있다.

부활절을 영어로는 이스터(Easter)라고 하는데, 이 말은 앵글로-색슨어인 'Eastre,' 혹은 'Eastera'에서 유래하였다. 이 단어는 동방(East)과 일출(sunrise) 두 단어가 결합된 것인데, 4월이면 희생 제물을 바쳤던 옛 게르만족이 숭배하던 '아침을 여는 신' 혹은 '일출과 치유를 베푸는 빛의 신'인 튜턴족의 신(神) 이름 '오스트라'(Ostara)였다고 한다.

희랍어로 유월절을 파스카(Pascha)라고 하는데, 이 말이 '고난을 당하다'는 의미의 그리스어 동사 파스케인에서 유래한 것이 아니고, '넘어가다'(유월, 유월절)를 뜻하는 히브리어 동사 페사흐(Pesah)에서 유래한 것임을 생각해 볼 때, 부활절은 사도 시대 교회가 행하던 유월절 지킴에서 점차 발전해 온 것임을 암시해 준다.

유대주의 영향을 받은 소아시아의 초기 신자들에게 있어서 유월절은 영원한 규례(출 12:14)였기 때문에 신약 교회가 계속 지켜야 한다고 생각했다. 이들은 그리스도의 죽으심을 기념하는 날을 '파스카 스타우로시몬'(pascha staurosimon, 본 유월절), 부활을 기념하는 날을 '파스카 아나스타시몬(pascha anastasimon)라고 불렀는데 후에는 이를 '부활절'이라고 불렀다. 이들은 유월절에 해당하는 날을 부활절로 지키는 것이 좋다고 여겼다. 이 당시 유월절은 유대력(曆) 니산월(태양력으로 3-4개월에 해당) 14일이기 때문에 이날을 부활절로 고수했다. 이 점을 주장하는 이들을 '14일파'(Quartrodecimans)라고 부른다(출 12:6, 레 23:5). 이때에는 금식과 묵상을 중시하고, 유월절을 전후한 예수님의 마지막 한 주간의 사역을 회상하고 그 과정을 재현하는 의식을 행했던 것으로 보인다. 그러나 이날은 반드시 주일이 아니었고 또 모든 이들의 지지를 받지 못했다.

반면에 서방의 로마에서는 소아시아의 교회처럼 나름대로 합당한 근거를 제시하면서 예수님께서 실제로 죽임을 당하신 금요일에 죽으심을 기념했고, 음력 3월 보름 다음에 오는 주일을 부활절로 기념했다. 이처럼 부활절을 어느 날로 지킬 것인가에 대해서는 상이한 견해가 있었다. 그러나 당시에는 모든 교회가 해마다 부활절을 지켜야 한다는 규정은 없었다.

그러면 부활을 교회의 축일로 지키는 풍습을 언제부터 시작되었을까? 이점에 대해서 300년 이후에야 분명한 기록이 있지만, 현재 밝혀진 가장 오래된 증거는 178년 리용(Lyon)의 감독이었던, 이레니우스(Irenaeus)의 기록이다. 그에 의하면 2세기로부터 부활절이 연중행사로 지켜져 왔고, 2세기 말 로마 감독 빅토르 1세(Victorius I, 189?-199?)는 온 세계가 로마 교회가 정한 바에 따라 주일날에 부활절을 지키도록 호소하였다고 한다. 이레니우스의 증언을 소중하게 생각한다 할지라도 2세기 초부터 부활절이 지켜졌다는 주장에는 여러 가지 점에서 의문이 있다. 2세기 초에 활동했던 사도 교부(Apostolic fathers)들의 문헌에서나 2세기 초, 알렉산드리아에서 씌어진 것으로 보는 『디다케 *Didache*』는 초대 교회의 생활과 예배를 보여 주는 귀중한 사료인데, 이 책에서도 해마다 어떤 날을 교회적 축일 혹은 기념일로 지켰다는 언급이나 암시가 없다. 유대인 트리포(Trypho)는 기독교인들이 유대 절기들이나 안식일을 지키지 않는다고 비난했는데, 이 점은 당시 그리스도인들이 어떤 특정한 날을 교회적 절기로 지키는 것이 공식화되지 않았음을 보여 주는 증거라고 할 수 있다(Justin Martyr, *Trypho*, X). 이 정보를 제공해 주는 유스티누스는 125년경 출생하여 166년경 순교했으므로, 2세기 초엽에 교회가 어느 특정한 날을 부활절로 정하고 매년 교회적 절기로 지켜 왔다고 단정하기에는 다소 어려움이 있다.

그러나 3세기 이후 교회가 오늘날과 같이 부활을 기념하는 교회적 관습을 계승해 온 것으로 판단된다. 특히 300년경을 경과하면서 부활을 기념하는 어느 한 날이 교회적 축일로 지켜진 것으로 보인다. 나지안주스의 그레고리우스(Gregory of Nazianzus, 329-389)는 이날을 '날들 중에 가장 고귀한 날'로 칭했고, 로마 감독 레오 1세(Leo I)는 부활의 날을 '위대한 날'로 지칭하였다. 그러나 부활절을 어느 날에 지킬 것인가에 대해서는 일치된 견해가 없었다. 앞에서 지적하였듯이 동방 교회 유대교의 유월절(그날이 금요일이든 아니든)을 따라 일 년 중 첫 달인 니산월 14일을 고수했으나, 서방 교회 음력 3월 보름 다음에 오는 주일을 주장했다. 소아시아 교회(동방 교회)는 유대교로 회기하지 않은 채 정해진 날에 절기를 지킴으로써 부활절 날짜가 변동되지 않는 장점이 있지만, 로마의 교회(서방 교회)는 자유와 지혜로운 변화의 원리를 따르고 있었다. 동방 지역이 주의 죽으심을 강조한다면 서방은 주의 부활을 강조하는 성격이 있다. 이런 상태에서 어느 날을 부활절로 지킬 것인가를 둘러싼 부활절 논쟁이 일어났다. 이 논쟁을 '부활절 논쟁'(Paschal controversies)이라고 부른다.

첫 논쟁은 150-155년 어간의 어느 시기 서머나의 감독 폴리카르푸스가 로마의 감독 아니케투스(Anicetus)를 방문했을 때였다. 두 사람 간의 대면에서 이 문제는 해소되지 못했다. 두 번째 논쟁은 170년 경 라오디게아에서 발생했다. 이 논쟁은 '14일파' 내부의 논쟁이었고 아시아에 국한되었다. 14일파 가운데서 어떤 이들이 서방 교회 관습을 따라야 한다고 주장하면서 내적으로 논란이 있었기 때문이다. 190-194년에 일어난 세 번째 논쟁은 이전의 논쟁보다 훨씬 격했다. 로마의 감독 빅토르는 격렬하게 아시아 교회를 향하여 14일파의 관습을 포기하도록 요구했다. 이때 에베소의 주교 폴리크라테스는 이에 대해 엄중하게 항의하고 반발했다. 빅토르는 항의에 반대하고 아시아의 그리스도인들을 이단으로 단죄하기까지 했다.

대립은 심각했으나 세월이 지나면서 서방의 입장이 지지를 얻어 갔다. 그러나 교회적으로 일치된 입장을 견지하지는 못했다. 결국 이 문제는 325년 니케아 회의에서 논의되기 시작했다. 이 회의에서 로마를 중심으로 하는 서방 교회 콘스탄티노플을 중심으로 하는 동방 교회 부활절의 날짜를 정하는 일에 공식적인 합의를 보았다. 이때 합의된 부활 기념일은 일요일이어야 하지만 어느 특정한 일요일(주일)로 고정할 필요는 없다고 하여, 춘분(春分, 3월 21일경) 후의 최초의 만월(滿月) 다음에 오는 첫 주일을 부활절 주일로 지키기로 합의하였다. 그래서 3월 22일부터 4월 25일 사이의 어느 한 주일이 부활 주일로 지켜지게 된 것이다. 결국 로마를 중심으로 하는 서방 교회가 승리한 것이다. 니케아 회의에서 기독교 복음에 적대적인 유대인들의 관습을 따르는 것은 그리스도인들에게 합당하지 않다는 주장이 설득력이 있었기 때문이다. 14일파는 이단 이설로 간주되었지만 이 주장은 6세기까지 계속되다가 사라졌다.

그런데, 합의에 따르면 부활절은 이르면 3월 22일, 늦으면 4월 25일에 오지만 구체적인 날짜 결정은 알렉산드리아(Alexandria)의 감독에게 위임하였다. 그런데 서방 교회는 그가 결정한 날을 부활절로 지키지 않음으로써 실제적으로는 동·서방 교회가 동일한 날을 부활절로 지키지 못했다. 서방 교회 동방 지역인 알렉산드리아 감독의 부활절 결정에 불만을 가졌기 때문이었다. 알렉산드리아인들은 춘분을 3월 21일로 잡았으나, 로마인들은 3월 18일로 산정했다. 그래서 어떤 교회는 3월 21일에, 혹은 4월 25일에, 그리고 다른 교회는 그 양 기간 중 어느 날을 지키기도 했다. 부활절을 산정(算定)하는 방식은 325년 니케아 종교 회의 이래로 오늘날까지 지켜 오고 있으나 이러한 약간의 불일치 때문에 오랜 논의와 중재를 거쳐 525년 동·서교회가 사용하는 역산법을 일치하도록 조정함으로써 비로소 동·서교회가 다 같이 한 날을 부활절로 지키게 되었다.

그러나 로마 교회 1583년 그레고리우스 13세 때 달력을 바꾸었는데, 이를 그레고리우스력(Gregorian calendar)이라고 부른다. 이것이 현재 세계적으로 통용되는 양력(陽曆)인데, 이 역법에 따라 부활절을 지키고 있다. 반면에 동방 교회 율리우스 카이사르가 기원전 46년에 제정한 율리우스력을 고수하고 그레고리우스력을 배척하고 있다. 그래서 동방 교회는 서방 교회와 다른 날짜에 부활절을 지키고 있다. 이것이 오늘의 현실이다. 다시 말하면 동방 교회는 황제력인 율리우스력을, 서방 교회는 교황력인 그레고리우스력을 따르는 역산법(曆算法)의 차이 때문에 각기 다른 부활절을 지키게 된 것이다.

이상을 정리하면, 적어도 3세기 이전에는 오늘 우리가 지키는 것과 같은 의미의 부활절은 없었다. 단지 유대교적 그리스도인들에 의해 유월절 행사가 있었고, 이 절기가 점차 부활을 기념하는 절기로 변모된 것으로 보인다. 그러다가 300년을 경과해 가면서 일 년 중 어느 한 날을 예수님의 부활을 기념하는 절기로 지키게 되었고, 325년 니케아 회의를 거치면서 어느 특정한 날을 부활 주일로 지키게 된 것이다. 그리고 이때 정해진 역산법에 따라 오늘 날에도 부활 주일을 정하고 교회적 축일로 지키게 된 것이다. 그러나 역산법의 차이 때문에 동방 교회와 서방 교회가 각기 다른 부활절 날짜를 따르게 되었다. 부활절은 그리스도인들에게 새로운 출애굽, 곧 이스라엘 사람들이 애굽에서 해방되었던 사건에서 예시된 바처럼 그리스도께서 죽음에서 생명으로 옮겨진 것을 기념하는 날이 되었다.[5]

2장 / 부활절은 어떻게 지키게 되었을까?

1 홍정수, 『베짜는 하나님: 이단자를 위한 한국신학』, (서울: 선명, 1991).

2 Cornelius van Til, *The Defense of the Faith* (Phillipsburg: P&R, 1972), 3-6.

3 Arthur F. Holmes, *All Truth is God's Truth* (Grand Rapids: Eerdmans, 1977).

4 이 항의 내용은 『교회복음신문』 2013. 3. 30일 자에 게재 된 바 있다.

5 어느 날을 부활절로 지킬 것인가에 대한 더 자세한 논의는 Philip Schaff, *History of the Christian Church*, vol. II (Peabody: Hendrickson, 1996), 209-20을 참고할 것.

3장 / 왜 성탄절은 12월 25일인가?

시작하면서

성탄절이란 예수님의 탄생을 기념하는 교회의 절기인데, 신약에는 '성탄'은 있지만 '성탄절'은 없다. 구약에 성탄절이 없는 것은 당연한 일이지만 신약에서도 성탄절은 없다. 예수님이 이 땅에 오신 것은 역사적 사실이므로 성탄일은 있으나 성탄절은 존재하지 않는다. 신약에서는 예수님이 오신 사건을 비중 있게 제시하고 있으나 '그 날'을 기념하거나 특정한 절기로 기념하지 않았다. 또 초대 교회도 적어도 3세기까지는 탄생일을 기념하여 특별한 절(節)로 지킨 흔적이 없다. 테르툴리아누스(Tertullianusus, 160-225) 시대까지도 성탄절을 교회의 절기로 간주하지 않았다.

그러다가 4세기 이후 12월 25일을 성탄절로 지키기 시작했다. 우리가 사용하는 크리스마스(Christmas)라는 말은 그리스도(Christ)와 미사(Mass)의 합성어로서 축자적으로 '그리스도의 미사'라는 의미이다. 그런데 성경에서는 예수님의 탄생일에 대해서도 아무런 언급이 없다. 따라서 날짜를 정확하게 말할 수 없다. 바로 이런 이유 때문에 성탄일에 대해 서방 교회와 동방 교회가 각기 다른 날을 지킨 일도 있다. 즉 서방 교회 12월 25일은, 동방 교회 1월 6일을 기념해 왔다. 오늘 우리는 성탄절을 중시하고 교회적 축제일로 여기지만, 알만(Allmen)의 지적대로 초대 교회는 태어난 날(생일)을 축하하는 전통이 없었다. 이것은 기독교 공동체만이 아니라 고대 사회에서도 태어난 날 보다는 죽은 날을 중시했고, 사망일을 기념했다는 것을 의미한다. 공부하는 사람이 늘 느끼지만 적어도 초기 기독교 인물 중에는 사망 연도는 알려져 있으나 출생 연도는 미상인 경우가 많다. 이것 또한 출생일에 대한 상대적 무관심을 반영해 준다.

초기 신앙 공동체에서 부활절은 중요한 축제일이었다. 그래서 예수님의 죽으심과 부활을 기념하는 부활절은 중시했고 이 절기를 지켰지만,[1] 적어도 3세기까지는 교회가 성탄절을 지킨 기록이 없다. 그러다가 4세기부터 성탄절도 교회적 절기로 지켜지기 시작했다.

가. 그리스도의 탄생일에 대한 성경의 침묵

실제로 그리스도가 탄생한 날은 언제일까? 신약 성경에는 목자들이 들판에 있었다는 사실 외에는 그리스도의 탄생과 관련하여 정확한 날짜를 헤아릴 단서가 없다. 통상적으로 목자들이 야영을 하며 양을 치는 시기는 4월부터 11월까지라고 한다. 그래서 알렉산드리아의 클레멘트는 그리스도의 탄생일을 4월부터 9월 사이에 다양하게 제시한 일이 있는데,[2] 그는 성탄일을 5월 20일이라고 말한 일이 있다. 시리아에서 작성된 『사도헌장』(Apostolic Constitution)에서는 성탄일을 "아홉 번째 달 스물다섯 번째 일"이라고 기록하고 있다(5.3.13). 이렇게 볼 때 12월 25일을 실제적인 예수님의 탄생일로 보기는 어렵다. 대부분의 학자들은 이때는 유대 지방의 장마철이므로 양떼나 목자가 들판에서 야숙하지 못했다는 점을 그 근거로 들고 있다. 그럼에도 불구하고 대부분의 개신교와 로마 가톨릭은 12월 25일을 성탄절로 지키고 있다. 그것은 고대 역사가 섹스투스 율리우스의 제안을 따른 것이라고 할 수 있다. 섹스투스 율리우스는 221년에 예수의 탄생일은 12월 25일이라고 주장한 바 있다. 그는 춘분이 시작되는 3월 25일을 성육신 수태의 날로 잡고 12월 25일을 성탄일로 제시한 바 있다.[3] 그러나 동방 교회, 곧 헬라 정교회(러시아 정교회)나 아르메니아교회들은 1월 6일을 성탄일로 지킨 경우도 있다. 이처럼 그리스도의 탄생 날짜에 대해서는 오랜 기간 동안 의견의 일치가 없었다. 2세기 말경의 알렉산드리아의 클레멘트는 그의 『논설집』(Stromateis)에서 초대 교회 지도자들 사이에 광범위하게 퍼져 있던 그리스도의 탄생 날짜에 대한 견해를 인용하고 있는데, 이것은 탄생일이 분명치 못했다는 점을 암시할 뿐이다. 아우구스티누스(Augustinus)는 그리스도의 탄생과 크리스마스 의식과 관련하여 5세기 서방 교회에 널리 퍼져 있던 전통을 소개하고 있는데, "예수 그리스도는 3월 25일 잉태되었으며, 또한 바로 그 날에 고난을 당했다고 믿고 있다. 이런 전승에 의하면 그는 12월 25일에 태어났다."고 기록했다. 이러한 기록은 율리우스의 의견이 널리 퍼져 있었음을 보여 준다. 그래서 5세기에는 12월 25일을 성탄일로 보는 견해가 광범위하게 퍼져 있었고, 이때를 크리스마스로 지키고 있었음을 암시하고 있다. 그렇다면 예수님의 출생일이 분명치 못함에도 불구하고 12월 25일을 성탄일로 지키게 된 이유는 무엇이며, 언제부터 12월 25일을 성탄절로 지키게 되었을까?

나. 왜 12월 25일일까?

12월 25일을 그리스도의 탄생일로 지키게 된 것에 대한 가장 오래된 기록은 2세기 후반의 안디옥의 감독이자 변증가였던 테오필루스(Theophilus of Antioch)와 로마의 히폴리투스(Hippolytus of Rome, d. c.236)의 기록인데, 후자의 기록에서는 성탄일을 로마 황제 아우구스티누스(IMPERATOR CÆSAR DIVI FILIVS AVGVSTVS) 제2년 12월 25일 수요일로 적시했다. 그러나 이 기록은 후세의 가필이나 위작이라는 것이 학자들의 공통된 의견이다. 그리스도의 탄생일에 대한 가장 신뢰할 수 있는 기록으로는 독일의 저명한 로마 역사가인 몸젠(Theodore Mommsen, 1817-1903)이 발견한 기록인데, 이 기록에는 로마 교회 역사가의 "카이사르와 바우라스의 임기 중 서기 제1년 12월 15일 금요일 만월로부터 15일째 되는 날 주 예수 그리스도께서 탄생하시었다."라는 기록이 있었다고 한다. 이 기록이 12월 25일이 성탄일로 기념되었음을 보여 주는 것은 사실이지만 이날을 성탄일로 본 것은 다른 이유가 있었다.

몇 가지 주장이 있지만, 12월 25일을 성탄절로 지키게 된 점에 대한 가장 신뢰할 수 있는 주장은 이교(異敎)의 풍습에서 유래했다는 이교 기원설이다. 로마에서 12월 25일 동지(冬至)는 태양신 '미트라'(Mithra, 혹은 미트라스 Mithras)를 축하하고 예배하는 로마의 농신제(農神祭, Saturnalia) 날이었다. 미트라는 기원전 1,300년 페르시아에서 시작된 남성 신으로 본래 페르시아의 생식의 신이었다. 이 신은 조로아스터교의 신에서 유래한 것으로 알려져 있는데, 빛과 지혜의 신이기도 했다. 이 신비 종교는 주후 80년경에 로마에 도입되었다는 증거가 있다.[4] 당시 로마는 다신교적 사회였고, 많은 이방의 신들이 소개되기도 했다. 미트라교는 1세기 당시 소아시아와 로마 제국에 널리 퍼져 있었다. 이 종교는 불멸에 대한 열망과 사후의 행복을 보장하는 종교라는 점에서 대중적인 인기를 얻었는데, 특히 군 장교들과 군인들에게 인기가 있었다.[5] 4세기 당시에는 중산층과 군인들 사이에 상당한 영향력을 행사하고 있었다고 한다. 그래서 기독교에 필적할 정도로 확산되었다. 기독교가 로마 제국에서 영향력을 행사하려면 반드시 넘어서야 할 두 집단이 중산층과 군인들이었는데, 미트라교는 이 두 집단에서 인기를 얻고 있었다.

이 미트라교의 축제일이 12월 25일이었다. 이날은 미트라가 바위에서 태어난 날인데, 이날은 미트라교의 종교 축제일이었다. 이날의 행사는 로마 사회에서 가장 큰 민간 축제였다. 이날 각 가정에 촛불을 켜 놓음으로 태양을 도와 일 년 중 가장 긴 밤의 어두움을 물리치게 하였다. 이 축제는 12월 17일경 시작되어 25일에 절정에 이른다. 이 축제 기간에 술을 마시고 푸른 나뭇가지를 목에 걸고 선물을 교환했다고 한다.

이런 상황에서 교회는 이교적 축제에 대한 관심을 대체할 축제를 생각하게 되었고, 로마의 감독은 이 이교적 축제를 기독교적으로 전환할 수 없을까를 고심했다.

즉 교회는 이날을 성탄일로 삼아 이교적 행사를 기독교적 절기로 대치시키고자 했다. 그래서 12월 25일을 소위 불굴의 태양신 '미트라' 대신 '의의 태양'이신 예수 그리스도의 성탄일로 정하고, 고래(古來)의 풍습을 기독교적 축제일로 전환시켰다고 한다. 이때가 336년이었는데 교황 율리우스1세(Julius I, 337-352) 시기였다. 그래서 12월 25일이 성탄절이 된 것이다. 이때로부터 18년이 지난 354년 교황 리베리오(Liberius, 352-366)는 12월 25일을 성탄절, 곧 예수 탄생일로 교회력에 확정하였다. 그 후 로마의 디오니시우스 엑시구스(Dionysius Exiguus, 525-544 어간 사망)는 525년에 12월 25일을 성탄절로 재확인하고, 이를 근거로 부활절을 비롯한 역사적 사건을 확정했다.

다. 동방 교회 왜 1월 6일을 성탄일로 보았을까?

서방 교회 12월 25일을 성탄절로 확정했지만 동방 교회, 곧 예루살렘, 안디옥, 콘스탄티노플에서는 1월 6일을 성탄절로 지켰다. 어떤 근거일까? 1월 6일은 새해가 시작되고 6일째 되는 날이다. 하나님이 천지를 창조하시고 제6일에 인간을 지으신 것 같이 새해가 시작된 제6일에 둘째 아담 그리스도가 태어나지 않았을까 하는 추리에서 이날을 성탄일로 확정한 것이다. 그래서 동방 교회 2세기부터 이날을 성탄절로 고집했다.

그러다가 431년 에베소 회의에서 동·서방 교회는 축제일 교환을 협의하게 되었다. 즉 서방 교회 동방 교회가 성탄절로 지키는 1월 6일을 주현절로 지키고, 대신 동방 교회는 서방 교회 12월 25일을 성탄절로 지키기로 한 것이다. 이 협의에 따라 432년부터 동방 교회 12월 25일을 성탄절로 받아들였다. 물론 그 이전에도 동방 교회 12월 25일을 성탄절로 간주한 경우가 없지 않았는데, 그 일례가 379년 콘스탄티노플에서 12월 25일을 성탄절로 지킨 사례가 있다고 한다. 이런 과정을 거쳐 성탄절은 12월 25일로 확정되어 오늘에 이르게 된 것이다.

그럼에도 불구하고 러시아 정교회 세르비아 정교회는 현재까지도 1월 7일을 성탄절로 지키고 있다. 그 이유는 달력의 차이, 곧 날짜 계산상의 차이 때문이었다. 동방과 서방 교회 다 같이 로마 황제 율리우스 카이사르(Gaius Julius Caesar, BC 100-44)가 기원전 45년 11월 1일 공포한 율리우스 달력(Julian Calender)을 사용해 왔는데, 이 달력에서 1년은 실제 1년보다 0.0078일 더 길어지게 되어 있었다. 1년이란 지구가 태양 주위를 한 바퀴 도는 시간을 의미하는데, 정확하게 말하면 365.24219879일이다. 율리우스 달력에서 1년은 0.0078일 더 길어지게 되어 있지만 1500여년이 지나고 보니 10일의 오차가 발생했다. 그래서 로마 교회 달력을 바꾸어야 할 필요를 느끼게 되었고, 교황 그레고리오 13세(Papa Gregorio XIII, 1572-1585)는 예수회 신부인 크리스토퍼 클라비우스(Christopher Clavius)의 제안에 따라 과학자들을 독려하여 개편 작업을 시행하여 1582년 2월 24일자로 '율리우스 달력'을 폐기하고 자신의 이름으로 명명된 '그레고리안 달력'을 채택했다. 현재 우리가 사용하고 있는 달력이 바로 그레고리안 달력이다. 그런데 러시아 정교회와 세르비아 정교회는 교회 축일을 산정할 때 그레고리안 달력을 사용하지 않고, 율리우스 달력을 근거로 계산한다. 그래서 서방 교회 12월 25일 보다 13일 늦게 오는 1월 7일을 성탄절로 지키고 있다.

라. 언제부터 성탄절을 지켰을까?

그런데, 이교 축제일을 성탄절로 지켰기 때문에 초기 교회 지도자들은 이 축제일에 남아 있던 이교적 풍습들을 제거하기 위해 노력했다. 예컨대 크리소스토무스는 성탄절이 적절치 못한 연회, 음주, 그리고 상업주의에 젖어 있다고 불만을 토로한 일이 있다. 400년에는 로마 황제가 성탄일을 부활절, 주현절(The epiphany)과 함께 국가의 3대 절기로 공표하고 이 날에는 모든 극장과 오락 시설의 문을 닫도록 했다고 한다.

그런데 서력기원을 말할 때 예수님의 탄생이 AD 1년이 아니고 BC 4년일까? 연대 계산상의 착오 때문이었다. 서력기원(西紀)은 예수님이 베들레헴에 출생하신 해를 기점으로 만들어진 것인데, AD는 Anno Domini, 곧 '주의 해'라는 의미로서 주후(主後)라고 말한다. 반면에 BC는 영어로 Before Christ이므로 주전(主前)이라고 말한다. 즉 예수님의 탄생을 기점으로 주전과 주후로 나뉜다. 그렇다면 예수님의 탄생 해가 AD 1년이 되어야 하는데, 그렇지 못한 것은 연대 계산 착오 때문이었다. 6세기의 로마의 주교 디오니시우스 엑시구스(Dionysius Exiguus)는 로마 건립으로부터 754년째가 되던 해를 서기 원년으로 정하고 그 이전을 BC, 그 이후를 AD로 나누는 서력기원을 만들었다. 그리고 1월부터 12월까지 월력을 만들 때 12월 25일을 성탄절로 확정했다. 이를 발표했을 때가 로마 황제 유스티누스(Flavius Iustinus) 재위 마지막 해인 527년이었다. 그런데 후에 디오니시우스가 계산한 예수님의 출생 연도에 착오가 있었음을 확인하게 되었다. 그는 헤롯이 죽은 해를 로마 기원 754년으로 계산했는데, 이는 실제(기원전 750년)보다 4년 늦게 계산된 것임을 알게 되었다. 그래서 AD 1년이 예수님이 탄생한 해가 아니라 BC 4년이라는 점을 알게 된 것이다.

앞에서 언급했지만 적어도 3세기 후반까지는 교회가 공적으로 성탄절을 교회적 절기로 지킨 흔적이 없다. 초기 신앙 공동체는 정기적으로 모여 그리스도의 죽음과 부활, 그리고 재림을 상기하고 예배드렸는데(고전 11:20-34), 부활은 그리스도 신앙의 요체였고, 따라서 부활절을 중시하였음을 보여 주고 있다. 그러다가 4세기에 와서 비로소 교회적 절기로 성탄절을 지키기 시작하게 된 것이다. 오늘의 성탄절이 이교적 배경을 지니고 있고, 이날이 고대 로마의 태양신 숭배일이었다는 이유에서 성탄절을 지키지 않는 교회나 교파도 있다.

마. 한국에서의 성탄절

첫 개신교 거주 선교사인 알렌(1884)과 언더우드와 아펜젤러(1885)의 입국 이후 미국적 관습의 크리스마스가 한국에 소개되었고, 점차 교회적 행사로 중시되어 왔다. 초기 우리나라에서 성탄절이 되면 교인들이 모여 예배를 드리고 함께 술을 마셨다고 한다. 옆집의 김 서방이 생일을 맞아도 술을 마시며 축하해 주고, 박 서방이 생일을 맞아도 술을 마시며 축하하는데, 예수님이 오신 날에 술 한 잔 없다는 것은 말이 안 된다고 보아 함께 술로 성탄을 축하했다고 한다. 어떤 촌락에서는 성탄절이 가까이 오면 동래 아줌마들이 냇가 빨래터에서 술 빚는 소식을 함께 나누고, 성탄절이 되면 집집마다 준비한 술이나 단술을 머리에 이고 와서 교회 앞마당에 두고 갔다고 한다. 그리고 나면 교인들은 성탄 예배를 폐한 후 함께 술잔을 돌리며 주님의 오심을 축하했다는 이야기가 남아 있다.

3장 / 왜 성탄절은 12월 25일인가?

1 이 책 제2장에서 지적한 바처럼 부활절 날짜에 대해서는 일치된 견해가 없었다. 니케아 회의 (325년)에서 그 날자 계산법 기준의 통일을 확정하려고 했으나 실패한 일이 있고, 700년경에도 각기 다른 5개 주일을 부활절로 지키고 있었을 정도였다.

2 *Stromata*, 1. 21.

3 김상훈, "신약에는 성탄절이 없다," 『기독신문』 2007. 12. 19.

4 앨버트 벨, 『신약시대의 사회와 문화』, 오광만 역(서울: 생명의 말씀사), 255.

5 L. Patterson, *Mithraism and Christianity* (Cambridge, 1921), 40.

4장 / 교회사에서 본 '가정 교회' ※

시작하면서

'가정 교회'는 우리 시대 논란의 중심에 서 있다. 그러나 이 글은 미국 휴스턴의 서울 침례교회 최영기 목사로부터 시원된 '가정 교회' 문제에 대해 집중한 것이 아니라 이 문제와 관련하여 초기 기독교의 상황, 곧 초기 기독교의 집회로서 가정 교회에 대해 소개하고자 한다. 즉 기독교회 예배 공간의 발전 과정에 대해 소개하고자 한다. 그리고 이 글 후반부에서 오늘의 가정 교회 문제에 대한 필자의 몇 가지 생각을 첨부하였다.

가. 가정 교회의 역사

1) 초기 3세기 동안의 교회 구조

초기 그리스도인들은 어디에 모여 예배와 교제, 그리고 성례를 시행했을까? 오늘의 예배당과 같은 집회소로서 교회당은 언제부터 생겨나게 되었으며 어떤 발전의 과정을 거쳐 갔을까? 이와 같은 의문은 초기 그리스도인들의 신앙과 삶의 자리를 이해하는데 유익한 정보를 제공해 줄 것이다.

역사적으로 말해서 오늘 우리가 말하는 공식적인 집회소로서 예배당 건물이 발견된 것은 256년 유프라테스강 상류 지역에 위치한 두라-유로포스(Dura-Europos)에서였다. 고대 도시 두라(Dura)를 헬라인들은 유로포스(Europos)라고 불렀는데, 이곳은 영국 군대에 의해 1920년에 발굴되었다. 그 후 프랑스와 미국의 고고학자들에 의해 연구되기 시작하였는데, 이 발굴은 20세기의 가장 중요한 발굴로 간주되고 있다. 바로 이곳에서 그리스도인들의 정기적인 집회소로 판단되는 교회당이 최초로 발굴되었다. 이 교회당 건물은 256년 이전에 건축되었는데, 칼 볼츠[1]나 베인튼[2]은 230년 혹은 232년경의 것으로 추정한다. 원래 주택이었으나 후일 교회당으로 개축된 것으로 보이는 이 건물에는 욕조가 딸린 작은 세례실이 있어 이 집회소에서 세례를 베풀었던 것으로 보인다. 이 교회 유적은 현재는 미국 예일대학 미술 박물관에 소장되어 있다.

처음 발견된 이 교회당이 230년경에 예배 처소로 개조된 것으로 본다 하더라도 이것은 일반화된 것은 아니므로 적어도 예루살렘에 신약 시대 최초의 교회가 설립된 이래 상당 기간 동안 독립된 예배당을 갖지 않았음을 알 수 있다. 오시에크(Carolyn Osiek)와 발취(David L. Balch)는 적어도 첫 150여 년 간은 그리스도인 공동체가 예배를 위한 독립된 건물을 소유하지 않았으며, 단지 필요한 경우 기존의 이용 가능한 장소를 이용했을 뿐이라고 주장한다.[3] 브래들리 블루(Bradley Blue)는 그의 "사도행전과 가정 교회"(Acts and House Church)라는 글에서 4세기 초 곧, 콘스탄티누스(Flavius Valerius Aurelius Constantinus, 272-337)가 최초의 바실리카라는 교회당을 세우기까지 약 300여 년 동안 그리스도인들은 독립된 건물로서 교회당이나 예배 처소를 갖지 않고 가정집에서 회집하는 가정 교회 중심으로 유지되어 왔다고 주장한다.[4] 이것은 블루가 그리스도인들의 집회소의 변천 과정을 개괄적으로 설명하는 것이지만, 초기 그리스도인들은 처음부터 교회당을 소유하지 않았다. 예수님의 승천 후 제자들이 가정집을 중심으로 회집하고 바울의 개종자들이 가정 중심의 공동체를 형성해 간 것은 회집할 다른 장소가 없었다는 불가피성 때문이 아니다(not by default alone). 그것은 그리스도인들의 모임에 유효한 장점들, 예컨대 안전하게 모일 수 있는 공간과, 공동 식사와 교제를 위한 주방이 가정집에 있었기 때문이었다.[5]

리처드 크라우다이머(Richard Krautheimer)는 기독교회의 설립에서 기독교가 로마 제국에서 공인받는 4세기 초까지(30-313)의 그리스도인들의 집회 처소, 곧 가정 교회에서 바실리카까지는 3단계의 발전 과정을 거쳐 왔다고 주장했다.[6] 첫 번째 시기는 대략 150년까지인데, 이 급진적인 발전기에 그리스도인들의 집회소는 신자들의 가정집이었다. 두 번째 시기는 대략 150년부터 250년 어간인데, 이 시기는 개인 주택을 개조하여 전적으로 집회소로 사용하는 시기였다. 세 번째 시기는 대략 250년에서 313년까지인데, 콘스탄티누스에 의한 바실리카 교회당이 세워지기 전으로 사적이든 공공의 것이든 큰 건물이나 홀이 집회소로 대두된 시기라고 한다. 이렇게 볼 때 그리스도인들의 집회소는 개인의 가정집에서 개조된 가정집으로, 보다 넓은 홀이나 건물로, 그리고 바실리카 교회당으로의 변천을 거쳐 왔다고 할 수 있다. 이제 이런 변천의 과정에 대해 살펴보고자 한다.

2) 초기 가정 교회

어떤 점에서 초기 그리스도인들은 처음부터 별도의 집회소를 생각하지 않았고, 특별히 자신들의 종교적인 활동을 위해 건축된 건물을 소유하지 않았다.[7] 또 그럴 필요도 없었다. 교회는 믿는 자들로 구성되는 것이지 건물로 이루어지는 것이 아니었기 때문이다.[8] 이들에게 있어서 에클레시아는 그 의미하는 바처럼 '모임'(會)이었지 건물을 의미하지 않았다. 여기에는 세 가지 이유가 있었다.

첫째는 초기 그리스도인들에게 시급한 과제는 십자가와 부활의 도를 증거하는 것이었지 가시적 집회소로서 가견적 교회당을 세우는 일이 아니었다. 이들에게 있어서 '교회'는 '그리스도의 몸'이었고, 성도들의 모임이었지 건물이 아니었다. 따라서 이교의 관행처럼 신전(temple)과 같은 종교적 목적을 위한 별도의 건물 취득을 추구하지 않았다. 이것이 가정 중심의 신앙행활을 했던 우선적인 이유였다. 이런 의식에 영향을 준 것은 예수님의 재림에 대한 기대였다. 임박한 재림에 대한 기대는 이 땅에서 제도로서의 교회당을 요구하지 않게 만들었던 것이다. 그래서 신약 성경 어디에서도 별도의 예배 처소에 대한 암시나 요구가 없다.

둘째, 이 당시는 가정(house) 혹은 가문(household)은 하나의 기본적인 정치 단위였기 때문에 하나의 조직으로서의 기능을 행사했고, 특히 안전을 보장하는데 있어 신교(信敎)의 자유가 주어져 있지 않았던 이 시대에 회집하기 좋은 점을 지니고 있었다.[9] 이 점은 기독교 공동체의 존재 양식이나 발전에 지대한 의미를 주고 있다. 이 당시 '가문'이라고 할 때 그 가속(家屬)은 직계 가족만이 아니라 노예나 해방된 노예, 일꾼, 때로는 소작인이나 동업자까지 포함하는 광의의 조직이었다.[10] 이들에게 있어서 가정집은 그리스도인들의 안전과 공동 식사 등 신자들의 교제에 유용한 환경이었다. 사도행전이나 바울의 선교 활동에서 이런 가정 중심의 복음 운동의 다양한 흔적을 발견할 수 있다.[11]

셋째, 초기 그리스도인들, 특히 4세기 이전의 그리스도인 공동체는 탄압받는 공동체였고, 교회 공동체 이름의 합법적인 재산 취득이 용이하지 않았다. 신교(信敎)의 자유를 누리지 못했던 이들은 왕왕히 정치적인 집단으로 간주되기도 했다. 예수의 추종자들은 안디옥에서 '그리스도인'(christianos)으로 불렸는데, 이 말이 라틴어라는 점에서 로마인들에 의해 불려진 이름임을 알 수 있다. 이것은 라틴어로 그리스도 당파(partisan of Christ)라는 정치적인 용어였다.[12] 초기 그리스도인들이 이런 이름으로 불렸다는 사실 자체가 정치적인 집단으로 간주되었다는 증거이다. 그리스도인들은 자신들의 불확실한 법적 지위 때문에 별도의 집회소로서 예배당과 같은 재산의 취득은 시급한 요청이 아니라고 보았던 것이다.

이런 현실에서 초기 그리스도인들의 집회소는 개인 주택이었다. 이것은 오늘날 중국의 경우처럼 탄압받는 시대에서 교회의 생존 모델이기도 하다. 그 후 신자들이 증가함에 따라 오직 예배를 위해 봉헌되는 주택이 필요하게 되었다. 분명한 사실은 초기 기독교회는 가정 교회로 출발하였다는 점이다.[13] 신약 성경과 가버나움, 로마, 켄트(Kent)에서 발견한 고고학적 증거는 이 점을 분명하게 증거 해 준다.[14] 신약 성경에는 여러 지역에 가정 교회(domus ecclesiae)[15]가 있었음을 보여 주는 여러 흔적들이 있다. 그러나 한 지역 내에 가정 교회들이 수나 가정 교회 상호 간의 관계에 대한 정보는 매우 빈약하다.[16]

(1) 예루살렘에서의 가정 교회

우선 사도행전 1장에서 5장 사이에 보면 첫 기독교 공동체는 가정 교회로 시작되었음을 암시하는데, 특히 2:43-47, 4:32-37, 5:12-16, 5:42을 보면 이들은 개인 집에 모였음을 알 수 있다. 누가는 예수의 제자들이 감람산에서 예루살렘으로 돌아와 "들어가 … 다락에 올라가니(εἰς τὸ ὑπερῷον) … 그 모임에는(ἐπὶ τὸ αὐτό) 약 120명이 모였다"고 했다(행 1:13-14). 누가는 이곳을 마가라고도 하는 요한의 어머니 마리아의 집이라고 했는데, 이곳이 예수님의 승천 후 11제자들과 여인들, 그리고 예수의 어머니와 형제들이 모였던 다락방(행 1:13)이었고 맛디아를 선출하고(행 1:26) 오순절 성령 강림이 있었던 바로 그 '집'이었다(행 2:2).

그런데 누가는 사도행전 2:1, "저희가 다 같이 한곳에 모였더니"에서 ἐπὶ τὸ αὐτό를 사용하고 있는데, ἐπὶ τὸ αὐτό를 쓸 때 누가는(행 1:15, 2:1, 고전 11:20, 14:23에서 보는 바처럼) 의식적으로 어떤 장소에서 회집된 그룹을 지칭하던지, 아니면 사도행전 2:47에서와 같은 일반적인 기독교 공동체를 의미하던 간에 '기독교 공동체의 모임'(the assembly of the Christian community)을 언급하고 있음을 알 수 있다. 이 ἐπὶ τὸ αὐτό라는 표현은 1세기와 2세기 교부들의 문헌에서도 계속적으로 나타나는데, 이를 통해 누가가 이 표현을 통해 의도했던 의미를 해명하는 데 도움을 준다.[17] 즉 이들이 회집했던 '한 곳'은 개인의 가정집이었음을 암시한다.

이 점은 사도행전 여러 곳에서 암시되거나 시위되고 있다. 스데반의 순교 이후 바울의 기독교 박해를 보도하는 사도행전 8:3에서, "사울이 교회를 잔멸할새 각 집에 들어가 남녀를 끌어다가 옥에 넘기는" 기록에서 바울은 예루살렘 교회(행 8:1)를 탄압할 목적으로 "각 집마다 찾아다닌 것"과 "남녀들을 끌어간 것"은 남녀들로 구성된 가정 교회를 보여 준다.

사도행전 12:12에서 언급하고 있는 마가라 하는 요한의 어머니 마리아의 집은 예수님의 승천을 목격하고 돌아온 제자들이 모였던 바로 그 '집'으로서, 이곳은 은밀한 가정 교회였음이 분명하다. 이곳은 "여러 사람이 모여 기도하던 곳"으로서 예루살렘의 그리스도인들의 집회소였다. 감옥에서 나온 베드로가 이곳으로 찾아간 것을 보면 이곳은 예루살렘의 주된 집회소였음을 암시하고,[18] 천사가 이곳까지의 길을 안내한 일이나(행 12:10), 로데라는 여종이 영접하러 나온 일(12:13), 그리고 그리스도인들이 이 집에 모여 있었다는 점(12:14-15)과 베드로가 놀란 성도들을 진정시킨 일(12:17), 특히 헤롯 아그립바의 군대가 출옥한 베드로 수색에 실패한 점은 이곳은 예루살렘의 여러 가정 교회 중 가장 중요한 집회소이자 은밀한 가정 교회였음을 보여 준다.

베드로의 투옥 및 출옥과 관련한 이 본문에서 베드로가 자신의 기적적인 석방에 대해 보고한 후 "또 야고보와 형제들에게 이 말을 전하라 하고 떠나 다른 곳으로 갔다"(12:17)는 기록은 야고보가 중심이 된 다른 가정 교회가 있다는 점을 보여 주며, 베드로가 다른 곳으로 갔다는 점은 제3의 가정 교회가 있었다는 점을 강하게 암시하고 있다.[19]

흥미로운 사실은 예루살렘에 다수의 가정 중심의 그리스도인 집단이 있었음에도 불구하고 그들을 하나의 교회, 곧 예루살렘 교회로 인식하고 있다는 점이다. 이 점은 누가가 장로 또는 감독을 도시의 개별적 집단과 관련시키지 않고 그 도시에 관련시키는 것을 볼 때 분명하다(행 14:23, 20:17).[20] 이 점은 바울의 경우에도 동일하다(딛 1:5). 바울이 한 지역, 특히 로마시의 경우에 복수의 가정 교회가 있었음을 알고 있음에도 불구하고 개별적인 서신을 보내지 않고 하나의 서신을 그 도시에 보낸 것은 그 모든 가정 교회는 오직 하나의 로마 교회를 구성하고 있다고 판단했기 때문일 것이다. 동시에 이 가정 교회들은 서로 고립되어 있지 않고 상호 연합되어 한 지역의 교회를 구성하고 있었음을 알 수 있다.

(2) 이방 지역의 가정 교회

가정 교회에 대한 흔적은 사도행전 13장 이후에도 산재해 있지만[21] 바울서신에는 보다 분명하게 초기 기독교 공동체가 가정 중심의 교회를 형성하고 있었음을 보여 주고 있다. 에베소에는 브리스길라와 아굴라가 중심이 된 가정 교회가 있었다. 이 점은 바울의 "아굴라와 브리스가와 그 집에 있는 교회가(Ἀκύλας καὶ Πρίσκα σὺν τῇ κατ' οἶκον αὐτῶν ἐκκλησίᾳ.) 주 안에서 너희에게 문안한다."(고전 16:19)는 언급에서 분명히 알 수 있다. 고린도에는 하나의 지역 교회와 여러 가정 교회가 있었음을 알 수 있다. 바울은 고린도에서 그리스보와 가이오에게 세례를 주었다는 사실을 말하고 있는데(고전 1:14) 그리스보는 회당장으로 온 집으로 더불어 주를 믿었던 인물(행 18:8)이었음을 고려해 볼 때 자기 집이 가정 교회로 제공되었을 가능성이 높다. 가이오는 "온 교회 식주인"(the host of the all the church, 롬 16:23)으로 소개되고 있는데, 그는 바울에게만이 아니라 전체 교회에 후의를 베풀었던 인물이었다. 이 점은 가이오의 집이 가정 교회로 사용되었음을 보여 준다. 또 바울은 고린도에 있을 때 스데바나 집 사람에게 세례를 베풀었는데(고전 1:16), 스데바나의 집은 아가야 지방의 첫 열매라고 소개한다(고전 16:15). 그의 집은 "성도 섬기기로 작정한 자"라는 바울의 언급에서 그의 집이 가정 교회로 제공되었음을 암시하고 있다. 바울은 데살로니가에는 하나 이상의 교회가(살전 5:27),[22] 라오디게아에도 하나 이상의 가정 교회가 있었음(골 4:15)을 암시한다.[23]

가정 교회와 관련한 바울 서신에서 가장 흥미로운 점은 바울은 로마시에 적어도 3개 처 이상의 가정 교회가 있었다는 점을 알고 있었다는 점이다(롬 16:5, 14, 15).[24] 로마의 그리스도인들에게 보낸 로마서 16장은 일종의 추신으로서 초기 가정 교회에 관한 중요한 증거를 제공한다. 여기서 바울은 자신이 알고 있거나 함께 일했던 26명의 이름을 거명하며 문안하고 있는데,[25] 이 문안은 개인이나 가정 교회 공동체에 속한 이들 그룹에 대한 정보를 주고 있다. 일반적으로 이 16장에는 적어도 3개 처의 가정 교회들이 언급되어 있는 것으로 인식되고 있다. 그 첫 번째는 "브리스길라와 아굴라의 집에 있는 교회"(롬 16:6)이다. 지도자가 유대인이어서, 아마도 유대인 기독교인의 가정 교회인 것으로 보인다. 브리스길라와 아굴라는 바울처럼 장막을 만드는 사람으로(행 18:3), 특정 지역에 정주(定住)하지 않고 여러 지역을 순회하였다.[26] 즉 본도에서 출생한 그는 로마에 거주하다가 클라우디우스(Claudius) 황제의 유대인 추방령에 따라 고린도로 이주하였고(행 18:2) 다시 에베소로 옮겨갔으나(행 18:18), 다시 로마로 돌아간 것으로 보인다. 사도 바울은 고린도에서 이 부부와 접촉하게 되었고, 이 부부 집에 가정 교회가 형성된 것으로 보인다. 이 부부는 바울과 함께 에베소로 이거하여 그곳에 다시 가정 교회를 세웠다(고전 16:19). 후에 브리스길라와 아굴라는 로마로 이거하였고, 그곳 자신의 집이 가정 교회로 제공되고 있었던 것으로 보인다.

둘째는 아순그리도, 블레곤, 헤메, 바드로바, 허마, 그리고 그들의 형제들을 포함하는 가정 교회이다(롬 16:14). 이들 모두의 이름이 헬라어라는 점에서 이들은 유대인이 아니었다. 앞의 세 명은 동부 그리스 출신이고, 바드로마와 허마는 로마의 노예 이름이라는 점에서 노예이거나 해방된 노예였을 것이다. 아순그리도, 블레곤,

헤메, 바드로바, 허마로 대표되는 신자들은 다른 '형제들'과 함께 가정 교회를 구성하고 있었음을 알 수 있다.

세 번째의 가정 교회는 빌롤로고와 율리아, 네레오와 그의 자매 올름바와 그들과 함께 하는 모든 성도의 교회이다(롬 16:15). 율리아는 라틴 이름이고, 나머지는 모두 헬라어 이름이다. 율리아는 '해방'이라는 라틴 이름을 얻은 헬라인 노예였을 것으로 추측된다. 빌롤로고와 네레오는 로마에서 흔한 노예의 이름이다. 네레오가 그의 자매를 알았다는 사실은 그와 그의 자매가 해방된 노예의 후손이었다는 것을 추측하게 한다. 그래서 빌롤로고와 율리아, 네레오와 그의 자매 올름바로 대표되는 신자들은 다른 '성도들'과 함께 하나의 가정 교회를 구성하고 있었던 것이다.

이상의 3개 처의 가정 교회 중 첫 번째는 대다수가 유대인들로 구성된 교회였으나, 다른 2개 처의 가정 교회는 주로 그리스어를 사용하는 노예나 해방된 노예들로 구성된 이방인들의 교회였음을 알 수 있다. 이들 3개 처의 가정 교회 중에서 다른 두 교회는 주 안에서 아리스도불로의 식솔들과 나깃수의 식솔들을 나타내는 10절과 11절에 소개되어 있다. 이들 종들이나 자유민들은 그들 자신의 가정을 중심으로 회집했던 것이다.

말허비(Abraham J. Malherbe)는 바울의 목회 서신들은 초기 기독교 공동체가 가정 중심의 공동체였고 가정 교회 형태였다는 점을 뒷받침해 주고 있다고 이해했다.[27] 바울의 후기 서신이라고 할 수 있는 목회 서신에서는 이단의 출현과 가정에로의 침입을 경계하고 있는데(딤후 3:16, 딛 1:11), 이 서신에서는 '오이코스'와 그 동족어가 매우 빈번히 나오고 있다(딤전 3:4, 5, 12, 15, 5:4, 8, 13, 14, 딤후 2:10, 딛 1:7, 11 등). 교회는 하나님의 집으로 묘사되고 있고(딤전 3:15, 딤후 2:20), 직분자의 자격을 말할 때마다 가정을 잘 다스릴 줄 알아야 한다는 점이 강조되고 있다(딤전 3:4-5, 12; 5:4). 이런 가정에 대한 강조가 당시 교회가 가정 교회적 형태였음을 보여 주는 반증이라고 보고 있다.

어떻든 신자의 가정집을 집회소로 하는 가정 교회 형태는 2세기 중엽이나 2세기 말까지 계속된 것으로 보인다.[28] 이 경우 집을 소유한 비교적 부유한 그리스도인은 권속들의 후견인(patron)으로서의 역할을 한 것으로 보인다. 이런 가정집의 경우 회집할 수 있는 인원은 50여명 미만이었을 것이다.

112년 경 비두니아의 총독이었던 플리니는, 기독교의 확산을 보고하면서 "이 미신의 전염성은 도시에만 제한되어 있지 않고, 마을과 농촌으로까지 확산되고 있다."고 했는데, 블루는 이런 가정 중심의 그리스도교 공동체가 갈릴리 해변에서 시작된 기독교 운동을 로마의 변방까지 신속하게 확장하게 했던 유효한 요인이었다고 해석하고 있다.[29]

3) 그 이후의 변천

그러다가 2세기 중엽을 거쳐 가면서 그리스도인 공동체의 집회소에는 새로운 변화가 나타나는데, 기존의 개인의 가정집을 수리, 확장, 혹은 개조하여 전적으로 종교적 목적으로 이용하는 새로운 형태의 가정 교회(domus ecclesiae)가 대두하기 시작한다. 이것은 보다 편리한 회집과 예배를 위한 자연스런 발전이었다. 이런 변화에 대한 분명한 증거가 앞서 언급한 바 있는 두라 유로포스에서 발견된 가정 교회였다. 이 가정 교회는 두 방 사이의 벽을 허문 직사각형의 구조로서 약 20평 (5.15 X 21.9m) 크기의 65명에서 75명까지 수용할 수 있는 건물이었다.[30] 이런 변화와 함께 기독교 예배는 가정 교회적인 환경과는 다른 공적인 예전에 따라 시행된 것으로 보인다.

기존의 건물을 개조하거나 확장하여 보다 넓은 홀로 변천하는 이 시기의 집회소를 미카엘 와이트(Michael White) 교수는 aula ecclesiae, 곧 "교회의 홀"(hall of the church)이라고 불렀다. 즉 aula ecclesiae 는 '교회의 집'(house of the church)이란 의미의 domus ecclesiae 혹은 하르나크(Adolf von Harnack)가 Saalkirched라고 불렀던[31] 그 이후 시기의 집회소를 칭하는 말이었다. 와이트에 의하면 가정집 개조에서 콘스탄티누스 시대의 바실리카로로 전환하는 일반적인 과정을 확인할 수 있는 증거는 없다고 주장한다. 도리어 그는 aula ecclesiae가 어떤 지역에서는 5세기까지 잔존했던 곳으로 보인다고 주장한다.[32]

3세기 말까지는 여전히 개조된 가정 교회가 중심을 이루지만 크라우다이머(R. Krautheimer)의 지적처럼 약 250년을 경과해 가면서 별도의 집회소로서 교회당 건물이 세워지기 시작한다. 이러한 상황의 변화는 당시의 정치적 상황과 무관하지 않다. 249년에 황제가 된 데키우스(Decius)는 기독교가 별로 전파되지 않은 다뉴브강 유역인 북부 출신으로서 그의 가장 큰 관심사는 로마의 옛 명성을 회복하는 일이었다. 당시의 경제・사회적 불안은 로마가 옛 신들을 버린 결과로 보아 이교의 부흥을 의도했다. 이것이 그의 종교 정책의 기반이었다. 그래서 그는 기독교에 적대감을 가지고 250년부터 기독교를 혹독하게 탄압하기 시작했다. 그의 목표는 순교자를 만드는 것이 아니라 배교자를 만드는 것이었다. 그는 신들에게 드리는 제사에 참여하는 자에게는 '증명서'(libelli)를 발급하는 등 조직적으로 그리스도인들을 탄압했으나 251년 고트족과의 전투에서 사망했다. 데키우스(Decius)가 사망하자 그의 친구 발레리안(Valerian)이 황제가 되어 전임자의 정책을 고수했다. 그도 곧 야만인(페르시아인)들에게 포로로 잡혀갔고 그의 아들 갈리에누스(Gallienus)가 260년 황제가 되었다.

갈리에누스는 탄압에도 불구하고 확대되는 기독교의 영향력을 보면서 기독교에 대한 통제나 박해가 유효한 결과를 가져오지 못한다는 사실을 인식하기 시작했다. 그는 곧 기독교에 대한 박해를 해제함으로써[33] 디오클레티아누스(Diocletianus)

에 의한 기독교 박해가 재개되기까지 교회는 40년 간 비교적 평화를 누릴 수 있었다. 바로 이러한 이유에서 260년 이후 약 40년 동안, 특히 270년에서 303년까지 개종자들이 늘어났고, 그 필요에 따라 여러 지역에 별도의 집회소로서 교회당이 세워지기 시작하였다. 이것은 집회소로서 교회당 건축사에 중요한 발전이었다.

그런데 갈리에누스(Gallienus)는 260년 혹은 261년에 발표된 기독교에 대한 박해를 해제하는 그의 칙령³⁴에서 "박해자들이 기독교인들의 '예배 장소'(place of worship)에서 떠나야 한다."고 말할 때(ὅπως ἀπὸ τῶν τόπων τῶν θρησκευσίμων ἀποχωρήσωσιν. …) θρησκευσίμων이라는 단어를 사용하고 있다는 점이다. 이 단어(θρησκεύσιμος)는 약 6천만에 달하는 헬라어 단어 중에 유세비우스의 기록에서 오직 단 한번 밖에 사용되지 않는 단어(hapax)인데, 여기서 말하는 '예배의 장소들'은 그랜트의 해석처럼³⁵ 예배를 위해 독립적으로 세워진 교회당이라기보다는 가정 교회 혹은 그 다음 시기의 집회소였던 보다 확장된 가정 교회였을 것이다. 이렇게 본다면 250년을 경과해 가면서 여전히 가정 교회 형태가 주류를 이루었고 점차 별도의 교회당 건물이 세워지기 시작한 것으로 이해될 수 있다.

3세기 중엽 이후 점차 별도의 집회소로서 교회당 건물이 세워지기 시작했다는 점은 유세비우스의 『교회사』에서 분명히 드러나고 있는데, 유세비우스는 303년 이전에도 과거의 건물에 만족하지 않고 건축 기금을 사용하여 모든 도시에 보다 큰 교회당을 세우고자 하는 기독교인들이 많았다는 사실을 지적하고 있다.³⁶ 이 진술이 다소 과장된 것임을 감안하더라도 콘스탄티누스 이전 시대에 이미 어느 정도의 교회당 건물, 곧 바실리카들(basilicas)이 존재했을 것이라고 그랜트는 지적하고 있다.³⁷ 그러나 이것을 확인할 수 있는 건물은 없다.

한 가지 주목할 사실은 '에클레시아' 라는 용어가 회(會), 혹은 모임으로만이 아니라 적어도 270년 전후부터는 건물을 칭하기도 한다는 사실을 보여 주고 있다는 점이다. 유세비우스 『교회사』 VIII권 2장은 '교회당의 파괴'를 취급하고 있는데, 디오클레티아누스(Diocletianus, 재위 284-305) 황제는 재위 19년, 곧 303년 9월에 칙령(βασιλικὰ γράμματα, an imperial letter)을 내려 교회당을 파괴하고, 성경을 불사르게 하는 등 혹독한 박해를 시작하였고, 고위직에 있는 신자들을 공직에서 축출하고 공민권을 박탈하는 등[38] 박해가 약 10년간 계속되었음을 기록하고 있다. 그런데 여기서 주목할 점은 교회를 '기도하는 집'(house of prayer, οἴκους ἐξύψους)이라고 하기도 하지만 교회당의 파괴를 말할 때 교회당을 에클레시아(ἐκκλησίας)라고 말함으로써, 에클레시아라는 단어가 후일에는 건물을 의미하게 되었다는 점을 보여 주고 있다.[39] 이 점은 이보다 약간 앞선 3세기 말 교회당의 파괴를 말할 때도 유세비우스는 에클레시아를 사용하고 있다.[40]

4) 바실리카의 출현

313년 기독교의 공인은 그리스도인과 기독교회에 커다란 변화를 가져왔다. 교회당 건축에도 변화를 주었다. 밀란 칙령의 내용은 다 알려져 있지 않으나, 기독교의 공인과 함께 기독교에 대한 탄압을 중지하고 기독교회들과 묘지, 기타 재산을 돌려준다는 내용이 포함되어 있다. 이제 기독교회는 불법의 집단이 아니라 합법적인 종교로 인정을 받았고, 공개적인 활동이 보장되었다. 기독교는 점차 제국의 종교로 변모되어 갔다.

기독교의 공인 당시 제국 내의 기독교 인구는 약 10% 정도로 추산하고 있으나,[41] 곧 그 수효는 크게 증가해 갔다. 콘스탄티누스(Constantinus)의 전임 황제들이 정치적인 이유로 기독교인들을 박해하였듯이 콘스탄티누스도 이와 유사한 이유에서 기독교에 관용을 베풀었기 때문이다. 4세기 초 가정 교회들의 파괴, 그리고 새로운 재건의 필요성은 기독교 인구의 증가와 함께 교회당의 건축을 필요로 하게 되었다. 이제 교회는 재산이나 유산을 기증받을 수 있도록 허용되었으므로 새로운 형식의 교회당이 건축되기 시작하였다. 콘스탄티누스 이전의 예배당은 단순하고 소박한 개조된 가정집에 불과했으나, 콘스탄티누스와 그 후계자들이 건축한 교회당은 소위 '바실리카'(Basilica)라고 불리는 직사각형 모양으로 규모가 크고 찬란한 건축양식이 나타났다. 바실리카[42]란 벽으로 둘러 싸여 있는 직사각형의 초기 교회당 건축양식을 의미하는데, 이 한쪽 끝에서 다른 쪽 끝까지 개방된 홀(hall)이 있고, 줄을 맞추어 기둥이 세워져 있는(列柱) 건축 형식을 의미한다. 이런 양식은 기독교 이전 시대 이탈리아나 로마에서 흔히 볼 수 있는 건축양식이었는데, 줄을 맞추어 세워진 기둥 위에 지붕을 덮은 공공건물이나 시장 등이 그것이다. 호주 시드니의 경우를 예로 든다면, 퀸 빅토리아 빌딩과 같은 건축양식을 의미한다. 이제 교회는 기존의 바실리카를 교회당으로 사용하거나, 바실리카 형식의 교회당을 건축하기 시작한 것이다. 이런 점에서 블루의 지적처럼 4세기 초의 바실리카의 출현은 교회당 양식 혹은 기독교 건축사의 분수령이 된다.[43]

바실리카라고 불리는 교회 건물들은 3부분으로 구성되었는데, 아트리움(atrium), 회중석(naves) 그리고 성소(sanctuary)가 그것이다. 아트리움은 벽돌에 의해 둘러싸인 사각형의 형태를 띤 입구이며, 회중석은 바실리카에서 가장 넓은 공간이며, 성소는 회중석 끝에 위치하였고 그 바닥이 한층 높았다. 성소에는 예식을 주관하는 목회자들을 위한 좌석이 있었는데 감독을 위한 좌석을 '보좌'(cathedra)라고 하였는데 이 단어로부터 '성당'(cathedral)이라는 용어가 파생되었다.

워드-퍼킨스(J. B. Ward-Perkins)는 콘스탄티누스 이전 시대의 기독교회에서는 콘스탄티누스나 그 이후 시대 바실리카의 모델이 되었다고 볼 수 있는 기념비적인 건축물이, 또는 건축물로 볼 수 있는 것이 전혀 없다고 말한다. 그리고 로마의 캘리

안 언덕 위에 세워진 성 존 라테란(St. John Lateran)교회는 황제의 지휘하에서 세워진 최초의 견고한 교회당(the first substantial church)으로서, 기존의 주장과는 달리, 초기 기독교의 전형적인 형태의 바실리카로 건축되었다고 주장한다.[44] 이 교회당은 314년경에 세워진 것으로 본다.[45] 그러나 흔히 315년 경 두로에 세워진 바실리카는 가장 대표적인 교회당으로 알려져 있다.

이러한 교회당의 건축은 새로운 시대에 나타난 변화였다. 그 후 콘스탄티누스는 로마시 7개 처에 교회를 건축하고, 콘스탄티노플에는 '성스러운 평화'라는 이름의 세인트 아일린 교회당을 짓도록 명했다. 그의 어머니 헬레나는 베들레헴에 성탄 교회를, 그리고 감람산 교회도 건축하였다. 제국의 중요 도시에는 큰 교회당이 건축되었는데, 이러한 정책은 자기 이름을 남기고자 했던 콘스탄티누스와 그 후계자들에 의해 계속되었다.

지금은 이 당시에 건축한 교회당이 거의 파괴되었지만 그 기본 구조를 짐작해 볼 수 있는 흔적들이 남아 있다. 문제는 이런 외형적인 교회당의 웅대함과 찬란함 속에 진정한 경건과 믿음은 점차 사라져 갔다는 점이다. 크리소스토무스와 같은 교부는 이런 외적인 치장을 경계하고 있었다.

맺음말 : 가정 교회 문제 어떻게 볼 것인가?

요즈음 논란이 되고 있는 가정 교회는 오늘의 한국 교회 현실에 대한 대안으로 대두된 것으로 보인다. 그동안 한국 교회는 수적 성장에 집착하여 성장을 제일의 적 과제로 지향하여 왔다. 이런 현실에서 형성된 교회 구조는 다른 많은 가치들을 상실했다. 무엇보다도 대교회 구조 속에서 교회의 진정한 교제가 상실되거나 약화되고 전도나 선교적 공동체로서의 구조를 상실하였다. 이러한 현실에서 자연스럽게 새로운 교회 구조에 대한 요구가 표출되었는데 그런 한 가지 현상이 가정 교회라고 생각된다. 이런 현상은 교회사에서 흔히 나타나는 현상이라는 점에서 자연스런 일이다.

근본적으로 교회 구조나 목회 형태는 불변적인 어떤 고정된 구조나 체제는 아니다. 목회 형태의 경우, 오늘의 정착 목회가 있기 전에 바울이나 사도 시대의 순회(巡廻) 혹은 순행(巡行)목회에서 잠정적인 기간을 거쳐 오늘의 정착 목회로 변화를 겪어 왔다. 목회자들도 자급 목회에서 과도기를 거쳐 현재의 형태로 발전했다. 심지어 교회의 직분도 그 시대의 필요에 따라 '자연스럽게 발전하여' 오늘의 형태로 고정되었다. 복음의 내용은 변할 수 없지만 그 복음을 선포하는 그릇은 시대를 따라 변천해 왔다

물론 장로교회가 지향하는 신학은 오랜 역사와 전통을 지니지만 장로교회의 신학과 예배, 의식 등 장로교회의 예배와 교회 구조도 16세기를 거쳐 제도화되었다. 스코틀랜드에서 종교 개혁이 일어났으나 목회자가 부족할 때 잠정적 직분으로 독경사(Reader)가 있었고, 장로교 치리 제도를 지향하면서도 잠정적인 감독 제도를 유지했던 경우도 과도기적 현상이었다.

새로운 제도는 항상 상당한 저항과 반대에 직면했다. 그 한 가지가 영국 교회적 상황에서 조지 휫필드(George Whitefield)에 의해 시도된 옥외 집회(open air preaching)였다. 18세기 중엽의 성직주의적인 영국 교회에서 볼 때 옥외 집회는 기독교의 속화이자 교회 구조의 파괴였다. 엄청난 비난이 있었으나 휫필드는 1739년 2월 17일부터 옥외 집회를 시작했다. 이것은 당시 저조한 예배 참석에 대한 현실적 대안이기도 했지만 예전적 형식주의에 빠져 복음화의 사명을 망각한 현실을 극복하는 대안으로 인식했다. 이것은 동시에 자신(부흥 운동)을 반대하는 영국 국교회의 벽을 넘는 방안이기도 했다. 휫필드는 "길과 산울가"로 나가서 전도하며 옥외에서 설교하였던 예수님의 설교를 옥외 집회의 성경적 근거로 제시했으나, 당시

교회는 복음의 변질을 초래한다고 강력하게 반대했다. 당시 교회로서는 상상도 못한 방법이었으나 옥외 설교는 상당한 반향을 불러 일으켰는데, 그 구체적인 예가 브리스톨 근처 킹스우드(Kingswood) 지방 광부들에게 향한 설교였다. 이 설교는 살을 도려내는 듯한 추운 날씨에도 불구하고 약 2만 명이 운집할 정도로 전도의 실효를 시위하였다.[46] 당시 교회가 무관심하거나 무시했던 광산 도시에서의 회개와 회심의 역사는 일순간에 영국 교회를 긴장시켰다. 1739년 4월에는 런던에서도 야외 설교를 시작하여 동일한 하나님의 역사를 체험했다.[47] 당시 교회로는 상상도 못했던 일이었으나 토마스 찰머(Thomas Chalmers, 1780-1847)는 야외 설교 방식을 '공격적 방법'(aggressive system)이라고 칭했다.

가정 교회 운동은 셀 교회(Cell Church)와 마찬가지로 과거에 있었던 여러 목회 방식 중의 하나로서 일종의 목회 프로그램이라고 생각된다. 변화된 환경은 새로운 목회 방식을 요구하는데, 가정 교회는 이런 현실의 반영이고 이런 방식 또한 한 시대의 유행일 수 있다는 점에서 너무 긴장할 필요가 없다고 생각된다.

문제는 '가정 교회'가 침례교 목사에 의해 시원하였고 그것이 침례교적 배경에 바탕을 두고 있다는 점에서 회중주의적 제도이며 장로교회에서 수용할 수 없다는 점이 지적되고, 전통적 교회 구조와의 단절이 강조될 수 있다는 점, 직분과 사역의 괴리 혹은 장로교 치리회 기능의 약화를 초래할 수 있다는 점 등이 문제로 지적되는데, 이런 점들에 대한 보완을 통해 기존의 교회 구조나 제도가 민감하게 대처하지 못한 점들을 효과적으로 해소할 수 있다면 효과적인 교회 형태로 수용될 수 있다고 생각된다. 가정 교회가 가져온 가장 큰 거부감은 사실 신학적인 문제가 아니라 행정적인 문제였다. 즉 기존 치리회의 권위를 약화시킨다는 지적이었다. 기존 직분자들의 역할을 약화시키지 않으면서 구역 제도를 활성화하는 방안으로서의 가정 교회는 긍정적으로 수용될 수 있을 것이다. '가정 교회'는 구역 구조의 쇄신이자 보완의 성격이 강한데, 우리 시대 교회의 약점으로 지적되고 있는 성도 간의 교제의 회복, 불신자 전도 등 전도 기능의 회복 등 초대 교회적 교회관을 회복하는데 기여할 수 있을 것으로 보인다. 이렇게 볼 때 장로교회 신학 정체성을 유지하되 현대 교회의 약점을 극복할 수 있는 제도로 보완해 가면서 장로교 제도 안의 체제로 발전하도록 보완하는 노력이 필요할 것이다.

4장 / 교회사에서 본 '가정 교회'

※ 고려신학대학원 학술 대회(2007.11.1.) '가정교회 어떻게 볼 것인가?'에서 발표된 논문임.

1 칼 볼츠, 『초대 교회와 목회』, 박일영 역 (컨콜디아사, 1974), 97.

2 R. H. Bainton, *The Church of Our Fathers* (The Westminster Press, 1978), 3장 참고.

3 Carolyn Osiek and David L. Balch, *Families in the New Testament World* (Louisville: Westminster John Knox Press, 1997), 33. 이 점은 Richard Krautheimer가 그의 *Early Christian and Byzantine Architecture* (NY: Penguin Books, 1979), 24-25쪽에서 가정한 교회당 건축의 첫 단계의 기간과 일치한다고 보고 있다.

4 Bradley Blue, "The Book of Acts in Its Graeco-Romam Setting," *The Book of Acts in Its Graeco-Romam Setting*, eds., David W. J. Gill and Conrad Gempf (Grand Rapids: Eerdmans, 1994), 120.

5 Blue, "The Book of Acts in Its Graeco-Romam Setting," 121.

6 R. Krautheimer, "The Beginning of Christian Architecture," *Religious Review* 3 (1939), 144-59. Blue, 124 에서 재인용.

7 이 점은 광범위하게 인정되고 있는데, 특히 A. J. Malherbe, *Social Aspects of Early Christianity*, 68-9; R. M. Grant, 『초기 기독교와 사회』, 김쾌상 역(대한기독교출판사, 1992), 159.

8 Robert M. Grant, *Early Christianity and Society* (London: Collins, 1978), 149. 그랜트는 이런 입장의 견해를 피력하는 초기(교부) 문헌으로는 Clement, *Stramata*, VII, 28-29. Minucius Felix, *Octavius*, 32.1을 소개하고 있다.

9 Malherbe, *Social Aspects of Early Christianity*, 69.

10 Wayne A. Meeks, *The First Urban Christians* (New Haven: Yale University Press, 2003) 75-76. 이 점을 보여 주는 중요한 증거가 로마 군대 백부장이었던 '고넬료의 집'이었다. 고넬료는 "온 집으로 더불어" 하나님을 경외하던 사람으로서(행 10:2), "일가와 가까운 친구들"을 모아 베드로의 설교를 듣게 했는데 그가 이해한 "온 집"(παντὶ τῷ οἴκῳ)은 직계가족만이 아니라 그의 휘하의 종이나 노예까지 포함하는 가속 전부를 의미하는 것이었다. 가속을 의미하는 라틴어 familia는 법적 통제력을 지닌 이의 직계 가족만이 아니라 그 하속인을 포함했다. Osiek & Balch, *Families in the New Testament World* (Louisville: Westminster John Knox Press, 1997), 287.

11 그 예로 행 16:15, 31ff. 17:6, 18:1-8, 롬 16:3ff. 고전 1:14-16, 16:19, 몬 2 등을 들 수 있다.

12 '그리스도인'이란 말(χριστιανός, Chirstianus)은 라틴어이다. 만일 헬라어였다면 그리스도(christos)의 형용사형은 christesios 나 christites가 되어야 한다. 물론 이 말은 존재하지 않지만 문법적으로 말하면 그렇다. 그런데 christianos로 된 것을 보면 이것은 로마식 표기임을 알 수 있고, 로마인들이 그리스도를 따르는 이들을 이렇게 불렀다는 것은 알 수 있다. 즉 기독교인들을 정치적 당파 혹은 정치적인 집단(a political partisan)으로 간주했다는 의미가 있다. 이 점은 마치 아우구스투스(Augustus)를 따르는 이를 아우구스티아노스(Augustianos, 혹은 Augustianus), 곧 아우구스트스의 정파(a political partisan of Augustus)로 불렸던 것과 마찬가지이다. 이것이 정치적인 용어였기에 신자들은 이 용어를 좋아하지 않았고, 적어도 2세기 중엽까지는 기독교 공동체에서 이 용어를 사용한 흔적이 드물다.

13 초기 기독교의 가정 교회에 대한 연구의 선구적인 인물은 플로이드 필슨(Floyd V. Filson)인데 그는 1939년에 발표한 "초기 가정 교회의 의의"("The Significance of the Early House Churches," *JBL* 58 (1939): 105-12)라는 논문에서 가정 교회에 대한 연구는 다섯 가지 점에서 사도 시대의 교회를 이해하는데 도움을 준다고 해석했다. 첫째, 그리스도 교회의 예배가 유대교의 관행들로부터 지대한 영향을 받았음에도 불구하고 가정 교회는 사도 시대 초기부터 유대교와 뚜렷이 구분되는 그리스도교적 예배와 식탁 교제를 가능케 했다는 점, 둘째, 가정 교회는 바울서신과 초기 기독교 문서에 나타난 가정생활에 대한 관심이 얼마나 필요한 일인가를 확인시켜 주었다는 점, 셋째, 한 지역에 몇 개의 가정 교회가 독립적으로 존재했다는 점은 사도 시대에 일종의 당파적 경향이 있었음을 암시해 준다는 점, 넷째, 가정 교회의 상황에 대한 연구는 초기 그리스도교 공동체 구성원들의 사회적 신분에 대한 빛을 던져 주고 있다는 점, 다섯째, 교회 정책의 변천과정은 가정 교회에 대한 연구 없이는 이해될 수 없다는 점이 그것이다 (109-12). 종합적으로 말하면 필슨은 가정 교회에 대한 이해 없이는 사도 시대의 교회상을 정확히 헤아릴 수 없다고 판단했다.

14 이와 관련된 주요한 기록으로는 Bradley Blue, "The Book of Acts in Its Graeco-Romam Setting", The Book of Acts in Its Graeco-Romam Setting, 19-22가 있다.

15 문자적으로는 '교회의 집'(house of the church)이란 말인데, 이 용어를 처음 사용한 사람은 Adolf Harnack으로 알려져 있다. L. M. White, *Building God's House in the Roman World : Architectural Adaptation among Pagans, Jews and Christians*(John Hopkins University Press, 1990), 154. n 36. 흔히 이 용어는 개인 가정집(private house church)에서의 회집에 이은 가정 교회의 두 번째 단계를 칭하는 용어로서 가정집을 개조하여 전적으로 집회를 위한 공간으로 사용된 경우의 가정 교회를 칭하는 용어로 사용되지만 domus ecclesiae, oikos ekkesiae, titulus는 근본적으로 동의어라고 할 수 있다. 이 중 titulus는 특히 법률적인 용어였다.

16 A. Harnack, *The Mission and Expansion of Christianity in the First Three Centuries* (NY, 1908), 442ff.

17 Blue, "The Book of Acts in Its Graeco-Romam Setting," 132. 예를 들면 바나바 서신(*The Epistle of Barnabas*, 4.10)에서는 함께 모이는 신자들을 ἐπὶ τὸ αὐτό συνερχόμενοι라

고 말했다. 이그나티우스는 "회집된 신자들"(assembled believers)을 칭하는 의미로 이 표현을 자주 썼다. 그는 에베소 교인들에게 보낸 편지(*Epistle to the Ephesians*, 13.1)에서 함께 나오는 신자들을 권면하면서 ἐπὶ τὸ αὐτό γίνεσθε라고 썼다. 마그네시아인들에게 보낸 서신(*Epistle to the Magnesians*, 7.1)에서도 신자의 '모임'에서의 조화를 강조하면서 ἐπὶ τὸ αὐτό μία προσευχή 라고 썼다. 이 말은 하나의 공동 기도라는 의미가 아니고, '모임에서 하나의 기도가 있게 하라'(in the assembly, let there be one prayer)라는 뜻이다(132, footnote 49).

18 F. F. Bruce, *The Book of the Acts*(Grand Rapids: Eerdmans, 1979), 251.

19 Filson, "The Significance of the Early House Churches," 106.

20 Malherbe, *Social Aspects of Early Christianity*, 70.

21 '가정'은 바울의 목회 사역의 거점이었음을 알 수 있다. 기독교에 대한 박해자였던 바울은 집집마다 들어가 그리스도인들을 끌어다가 옥에 가두었고(행 8:3), 회심한 후 바울은 다메섹의 유다의 집(9:11, 17), 데살로니가의 야손의 집(17:5), 드로아에 있는 집(20:8), 에베소의 여러 집(20:20), 가이샤라 빌립의 집(21:8), 예루살렘의 나손의 집(21:16)에 기거하고 가르치고 환대를 받았다. 이런 집들이 초기 기독교 공동체의 집회 장소였을 것이다. 참고, John Stambugh and David Balch, *The Social World of the First Christians*(London: SPCK, 1986), 139.

22 바울은 데살로니가전서에서 5:27에서, "내가 주를 힘입어 너희를 명하노니, 모든 형제에게 이 편지를 읽어 들리라."고 말하고 있는데, 이것은 바울이 데살로니가 시내에 하나 이상의 가정 교회 그룹이 있었다고 인식한 것으로 해석할 수 있다. 특히 말허비는 데살로니가 시내에는 적어도 두 개 이상의 서로 다른 가정 교회 그룹이 있었다고 확신하고 있다. 말허비,『초기 그리스도교의 사회적 이해』(서울: 대한기독교서회, 1994), 146. 각주 28. 참고.

23 Malherbe, *Social Aspects of Early Christianity*, 70; Ernst Lohmeyer, *Die Briefe an die Kolosser und an Philemon*(Göttingen, 1956), 169ff; W. G. Kümmel, *Introduction to the New Testament*(Nashville: Abingdon, 1965), 238. 큄멜은 골로새서 4장 15, 17절과 빌레몬 2절에 근거하여 골로새에는 두 개의 가정 교회가 있었다고 주장한다. 큄멜은 눔파(Nympha, 4:15)가 골로새 시내에 살았다고 보지만, 대다수의 학자들은 그녀는 라오디게아에 살았다고 보고 있다.

24 E. A. Judge, *The Social Pattern of the Christian Groups in the First Century*(London: The Tyndale Press, 1960), 36; Malherbe, *Social Aspects of Early Christianity*, 70; Sanday & Headlam, *Epistle to the Romans*, 421을 참고할 것.

25 바울과 그의 동역자들에 대한 정보를 위해서는 Earle E. Ellis, "Paul and His Co-Workers," *NTS*, 17 (1971): 437-52, P. Lampe, "Roman Christians," 216-30을 참고할 것.

26 브리스길라와 아굴라에 대한 성경 기록으로는 행 18:1-3, 18, 26, 고전 16:19, 롬 16:3 등이 있다.

27 초기 그리스도교의 사회적 이해 A. J. 말허비『초기 그리스도교의 사회적 이해』, 143-4.

28 Osiek & Balch, *Families in the New Testament World*, 35.

29 Blue, "The Book of Acts in Its Graeco-Romam Setting," 120.

30 Osiek & Balch, *Families in the New Testament World*, 35.

31 White, *Building God's House in the Roman World*, 22, 128, 155 n.49.

32 White, *Building God's House in the Roman World*, 23-24; Osiek & Balch, *Families in the New Testament World*, 236.

33 Eusebius, VII, 12.1. "Short after this Valerian was reduced to slavery by the barbarians, and his son having become sole ruler, conducted the government more prudently. He immediately restrained the persecution against us by public proclamations, and directed the bishops to perform in freedom their customary duties."

34 유세비우스의 교회사에 인용된 칙령의 전문은 다음과 같다. "The Emperor Caesar Publius Licinius Gallienus Pius Felix Augustus to Dionysius, Pinnas, Demetrius, and the other bishops. I have ordered the bounty of my gift to be declared through all the world, that they may depart from the places of religious worship. And for this purpose you may use this copy of my rescript, that no one may molest you. And this which you are now enabled lawfully to do, has already for a long time been conceded by me. Therefore Aurelius Cyrenius, who is the chief administrator of affairs, will observe this ordinance which I have given." Eusebius, VII, 12.1.

35 Grant, *Early Christianity and Society*, 149.

36 Eusebius, VII. 1. 5.

37 Grant, *Early Christianity and Society*, 150.

38 이 점에 대한 기록은 Eusebius, *The Ecclesiastical History* Vol. II (Harvard University Press, 1974), 258-259를 보라. "It was in the nineteenth year of the reign of Diocletian, in the month Dystrus, called March by the Romans, when the feast of the Saviour's passion was near at hand, that royal edicts were published everywhere, commanding that the churches be leveled to the ground and the Scriptures be destroyed by fire, and ordering that those who held places of honor be degraded, and that the household servants, if they persisted in the profession of Christianity, be deprived of freedom. Such was the first edict against us. But not long after, other decrees were issued, commanding that all the rulers of the churches in every place be first thrown into prison, and afterwards by every artifice be compelled to sacrifices."

39 Eusebius, 258, 259.

40 Eusebius, 226, 227

41 Norman H. Baynes, *Constantine the Great and the Christian Church* (Oxford: Oxford Univ. Press, 1931), 4.

42 "The early Christian Basilica may be defined as a more or less momumental hall with two (occasionally four) longitudinal colonnades, clerestory lighting, and at the far end of the central nave, an apse. This was the norm that admitted of a great many variations of detail." J. B. Ward-Perkins, "Constantine and the Origins of the Christian Basilica," *Papers of the British School at Rome*, 22 (1954), 78. Blue, 121에서 재인용.

43 Blue, "*The Book of Acts in Its Graeco-Romam Setting*," 121.

44 J. B. Ward-Perkins, 85. J. C. Davies, *The Origin and Development of Early Christian Church Architecture* (London: SCM, 1952), 특히 2장을 참고할 것.

45 R. Krautheimer, *Early Christians*, 37.

46 Iain Murray, "Whitefield in the Jerusalem of England," *Banner of Truth* (Jan, 1971), 17ff.

47 *George Whitefield's Journals* (1960), 88.

5장 / 교회사에서 본 순교 ※

시작하면서

한국 교회 일각에서 '순교'(殉教)라는 말이 분별없이 사용되고 있다는 지적이 있고 순교 개념의 정립이 시급하다는 주장에 따라 몇 차례 순교에 대한 학술 모임이 있었다. 이와 동시에 순교학의 정립에 대한 세계 교회의 관심도 높아지고 있다. 일제의 박해와 공산주의와의 대결에서 순교자를 양산한 한국 교회는 순교와 관련하여 세계 교회에서 중요한 위치를 점하고 있고, 한국 교회의 증언은 순교 신학 정립에 유효한 안내가 될 것이다. 이런 상황에서 우선 순교에 대한 정의가 정립되어야 할 것 같다.

한국에서의 경우, 그동안 자연재해나 사고사 등 인간적 실수로 인한 희생자나 사고자들에 대해서도 단지 그리스도인이라는 이유에서 '순교자'라고 칭하는 일이 있었고, 단기 전도 여행 중 사망한 경우에도 순교자로 칭한 일이 없지 않았다.[1] 이런 '순교' 혹은 '순교자' 칭호의 일반화는 외국에서도 문제로 지적된 바 있다. 즉 본회퍼(Dietrich Bonhoeffer), 마틴 루터 킹(Martin Luther King, Jr.) 등을 순교자로 볼 것인가 하는 논의와 함께 서양 기독교회에서는 누가 순교자인가에 대한 이견이 노정(露呈)되기도 했다. 우리나라에서도 첫 개신교 순교자로 지칭되어 왔던 토마스(Robert J. Thomas, 1840-1866) 목사를 순교자로 볼 수 있을 것인가에 대해 의문이 제기된 바도 있다.[2] 한국 천주교회는 한국 최초의 신자이자 희생자였던 김범우와 김대건 신부에 이어 한국 천주교회의 두 번째 신부였던 최양업 신부를 '순교자'로 칭할 수 있는가 하는 점을 중심으로 순교의 개념에 대한 새로운 논의가 있었다. 이런 오늘의 현실에서 서양 기독교 전통에서 순교가 어떤 의미로 사용되었는가를 검토해보는 것은 뜻깊은 일일 것이다. 더욱이 한국 개신교회의 경우 순교 혹은 순교자에 대한 연구나 조사가 부실한 상태이며, 순교자 수에 대해서도 확정하기 어려운 현실을 고려해 볼 때 '순교' 혹은 '순교자'의 개념이 역사적으로 어떻게 인식되어 왔는가를 정리하는 것은 필요한 일이다. 이 글에서는 '순교'가 무엇인가를 어의적으로 고찰한 후, 성경적 용례를 살펴보고, 초대 교회 이후 순교 개념의 변천을 정리해 두고자 한다.

가. 순교란 무엇인가?

일반적으로 순교[3]란 "자기가 믿는 종교를 위하여 생명을 바치는 행동"[4] 혹은 "신앙을 위해 죽임을 당하는 일"로 정의된다. 『세계기독교백과사전』(*World Christian Encyclopedia*)에서는 "기독교 순교자란 복음을 증거하는 상황에서 인간의 적의에 결과로 명을 다하기 전에 자신의 생명을 잃은 그리스도인"이라고 정의하고 있다."[5] 이 용어에 대한 보다 정확한 이해와 '순교자' 칭호의 바른 수여를 위해서는 '순교'의 개념과 용례에 대한 신학적 이해와 교회사적 발전에 대한 정리가 필요할 것이다.

1) 어원적 고찰

우리가 말하는 순교(殉教, martyrdom)는 라틴어 '마르티리움'(martyrium)에서 왔고, 마르티리움에 해당하는 헬라어 말투리온(μαρτύριον)은 흔히 '순교'로 번역되지만 본래의 의미는 '증언' 또는 '증거'였다. 다시 말하면 신약에서 '순교'라는 개념은 따로 없었고, '증언'이란 말이 후에 순교라는 의미를 지니게 된 것이다. 그래서 마르트리온는 '증거', 혹은 '증인'을 의미하는 동시에 '순교'를 의미하는 것으로 이해되어 왔다.[6] 또 헬라어 마르투스(μάρτυς)는 흔히 '순교자'로 번역하지만, 본래는 '증인'이라는 의미였다. 사도들은 예수 그리스도에 대한 신앙을 고백하고 이를 증거 하다가 죽은 이들을 '증인'(μάρτυρός)이라고 표현했다(행 22:20, 딤전 6:13, 계 17:6). 그래서 마르트리온은 '증거'와 '순교'를, 마르투스는 '증인'이라는 의미와 '순교자'라는 의미를 동시에 지니는 것으로 이해하고 있다. 그 이유는 순교자들이 다 증거자들이었기 때문이다. 즉 '순교'라는 죽음은 '증거'라는 행위의 결과였다는 점에서 이런 이해를 했다고 해석할 수 있다. 그래서 교회사적으로 살펴볼 때, 마르트리온이나 말투스라는 단어는 신약 성경에서 '증거', '증인'이라는 의미로 사용되었으나 후에 '순교', '순교자'라는 의미로 어의 변화가 일어난 것임을 알 수 있다.[7] 이런 변화를 추적하기 위해서는 정경 이후의 초기 교부들의 문헌을 고찰해야 한다.

2) 신약에서의 용례

칠십인역(LXX)에서는 μάρτυς라는 단어가 60여회 나오지만 주로 히브리어 '에드'(עד)를 번역한 말로서 고소 행위에 대한 증언(민 5:13), 거짓 증언에 대한 처벌(신 19:16)의 의미로 나타난다. 그러나 순교란 의미의 '마르투리온'에 해당하는 단어는 구약에는 없다.

신약에서는 μαρτύριον이라는 단어가 다양하게 사용되었는데, 특히 누가복음, 요한복음, 그리고 사도행전에서 가장 빈번하게 사용되었다. 이 용어는 본래 법적 개념으로서 재판석에서의 '증언'을 뜻하는 법률 용어였다. 성경에서 그리스도를 '증거'(witness)한다는 것은 예수 그리스도에 대해서 결정을 내려야 하는 청중들 앞에서 그리스도에 관해 "있는 그대로의 사실"을 객관적으로 진술하는 행위를 의미했다. 증거하는 사람, 곧 증인은 사실이나 진실을 눈으로 보거나 귀로 들은 사람을 일컫는다. 그러므로 증거한다는 의미는 실제 사실에 근거하여 있는 그대로의 사실 혹은 진실을 선언하는 행위를 의미한다.

μαρτ-에서 파생된 이 단어의 용례를 다음의 몇 가지 본문에서 살펴볼 수 있다.

"저가 증거하러 왔으니 곧 빛에 대하여 증거하고(요 1:7)" 혹은 "진실로 진실로 네게 이르노니 우리 아는 것을 말하고, 본 것을 증거하노라."(요 3:11), 또 "아버지가 아들을 세상의 구주로 보내신 것을 우리가 보았고, 또 증거하노니" 혹은 "내가 진리를 증거하기 위하여 났으며 이를 위하여 세상에 왔나니" 등에서 보는 바처럼 동사로 사용된 μαρτ-에서 파생된 이 용어는 자신이 목격한 것을 증언하는 의미로 사용되었다.

명사로 사용된 μάρτυς의 경우에도 보고 들은 바에 대한 증거자라는 의미로 사용되었음을 알 수 있다. 즉 "너희는 이 모든 일의 증인(μάρτυρες)이라"(눅 24:48), "이 예수를 하나님이 살리신지라. 우리가 다 이 일에 증인이로다."(행 2:32), 혹은 사도행전 22:20에서 스데반에 대하여 말하면서, "너(당신)의 증인"(μάρτυρός σου)이라고 말하고 있다.

명사 μαρτυρία 혹은 μαρτύριον의 경우도 그 의미는 동일하다. "유대인들이 예루살렘에서 제사장들과 레위인들을 요한에게 보내어 네가 누구냐 물을 때에 '요한의 증거'(ἡ μαρτυρία τοῦ Ἰωάννου)가 이러하니라"(요 1:19), 혹은 "이 일을 증거하고 이 일을 기록한 제자가 이 사람이라. 우리는 그의 증거(αὐτοῦ ἡ μαρτυρία)가 참인 줄 아노라"(요 21:24)에서 볼 수 있듯이 μάρτυς (μαρτυρία, 혹은 μαρτύριον)라는 용어는 증거자, 참관인, 목격자, 혹은 증인 등의 법률적 의미로 사용되었다. 신약 성경에서 μάρτυς는 기본적으로 십자가와 부활을 증거하는 사도들에게 적용되었다. 신약 성경에서는 믿음 때문에 목숨을 잃은 자들에게 어떤 특수한 존칭을 부여하지 않았다. 단지 그들을 '증인'이라고 표현하고 있을 따름이다. 이들이 그리스도의 진리의 말씀을 증언했기 때문에 죽었지, 죽었기 때문에 이들을 증인이라고 말하지 않는다는 점이다. 즉 증인은 복음을 위해 목숨을 빼앗긴 이들에게 붙여진 특수한 칭호가 아니었다.

그런데 신약의 후기 문서인 요한계시록에서는 약간 다른 의미로 변화되는 조짐을 발견할 수 있다. μάρτυς라는 단어는 요한계시록에도 나오지만 단순한 '목격함'에서 '고난 받음'이라는 의미로의 어의 변화를 보이고 있다. 계시록 1:5, 혹은 3:14에 보면, 예수님에 대하여 마르투스라는 용어를 사용하여, "충성된 증인"(ὁ μάρτυς ὁ πιστός)이라고 말하고 있는데, 특히 계시록 1:5에서는 예수를 "충성된 증인"으로 말한 다음, 그는 "우리를 사랑하사 그의 피로 우리 죄에서 우리를 해방하시고"라고 말하고 있다. 고난당하신 예수를 충성된 증인으로 말하고 있다는 점이다. 베드로전서 5:1에서 베드로는 자신을 "그리스도의 고난의 증인"(μάρτυς τῶν τοῦ Χριστοῦ παθημάτων)으로 말한 바 있는데, 특히 계시록에서는 고난 받음이 더욱 강조되고 있다. 계시록 2:13에서는 믿음을 버리지 않고 죽임을 당한 안디바를 "나의 충성된 증인"(ὁ μάρτυς μου ὁ πιστός μου)이라고 말하고 있다. 계시록 2:10에서는 "죽도록(죽기까지) 충성하라"(γίνου πιστὸς ἄχρι θανάτου)고 하여 구체적인 순사적(殉死的) 증인이 되라고 말하고 있다. 계시록 17:6에서는, 로마를 상징하는 바벨론에 대해 말하면서 "이 여자가 성도들의 피와 예수의 증인들의 피에 취한지라."고 하여 증인의 증거를 피 흘림을 관련하여 말하고 있다는 점이다.

신약의 후기 문서가 아닌 사도행전에서 바울은 스데반에 대해 말하면서 "당신의 '증인' 스데반이 피를 흘렸다."(행 22:20)는 표현이 있는데, 그리스도를 증거하기 위해 죽음을 불사한 경우를 말하고 있다. 이런 사례들은 마르투스(μάρτυς)라는 단어가 피 흘림의 증거, 곧 '순교'의 의미로 발전해 가는 징후를 보여 주고 있다.

나. 순교에 대한 교회사적 이해

1) 교부 문서에 나타난 순교의 개념

앞에서 마르투스 혹은 마르트리온이라는 단어는 신약 성경에서 '증거', '증인'이라는 의미로 사용되었으나 후에 피 흘림의 증거, 곧 '순교', '순교자'라는 의미로 어의 변화가 일어났다는 점을 지적했는데, 이것은 2세기 중엽부터였다. 이런 변화를 보여 주는 최초의 문서가 『폴리카르푸스의 순교기』이다.[8] 2세기의 대표적인 순교자로 알려진 서머나의 폴리카르푸스(Polycarp)은 156년경 순교했는데, 그의 순교기에는 어간 μαρτ가 빈번히 사용되고 있다. 특히 2:2에서 μάρτυς가 '피의 증인', 곧 순교자라는 의미로 사용되었다.[9]

> 하나님의 뜻을 따라 일어난 모든 순교(τα μαρτύρια πάντα)는 복되고 고결합니다. 그러므로 우리는 더 경건해야 하고 모든 것에 대한 권능을 하나님께 돌려야 합니다. 누가 순교자들의 고결함과 인내, 주님께 대한 사랑에 경탄하지 않을 수 있겠습니까? 그들 가운데 몇 명은 육체의 조직이 채찍질로 갈기갈기 찢겨 몸속의 정맥과 동맥까지 드러나 보이는 고통을 견디어 냈고, 구경꾼들마저도 그들을 불쌍히 여겨 탄식하였습니다.[10]

이 문맥에서 μαρτυρία는 피 흘림의 증거, 곧 순교의 의미로 기술되었다.

신약 정경 외에 가장 오래된 기독교 문서로 96년 경 기록된 로마의 클레멘트 서신(*Epistula ad Corinthios*)은 65개장으로 구성되어 있는데, 5장에서는 베드로와 바울이 로마에서 행한 μάρτυς에 대해 언급하고 있다. 여기서 μάρτυς를 죽음과 연결하여 말하고 있으나 여전히 '말-증언'의 의미로 사용되고 있고, 아직 순교라는 의미로 발전한 것으로 해석할 수 없다. 클레멘트 서신 보다 후기인 130-140년 경 로마에서 기록된 것으로 추정되는 헤르마스의 목자(*Pastor Hermae*)에서는 순교자라는 말 대신 '고난 받는 자들'(παθόντες)이란 용어를 사용하고 있다. 이그나티우스(Ignatius of Antioch, 35-117?)는 죽음을 증거의 완성 단계로 보는 경향을 드러내고 있고, 그리스도를 위한 고난과 순교를 '그리스도를 본받음'의 최고의 이상으로 여겼다. 그러나 이 같은 죽음에 대하여 μάρτυς라는 단어를 사용하지 않았다.[11] 이런 점을 고려해 볼 때 140년대까지도 로마에서 순교자라는 칭호가 사용되지 않는 것으로 보인다.[12] 그래서 바우마이스터(Theodore Baumeister)는 '순교자'라는 칭호는 『폴리카르푸스의 순교기』가 기술되기 수십 년 사이에 소아시아에서 사용되기 시작하여 타 지역으로 발전된 용어였을 가능성이 높다고 추정하고 있다.[13] 다시 말하면 2세기 중엽부터 μάρτυς가 '증거자'라는 의미보다는 죽음 자체를 중시하는 '순교자'라는 의미로 발전된 것으로 보인다.

μάρτυς가 '증언자'에서 '순교자'라는 의미로 발전해 가는 과정에는 이단이나 이단적 주장에 대한 반박에서 유래하였다는 주장이 있다. 즉 이그나티우스는 가현설론자들을 반박하는 과정에서 순교를 그리스도를 위한 고난의 증인으로 묘사하기 시작했다고 한다.[14] 가현설(假現說, Docetism)은 그리스도의 몸을 지니심을 부인하는 자들인데, 피 흘림의 증거를 통해 그리스도를 증거하였음을 말함으로써 육체가 겪는 고통을 강조하였고, 이를 통해 가현설론자들을 반박하려 했다고 주장한다. 실제로 이그나티우스나 폴리카르푸스는 예수가 실제적으로 육체적인 죽임을 당했으며, 증인들(순교자들)도 예수의 모범을 따라 피를 흘리고 실제로 죽임을 당한다고 말하면서 가현설론자들을 논박하려 했다는 것이다.

또 할킹(F. Halkin)은 『폴리카르푸스의 순교기』에서 증언이 순교라는 개념으로 발전하게 되는 것은 몬타누스파의 광신적 경향에 대한 반박이라고 주장한다.[15] 몬타누스파의 사람들은 자발적 순교를 강조하면서도 사실은 고문이나 고통을 이기지 못하고 배교하여 말과 행위가 일치하지 못했는데, 참된 증인(μάρτυς)은 그 증거하는 바를 행동으로 구체화되어야 한다는 점에서, '말 증인'에서 '행위 증인', 곧 '피의 증인'(순교, 순교자)으로 발전하였다고 주장한다. 다시 말하면 μάρτυς는 몬타누스파의 광신적 경향을 논박하는 문맥에서 말과 행위의 일치를 강조하여 '말 증인'이

'피의 증인', 곧 '순교'의 의미로 어의 변화를 겪게 되었다고 설명한다.[16]

그래서 순교는 말(증거)과 행위의 일치를 의미하는 것으로서 개념화되었다. 그런데 이 순교는 이그나티우스의 편지나 『폴리카르푸스의 순교기』에서 보여 주는 바처럼 '제자'(μαθητής) 개념과 '본받음'(μίμησις)의 개념을 결합한 것으로 이해되었다. 이 점을 보여 주는 한 가지 예가 『폴리카르푸스의 순교기』 17장 3항이다. 즉 "우리는 … 주님의 제자들이며, 본받는 사람들인 순교자들을 진실로 사랑합니다. 우리도 그들의 (순교에) 동참하고 동료 제자가 될 수 있기를 바랍니다."가 그것이다. 즉 순교는 그리스도의 참된 제자의 길이며, 그리스도를 본받는 행위라는 점이다. 이런 변화와 함께 '증거자'라는 의미보다는 순사라고 하는 죽음 자체를 존중하게 되었다.

이상에서 논의한 바를 정리하면 μάρτυς (μαρτυρία, 혹은 μαρτύριον)라는 용어는 본래는 증거(자)를 의미했으나 140년경부터 피의 증거(자), 곧 순교(자)를 의미하는 어의 변화를 가져왔다. 즉 순교(자)는 신앙을 고백하고 그 신앙의 증거 때문에 목숨을 바친 이들에 대한 칭호였다. 이들 순교자들은 그리스도의 제자로서 그리스도를 본받는 자들로 간주되었다.

앞에서 증거자에게 있어서 죽음의 의미가 강조되었음을 지적했는데, 그렇다면 죽지는 않았으나 박해하에서도 끝까지 신앙을 지키며 그리스도에 대한 믿음을 증거한 이들은 어떻게 불렀을까? 그것이 '고백자'(告白者, confessor)라는 용어였다.[17] 비록 죽임을 당하지는 않았으나 충성된 증거자들을 '순교자'와 구별하기 위해 '고백자'라고 부르게 된 것이다. '고백자'라는 용어는 2세기 중엽부터 사용되기 시작했는데, 당시 로마 황제의 기독교 정책과 관련이 있다. 순교자를 만들기 보다는 배교자를 만들어 기독교 공동체를 낙담시키고자 했던 정치적 상황에서 비록 죽지는 않았으나 끝까지 신앙을 지키는 이들이 생겨났던 것이다. 이들을 고백자라 불렀다. 그리스도에 대한 신앙과 증거 때문에 체포되어 고문과 형벌을 받았으나 목숨을 잃지 않고 풀려난 이들에 대한 칭호였다. 이것은 실제로 목숨을 잃은 피의 증거자(μάρτυς, μάρτυρες) 곧 순교자들과 구별하기 위한 것이었다.[18] 말씀을 증언하고도 죽지 못한 자들을 고백자로, 피로서 증언한 자들을 순교자를 구분했다는 사실은 한 가지 중요한 암시를 주고 있는데, 그것은 '죽음' 그 자체가 특수한 의미를 가지기 시작했다는 점이다. 동시에 죽지는 않았으나 박해자들 앞에서도 끝까지 신앙을 지킨 이들을 변절자들과 구별하려는 의도도 있었음을 알 수 있다.

2) 초기 기독교회의 순교 이해

초기 기독교는 교부들의 순교 개념을 계승하게 되지만 2세기 이후의 상황에서 순교가 무엇인가를 보다 선명하게 제시하였다. 초기 기독교에서 순교자 혹은 고백자들은 상당한 영광을 누렸으므로 순교에 대한 열망이 있었고, 이그나티우스의 경우에서 보는 바처럼 순교는 '그리스도를 본받음'(imitatio Christi)의 절정으로 묘사되기도 했다. 교회 공동체에는 순교에 대한 지나친 열망이 있었고, 그것은 신앙적 자살로 비쳐지기까지 했다. 그래서 교회 지도자들은 자발적으로 순교당하고자 하는 이들을 경계하기도 했다. 광신적인 몬타니스트들은 순교를 자청하는 일까지 있었다. 이런 점에 유념하여 시카고학파로 대표되는 일군의 학자들은 죽음 앞에서 담대함과 고문을 이기는 용기는 심리적 이상 현상, 곧 마조히즘(masochism)에 근거한 것으로 해석하기도 했다. 도날드 리들(Donald W. Riddle)은 이들 순교자들은 고통을 사랑했고, 고문과 같은 고통을 통해 성적 희열을 느끼고 심지어는 죽음을 동경(libido moriendi)했다고 해석했다.[20] 즉 리들은 '죽음에의 동경'이 기독교 공동체에 풍미했다고까지 말한 바 있다.

순교자들은 성인시되었고, 그들에 대한 경외심은 후일 숭배로 발전하였다. 이런 풍조 때문에 순교자들에 대한 기록은 윤색되거나 과장되어 사실(fact)과 허구(fiction)를 구별하기 어렵게 만드는 경우가 없지 않았다.[21]

이런 점 때문에 초기 기독교회에서 누가 순교자이며, 순교자라는 칭호를 얻기 위해서는 어떤 조건을 갖추어야 하는가에 대한 순교자 개념 정리가 요구되었다. 이런 고민의 흔적이 『폴리카르푸스의 순교기』 제4장에 나타나 있는데, 이것은 당시 교회의 일반적 인식을 반영한 것으로 볼 수 있다. 『폴리카르푸스의 순교기』에서는 '순교자'를 다음의 3가지 조건으로 규정하고 있다.[22]

1. 단지 '말 증인'이 아니라, 자신들의 증언으로 고통을 감수한 '행위 증인'만이 진정한 순교자이다.
2. 순교는 하나님의 뜻에 부합해야 한다. 즉 하나님의 뜻이 순교를 정당화한다. 진정한 순교자는 주님의 뜻에 따라 모든 것을 주님께 맡기는 자이다.
3. 순교를 피하는 것은 가능하며 허용된다. 그러나 진정한 순교자는 자발적으로 순교하려 나서지도 않으며, 그렇다고 순교를 적극적으로 피하지도 않는다.

초기 기독교는 박해의 체험을 통해 순교의 의미를 보편화했는데, 순교는 특히 두 가지 요건을 충족해야 하는 것으로 이해했다. 첫째는 그리스도에 대한 공적 증거 혹은 증언이고, 다른 하나는 그 증거를 확증하기 위해 임의로 받아들이는 죽임이다. 말하자면 순교는 무엇을 위해 생명을 버리는가와 관련된 것이다. 이상의 논의를 종합하여 볼 때 초기 교회가 이해했던 순교자의 조건은 다음과 같이 정리될 수 있을 것이다.

첫째, 순교는 육체적 생명이 끊어지는 죽음이다.
둘째, 그 죽음은 그리스도인의 생활과 증거하는 진리에 대한 박해에 기인한 것이어야 한다.

셋째, 그 죽음은 그 믿는 바를 위하여 자의적으로 받아들여야(voluntary acceptance of death)한다.

즉 순교는 그리스도에 대한 공적인 증거를 행하고, 이를 확증하기 위해 기꺼이 죽음을 받아들이는 행위라고 할 수 있다. 즉 순교는 복음 증거 때문에 복음에 적대적인 개인이나 집단에 의한 죽음이다. 이것이 서양 기독교 전통에서 수용되어 왔던 가장 분명한 순교 개념이다. 여기서 중시되는 점은 피 흘림, 곧 '죽음'의 증거라는 점이다. 다시 말하면 순교라고 말할 때 그것은 반드시 '육체적' 죽음으로 증거되어야 한다는 점이다. 이것을 '육체적 순교'(physical martyrdom)라고 할 수 있는데, 기독교에 대한 정치적 박해가 종식된 이후에 나타나는 '백색 순교' 개념에 대한 대칭으로 '적색 순교'라고 할 수 있다.

어느 때나 순교자는 존경을 받았고, 그리스도의 진정한 제자, 그리스도의 모범을 따르는 (imitatio Christi) 행위로 간주되어 교회 공동체에 의해 성인시되기도 했다. 1170년 알렉산더 3세에 의해 시성(諡聖, canonization)이 교황청의 고유한 권한으로 정리되기 이전까지 교구의 주교들은 성자 칭호를 수여하였는데, 순교자들은 자연스럽게 성인으로 간주되어 추앙을 받았다. 앞에서 지적하였듯이 이러한 상황에서 자발적으로 죽음을 자청하는 소위 '영적인 자살'을 갈망하는 이들도 없지 않았다. 이것이 한 사람의 죽음의 의미를 규정하기 위해서는 무엇 때문에 왜 죽었는가를 고찰해야 하는 상황에 이르게 한 것이다. 죽음 자체가 순교자를 만드는 것이 아니었기 때문이다(death as such does not make the martyr). 아우구스티누스(Aurelius Augustinus Hipponensis)가 도나티스트(Donatist)와의 논쟁의 와중에서 기술한 시편 35:23, "나의 하나님, 나의 주여, 떨치고 깨셔서 나를 공판하시며 나의 송사를 다스리소서."를 주석하면서 "(죽음)이라는 형벌이 (사람을) 순교자로 만들지 않고, 그 (죽음의) 이유가 순교자를 만든다."(Martyrem non facit poena, sed causa)고 했던 것은 이런 상황에 대한 성찰이었다.[23] 이런 점도 그 이후의 순교 개념의 변화에 영향을 주었다.

3) 3세기 이후 중세 시대까지 : 순교 개념의 확대

처음에는 '피 흘림의 증거'를 '순교'로 간주했으나 점차 순교 개념은 확대되기 시작한다. 분명한 변화는 로마 제국에서 기독교 박해가 종식되는 4세기 이후의 일이지만 그 시원은 3세기 초부터였던 것으로 판단된다. 알렉산드리아의 클레멘트(c.150-c.220)는 그리스도인들이 자신의 생활을 통해 그리스도를 증거하는 삶을 산다면 그것은 순교와 동일한 것이라는 말 속에 이런 암시가 나타나 있다. 오리게네스(c.182-254)은 "말과 행위로 그리고 어떠한 방법으로든지 진리를 증거하는 이는 순교자라고 불릴 수 있다"며, 이를 '영적 순교'(spiritual martyrdom)라고 불렀다. 250년 경 키프리아누스는 "한 순간에 고통을 당하는 이는 오직 한번 승리한다. 그러나 언제나 고통 중에 머물고 끊임없이 고통과 투쟁하는 이는 매일 새로운 순교의 관을 쓴다."고 했다.[24] 말하자면 3세기 이후 순교자는 피 흘림의 증거자일 뿐 아니라, 복음적 삶 곧, 청빈, 순종, 정절 등 세상과 구별된 삶을 통해 그리스도를 증거하는 행위도 순교로 간주하는 영적 순교 개념이 대두된다. 이것은 그리스도를 위해 살고자 하는 의지(willingness to live for Christ)는 그리스도를 위해 기꺼이 죽고자 하는 의지(willingness to die for Him)만큼이나 중요하다고 여겼기 때문이다.

이런 순교 개념의 확대는 4세기를 거쳐 가면서 분명하게 나타난다. 박해의 시대가 종결되고 기독교의 자유가 주어지자 피 흘림의 순교는 그 가능성이 상대적으로 소멸되자 이런 경향이 나타난 것으로 볼 수 있다. 그래서 3세기 『사도전승』(Traitio apostolica)을 썼던 로마의 히폴리투스(Hippolytus, d. 236)와 3세기 중엽의 로마의 주교였던 코르넬리우스(Cornelius, d. 252)는 실제로 순교하지 않았으나 '순교자'로 현양(顯揚)되었다.

　이런 경우는 예외적인 경우였으므로 일반화된 경향은 아니었으나 후에는 순교자 칭호가 수도사들에게까지 확대되기도 했다. 은둔적 금욕이나 수도자적 고행은 그리스도를 따르는 모범으로 영적 완성이라 하여 소위 '백색 순교'(white martyrdom)라고 불렀다. 이런 경향이 수덕주의(修德主義, asceticism)의 전개에 영향을 주었다. 이제 '피 흘림의 증거'만이 순교가 아니라, '피 흘림 없는 순교'개념이 대두하게 된 것이다. 이제 신앙 고백적 죽음만이 아니라 신앙 고백적 삶도 중요시된 것이다.

　이것은 기독교가 제국의 종교로 변모되고, 신앙 고백에 대한 정치적 탄압이 사라진 중세적 상황에서 자연스럽게 대두된 개념이었다. 중세는 기독교가 주도적인, 그리고 유일한 공인된 종교였으므로 신앙 고백적 행위에 대한 박해는 존재하지 않았다. 따라서 4세기 이전의 교회가 직면했던 바와 같은 박해는 존재하지 않았다. 단지 반교권적, 반교황적, 혹은 반(중세적) 교회적인 이유에서 이단으로 정죄되어 처형된 이들이 있었을 따름이다. 그러나 당시 교회는 이들을 순교자로 간주한 것이 아니라 하나님의 교회를 허무는 사악한 이단에 지나지 않았다. 이들이 순교자로 인정된 것은 종교 개혁 이후였다. 연원적으로 말하면 16세기 독일의 역사가 프라치우스 일리리쿠스(Matthias Flacius, 1520-1575)에 의해 새로운 평가를 받기 시작했지만, 반로마교적 역사가에 의해 초대 교회에서 정치적인 이유에서 피 흘렸던 이들과 동일한 순교자로 간주되었던 것은 종교 개혁 이후였다. 다시 말하면 국가교회 형태의 중세 교회 시대에는 피 흘림이 없는 순교 개념 ('백색 순교')이 피 흘림의 순교 ('적색 순교')를 대치했다.

　그럼에도 불구하고 개신교 전통에서 엄격한 의미에서 순교자는 항상 두 가지 요건, 곧 그리스도의 복음에 대한 공적인 증거와 그 증거로 인한 불가피한 죽음을 인정받아야 했다. 이것은 그 이후의 교회사에서도 자연스럽게 받아들여졌고, 오늘에 이르기까지 가장 보편적 순교 개념으로 수용되어 왔다. 정리하면 서양 기독교 전통에서 복음에 대한 공적 증거와 이로 인한 불가피한 죽음이라는 초기 기독교의 순교 개념과 함께 다소 변형된 포괄적 순교 개념이 동시에 제시되었다는 점이다.

4) 현대 서구 교회에서의 순교 개념

포괄적인 혹은 광의의 순교 개념은 20세기 개신교계에서도 강하게 대두되었는데, 그 대표적인 경우가 본회퍼의 죽음이었다. 2차 대전의 종식과 함께 본회퍼(D. Bonhoeffer, 1906-1945)는 현대의 서구 교회에서 순교와 관련한 논쟁거리를 제공했다. 이런 논의는 종전 후 전쟁기의 역사적 상황을 반영하는 것이었다. 본회퍼를 순교자로 볼 수 있는가? 그의 신앙 고백과 죽음에의 상관성은 서양 기독교 전통의 고전적 순교 개념에 부합하는가 아닌가와 관련하여 격한 논쟁이 전개되었다. 그와 관련된 논저에서 가장 현저한 주요어가 '순교'였다는 점은 이 점을 반영한다.[25] 20세기적 상황에서 어떤 행위를 순교적 행위로 간주하며, 무엇을 가지고 어떤 이를 순교자로 볼 것인가 하는 문제가 단순하지 않다는 점을 시사해 준 대표적인 인물은 20세기의 순교자들의 전기를 쓴 James와 Marti Hefley였다.[26]

그 복합성을 본회퍼에 대한 토론에서 읽을 수 있다. 주지하는 바이지만 본회퍼는 1939년 뉴욕을 떠나 독일로 돌아온 이후 독일 정부에 대항하는 다양한 활동을 전개하며, 반나치 정보기구인 아프베르(Abwehr)의 회원이 되어 히틀러 암살 음모에 참여하게 된다(1939-1943). 독일 국방군 최고사령부의 방첩국은 후일 나치 정권에 반대한 독일 레지스탕스 운동의 중심지가 되었다. 본회퍼는 이런 활동으로 체포되었고, 2년 동안 감금되어 있던 그는 1945년 4월 9일 플로센뷔르크 강제 수용소에서 게쉬타포에 의해 처형되었다. 그의 공식적인 죽음의 이유는 '반역죄'였다. 표면적으로 이 사건에서 본회퍼의 기독교적 신앙은 그의 처형의 직접적인 적합성을 지니지 못했다는 점이 거듭 지적되었다. 바로 이 점이 토론의 핵심이었다. 신앙 고백적 행위와 죽음의 상관성을 둘러싼 토론에서 본회퍼를 순교자로 볼 것인가 아닌가에 대해서는 여전히 이견을 보이고 있지만 순교 개념을 보다 포괄적으로 보려는 이들이 많아지고 있다는 점은 분명하다.

본회퍼가 히틀러의 암살 음모에 가담한 일로 처형되었다는 사실이 알려진 후 그가 속했던 Berlin-Brandenburg 교회에서조차도 그를 순교자로 인정하지 않았다.[27] 암살 음모가 실패로 돌아간 지 1주년이 되었을 때 독일의 교회는, 나치의 설교 금지령을 거부하여 수용소에서 수년간 고문을 받고 1939년 7월 18일 독살된 루터파의 폴 쉬나이더(Paul Schneider)는 순교자로 인정했으나 본회퍼에게는 그런 영예를 부여하지 않았다. 이것은 본회퍼 개인에 대한 반대이자 그의 행위에 대한 거부였다.[28] 이것은 당시 교회가 순교를 어떻게 이해했던가를 보여주는 것이었다.

전쟁의 상흔이 가시게 되자 본회퍼를 순교자로 간주해야 한다는 주장이 제기되었는데, 그 첫 인물은 라인홀드 니버(Reinhold Niebuhr)였다. 그는 본회퍼의 행위는 "현대의 사도적 행위"(the modern acts of Apostles)라고 보았다.[29] 본회퍼의 친구이기도 했던 치세스터의 조지 벨(George Bell of Chichester)도 니버의 견해에 동의했다. 로마 가톨릭은 로마 가톨릭 교회 밖의 인물에 대해 순교자라는 칭호를 주는 일을 극도로 제한하고 있지만, 1982년 교황 요한 바울 2세는 Maximilian Kolbe, Janani Luwum, Maria Skobtsora, Oscar Romero와 더불어 본회퍼를 순교자로 지칭하였다.

어떻든 1945년 이후 다양한 종교적 환경에서 본회퍼를 순교자로 인정하려는 경향이 점진적으로 대두되었고, 1998년 7월 9일 웨스트민스터 사원(Westminster

Abbey)에는 다른 9명의 인물들과 함께 본회퍼는 순교자라는 칭호와 함께 그의 이름의 조각상이 제막되었다.[30] 물론 이런 경향에 대한 반대 또한 찬성만큼이나 강하지만 분명한 사실은 순교 개념에 대한 포괄적 이해가 대두되었다는 사실이다. James와 Marti Hefley가 지적한 바처럼 순교자는 반드시 "그리스도를 위한 증거로 말미암은 죽음"이어야 한다는 개념은 지나치게 단순화된 것이라는 견해가 대두된 것이다. 여전히 피 흘림은 강조되었지만 그 죽음이 신앙 고백적 행위였는가를 중시하기 시작했다.[31] 이것은 순교는 전통적 개념인 죽음의 불가피성 보다는 고백적 행위에 의한 자유의사에 의한 죽음으로, 혹은 정치적 악에 대한 응답적 행위도 포함하는 순교 개념을 보여 주는 것이다. 이 점 또한 신교의 자유가 주어진 오늘의 현실을 반영하는 것이라고 볼 수 있다.

다. 한국 교회에서의 순교자

1) 한국 교회에서의 순교자

한국 개신교회(이하 한국 교회)에서 순교, 혹은 순교자에 대한 연구는 미미했다. 순교가 무엇이며, 어떤 요건을 갖추어야 순교자로 볼 것인가에 대해서도 구체적으로 논의된 바 없다. 또 한국 교회에서 순교자 수가 얼마인가에 대해서도 조사된바 없다. 이 점은 한국 교회가 피 흘린 선대들의 신앙 유산을 본받고 그 정신을 선양하려는 의지가 없었음을 단적으로 보여 주고 있다. 그간 한국 교회는 박관준, 주기철, 감리교의 신석구, 성결교의 박봉진 등 몇몇 사람들에 대해서 편향된 관심을 가져왔을 뿐이다. 그것도 과학적 연구라기보다는 하기오그래피(hagiography-칭송 일색의 전기)적인 경향이 짙었다. 한국 교회는 기독교 100주년을 기념하여 '100주년 기념사업회'가 조직되었고, 100주년 기념사업의 일환으로 '순교자 기념관'이 경기도 용인시 양지리에 건립되었으나 순교자들의 목록을 작성하거나 자료를 수집하는 일은 여전히 미진한 상태로 남아 있다.

일반적으로 한국 교회의 순교자는 약 1천 명에서 1만 명 정도로 추정하고 있다. 물론 순교자를 어떻게 정의하느냐에 따라 달라질 수 있지만, 한국 기독교 100주년 기념사업회는 순교자 수를 약 1만 명 정도로 파악하고 있으며, 약 850명의 명단은 작성 가능한 것으로 파악하고 있다.[32] 그러나 현재 유족을 통해 확인된 경우는 약 200건에 지나지 않는다고 한다.

시기적으로 볼 때 한국 교회의 순교자 출현은 3시기로 구분될 수 있는데, 첫 번째 시기는 구한말, 곧 기독교의 전래 이후 1910년까지, 두 번째 시기는 1910년에서 1945년까지 일제하의 시기, 세 번째 시기는 1945년 이후, 특히 한국 전쟁기가 그것이다. 일제하에서의 경우는 만주 등지에서 이루어진 공산주의자들에 의한 순교와 일제의 만행에 의한 순교로 구분될 수 있을 것이다. 첫 번째 시기와 두 번째 시기의 경우 순교자의 인명 파악, 혹은 확인 작업이 가능하지만, 세 번째 시기의 희생자 명단 작성은 현실적인 한계가 있다. 한국 교회가 추정하는 절대 다수의 순교자들이 주로 세 번째 시기 공산 정권에 의해 희생되었다.

2) 누가 순교자인가?

한국 교회의 순교자 수를 1만 명 정도까지 산정하고 있다는 것은 자료의 결핍에서 오는 추정이지만, 불분명한 추정은 순교자에 대한 개념 정립의 부재에도 그 원인이 있다. 오늘의 한국 교회에서 '순교'를 어떻게 규정할 것인가 하는 점은 우리의 관심사이다. 앞에서 서구 교회 전통에서는 순교는 3가지 조건을 갖추어야 한다는 점을 지적했다. 이 3가지 조건이 여전히 유효하며 이 조건을 충족시킬 경우에만 순교로 간주할 수 있는가? 오늘과 같은 다원화된 종교 현실에서 특정 종교 곧, 기독교에 대한 정치적인 탄압이 없는 상태에서도 여전히 피 흘림의 증거만을 순교로 간주해야 하는가 하는 점은 우리가 논의해야 할 과제라고 생각한다.

문제의 핵심은 두 가지인데, 첫째, 교회가 전통적으로 이해해 왔던 바처럼 '피 증인'만을 순교로 볼 것인가, 둘째, 어떤 죽음을 순교로 간주할 것인가의 문제이다.

신약 성경에는 '증거'라는 단어가 있을 뿐 신앙을 위한 죽음, 곧 순사(殉死)라는 개념의 단어가 없고, 증인은 곧 순교를 뜻한다는 점에서 순교자는 반드시 목숨을 잃어야 한다는 것을 절대 조건으로 할 수 없다는 주장이 있다. 안병무는 '순교자'의 일반적인 뜻 '증인'을 의미하기 때문에 죽음 자체가 의미 있는 것이 아니라 그 무엇을 죽음에 이르기까지 증거했을 때 순교자로 간주해야 한다고 주장한다.[33] 그래서 순교는 죽음과 무관할 수 있다고 말한다. 이런 주장은 안병무만의 주장은 아니라 1945년 이후 본회퍼의 경우에서 제기된 문제였다.

한국 천주교회의 경우, 신유박해(1801)와 병인박해(1866) 등에서 나타난 새로운 자료를 근거로 (1984년의 103위 시성식에 이어) 제2의 시복시성운동(諡福諡聖運動)을 전개하고 있다. 2002년에는 '윤지충과 123위'와 김범우, 최양업 신부를 시복시성대상으로 정한 바 있다. 김범우는 유배지에서 사망하였으므로 증거자로 분류하였으나 그도 순교자로 보아야 한다는 견해가 긍정적인 반응을 얻고 있고, 비록 죽임에 이르지 않았으나 최양업 신부 또한 순교자로 현양(顯揚)해야 한다는 주장이 설득력을 얻고 있다. 이러한 견해는 박해자에 의한 '죽음'을 순교의 절대 조건으로 볼 수 없다는 견해를 반영하고 있다.

이런 견해는 나름대로 타당성을 지니고 있다. 특히 기독교가 압제당했거나 압제당하는 지역이나 정치 체제하에서 죽음에 이를 정도까지 증거한 '고백자들'을 순교자로 칭하는 것은 타당성이 있다고 볼 수 있다. 그러나 오늘과 같은 국가 종교가 인정되지 않는 종교 다원적 상황에서 어느 특정 종교가 압제의 대상이 될 수 없다. 이런 상황에서는 복음의 증거라는 이유로 죽임을 당하거나 죽음에 이르는 일이 발생할 가능성은 높지 않다. 그럼에도 불구하고 '말 증거' 혹은 '행위 증거'만을 가지고 순교자로 간주한다는 것은 서구 교회적 전통에서 볼 때 타당성이 없다.

우리가 고려해야 하는 또 한 가지는 어떤 죽음을 순교로 간주할 수 있는가 하는 점이다. 한 사람의 죽음의 의미를 규정하기 위해서는 '무엇' 때문에 '왜' 죽어야 했는가를 고려해야 할 것이다. 복음의 증거와 무관한 죽음은 순교로 간주할 수 없기 때문이다. 전통적 입장에서 볼 때 순교란 기독교 신앙에 대한 억압과 박해를 전제로 하며, 믿는 바를 증거하려는 확고한 신조가 있고, 그것을 지지해 주는 중앙집권적 조직으로서 신앙 집단이 있을 때 가능하다. 이런 관점에서 본다면 순교는 오늘날에도 다음과 같은 조건을 필요로 한다.

첫째, 신앙에 대한 고백과 복음에 대한 증거자여야 할 것,
둘째, 그 죽음이 복음 증거와 수호를 위한 불가피한 것이어야 할 것,
셋째, 그 증거를 대적하는 박해자나 정치적 가해자가 있어야 할 것.

등이 그것이다. 두 번째 조건에서 "그 죽음이 복음 증거와 수호를 위한 불가피한 것이어야 한다."는 말은 사고사나 과로사 혹은 실수에 의한 죽음이 아닌 경우를 두고 하는 말이다. 세 번째 조건의 "그 증거를 대적하는 박해자나 정치적 가해자가 있어야 한다."는 말은 기독교 신앙을 반대하는 정부 기구와 같은 조직적 집단이 있어야 한다는 의미이다. 이상을 순교의 조건으로 간주할 경우 기독교 신앙이 부분적으로나 전체적으로 인정받지 못한 경우가 아닌 경우에는 순교자가 있을 수 없다.

순교를 광의의 개념으로 볼 경우에는 박해자에 의한 죽음이 아닌 경우, 예컨대 천재지변, 교통사고 등 사고사, 실수로 인한 죽음 등의 경우에 대해서는 사안별 검토가 필요할 것이다. 예컨대, 선박 사고로 사망한 아펜젤러, 교통사고로 죽은 마두원(D. Malsbury)의 경우 등이 일례가 될 것이다. 순교의 개념을 광의적으로 해석

한다면 정치적 박해나 탄압의 결과가 아닌 죽음이라도 한 사람의 삶과 죽음이 복음 증거 활동과 명백하게 관련되고 그것이 죽음에 이르게 한 원인이었다면 순교로 간주될 수 있을 것이다.

맺음말

이상에서 우리는 순교의 의미, 개념, 성경적 용례, 초대 교회에서의 순교 이해, 그리고 그 이후 현대 교회에 이르는 기간 동안 서구 기독교가 순교를 어떻게 이해해 왔는가에 대해 살펴보았다. 순교를 어떻게 볼 것인가 하는 순교의 개념은 크게 2가지로 정리될 수 있다. 첫째, 복음 증거를 위해 불가피하게 적의를 가진 집단에 의해 죽임을 당한 경우로 보는 초기 기독교회가 이해해 왔던 협의의 순교 개념과, 비록 기독교에 대한 적의를 가진 집단이나 조직에 의한 불가피한 죽음이 아니라 할지라도 명백하게 복음 증거와 관련되어 있을 경우에도 순교로 이해하는 광의의 순교 개념이 그것이다.

이 글에서 순교와 관련하여 전통적 입장의 순교 개념을 제시했지만, 순교나 순교 개념은 시대적 상황에 따라 다르게 표현될 여지가 있다는 점도 고려되어야 할 것이다. 오늘 우리에게는 카이사르를 신으로 신격화하거나 숭배를 요구하지 않으며, 어느 특정 종교만을 신봉토록 요구하지도 않는다. 우리는 종교적 자유와 관용의 시대에 살고 있다. 그러나 그리스도인들이 그 믿는 바를 관철하려고 할 때 박해가 없을 수 없다. 이제 박해의 양상이 달라졌을 뿐이다. 과거의 순교자들은 종교적 불관용의 상황에서 자기가 믿는 바를 증거하고 수호하기 위해 순교자의 길을 갔으나, 이제는 사회적 부조리와 대항하여 싸우다가 희생자 혹은 순교자의 길을 간다. 정치범으로 죽은 본회퍼나 흑인 해방 운동을 위해 죽은 마틴 루터 킹의 경우가 그것이다. 오늘의 사회는 과거와는 달리 다양한 형태의 희생자 혹은 순교자를 낼 수 있는 상황이 되었다. 따라서 순교 개념은 오늘의 상황에서 새롭게 정의될 수 있다는 주장이 우리 시대의 정신이라고 할 수 있다.

5장 / 교회사에서 본 순교

※ 이 글은 2005년 10월 4일 감리교신학대학에서 개최된 '한국교회사학회'에서 발표된 "순교에 대한 역사 신학적 검토"를 수정한 것으로서 박성원 편, 『구름 같은 증인들의 빛과 그림자』(도서출판 창과 현, 2009) 등에 게재된 바 있음.

1 그 한 가지 예가 단기 선교 여행으로 피지 섬에서 봉사하던 중 파도에 밀려 익사한 한동대학교의 두 학생을 '순교자'라고 칭한 경우이다. 하용조, "한동대의 첫 순교자," 『빛과 소금』 149(1997. 8), 206-7.

2 이만열은 토마스가 무장한 상선을 이용하여 입국한 점 등을 근거로 순교자로 볼 수 없다고 주장한 바 있다. 특히 한규무는 토마스의 순교와 관련한 제반 사항을 검토하고 순교에 대한 재검토를 요청한 바 있다. 한규무, "제너럴 서만호 사건과 토마스의 '순교'문제 검토," 『한국 기독교와 역사』 8(1998. 3), 9-33.

3 한자 문화권에서 순(殉)은 거룩하고 고상한 죽음이라는 개념을 지니고 있다. 그래서 나라를 위한 죽음을 순국(殉國), 직책에 충실하여 목숨을 바침을 순직(殉職)이라 하고, 앞서 간 임금이나 남편의 장례식 때 신하나 아내를 산채로 함께 매장하는 경우를 순장(殉葬)이라고 한다. 순(殉)자는 죽을 사(死)와 열흘 순(旬)이 합쳐진 말로서 죽은 사람(死)의 뒤를 이어 열흘(旬) 안에 따라 죽는 다는 의미를 지니고 있어, 순(殉)은 '함께 죽음'을 의미한다.

4 이희승, 『국어대사전』 (민중서림, 1981), 1738.

5 "A Christian Martyr is a believer in Christ who loses his or her life, prematurely, in a situation of witness, as a result of human hostility." David B. Barrett, George T. Kurian, and Todd M. Johnson eds., *World Christian Encyclopedia : A Comparative Study of Churches and Religions in the Modern World*, 2nd ed., 2 vols.(NY: Oxford University Press, 2001), 1:29.

6 μαρτ-에서 파생된 용어의 용례에 대한 자세한 기록은 Gerhard Kittel, Garhard Friedrich, ed., *Theological Dictionary of the New Testament*, vol. 4(Grand Rapids: Eerdmans, 1974), 474-508을 참고할 것.

7 μαρτυς는 '기억하고 어떤 아는 것에 관하여 증언할 수 있는 사람'(one who remembers, who has knowledge of something by recollection, and who can thus tell about it)을 의미한다면, 동사 μαρτυρειν은 '증거하다'(to bear witness to something) 혹은 '증인이 되다'(to come forward as a witness)는 뜻이며, μαρτυρία는 '증거를 행함,' μαρτύριον는 '증거, 증언'을 가리킨다.

8 폴리카르푸스의 순교기는 폴리카르푸스가 사망한 뒤 서머나 교회 공동체가 프르기아 지방

의 필로멜리움 공동체에 보낸 편지 형식의 기록인데, 기록 연대를 정확하게 알 수 없다. 그러나 폴리카르푸스가 순교한 뒤 1년 이내에 기록된 것으로 간주하고 있다. 이 기록은 최초의 순교기라고 할 수 있는데, 기독교에 대한 변증적 의도와 함께 그리스도인들에게 순교자들을 기리며 순교자를 본받도록 하기 위한 의도에서 기록되었다. 폴리카르푸스의 순교기, *The Martyrdom of Saint Polycarp, Bishop of Smyrna as told in the Letter of the Church of Philomelium* 는 LCC vol. 1, *Early Christian Fathers*, 149-157에 게재되어 있다.

9 폴리카루푸스, 『편지와 순교록』, 하성주 역주 (분도출판사, 2000), 118.

10 폴리카루푸스, 『편지와 순교록』, 129.

11 Craic J. Slane, *Bonhoeffer as Martyr* (Grand Rapids: Brazos Press, 2004), 44.

12 폴리카루푸스, 『편지와 순교록』, 119.

13 Theodore Baumeister, *Die Anfänge*, 259.

14 Baumeister, *Die Anfänge*, 260.

15 F. Halkin, *Une nouvelle Passion*, 150-4.

16 폴리카루푸스, 『편지와 순교록』, 120.

17 '고백자'라는 용어는 특히 3세기 중반에 크게 대두되는데, 그것은 당시의 기독교 박해와 밀접한 관계를 지닌다. 249년 데키우스(Decius)가 황제가 되는데, 250년부터 혹독한 박해가 시작되었다. 그가 재임하는 기간(249-251) 동안 이전 시기와는 다른 기독교에 대한 박해가 있었다. 기독교가 별로 전파되지 않았던 다뉴부(Danube) 유역 출신이었던 데키우스 황제는 제국의 번영은 옛 종교의 회복이라고 믿고 제국의 전 지역에서 기독교를 탄압했다. 그는 이교 신전에서 희생 제물을 드린 자에게는 증명서(libelli)를 발부하고, 이 증명서가 없는 이들을 박해했다. 이 당시는 기독교 신자를 처형시키는 것이 목적이 아니었으므로 실제 순교자는 많지 않았으나, 끝까지 신앙을 지킨 자들이 있었는데 이들이 고백자로 불리게 된 것이다. '고백자'의 상대적 개념으로 고문이나 탄압에 못 이겨 신앙을 버린 이들을 '배교자'(apostat, lapsed)라고 불렀는데, 이 배교자 처리 문제가 노바티안 분파 운동의 원인이 되었다. 초기 기독교 공동체에서는 '배교자'와는 달리 '고백자'들도 상당한 존경을 받았음을 알 수 있다.

18 Eusebius, *Ecclesiastical History* 5.2.2-5.

19 이런 해석을 하는 대표적인 학자들로는 Donald W. Riddle, Karl Menninger, Theodore Reik, E. R. Dodds, Arthur D. Nock 등이 있다.

20 Donald W. Riddle, *The Martyrs : A Study in Social Control* (1931), 64.

21 F. Halkin, *Une nouvelle Passion*, 36.

22 폴리카르푸스, 『편지와 순교록』, 121-2.

23 "Men are made martyrs not by the amount of their suffering, but by the cause in which they suffer," Augustine, *Letters*, 89.2; *New Catholic Encyclopedia*, 312. 루터는 이 말을 재세례파에 대해 비판하면서 사용한 일이 있다.

24 Cyprian, *Epistle*, 37.1.

25 Slane, *Une nouvelle Passion*, 29.

26 James Hefley and Marti Hefley, *By Their Blood : Christian Martyrs of the Twentieth Century*(Milford, Mich: Mott Media, 1979) 참고.

27 Eberhard Bethge, *Dietrich Bonhoeffer : A Biography*(Fortress, 2000), 931-2.

28 Slane, *Une nouvelle Passion*, 30.

29 R. Niebuhr, "The Death of a Martyr," *Christianity and Crisis* 5, no. 11 (25, June 1945), 6-7.

30 본회퍼를 포함한 10명의 인물은 다음과 같다. 러시아의 Grand Duchess Elizabeth, 남아공의 Manche Masemola, 파푸아 뉴기니아의 Licuinan Tapeidi, 폴란드의 Maximillian Kolbe, 파키스탄의 Esther John, 미국의 Martin Luthe King, 중국의 Wang Zhiming, 우간다의 Janani Luwum, 엘살바도르의 Oscar Romero였다.

31 즉 순교를 이렇게 정의하였다. "A Christian Martyr is a person whose death is ascertainably connected to and precipitated by Christian confession." Craig J. Slane, 54.

32 한국 기독교 백주년 기념사업회는 한국의 순교자는 약 1만 명에 이른다고 추정했다(『조선일보』 1983년 11월 16일자).

33 안병무, 「순교자 개념의 어제와 오늘」, 『기독교 사상』 17/4(1973. 4), 30.

6장 / 교회사에서 본 목회 형태의 변천 ※

시작하면서

　최근 한국 교회 일각에서 '목회자가 목회 활동 이외 다른 직업을 가질 수 있는가' 하는 문제가 심각하게 제기되고 있다. 말하자면 목회자의 이중직, 혹은 자급 목회에 대한 논의라 할 수 있는데, 이런 논의는 오늘의 한국 교회 현실에서 자연스럽게 대두되고 있다. 대도시의 대형 혹은 중형 교회는 교회 운영에 문제가 없으나 많은 교회가 재정적인 어려움을 겪고 있고, 생계의 어려움을 겪는 목회자도 적지 않다. 선교지에서나 농어촌교회만이 아니라 도회지의 많은 목회자들이 목회에만 전념할 수 없는 경제적인 현실에서 목회자의 이중직 문제는 심각한 현안이 되고 있다.

　우리가 '자급 목회' 혹은 '이중직'을 동의로 사용하고 있으나 엄밀하게 말하면 약간의 차이가 있다. 자신의 생활비를 복음을 들은 사람들에게 의존하지 않고, 스스로 일해서 충당한다는 점에서는 동일하다. 하지만 자급 목회(Tent making ministry)는 자비량 목회로서 복음 전도사역에 전념하되 자신의 생활비를 자신이 해결하는 '목회 방식'을 강조하는 표현인 반면, '이중직'(bi-vocational ministry)이란 목회 이외의 생계 수단으로서의 세속 직업에 종사하는 경우를 의미한다. 사실상 한국의 절대 다수의 교단이 이중직을 금지하고 있으나, 개척교회나 미자립교회의 현실에 대한 대안이 없음으로 목회자 이중직에 대한 인식도 달라지고 있다. 「목회와 신학」 2014년 5월호에 게재된 설문 조사에 따르면 경제적 이유로 목회자 이중직에 찬성한다는 비율이 52.4%로 반대한다는 22.9%보다 두 배 이상 높았고, 전반적으로 73.9%가 생계를 위한 이중직에 찬성하였다. 즉, 목회자의 이중직 문제에 대한 검토가 필요한 현실이다. 여러 측면에서 고려가 필요하겠지만 이 글에서는 자급 목회와 목회자의 이중직에 대한 검토를 겸하여 '역사적으로' 목회 형태가 어떻게 발전해 왔는가를 살펴봄으로써 오늘의 현실에 대한 조명이 되기를 바란다.

가. 사도 시대 : 순회 목회

기독교회가 생성된 후 일정 기간 동안의 목회 형태는 이러이러 했다라고 정형화된 형태를 말할 수 없는 유동성이 있지만, 1세기 말까지의 가장 일반적인 형태는 순회 목회였다고 할 수 있다. 목회자가 어느 한 곳에 정착하지 않고 이동하면서 목회하는 형태이다. 이 점을 보여주는 한 가지 사례가 사도 바울의 목회였다. 30년경 예루살렘에서 기원한 기독교는 안디옥으로 전파되었고 안디옥을 거점으로 기독교는 소아시아와 유럽으로 확산된다. 그래서 에베소, 빌립보, 데살로니가, 뵈레아, 고린도, 그리고 로마 등지로 확산된다. 각처에 라틴어로 크리스티아니(christiani)라고 불리는 그리스도인들이 생겨났고 믿는 자들의 무리가 형성되었다. 에클레시아(ecclesia)가 형성된 것이다. 이들에게는 신전, 신상, 제단, 제사장이 없었고, 제물도 없었다. 별도의 구별된 건물도 없었다. 그러나 이들은 정기적으로 가정집에 모였고 말씀을 배우고 가르쳤다. 이런 시대에 목회 사역을 감당한 이들이 사도들이었다. 바울과 바나바, 실라, 그리고 주의 형제 야고보를 포함하여 사도로 불린 이들은 17명가량 된다. 이들이 사실상 첫 목회자들이었고 이들은 어느 한 곳에 정착하기보다는 이동하는 순회 목회자들이었다. 바울의 경우 천막 제조업(σκηνοποιός, 행 18:3)으로 알려진 자신의 생업을 통해 생계를 유지하기도 했지만, 뵈뵈(롬 16:1-2)와 같은 개인이나 빌립보교회 등과 같은 교회 공동체의 재정적 지원을 받기도 했다(빌 4:14-18). 복음 전도자로서 바울은 약 2만 Km를 이동했는데 이는 지구의 절반 거리에 해당한다. 이 먼 여정을 순회하는 동안 자신의 생업으로 모든 소요 경비를 감당했다고 보기 어렵다. 비록 자급 목회라 하더라도 순회 목회자들은 개인이나 공동체의 후원을 받았을 것이다. 또 자급이라 하더라도 그것이 오늘날의 직업 같이 고정된 일로 볼 수 없다. 사역 자체가 이동하는 순회 사역이었음으로 유동적이었기 때문이다. 이 당시는 전적으로 목회에만 열중하든지 아니면 생계를 위한 다른 직업을 가지든지 그것은 문제시 되지 않았다. 이때까지는 순회 목회를 지향하되 자비량 사역과 더불어 교회의 후원이 병존했던 시기라고 할 수 있다.

나. 사도 시대 이후의 초기 기독교 : 정착 목회

그러다가 2세기를 전후하여 순회 목회는 정착 목회로의 변화가 나타났다. 물론 목회 방식에 있어서 순회와 정착의 잠정적인 혼재가 없지 않았으나 개별 교회에는 감독이 세워지고 감독 중심의 목회 형태가 분명해진다. 물론 장로와 감독직은 그 이전 시기부터 있었고 양직은 동의어였다(행 20:17, 28, 빌 1:1, 딛 1:5, 7). 바울이 감독에 대해 말할 때 복수형 에피스코포이, 곧 '감독들'이라고 말한 것을 보면 이때까지는 감독직이 장로직보다 상위의 직으로 이해되지 않았음을 알 수 있고, 개별 교회에 복수의 장로 혹은 감독이 있었음을 암시한다. 그런데 바울의 후기 서신에 보면 장로직의 분화가 나타나(딤전 5:17), 가르치는 장로와 치리하는 장로가 되었다. 비록 개별 교회에 이런 목회직들이 생성되고 오늘의 목사직에 해당하는 가르치는 장로가 나타나더라도 여전히 사도들의 지도하에 있었다. 그러나 사도 시대 이후 점차 개별 교회 지도자들의 역할이 두드러지고 2세기에는 감독이라고 불리는 정착 목회자들이 대두된 것으로 보인다. 로마의 클레멘트가 1세기 말, 곧 96년경 쓴 것으로 보이는 '클레멘트 서신,' 곧 '고린도교회에 보낸 편지'에서는 이런 변화를 보여준다. 이 서신에서 처음으로 '평신도'라는 용어와 개념을 말하고 있어 성직자와의 구분을 제안하고 있고, 로마교회 감독직의 부상을 보여준다. 로마의 감독이 멀리 있는 고린도교회 문제에 대해 이런 저런 개입을 보이는 것은 동료 교회에 대한 우의적 충고(correctio fraterna)라고 볼 수 없고 개별교회의 감독직이 확고하게 자리 잡기 시작하였음을 보여준다. 이런 점을 고려해 볼 때 2세기에는 사도 시대의 순회 목회와는 다른 정착 목회기로 접어들었음을 보여준다. 그래서 이 시기 안디옥, 서머나 등 주요교회에 감독직이 확고해진다. 안디옥의 감독 이그나티우스(35-117?)는 처음으로 '가톨릭교회'라는 용어를 사용하는데, 이를 리차드슨(C. Richardson)은 공교회주의(Catholicism)의 일보라고 해석했다. 교회의 제도화가 시작되고 개별교회 중심으로 목회 형태, 곧 정착 목회가 시작되었음을 암시한다. 1세기 말과 2세기 어간 순회 및 정착 목회가 혼재된 잠정적인 기간이 있었겠지만.

비록 목회 방식이 순회 목회에서 정착 목회로 변화되더라도 목회자들이 전적으로 교회의 후원에 의존했다고 볼 수는 없고 생계유지를 위해 다른 일을 한 것으로 보인다. 즉 감독으로서 양이나 동물을 키우거나 직조업이나 조선공으로 일하는 이들도 있고 또 고위 법관으로 일한 경우도 있었다. 이 시기 갈라디아에서 발견된 비문이 이 점을 확인시켜 준다.[1] 니케아 교부 중 한 사람인 감독 스피리돈(Spyridon)은 양을 쳐서 생계를 유지하였고, 가자(Gaza)의 제논(Zeno) 감독은 그 지방의 안정된 교회에서 목회하면서도 베를 짜서 가족을 부양하였고, 바실리오스(Basil)의 기록에 의하면 어느 감독은 자신의 생업 때문에 편지 쓸 시간이 없었다고 한다. 이런 기록을 보면 당시에는 이중직이 자연스런 일이었고, 목회에만 전념하든지, 목회 활동과 더불어 세속적인 직업을 가지든지 전혀 문제되지 않았다. 이 시기에는 목회를 전담하는 이들에게 교회가 반드시 고정된 급료를 지불해야 한다고 보지 않았고, 목회자는 자신의 생계를 교회에 의존하지 않았음을 알 수 있다. 따라서 목회자가 교회의 도움을 받아 생활할 수도 있었지만 세속 직업을 갖는 것은 자연스런 일로 간주되었다.

그러다가 250년 전후 모든 교회에서 장로들과 집사들의 보좌를 받는 단일 감독직이 대두되는데,² 이 점은 개별 교회 중심의 정착 목회가 더욱 견고해 지고 있음을 보여준다. 처음에는 장로와 감독은 동의어라고 보아 집사직과 더불어 이직분으로 인식되었으나 차츰 감독은 장로직보다 상위의 직이라는 계층적 이해가 대두되면서 감독은 장로와 구별되기 시작하여, 교회에는 감독, 장로, 집사의 삼직분이 대두되었다. 모든 감독은 장로였으나 모든 장로들이 다 감독은 아니었다. 이레네우스는 『이단 논박』(3.2.2, 4.26.2)에서 감독을 장로로 일컬었으나 장로를 감독으로 부르지는 않았다. 이보다 후기이지만 히에로니무스(Jerome)는 그의 서신(Letter, 146)에서 "사도는 분명히 장로는 감독과 동일하다고 가르친다. … 그 후 장로들 가운데 한 사람이 분열에 대한 치유책으로 다른 장로들 위의 지위로 선출되었다. 장로들은 그들 가운데 한 사람을 뽑아 그에게 보다 높은 지위를 주고 그를 감독이라고 불렀다"라고 하여 감독직은 장로직으로부터 발전했음을 시사하고 있다.³ 이런 단일 감독직(monepiscopate)의 부상 과정에서 개별 교회 중심의 정착 목회가 확고하게 정착했음을 보여준다. 2세기 말 이후 몬타누스주의와 영지주의 이단의 출현과 도전이 이런 감독직의 부상에 영향을 주었을 것이다. 초기 기독교의 규정집이라고 볼 수 있는 220년경에 나온 히폴리투스의 『사도 전승』은 감독직의 발전에 더 많은 정보를 제공한다. 이제 목회자는 구약의 제사장처럼 사제적 기능을 감당하게 되고, 구약의 레위인의 역할과 대비되면서 교회의 목회자의 생활비 부담이 당연시 된다. 또 목사직과 평신도 간의 분명한 차별이 제시된다. 이레네우스 때부터 서서히 발전하여 키프리아누스 때는 사도 전승 교리로 정당화 된다.⁴

비록 교회가 목회자의 생활비를 지급한다고 해서 목회자의 이중직이 사라진 것은 아니었고 이것이 금지되지도 않았다. 이 시기에도 목회자가 세속 직업을 가질 수 있었다. 한 교회법에 의하면 목회자가 가져서는 안 될 3가지 세속 직업을 제시했는데, 이것은 목회에 전념하면서도 세속 직업을 가질 수 있다는 점을 인정한 것이다.

단지 직업 선택에 제한을 둔 것은 흥미로운 일이다. 이 때 목회자가 취해서는 안 될 직업으로 대장장이, 이발사, 직업 군인을 들었다. 이 세 직은 모두 칼을 쓰거나 칼을 제조하는 일과 관련되어 있다. 이런 제한은 따지고 보면 목회자들에게 칼의 사용, 곧 무력이나 폭력을 멀리해야 한다는 초기 기독교가 지향했던 평화 사상을 반영한다고 해석할 수 있다. 그런가 하면 상업 행위를 금지한 경우도 있다. 306년 경 스페인 엘비라에서 소집된 회의(Synod of Elvira)에서는 19명의 주교와 다수의 사제들이 참석하여 배교, 간통, 중혼, 사제들의 독신 위반, 신성 모독 등에 대한 문제를 취급하면서 81개 교회법을 통과시켰는데, 이중 교회법 19번에 의하면 감독이나 장로는 이익 추구를 위한 상업 행위를 금지하고 있다.[5] 목회자의 이중직을 허용하되 지나친 상행위를 제한한 것으로 해석할 수 있다. 비록 이런 제한은 있었으나 적어도 3세기 말까지 이중직 자체를 금지하지는 않았음을 알 수 있다.

다. 4세기 이후

4세기에 기독교는 큰 변화를 경험하게 된다. 사실 변화는 이전부터 일고 있었다. 키프리아누스 지도하에서 북아프리카에서는 250년경에 이미 단일의 군주적 감독제가 나타났고 300년경에는 일반적 규범이 되었고, 3세기 말 로마에는 40개 이상의 교구가 있었다.[6] 교구를 관장하는 감독 위의 감독, 곧 대감독이 생겨나게 된 것은 자연스런 발전이었다. 교회가 제도화되고 계층화 현상이 굳어졌다. 그 동안 기독교회는 별도의 독립된 건물이나 시설을 갖지 못했다. 그러다가 250년부터는 서서히 교회당이 건축된 것으로 추정한다. 230년경에 건축된 것으로 추정하는 두라-유로포스의 교회당이 대표적이다. 그 이전에는 '에클레시아'라는 용어는 '회會' '모임', 혹은 '민회民會'라는 의미로만 사용되었으나, 적어도 270년경부터는 건물(building)을 칭하기도 했다. 이 점은 유세비우스의 『교회사』 8권 2장에서 암시되고 있다.[7]

이런 교회 내적인 발전과 더불어 외부적인 정치적 변화는 교회에 커다란 변화를 주었다. 그 변화란 313년의 기독교 공인이었다. 300여 년간 불법 종교였던 기독교는 신교(信敎)의 자유를 누리게 되었고, 기독교라는 종교 상품은 시장에서 전시되고 판매될 수 있었다. 그 당시 기독교 인구는 로마 제국 인구의 10-15%에 달하여 더 이상의 소수 집단이 아니었다. 319년에는 이교의 제사가 금지되고, 교회와 교직자의 납세 의무가 면제된다. 321년에는 도시인들의 주일 휴가가 강제되었고, 380년에는 기독교가 제국의 국교가 된다. 기독교는 이제 제국의 종교가 된 것이다. 더욱 분명하고 확고한 존재 기반을 확립하게 되자 교회는 신속하게 제도화되고 소위 콘스탄티누스적 기독교를 지향하게 된다. 4세기 이전과 이후 예배, 교회 생활에는 많은 변화가 일어난다.

정착 목회가 굳어진 것은 말할 것도 없지만 제국은 교회를 지원했고, 교회는 제국을 위한 종교적 봉사를 하게 된다. 관제 신학 혹은 어용 신학이 대두하기까지 했다. 교회는 성직자들의 생계를 책임지게 되었고, 성직자들이 세속 직업을 가질 필요가 없게 되었다. 자급 목회 혹은 성직자의 이중직은 그 이후 소종파 혹은 자유교회 운동에서나 찾아 볼 수 있는 현상이 되었고, 주류 교회에서는 사라졌다.

맺음말

이상에서 살펴본 바처럼 자급 목회, 혹은 목회자의 이중직은 적어도 3세기까지는 문제시 되지 않았다. 성경은 목회 방식이나 목회 형태에 대해 구체적으로 말하지 않고 있다. 그것은 계시적 규범이라고 볼 수 없고, 교회 발전 과정에서 혹은 그 시대의 필요에 따라 정리될 수 있는 유연성을 지니기 때문이다. 따라서 일괄적으로 성직자들이 자신의 생계를 위해서 목회 이외의 다른 직업을 가질 수 없다고 제한하는 것은 적어도 이 건과 관련된 역사적 발전 과정에서 볼 때 성립되기 어렵다.

6장 / 목회 형태 변천에 관한 교회사적 고찰

※ 이 글은 「월드뷰」 221(2018.11), 25-30에 게재된 바 있으나 일부 수정하였음.

1 W. G. Ream, "The Support of the Clergy in the First Five Centuries AD," *International Review of Mission*, vol. 45(Oct. 1956), 421.

2 칼 볼츠, 『초대교회의 목회』, 박일영 역(서울: 컨콜디아사, 1997), 36.

3 칼 볼츠, 『초대교회의 목회』, 37.

4 박근원, "자급목회에 대한 고찰" 「신학연구」 15(1974), 219, 각주 12에서 재인용.

5 Ream, "The Support of the Clergy in the First Five Centuries AD," 422.

6 W. H. C. Frend, *The Rise of Christianity*(Philadelphia: Fortress, 1984), 401.

7 이상규, 『초기 기독교와 로마사회』(서울: SFC, 2016), 89.

7장 / 교회사에서 본 평화, 평화주의 전통※

시작하면서

　기독교가 로마 제국의 공인(313)을 받고, 국교(380)가 되기 이전의 기독교를 '초기 기독교'라고 말할 때, 기독교의 공인과 국교화(國敎化) 이후 곧 4세기 이후의 기독교를 '콘스탄티누스적 기독교'(Constantinian Christianity)라고 부른다. 4세기 이전과 이후의 기독교는 많은 상이점을 보여 주었는데, 4세기 이후는 이전의 기독교회가 지녔던 특히 2가지 가치를 상실했다. 첫째는 소유 혹은 물질(財物)로 부터 자유하고자 했던 단순한 삶의 이상이었고, 둘째는 평화주의 전통을 버리고 정당 전쟁론을 수용했다.

　초기 교부들은 성경의 가르침에 근거하여 부(富)에 내재한 영적 위험성에 대하여 부단히 경고했다. 그래서 초기 4세기 동안에 기독교회 안에는 돈과 재물, 그리고 그것들을 소유한 이들의 의무에 대한 문헌이 상당했고, 초기 기독교 저자들 가운데 이점에 대하여 언급하지 않는 이가 거의 없었을 정도였다. 대체적으로 교부들은 물질적 소유가 가져올 영적 위험성을 경고하고, 호화스럽게 사는 것을 반대하고 검소한 삶을 권고하였다.[1] 그러나 4세기를 거쳐 가면서 이런 가치들은 상실되었고, 소유와 부의 추구가 함의하는 영적 의미에 대해 무관심했다.

　초기 기독교가 중시했으나 4세기 이후 상실된 다른 한 가지가 평화주의 전통이었다. 초기 기독교는 살인이나 살상을 반대할 뿐 아니라, 군 복무 혹은 병역(兵役)을 거부하고 전쟁을 반대하는 평화주의적 이상을 지니고 있었다. 그러나 4세기 이후 이런 평화주의적 전통은 정당 전쟁론으로 대치되기 시작했다. 이런 변화는 교회의 제도화와 제국의 종교로의 변화에서 결과한 당연한 발전이었다. 이 글에서는

4세기 이전과 이후 커다란 변화를 보인 평화주의 전통에 주목하되, 초기 기독교회는 어떤 이유에서 군 복무를 반대하고, 초기 교부들은 평화에 대해 어떻게 가르쳤는가를 살펴보고자 한다.

가. 초기 기독교에서의 군 복무와 평화주의 전통[2]

일반적으로 4세기 이전의 기독교 공동체는 비폭력 평화주의를 지향했다는 점에 의견을 같이한다. 비폭력 평화주의를 지향했다는 의미는 군 복무를 반대하고 전쟁을 반대했다는 의미인데, 이 점은 하르나크(Adolf von Harnack), 옥스퍼드 대학의 캐둑스(C. J. Cadoux),[3] 레이든 대학의 헤링(G. J. Heering),[4] 메노나이트 학자들인 홀쉬(John Horsch),[5] 헐스버그(Guy F. Hershberger)[6] 등의 연구를 통해 분명히 제시되었다. 이들은 초기 기독교는 폭력이나 전쟁을 비도덕적이고 비기독교적인 것으로 이해하고 배척했다고 주장한다.

초기 기독교회가 군 복무나 살상, 폭력, 전쟁을 반대한 것은 근본적으로 신약 성경 특히 산상수훈의 가르침을 문자적으로 따르려고 했기 때문이다.[7] 예수님은 "누구든지 네 오른 뺨을 치거든 왼편도 돌려대라."고 했고(마 5:39), 다른 사람과 화평하라고 했다(막 9:4). 이런 가르침을 제자도로 인식했기 때문이지만, 동시에 이교적 헬라 로마적 질서로부터 심리적 이민을 떠났던 이들은 이 세상의 질서에 대해 무관심했다.

이런 점들을 보여 주는 흔적이 초기 교부들의 글 속에 나타나 있다. 폴리카르푸스(155년경)은 빌립보인들에게 악에게 대항하지 말라는 베드로의 말씀(벧전 2:23)에 순복하라고 했고, 180년경 변증가 아테나고라스(Athenagoras)는 동일한 취지의 기록을 남겼다. 분명한 증거는 174년 테르툴리아누스의 그리스도인들은 군 복무를 할 수 없다는 보다 강력한 권면 속에 나타나 있다. 군인이 신자가 되었을 경우 즉각적으로 군 복무를 그만두던지, 순교자가 될 각오를 해야 한다고 보았다.

초기 기독교가 군 복무를 반대하고 비폭력, 평화주의를 지행했다는 점은 2세기 후반의 이교도 켈수스(Celsus)의 기독교 비판 속에도 암시되어 있다. 켈수스는 기독교도를 비판하면서 기독교인들의 군 복무 반대와 비전(非戰) 권고는 결국 제국의 멸망을 가져올 것이라고 했다. 또 258년에 순교한 키프리아누스는 "사람을 죽이는 살인은 범죄로 간주되지만 국가라는 이름으로 행하는 살인은 용기로 간주 된다"며 국가의 이름으로 행해지는 폭력이나 전쟁을 비판했는데, 이런 점들은 초기 기독교회의 평화주의적 입장을 반영한다. 4세기 역사가 유세비우스는 기독교인이 군 복무를 거부했던 사례를 소개하고 있는데, 막시밀리안(Maximilian)이라는 21살의 누미디아 출신의 청년은 군 복무를 거절한 이유로 295년 3월 12일 사형에 처해졌다는 사실을 기록하고 있다. 이런 점들은 초기 기독교의 군 복무 반대와 평화주의적 입장을 잘 보여 준다.

3세기의 한 교회법에 의하면 목사로서 동시에 직업군인이나 이발사, 수술 의사, 대장장이의 일을 겸할 수 없다고 했는데, 그 이유는 앞의 3직업은 피를 보는 직업이기 때문이고 대장장이는 그들의 도구를 만드는 자이기 때문이었다.[8] 이것은 정착 목회 이전의 자급 목회 시대의 일면을 보여 주는 것이지만, 당시 교회의 평화주의적 이상을 보여 주는 흥미로운 기록이 아닐 수 없다.

나. 초기 기독교는 왜 군 복무를 반대했는가?

기독교회는 그리스도인들이 전쟁이나 군 복무에 가담할 수 있는가 혹은 없는가에 대해 처음부터 분명한 입장을 피력한 것은 아니었다. 왜냐하면 이런 문제가 처음부터 제기되지 않았기 때문이다.

로마 제국은 아우구스투스 황제 때(BC 27-14 AD)부터 마르쿠스 아우렐리우스 황제 때(161-180)까지 소위 군사적 우위를 통해 로마의 평화(Pax Romana)를 누리고 있었고, 이 기간 동안 지중해 세계가 비교적 안정을 누렸다. 이러한 평화의 기운은 스코틀랜드·북아프리카·페르시아까지 확산되었다. 전쟁이 일어났다고 하더라도 그것은 변방 지역에서 일어난 사건으로서 일반인들은 그 전쟁 자체를 모르고 살았을 정도였다.[9] 따라서 군 복무 문제가 그리스도인들에 있어서 문제시되지 못했다. 또 전쟁이 일어나 징집을 할 경우에도 그것은 로마 제국의 국경이나 변방 지역에서 행해졌는데, 초기 기독교인들은 대체적으로 지중해 연안의 도시에 거주하고 있었다. 따라서 군 복무나 전쟁이 그리스도인들에게 시급한 현안이 되지 못했다. 징집은 거의 요구되지 않았지만, 유대인이나 노예, 그리고 해방된 노예(freedman)은 징집에서 제외되었다. 초기 그리스도인들 중 다수는 이런 그룹의 사람들이었으므로 그리스도인들의 군 복무에 대한 논의는 논쟁의 대상이 되지 못했다.[10]

바로 이런 점 때문에 군 복무의 타당성에 대한 논의 자체가 제기되지 않았다. 루이스 스위프트(Louis Swift)의 말처럼, "첫 2세기 동안에는 군 복무 문제와 씨름해야 할 절박한 이유가 없었다. 하나의 집단으로서 그리스도인들은 실제적으로 정부 기관을 유지하거나 명령할 책임이 없었다. 그리스도인들의 국가에 대한 의무는 크게 말해서 법을 지키고 그저 평화롭게 사는 것이었다."[11]

그러다가 2세기 말에 와서 변화가 나타나기 시작했다. 170년경부터 군 복무 중인 그리스도인이 있었다는 증거가 나타나고 있다. 그래서 이때부터 초기 교부들의 글 가운데서 군 복무나 전쟁에 대한 견해가 간헐적으로 언급되기 시작했다. 흥미로운 사실은 군 복무 중인 그리스도인 수가 많아지면 많아질수록 군 복무를 반대하는 교부들의 글도 많아진다는 사실이다. 그렇지만 이런 주제가 교부들의 논의의 주된 논쟁점은 되지 못했다.

173년 이전에는 군 복무 중인 그리스도인(christian soldier)이 있었다는 증거가 없다. 설사 있었다 해도 그 수는 결코 많지 않았을 것이다.[12] 그러나 점차 그리스도인이 로마 제국의 군인으로 복무하는 이들이 점차 많아지게 된다. 다수는 군 복무 중 기독교로 개종하는 경우라고 볼 수 있다. 이 당시는 그리스도인의 군 복무가 반드시 부정되지는 않았다.

대체적으로 말해서 기독 신자의 군 복무에 대해서는 부정적인 시각이 있었다. 그 이유는 두 가지로 정리될 수 있는데, 첫째는 군인들의 생활 방식이 의롭지 못하다는 이유에서였다. 세례 요한이 군인들에게 "사람에게 강포하지 말며, 무소(誣訴)하지 말고 받는 요(料)를 족한 줄로 알라"(눅 3:14)고 책망하는 말씀 속에 암시되듯이 군인들의 생활 방식에 대한 부정적인 견해가 있었다. 또 다른 이유는 군인들은 이교의 종교적 행사에 참여하게 되거나 군인의 서약을 하는 등 우상 숭배적 관행(idolatrous practices)이 있다고 보았기 때문이다. 그래서 강제 징병제가 아닌 이 시대에 그리스도인으로서 군 복무는 권장되지는 않았을 것이다. 이렇게 볼 때 군대 안에 신자의 수가 증가했다는 것은 복무 중에 기독교 신자로 개종하는 경우가 많았을 것으로 해석할 수 있다. 그렇다면 이들은 어떤 태도를 취했을까? 이 점에 대해서도 알 수 있는 아무런 증거가 없다. 그러나 바울은 "형제들아 각각 부르심을 받은 그대로 하나님과 함께 거하라."(in whatever state each was called, there let him remain with God, 고전 7:24)고 했는데, 기독 신자 군인으로 계속 복무하도록 허용된 것으로 보는 견해가 지배적이다. 당시 전쟁이 없던 평화로운 시기에 있어서 군인들은 경찰로서의 기능을 감당했고, 변방의 군인들과는 달리 인명 살상에 가담하지 않았기 때문에 그리스도인으로서 도덕적인 문제에 직면하지 않았다는 점을 그 근거로 제시하고 있다.

앞서 언급한 바처럼 170년대를 거쳐 가면서 군 복무 중인 그리스도인 수가 증가하기 시작하지만 그 수에 대해 알 수 있는 정보는 아무것도 없다. 그래서 미미한 정도였다는 주장과 상당한 정도의 그리스도인이 있었다는 주장 등 상반된 견해가 상존하고 있다. 그렇지만 신자의 수가 증가해 갔다는 점은 분명하다. 이런 변화에 영향을 준 것은 이민족의 침입에 따른 강제징집, 3세기 중엽에 와서 크게 개선된 군 복무 환경, 그리고 이교적 행사에의 불참 허용 등도 영향을 끼친 것으로 보인다.

그렇다면 초기 기독교가 군 복무를 반대한 이유는 무엇인가? 일반적으로 초기 그리스도인들이 군 복무를 반대한 것은 군 복무는 황제 숭배와 깊이 관련되어 있었기 때문이었다. 그러나 하르나크(Adolf von Harnack)는 이 외에도 3가지 더 중요한 이유가 더 있었다고 설명하고 있다. 첫째, 기독교는 전쟁과 피 흘림을 반대하기 때문이며, 둘째, 군 장교는 사형을 명하고, 병사는 이 사형을 집행하도록 요구받기 때문이다. 셋째, 군인들의 절대적 맹세는 기독교의 가르침에 위배된다고 보았기 때문이라고 설명했다. 하르나크(Adolf von Harnack)는 이 외에도 이교 문화(pagan cults)에 가담하게 되는 점을 반대의 이유로 지적하기도 했다.[13]

그렇다면 초기 기독교가 군 복무를 반대한 것이 우상 숭배의 가능성 때문인가 아니면 평화주의적 동기에 의한 것인가? 아니면 양자를 다 포함하는가? 이 점에 대해서는 상당한 논란이 있는데, 캄펜하우젠(Hans Campenhausen),[14] 존 헬게랜드(John Helgeland)[15] 등은 초기 그리스도인들이 군 복무를 반대한 것은 단지 우상 숭배의 이유라고 주장한다. 그러나 하르나크(Adolf von Harnack), 베인튼, 그리고 평화 교회 신학자들은 우상 숭배의 가능성뿐만이 아니라 피 흘림과 살상, 그리고 폭력을 반대했기 때문이라고 주장한다. 일반적으로 정당 전쟁론을 지지해 온 이들, 특히 천주교 신학자들은 우상 숭배의 동기를 강조하고, 평화주의 사상과는 무관한 것으로 해석해 왔다. 그러나 역사적 평화 교회 전통의 신학자들은 우상 숭배와 함께 평화주의적 전통을 강조하였다.

다. 초기 교부들의 군 복무 반대와 평화주의적 견해

일반적으로 말할 때 교부들은 군 복무와 관련하여 많은 글을 남기지는 않았다. 저들의 작품 속에서 전쟁 일반에 대해 단편적인 언급이나 논평이 있을 뿐이다. 단지 테르툴리아누스나 오리게네스, 그리고 히폴리투스만이 이 점에 대해 비교적 소상하게 진술하고 있다. 평화주의적인 역사가들은 초기 기독교 교부들이 징병 건에 대해 무관심했던 것은 군인이라는 직업을 염두에조차 두지 않았다는 사실을 반영하는 것이라고 해석한다.

170년을 경과해 가면서 군 복무 중인 신자가 생겨나고 그 수가 증가되어 가는 변화된 환경에서 그리스도인의 군 복무와 전쟁에의 참여에 대해 교회가 말하지 않으면 안 될 상황으로 발전해 간다. 그래서 2세기 말부터 교부들은 군 복무와 전쟁, 그리고 평화에 대한 가르침이 나타나기 시작하는데 이런 변화의 중심에 서 있었던 인물이 2세기 말과 3세기 초에 활동했던 테르툴리아누스, 그리고 3세기 중반의 오리게네스가었다.

1) 테르툴리아누스(Tertullianusus, c.160-c.225)

테르툴리아누스는 2세기 대표적인 라틴 교부로서 197년경부터 224년까지 약 20여년에 걸쳐 집필 활동을 했는데, 희랍어로도 글을 썼으나 현재는 라틴어로 쓴 31편의 글이 현존하고 있다. 그의 저작 중에서 그리스도인의 군 복무와 전쟁에 대해 부분적으로라도 언급하고 있는 책으로는 『변증서』(*Apologeticum*), 『영혼의 증거에 대하여』(*De testimonio animae*), 『스카폴라에게』(*Ad Scapulam*), 『유대인 반박론』(*Adversus Iudaeos*), 『마르키온 반박서』(*Adversus Marcionem libriv*), 『육체의 부활』(*De resurrectione carnis*), 『우상숭배론』(*De Idololatria*), 『화관론』(*De corona militis*), 『외투에 관하여』(*De pallio*), 『박해시 도주에 대하여』(*De fuga in persecutione*), 『인내론』(*De patientia*) 등 11권에 달한다.

그의 초기 작품에 속하는 『변증서』는 그리스도인들의 군 복무를 반대하지 않고 있다. 이 책은 이교도들에게 기독교 신앙을 변호하는 것이 주된 목적이므로, 그리스도교의 비폭력적 특성을 말하면서도 동시에 그리스도인들이 국가적 의무에 소홀하다는 비판에 유의하여 신자의 군 복무를 인정하고 있다. 즉 테르툴리아누스는 초기에는 전쟁의 필요성을 인정하였고, 그리스도인들은 용감한 군대, 성실한 원로원, 세계의 평화, 그리고 제국의 안전을 위해 기도하고 있다고 했다.[16] 그리스도인들은 제국에 충성심을 가지고 있을 뿐만 아니라 군 복무를 포함한 제국의 의무를 지닌다는 점을 인정했다.[17] 그래서 그리스도인들은 로마의 신전을 제외한 제국의 어디든 참여하였다. 이 점에 대해 테르툴리아누스는 그리스도인들은 군대를 포함한 공중 생활에 참여하고 있다고 반박했다. 즉 "우리는 당신들이 살고 있는 모든 곳, 곧 도시와 섬들, 성과 마을들, 시장과 군부대에도 참여하고 있다"고 했다.[18] 또 그리스도인들은 황제를 위해 기도하고, 제국을 수호하는 군대의 승리를 기원하며, 신자들은 일반적으로 좋은 시민이며, 제국에 저항하는 어떤 비난도 옳지 않다고 말하고 있다. 그리고 그리스도인들은 남을 죽이기보다는 기꺼이 자신이 죽고자 하는 이들(rather be killed than kill)이라고 했다.

그러나 후기에 기록한 『화관론』(*De corona militis*)과 『우상숭배론』(*De Idololatria*)에서는 이전과는 상반된 입장을 보여 주는데, 그리스도인들의 군 복무를 반대하고 있다. 이 글들은 그가 몬타누스 이단으로 전향한 이후에 쓴 글인데, 이 글에서 군 복무는 그리스도인들에게 적절치 못한 행위로 말하고 있다. 특히 『화관론』에서 이 점을 심각하게 취급하고 있다. 『화관론』은 초기 교부들의 문헌 중 군 복무 문제만을 취급한 유일한 문헌인데, 황제가 즉위하면서 병사들에게 하사한 선물을 받을 때 월계관(花冠) 쓰기를 거절한 병사의 순교를 보고 이 책을 저술하게 되었다고 한다. 그러나 이 책을 쓰게 했던 동기가 되는 사건이 언제 어디서 발생했는지에 대해서는 분명히 알 수 없다. 테르툴리아누스는 월계관을 쓰는 것을 이교적인 습관으로서 우상 숭배의 하나로 보았는데, 이를 거절한 군인에 대해 이렇게 기록하고 있다.

> 황제 폐하의 하사금이 병사들의 막사에서 분배되고 있을 때 월계관을 쓴 병사들이 가까이 오고 있었다. 그들 가운데 금방 눈에 띄는 한 고상한 병사가 포함되어 있었다. 두 주인을 섬길 수 있다고 생각하는 다른 동료 병사들보다도 더 굳건한, 오히려 하나님의 병사라고 불러야 좋을 이 병사의 머리에는 아무것도 쓰지 않고 그 대신 월계관을 손에 들고 있었다. 이에 따라 모든 사람들이 멀리서부터 손가락질을 하면서 야유를 퍼붓는가 하면 가까이 다가와 그를 향하여 이를 갈았다. 웅성대는 소리는 군단 지휘관에게까지 들렸고, 곧 그 병사는 대열로부터 불려 나갔다. 그러자 즉각 지휘관은 "어찌하여 그대의 복장은 그렇게 다른가?"라고 병사에게 물었다. 그 병사는 다른 병사들처럼 월계관을 쓸 자유가 없다고 말했다. 지휘관이 그 이유가 무엇이냐고 묻자 그 병사는 자신이 '그리스도인'이라고 대답했다.[19]

이 책 제1부에서(1.6-7.2) 테르툴리아누스는 군대의 화관이 왜 우상 숭배인가를 논증하고, 제2부에서(7.3-11)는 병사의 화관이 이교 의식과 관련되어 있음을 논증했다. 그리고는 군 복무를 복음의 이름으로 정죄하고 있다.[20] 이것은 당시 그리스도인들이 군에서 복무하고 있거나 징집 이후 기독교로 개종한 군 복무자들이 있었음을 암시한다.[21] 테르툴리아누스가 활동했던 북아프리카에서 그리스도인들이 군 복무를 받아들였다는 증거와 거부했다는 증거가 동시에 나타난다. 그리스도인들이 군 복무에 가담하고 있었다고 증언한 테르툴리아누스 자신도 개종한 많은 그리스도인들이 군에서 빠져 나왔다고 주장한 바 있다.[22]

테르툴리아누스가 군 복무를 반대한 것은 화관과 함께 군 복무는 우상 숭배와 관련될 수 있었다는 점 때문이었다. 테르툴리아누스는 군대에서의 종교적 관행을 잘 알고 있었고, 태양신 숭배, 군에서의 서약(誓約), 군기(軍旗)에 대한 숭상을 문제시했다. 군에서의 서약(sacramentum)은 군 최고 사령관인 황제에게 상관의 명령에 따르고, 제국을 위해 목숨을 바치겠다고 서약하는 것인데, 이 서약은 군 입대 시, 매년 정월 초하루, 그리고 황제의 취임 기념일에 낭송되었다고 한다.[23] 이런 복종 선서 시에 군인들은 군기를 수호하겠다고 서약했다. 군기는 신성한 것으로 간주되었으며 병영 막사의 성소(adiculum)에 정중히 보관되었다.[24]

테르툴리아누스는 서약 자체를 부당한 일이라고 간주했다. 즉 그는, "우리가 하나님에 대한 서약 외에 인간에 대한 서약을 합법적으로 추가 시킬 수 있는가? 또 그리스도인들이 그리스도와 언약을 맺은 후 다른 주인과 언약을 맺을 수 있는가?"[25]라고 반문하고 이의 부당성을 지적했다. 테르툴리아누스는 우상 숭배를 하나님에 대한 대죄로서 살인 행위보다 더 중한 용서받을 수 없는 죄라고 간주했다.[26]

당시 로마 제국은 이교적 관습과 종교, 황제 숭배라는 제국의 이데올로기하에서 군 복무자가 이와 관련된 국가 의식이나 종교 관행들을 거절한다는 것은 현실적으로 불가능했다. 따라서 군 복무에의 허용은 우상 숭배를 받아들이는 것으로 이해했던 것이다. 특히 군 복무 중에 강요받게 될 이교 사원 경비, 금지된 음식의 음용, 서약(soldier's oath), 깃발, 시신(屍身) 화장, 그리고 군 내부의 각종 비도덕적 의식과 관행 등은 그리스도인들이 동참할 수 없는 것들이라고 보았다.

테르툴리아누스는 그리스도인의 군 복무를 엄격하게 반대했는데 그 진정한 이유가 무엇인가 하는 점이다. 그것이 우상 숭배의 위험 때문인가, 아니면 피 흘림이나 살상 등 비폭력 평화주의적 관심에서인가? 아니면 양자 모두를 포함하는가? 앞에서도 언급했지만 이 점에 대해서는 상반된 견해가 상존한다. 그러나 존 헬제렌드(J. Helgeland)는 그의 "로마 군대와 기독교"(Christians and the Roman Army,

AD 173-337)라는 논문[27]에서 테르툴리아누스가 그리스도인들의 군 복무를 반대한 것은 우상 숭배의 이유였지 피 흘림이나 평화주의적 이유 때문이 아니었다고 단언한다.

저명한 고대 교회사가인 캄펜하우젠도 테르툴리아누스는 "군인들의 살해나 유혈을 중요한 문제로 생각하지 않았다"고 해석하고, 테르툴리아누스가 염려했던 것은 우상 숭배의 위험성이라고 지적한다. "이것은 군대의 엄격한 규율과 또 군대의 일상생활과 군대 의식에 있어서 이교가 차지하고 있는 영향력을 고려해 볼 때 불가피한 것으로 보인다."고 해석했다.[28] 캄펜하우젠(Hans von Campenhausen)은 『우상숭배론』을 인용하면서 우상 숭배의 위험성이 주된 요인이라고 해석한다. 『우상숭배론』은 제목이 암시하는 바처럼 우상 숭배 문제를 집중적으로 논의하였고, 군 복무 문제도 이런 맥락에서 정죄한 것은 당연하다. 테르툴리아누스가 우상 숭배를 심각한 문제로 인식했던 것은 간음, 살인과 함께 우상 숭배를 용서받을 수 없는 3가지 죄로 규정한 사실에서도 알 수 있다.[29]

테르툴리아누스가 우상 숭배의 위험성을 심각하게 고려한 점은 분명하다. 그러나 동시에 간과할 수 없는 사실은 비폭력에 대한 의지가 중시되었다는 사실이다. 테르툴리아누스는 피 흘림을 반대하며, "그리스도가 베드로에게 칼을 버리라고 말씀함으로써 모든 군인의 무장을 해제하셨다"는 언급 등에서 보여 주듯이 테르툴리아누스에게는 그리스도의 모범에 기초한 반폭력적인 반전사상이 있음을 부인할 수 없다. 이 점은 우상 숭배와 무관한 것임을 고려해 볼 때 테르툴리아누스는 우상 숭배만이 아니라 평화에 대한 기대 또한 없지 않았음을 알 수 있다.

테르툴리아누스의 『우상숭배론』에서는 구체적으로 반전사상을 보여 주고 있는데, 이 책의 내용을 둘러싼 해석의 문제는 이 책의 저술 시기와 밀접한 관련이 있다. 일반적으로 이 책은 하르나크의 견해에 따라 그가 몬타니즘으로 기울기 이전인

198년에서 203년 어간에 쓴 것으로 해석하는데, 이 책에서 테르툴리아누스는 "그리스도인들이 군 복무를 할 수 있는가? 군 복무를 계속하면서 신앙생활을 할 수 있는가?"의 문제를 제기하였다. 이 점에 대해 그는 이렇게 말한다.

> "하나님의 서약(Sacramentum)과 인간의 서약 사이에, 그리스도의 군기(軍旗)와 마귀의 군기 사이에, 빛의 병영과 어둠의 병영 사이에는 일치점이 없다. 한 영혼이 하나님과 카이사르 두 주인을 섬길 수 없다."[30]

또 '무장을 할 수 있지 않는가?' 라고 주장하는 어떤 그리스도인의 주장을 반박하면서 이렇게 말한다.

> "그런데 모세가 지팡이를 들고 다녔고, 아론이 군사용 벨트를 착용했고, 세례 요한이 가죽 혁대를 차고 다녔으며, 눈의 아들 여호수아는 군대를 지휘했고, 구약의 백성들은 전쟁을 수행했다고 주장한다. 그러나 그렇다고 그리스도인들이 전쟁을 할 수 있는가? 안 된다. 평화 시대의 군인이라 할지라도 주님께서 치워 버린 그 칼 없이 어떻게 군인 노릇할 수 있는가? 비록 세례 요한을 찾아 온 군인들이 그의 가르침을 받았고, 또 어떤 백부장이 신앙을 갖기도 했지만 그러나 후에 주님께서 베드로의 칼을 버리라고 말씀함으로써 모든 군인의 무장도 해제하셨다."[31]

고 주장했다.

존 드라이버(John Driver) 등을 포함한 역사적 평화교회 신학자들은 테르툴리아누스가 군 복무를 반대한 이유는 우상 숭배의 가능성 외에도 살상 곧, 피 흘림의 가능성 때문이라고 강조한다.[32] 즉 테르툴리아누스는 피를 흘리지 말아야 할 것을 가르치면서, "주님께서 검을 사용하는 자는 검으로 망할 것이라고 하였는데도 그리스도인들이 검으로 무장하는 것이 합당한 일인가?"라고 반문하고 이는 부당한

것임을 주장했던 사실을 상기시키고 있다.[33]

> "법정에 호소하는 일조차 합당히 여기지 않는 평화의 아들들이 전투에 참여해야 하는가? 자기 자신에 대한 타인의 악행에 대해서도 앙갚음을 하지 않는 자들이 다른 이들에게 쇠고랑을 채우고 감금시키고 처형하는 일을 할 수 있는가?"[34]

말하자면 테르툴리아누스는 우상 숭배만이 아니라 칼로 행사되는 폭력이나 전쟁을 반대했다고 주장한다. 즉 테르툴리아누스는 그리스도인은 어디서나 그리스도인일 뿐이라고 말하고, 죄를 지어야 할 어떤 불가피성도 인정할 수 없다는 입장이었다. 즉 군이라는 특수한 상황을 인정할 수 없기 때문에 우상 숭배와 피 흘림의 위험이 있는 군 복무를 반대했다고 이해한다. 그래서 그는 "나는 나의 모든 힘을 다하여 군 복무를 배척한다."(Omni ope expulero militiam)[35]고 단호하게 말했던 것이다.

여기서 정리해야 두어야 할 점은 테르툴리아누스는 『변증서』에서 그리스도인 병사들의 실재를 말하고, 그것을 부정적으로 말하지 않았는데, 왜 『화관론』에서는 군 복무 금지를 요구하고 있는가 하는 점이다. 우리가 간과해서는 안 될 사실은 『변증서』가 이교도들에게 기독교 신앙을 변호하려는 의도에서 작성된 것인 반면, 『화관론』은 그리스도인 독자들을 대상으로 그들의 신앙을 독려하려는 의도에서 기록되었다는 점이다. 즉 『변증서』에서는 이교도들에게 변증적인 목적에서 그리스도인들도 그 사회의 일원으로 모든 영역에서 활동하고 있다는 점을 말하기 위해 그리스도인 병사의 복무를 언급했지만, 『화관론』에서는 그리스도인 병사들의 신앙 양심에 호소하여 모든 타협을 거부하도록 요구하고 있다고 해석할 수 있다.[36]

2) 오리게네스(Origenus, 185?-254?)

알렉산드리아의 오리게네스는 성경에 대한 알레고리적 해석을 근거로 군 복무와 전쟁을 반대하는 입장을 취했다. 그는 심지어 전쟁을 지지하는 듯한 본문도 알레고리적 해석을 통해 반대의 의미로 해석했다. 유명한 이사야서 2:4, "그가 열방 사이를 판단하시며 많은 백성을 판결하시리니 무리가 그 칼을 쳐서 보습을 만들고 그 창을 쳐서 낫을 만들 것이며, 이 나라와 저 나라가 다시는 칼을 들고 서로 치지 아니하며 다시는 전쟁을 연습하지 아니하리라."는 본문에서 칼을 투쟁과 교만을 뜻하는 것으로 해석하고, 이 본문을 비전(非戰)의 교훈으로 해석했다.[37] 그는 구약에 나오는 전쟁들을 영적인 전쟁의 상징으로 해석했다. 그래서 그는 "만약 육적인 전쟁(구약의 전쟁 기록들)이 영적 전쟁의 상징이 아니라면 유대의 역사책들이 사도들에 의해 교회에서 그리스도를 따르는 이들이 읽어야 할 책으로 전해졌으리라 생각하지 않는다."고 했다.[38] 오리게네스는 구약의 전쟁사를 풍유화함으로써 이스라엘의 전쟁들은 실제적으로 일어난 것으로 보지 않았다.

오리게네스의 평화주의적 입장은 그의 『켈수스 논박』(Contra Celsum)에 나타나 있다. 테르툴리아누스와 마찬가지로 오리게네스는 그리스도인들이 제국에 충성하지 않는다는 비난에 대하여 답해야 한다고 생각했다. 그래서 오리게네스는 『켈수스 논박』 앞부분에서는 제국에 대한 그리스도인의 충성이라는 주제에 할애하고 있다. 켈수스가 기독교인들의 군 복무 반대를 제국에 대한 책임의 회피로 비난했을 때, 오리게네스는 테르툴리아누스가 변증서에서 그러했듯이 그리스도인들이 기도로 제국에 충성하였고, 황제를 도왔다고 주장했다.[39] "그리스도인들의 역할은 … 제국과 황제를 대신하여 전쟁을 하는 것이 아니라 이보다는 더 중요하게 전쟁의 원인을 제공하는 마귀들과 내적이며, 영적인 싸움을 하는 것이다. 그러므로 그리스도인들은 황제를 적에게 넘겨주는 것이 아니라 실제적으로 가능한 가장 중요한 방법으로 황제를 위해 싸우는 것"이라고 해명했다.[40] 즉 기도로써 전쟁을 부추기며 평화를 파괴하는 마귀를 대적하며, 이런 방법으로 전쟁에 나가 싸우는 것 이상으로 제국에 충성하고 황제를 보호하고 있다고 주장했다.[41]

이런 주장과 함께 오리게네스는 로마의 사제들이 제물의 순결을 지키기 위해 살상 행위를 하지 않도록 군 복무를 면제해 주듯이 그리스도인들도 군 복무를 면제해 주어야 한다고 주장했다.[42]

라. 4세기 이후의 변화

이러한 비전, 반전 전통과는 달리 콘스탄티누스의 개종(312년)과 기독교의 공인(313) 이후 기독교는 제국의 종교가 되면서 엄청난 변화를 겪게 된다. 반전, 평화 사상은 힘을 잃기 시작한다. 캄펜하우젠(Hans von Campenhausen)은 "초기 기독교회는 평화주의적이었지만 콘스탄티누스 대제 이후 교회는 제국을 지켜야 할 책임을 부여받았고, 교회는 이런 책임을 회피할 수 없었다."고 지적했다.[43]

콘스탄티누스의 개종과 기독교 제국의 건설 이후 군에서의 우상 숭배에 대한 의문은 사라졌지만 피 흘림에 대한 문제는 해결되지 못했다. 이제 문제는 기독교 군인들이 피를 흘리느냐 흘리지 않느냐의 문제가 아니라 피 흘림이 어떻게 정당화 될 수 있는가의 문제였다. 말하자면 전쟁의 문제가 아니라 무엇이 '의로운 전쟁'인가가 중요한 논쟁점이 된 것이다.

곧 그 반응이 나타났다. 350년 경 아타나시우스는 "살인은 허용되지 않는다. 그러나 전쟁에서 적군을 죽이는 일은 합법적이며, 칭송받을 일이라"고 했다. 25년 이후 암브로시우스는 "야만인들에 대항하여 고향을 지키고, 가정에서 약자를 방어하고, 약탈자로부터 자국인을 구하는 싸움은 의로운 행위"라고 보았다.

암브로시우스(Ambrosius)와 아우구스티누스(Augustinus)은 무엇이 의로운 전쟁인가에 대한 대표적인 이론가였다. 암브로시우스는 블레셋과 다른 이방 족속들에 대항하는 이스라엘의 전쟁은 전쟁이 정당화될 수 있다는 점을 증거하는 것이라고 보았다. 이 정당 전쟁론을 야만족에 대항하여 싸우는 로마의 기독교인들에 확대 적용하였다. 특히 그는 394년 밀라노에서 멀지 않는 곳에서 반란을 일으킨 귀족 유게니우스(Eugenius)와 싸우는 테오도시우스(Theodosius) 황제의 전쟁에 이 이론을 적용하였다. 테오도시우스는 새로운 다윗이었고, 이 전쟁은 정당한 전쟁이었다.[44] 암브로시우스와 그의 교인들은 이 전쟁을 위해 끊임없이 기도했다.

암브로시우스에게 있어서 전쟁의 정당성은 원인의 정당성에 있지 않고 목적의 정당성에 있었다. 다시 말하면 기독교인 장군이 야만족과 싸울 때에도 정당한 목적이 있어야 한다. 즉 그 전쟁이 기독교 제국의 방어가 아니라 단순히 힘의 확장에 있다면 그 전쟁은 정당성을 지니지 못한 것으로 평가하였다. 전쟁의 목적은 평화이어야 한다는 것도 암브로시우스의 입장이었다. 또 비전투 요원에게 해를 가해서도 안 된다는 것이 지켜질 때 암브로시우스는 정당한 전쟁으로 간주했다. 패전의 경우 비전투 요원 전체의 노예화를 가져오는 시대에서 이런 생각은 매우 발전적이었다.

이런 과정을 거쳐 아우구스티누스(Augustinus, 354-430) 때 와서 그리스도인의 참전권(參戰權)은 의로운 전쟁론으로 조직적으로 정당화되었다. 그의 스승 암브로시우스와 마찬가지로 아우구스티누스(Augustinus)은 이스라엘의 전쟁에서 전쟁의 정당성을 찾았다. 암브로시우스와 마찬가지로 아우구스티누스도 평화가 전쟁의 목적이어야 한다고 주장했다. 또 그리스도인 군인은 침략자를 물리치고 패배자에게 관대해야 한다고 보았다.

기독교가 380년 국가 종교가 된 후 기독교의 비저항적 태도는 416년에 와서 완전히 전위되었다. 황제는 모든 군인들이 기독교 신자가 되어야 한다고 공표했던 것이다. 이제 군 복무와 기독교 신앙 간에는 아무런 충돌도 없었다. 불과 1세기만에 기독교의 입장은 완전히 변화된 것이다. 이것을 헤링(Heering)은 '기독교의 타락'(fall)이라고 불렀다.[45]

특히 중세기로 접어들면서 교회는 준제국적 성격의 제도화된 기구로 변모되는 과정에서 전쟁에 대한 관점에도 변화가 수반되었다. 대단히 불행한 일이지만 서방 교회가 세속 권력과의 타협, 야합하는 과정에서 로마 제국의 정복 전쟁을 교회가 후원하였고, 정복한 지역의 이교도들에게는 개인의 결단과 관계없이 기독교 신앙을 강요함으로써 교회의 후원에 보답하는 일이 빈번하였다. 일단 교회가 로마 제국의 국교로 화하자 기독교 윤리와 도덕적 이상은 제국의 통일과 확장, 그리고 제국의 이익을 도모하는 선에서 타협하게 되었다. 다시 말하면 교회는 국가 생활의 전 영역에 얽혀져 있는 문제들, 특히 폭력의 문제를 기독교 윤리 체계 안에 수용해야 하는 문제에 직면하게 되었다.

그래서 산상 보훈에 나타난 예수님의 가르침, 곧 "오른편 뺨을 치거든 왼편도 돌려대라."(마 5:39)는 예수님의 가르침은 전적으로 수도원이나 개인윤리의 영역으로 밀려나 버렸다. 이러한 과정에서의 정복 전쟁은 이교도의 개종과 교화(敎化)를 위한 하나님의 일, 곧 성전(聖戰)으로 인식하기에 이른 것이다.

중세기 유럽의 양심으로 불리던 불란서의 성 버나드(St. Bernard)까지도 십자군 전쟁의 필요성을 역설하고 전쟁 수행을 격려하고 독려하였던 것은 바로 이런 이유 때문이었다. 십자군은 "하나님이 우리와 함께 하신다."는 신념으로 전쟁에 임했던 것이다. 폭력과 전쟁이 신의 이름으로 이뤄질 때 그것은 적극성을 띠게 되고, 적에 대한 종교적 증오는 전쟁의 폐해를 가중시키게 된다. 회교도의 정복 전쟁이 그러했고, 십자군 전쟁, 천주교와 개신교 간의 종교전쟁이 그러했다. 이와 동시에 중세를 거쳐 오면서 기독교 공동체 내의 전쟁관이 점차 복잡성을 띠면서 절대 평화주의는 상대 평화주의로, 그리고 정당 전쟁론이 인정을 받아왔다.

콘스탄티누스 이후의 교부들은 기독교는 사랑의 윤리에 근거하여 개인적 역할은 물론 공적으로도 그렇게 행해야 한다고 선언하였다.

초대 교회 교부들은 개인적 윤리 사항으로 폭력을 거부하였지만 이 문제는 그리 간단한 것이 아니었다. 인간은 혼자 살 수 없는 사회성을 지니고 있고 가족에 대한 의무와 이웃에 대한 책임을 지니고 있다. 4세기 중엽에 와서 기독교인들은 광범위한 관련 영역을 염두에 두고 다음과 같은 질문들에 답하지 않으면 안 되었다. 즉 "사랑으로써 공격자에게 대항하기보다는 차라리 죽음을 선택하는 것이 바람직한 일인가?" "악한들이 네 처를 죽이고 있는데 거룩한 체하고 보고만 있을 수 있는가?" "보호받을 수 없는 이웃의 생명에 대한 나의 의무는 무엇인가?" "악을 행하는 자의 진정한 유익에 기여하기 위해 악을 저항해야 하지 않는가?" "사랑에 우선적인 강조점을 두지만 사랑과 정의의 불연속성을 어떻게 해결할 수 있는가?"

이와 같은 질문에 대한 답변은 결국 국가가 다른 사람의 안녕을 위한 책임 의식에서 범법자들을 제재하고 더 나아가서 의로운 전쟁을 수행할 경찰권까지 부여해야 하는 일차적인 사유를 발견하게 된 것이다. 물론 전쟁 그 자체가 정당하다는 뜻은 아니며, 최선은 아닐지라도 하나의 필요악적인 정화(淨化)로써 곧, 차선의 방책으로 용인된 것이다.

그래서 암브로시우스와 아우구스티누스, 아퀴나스, 루터, 칼빈, 그리고 우리 시대의 바르트와 니버로 연결되어 오면서 '의로운 전쟁' 이론은 발전되어 갔다. 즉 저들은 전쟁은 악한 것으로써 전쟁을 반대하지만 악에 대항하고, 약자를 보호하고, 적의 공격에 대한 정당방위로서의 방어적 전쟁은 정당한 전쟁이라는 입장에서 거의 일치하였다. 그래서 전쟁의 의도, 정당성 등에 대한 고려가 논란의 대상으로 부각되었다.

맺음말 : 비폭력 평화 사상의 대두

비폭력적 절대 평화 사상은 기독교권에서 소수 의견으로 남아 있었는데 흥미롭게도, 트뢸치의 방식으로 표현하면, 소종파형(sect-type) 기독교에 의해 계승되었다. 트뢸치(Ernst Troeltsch, 1865-1923)는 그의 『기독교의 사회적 교훈』(The Social Teaching of the Christian Church)에서 교회와 그 교회가 처한 사회-문화적 관계와의 태도에 따라 교회형 조직(church type)과 소종파형 조직으로 설명하였는데, 그에게 있어서 중요한 것은 타협이라는 개념이었다. 즉 그는 기독교가 이 세상을 변혁해 온 것이 사실이지만 기독교 역시 세상적인 것에 의해 영향을 받아왔다는 것이다. 좀 더 정확하게 말하면 트뢸치는 기독교의 도덕적이고 사회적인 교리, 이를테면 전쟁관과 같은 교리가 단순한 종교적 이념이거나 절대적 윤리적 표현이 아니라 언제나 외부적인 환경과 문화와의 타협에서 된 결과라고 생각한다. 이 타협의 문제를 놓고 이를 아주 거부하는 형태가 소종파형이고, 완전히 타협해 버린 형태가 교회형이라는 것이다. 말하자면 교회형 조직은 기존 사회의 일부분이 됨으로써 생활 전반에 영적인 영향을 끼치려 하는데, 이상과 현실 사이의 갈등을 야기시키지 않으면서 자체의 목적을 달성하기 위해 타협을 모색한다는 것이다. 트뢸치의 말대로 전쟁관은 일종의 교회형 조직 속에서 타협의 길을 모색해 왔다고 할 수 있다.

그러나 중세 시대에도 카타리파, 왈도파, 보헤미아의 형제단과 같은 소종파형은 원시 교회의 무저항적 평화 사상을 계승해 왔다. 그러나 이단을 박멸하기 위해 십자군까지 동원했던 '정당한 전쟁'관하에서 거의 살아남을 수 없었다.

그러나 종교 개혁 시대에 와서 이 평화주의 사상은 다시 소생하였다. 이 사상의 발현은 교회를 국가로부터 분리시킴으로써 트뢸치가 말하는 '교회형'에서 탈피함으로써 가능했다. 이들이 바로 재세례파였다. 급진적이고도 폭력적인 일부를 제외한 후터 공동체(Hutterite)와 메노나이트(Mennonite) 교회는 무저항적인 절대 평화주의적 이상을 가지고 전쟁이 없는 세계를 꿈꿔 왔던 대표적인 소종파였다.

루터나 칼빈 등은 소위 제도권 내에서 국가 권력을 이용한 개혁자들이었고, 이런 점에서 조지 윌리엄스(George Williams)는 루터나 칼빈은 여전히 중세적이었다고 했다. 또 이들은 어떤 목적을 위해서 폭력이나 전쟁을 용인하는 입장이었다. 루터는 로마 가톨릭과 싸울 때 독일 제후의 손을 잡고 일했고, 농민 전쟁 당시인 1525년 5월에는 "악을 제거하기 위해 하나님이 세우신 정치 질서를 파괴하는 폭동은 용납할 수 없다."면서 "칼로써 농민들을 진압할 것"을 제후들에게 촉구하기도 했었다. 칼빈이나 츠빙글리 역시 스위스 도시 국가의 국가-교회와의 관련을 저버리지 않았다.

그러나 콘라드 그레벨(Conrad Grebell)이나 펠릭스 만쯔(Felix Manz), 메노 사이먼스(Menno Simons) 등과 같은 재세례파 인물들은 이들과 달랐다. 이들은 신약에서 정치와 종교는 엄연히 구별되었으며, '하나님의 것은 하나님께, 카이사르의 것은 카이사르에게' 라는 정교분리를 엄격하게 적용하였다. 이들은 국가교회 형태는 313년 이후부터 점차 확고해진 원시 기독교의 타락으로 보았다.

이 타락의 첫째 표징은 국가와 교회의 야합이었다. 이것이 국가가 사람들로 하여금 교회로 끌어들이는데 무력과 강압을 사용할 수 있게 한 것으로 보았다. 유아세례를 반대한 것도 바로 이런 이유 때문이었다. 모든 유아들이 세례를 받아야만 한다는 것이 법으로 정해졌기 때문에 유아 세례는 국가교회의 특징이었던 것이다.

타락한 교회의 두 번째 표징은 기독교의 이름으로 행해진 전쟁과 전쟁관이었다. 폭력은 그것이 어떤 동기와 목적으로 수행되었는가를 막론하고 모두가 신약 성경의 기독교와 초대 교회 정신과는 상치되는 것으로 보았다. 말하자면 이들은 교회와 국가 간의 엄격한 구별을 주장하였고, 이 기초 위에서 절대 평화주의 사상을 견지했던 것이다.

재침례파의 대표적인 신조인 슐라이트하임 고백서(Schleitheim Confession)와

후터파의 대신조서에는 검을 사용해서는 안 된다고 선언하고 있다. 메노 사이먼스는 한걸음 더 나아가 중생된 신자는 절대로 싸움으로 남을 속박하거나 전쟁에 참가해서는 안 된다고 보아 집총과 병역 의무를 기피하였다. 이들의 이러한 입장 때문에 국가 권력자들로부터는 물론이려니와 천주교회와 루터, 칼빈, 츠빙글리 등 개혁자들로부터 탄압과 박해를 받았다. 저들은 종교의 자유를 찾아 모라비아로 헝가리로 다시 루마니아, 우크라이나로 그리고 미국으로 100여년을 주기로 하여 이동해 갔다. 이들의 평화주의적 반전사상 때문에 한곳에 오래 정착하지 못하고 신앙의 자유를 찾아 새로운 정착지로 이주하였던 것이다. 이들의 이민으로의 나그네 여정은 전쟁 없는 세계를 갈망하는 값진 희생이었다. 이들의 삶의 방식은 오늘의 핵전쟁의 위기 앞에서 새로운 주목을 받고 있다.

초기 그리스도인들과 기독교는 징병에 반대하고 폭력에 저항하면서 기독교를 변증했고, 우상 숭배와 피 흘림에 대해 부단히 경계했다. 라틴어로 문필 활동을 했던 서방의 교부들은 폭력에 저항하면서 기독교적 가치를 지켰는데 이런 태도를 파티엔티아(patientia)라고 불렀다. 영어 patience는 초기 그리스도인들이 불의에 저항하며 참고 인내했던 삶의 방식을 보여 준다. 4세기 이전의 그리스도인들은 이 땅에서는 나그네에 지나지 않는다는 점을 인식하고 있었다. 따라서 이 땅의 질서, 권력, 세속적 야망과는 무관하거나 무관심했다. 그러나 4세기 이후 기독교는 초기 기독교가 견지했던 나그네 의식을 버리고 이 땅의 질서, 국가 권력과 타협하기 시작했다. 이 안주(安住) 의식이 평화주의의 포기를 가져온 것이다.

7장 / 교회사에서 본 평화, 평화주의 전통

※ 일본 개혁파 교회 중부 노회 목사회에서 행한 강연(2007. 2. 19)을 정리한 것임.

1 *Church History*(Vol. VI. No.3), 참고; 이상규, "성경에 나타난 부요의 양면성," 『통합연구』 4/2(1991. 6), 109-135.

2 로마 제국에서의 군 목부와 그리스도인의 문제는 1900년 이래로 중요한 관심사가 되었다[John Helgeland, "Christians and the Roman Army, AD 173-337," *Church History*, 43/2 (1974). 149ff.]. 그 대표적인 작품이 Adolf Harnack의 *Militia Christi* (Tübingen, 1905)였다. 로마 가톨릭이나 개신교 학자들 외에도 특히 역사적 평화교회(historic peace churches) 학자들에 의해 이 문제가 깊이 숙고되기 시작했다. 그러나 비전, 반전 혹은 평화를 지향하는 평화주의(pacifism)이란 단어가 1904년에 출판된 옥스퍼드 사전(The complete Oxford Dictionary)에 나오지 않고 있다. 즉 1900년 이전까지 이 문제가 관심을 끌지 못했음을 반영해 준다. pacifism이라는 단어는 1982년 옥스퍼드 사전에 처음 실리게 된다. 제1차 대전을 경험한 후 평화에 대한 주제가 관심을 끌기 시작했고, 제2차 대전 이후 국제연합, UN의 창설, WCC의 창립 등 국제적인 유대를 통한 평화 추구의 노력이 일어났고, 평화는 학제 간 연구의 주제가 되기도 했다. 이런 일련의 과정에서 '역사적 평화교회'(historic peace churches) 신학자들의 기여가 컸다.

3 *The Early Christian Attitude to War*(London: Headly Brothers, 1919); *The Early Church and the World*(Edinburgh: T&T Clark, 1925).

4 *The Fall of Christianity, A Study of Christianity, The State and War*(London: Allen & Unwin, 1930).

5 *Die biblische Lehre von der Wehrlosigkeit*(Scottdale: Herald Press, 1920), *The Principle of Nonresistance as Held by Mennonite Church*(Scottdale: Herald Press, 1951).

6 *War, Peace and Nonresistance*(Scottdale: Herald Press, 1953); *The Way of the Cross in Human Relations*(Scottdale: Herald Press, 1958).

7 J. F. Kelly, 『초대 그리스도인들의 세계』, 방성규 역 (이레서원, 2002), 267.

8 박근원, "자급 목회에 관한 시론," 『신학연구』15(1974), 220,

9 H. C. Boren, *The Ancient World : An Historical Perspective*(NJ: Prentice-Hall, 1976), 339.

10 George Kertesz, *Christians, War and Peace*(Melbourne: Broughton Press, 1989), 8.

11 Louis J. Swift, *The Early Fathers on War and Military Service*(Wilmington: Michael

Glazier, 1983), 26.

12 Kertesz, *Christians, War and Peace*, 8.

13 Harnack, *Militia Chrristi*(Tubingen, 1905).

14 Hans von Campenhausen, "Christians and Military Service in the Early Church," *Tradition and Life in the Church*, trans. A. V. Littledale(Philadelphia, 1968) 참고.

15 John Helgeland, "Christians and the Roman Army, AD 173-337," *Church History*, 43/2(1974): 149-63; "Christians and the Roman Army from Marcus Aurelius to Constantine," *Aufstieg und Niedergand der Römischen Welt*, II 23,1, 724-834.

16 *Apology*, 30. 4

17 *Apology*, 42. 3.

18 Harnack, *Militia Christi*, 75. *Apologeticum*, 37.4.

19 알버트 마린 편, 『전쟁과 그리스도인의 양심』, 오만규 역 (서울: 성광문화사, 1982), 45-6.

20 *Apology*, 11.4

21 *De Corona Militis*, XI.

22 *De Corona Militis*, XI. Bainton, 70.

23 Helgeland, "Christians and the Roman Army, AD 173-337"; 지동식 편, 『로마 제국과 기독교』 (서울: 한국신학연구소, 1983), 308.

24 Alfred von Domaszewski, "Die Religion des Romichen Heetes," *Westdeutschen Zeeitschrift für Geschichte und Kunst* 14(1895), 40-45. 지동식, 49에서 재인용.

25 *De Corona Militis*, 11.2.

26 *De spectaculis*, 2.8.

27 Helgeland, "Christians and the Roman Army, AD 173-337," 149ff.

28 Campenhausen, "Christians and Military Service in the Early Church," 163. 『전쟁과 그리스도인의 양심』, 56에서 재인용.

29 *De pudicitia*, XII.

30 *De Idololatria*, 19.2.

31 *De Idololatria*, 19.3.

32 John Driver, *How Christians Made Peace with War*(Scottdale: Herald Press, 1988), 39-43.

33 J. C. Wenger, *Pacifism and Biblical Nonresistance* (Scottdale: Herald Press, 1968), 7.

34 *De Corona Militis*, 11.2.

35 *De Corona Militis*, 11.6.

36 마틴 편, 『전쟁과 그리스도인의 양심』, 55

37 *Contra Celsum*, 5. 33.

38 Swift, 59; J. F. Kelly, 『초대 그리스도인들의 세계』, 270에서 재인용.

39 *Contra Celsum*, 8. 73.

40 Kelly, 『초대 그리스도인들의 세계』, 270.

41 헬제렌드는 오리게네스는 테르툴리아누스와 마찬가지로 군 복무를 반대한 것은 윤리적이라기보다는 종교적 이유였다고 주장한다. 즉 우상 숭배적 의미 때문에 군 복무를 반대했다고 주장한다. 헬제렌드는 "오리게네스가 군 입대를 반대했을 때 그것이 살상 행위를 염두에 두고 있었다고 한다면, 그는 그리스도인들이 의로운 전쟁에서 황제가 승리하도록 기도하여야 한다고 말하지 않았을 것이다."라고 말하고 있다. 지동식, 311 참고.

42 *Contra Celsum*, 8. 73.

43 Helgeland, "Christians and the Roman Army, AD 173-337," 150.

44 Kelly, 『초대 그리스도인들의 세계』, 273.

45 Wenger, *Pacifism and Biblical Nonresistance*, 13.

8장 / 아우구스티누스와 국가 권력 *
이단 척결을 위해 국가 권력을 동원하는 것은 정당한가?

시작하면서 : 교회사에서 아우구스티누스의 위치

아우구스티누스(Aurelius Augustine, 354-430)는 라틴 기독교를 체계화시켰을 뿐만 아니라 중세 천년의 사상적 기틀을 마련하고 종교 개혁의 정신적 원류가 된다. 이러한 점에서 그의 사상은 중요한 의미를 가진다. 특히 그는 은총의 교리를 확립하여 '은총의 박사'(Doctor gratiae)라는 칭호를 얻었고, 예정 교리를 다루어 오늘의 칼빈주의 신학의 원조로 지칭되기도 한다. 오늘 우리가 말하는 칼빈주의 신학은 이미 아우구스티누스의 신학 속에 드러나 있으므로 워필드(B. B. Warfield)는 그를 "칼빈 이전의 칼빈주의자"라고 부르기도 했다. 또 그는 "역사철학의 아버지"라고 불릴 만큼 역사의 의미를 정신사적으로 파악하는 혜안을 지니고 있었다. 20세기 저명한 교부 학자인 알타너(B. Altaner)는 아우구스티누스에 대해 말하면서, "위대한 주교 아우구스티누스는 테르툴리아누스의 창조적 정열, 오리게네스의 영적 풍부함, 키프리아누스의 교회적 의식, 아리스토텔레스의 예리한 논리를 플라톤의 높은 이상주의와 사변에 결합시킨 분이다. 그리고 라틴인의 실용적 감각을 그리스인의 영적 유연성에 일치시켰다. 그는 교부 시대의 가장 위대한 철학가이며, 전 교회의 가장 영향력 있는 신학자이다."라고 평한 바 있다.[1] 그래서 그는 서양 기독교 전통에서 중세의 토마스 아퀴나스(Thomas aquinas, 1225-1274)와 쌍벽을 이루는 인물로 평가되어 왔고, 하르나크(Adolf von Harnack)는 아우구스티누스를 "사도 바울과 16세기 루터 사이의 가장 위대한 기독교 지도자"라고 불렀다.[2]

아우구스티누스는 다양한 주제에 관한 광범위한 논설을 전개하였고, 그가 남긴 저술은 엄청나게 많다.[3] 흔히 그의 작품은 자서전적 저술, 성경 주석에 관한 것, 변증론적 저술, 교리 논쟁적 저술, 경건 문학류 등으로 구별되는데, 이 작품을 통해 아우구스티누스는 자아 인식에서 시작하여 존재, 진리, 사랑, 하나님 인식의 가능성, 인간의 본성, 영원성, 시간, 자유, 역사, 섭리, 정의, 행복, 평화 등 철학적인 분야는 물론 신앙과 이성의 관계, 악의 문제, 하나님의 은총론과 예정론, 삼위일체론 등 다양한 신학적 주제를 취급했다. 아우구스티누스의 사상 중 신앙과 이성의 관계, 악의 문제, 하나님의 은총론과 예정론, 삼위일체론 등은 주된 관심사였다.

가. 아우구스티누스와 국가 권력, Compelle intrare의 문제

그러나 그도 한 인간이었고 한계와 제한이 없지 않았다. 그는 동·서방의 신학을 천착하고 이를 종합한 인물로 일컬어지고 있지만 그가 헬라어를 알지 못했다는 사실은 놀랍기만 하다. 그렇다면 그가 어떻게 동방 신학을 이해했을까? 그도 번역에 의존했을 뿐이다. 그럼에도 불구하고 그는 위대한 신학자였고 역사 철학자였다는 점은 부인할 수 없다. 그런데, 아우구스티누스라고 해서 모든 주장이 다 정당하고 다 옳은 것은 아니다. 그의 교회관과 성례관은 중세 기독교, 곧 로마 가톨릭 교리 발전에 유효한 근거가 되었다는 점 때문에 그는 개신교와 로마가톨릭 양자에 의해 존경과 칭송을 받아왔다.

필자는 그의 사상에서 한 가지 주제에 대해서는 이의를 제기하고자 한다. 그것이 바로 국가 권력의 한계에 대한 인식이다. 결론적으로 말하면 아우구스티누스는 이단 징벌에서 국가 권력이나 경찰력을 이용할 수 있다고 보았다. 아우구스티누스는 이단 투쟁에 있어서 국가 권력의 구속력과 강제력을 교회에 적용코자 했다. 이 이론을 꼼뻴레 인뜨라레(Compelle intrare)라고 하는데, 이 "들어오라고 강요하라"를 '강제권 이론'으로 번역할 수 있을 것이다. 신약 성경 누가복음 14:23에 근거한 이론이었다. 즉 "주인이 종에게 이르되 길과 산울가로 나가서 사람을 강권하여 데

려다가 내 집을 채우라."에 근거하여 이 논리를 폈다.[4] 즉 아우구스티누스는 누가복음 주석에서 두 동사를 사용한다. 즉 'coge intrare'(들어오라고 강제하라. 아프리카 텍스트)와 'compelle intrare'(들어오라고 강요하라, Vulgate)를 사용하면서 억압의 이론을 발전시켰다.[5] 이것을 보면 아우구스티누스가 활동했던 5세기 당시 교회와 국가가 분리되지 않았음을 알 수 있다.

콘스탄티누스의 기독교 공인(313) 이후 황제는 교회와 신앙 문제에 대한 사법권을 행사했고, 공의회를 소집하고(325) 정통과 이단 시비를 가리기도 했다. 이단자들에 대한 벌금, 재산 몰수, 고문, 사형 등의 형벌을 가하는 것을 정당한 것으로 인식하고 있었다. 핍박받았던 도나티스트들(Donatists)조차도 이단을 반대하는 법과 강제력에 도전하지 않았다. 단지 이런 법이 자기들의 집단에 적용되는 것을 반대했을 따름이다. 교회 규율 문제(권징의 문제)에 있어서만 정통 신앙과 다르다는 입장이었고, 그 결과로 분리주의적인 자기들의 집단이 이단이 될 수 없다는 인식이었던 것이다.

출애굽기 32:26-28[6]은 하나님의 직접적인 계명을 수행하는 레위인들이 우상을 섬기는 이스라엘 백성들을 살해한 내용인데, 칼빈은 이 본문을 자발적으로 하나님의 뜻을 행하는 성도들의 본보기로 해석했다. 그러나 아우구스티누스는 이 본문을 세속 행정관(magistrate)인 모세에 의해 지시된 학살 행위로 해석했다.[7] 말하자면 아우구스티누스는 이런 구약적인 문맥에서 이교도나 비신앙적 집단에 대한 국가 권력의 경찰력 사용을 암시받은 것으로 보인다.

아우구스티누스의 이 입장은 종교적 관용이 인정되지 못한 그 시대에서 발현된 억압의 이론이었으나 후세에 위험한 유산이 되었다. 이 점은 그의 언어적 한계 외에도 아우구스티누스의 사상에 나타난 한계이다. 이 사상을 '위험한 유산'이라고 말하는 것은 후일 이단 박멸이라는 이름으로 국가 권력의 폭력 행사의 전거가 되었기 때문이다. 비록 아우구스티누스가 '정의에 근거한 경우에'라고 한정하였으나, 국가 권력을 통해 이단을 억제할 수 있다는 사상은 이단 박멸에 있어서 국가 권력의 무력행사를 정당화했다. 이 사상은 이단자 색출과 종교 재판의 이론적 근거가 되었고, 이 근거에서 후일 루터는 농민 전쟁 당시 농민들에 대한 탄압을 강조하였고, 칼빈도 이 근거에서 세르베르투스 처형을 지지하였던 것이다.

나. 강제권 사상의 역사적 배경

그렇다면 아우구스티누스의 이런 사상은 어떤 배경에서 형성되었을까? 그 배경은 4세기 카르타고와 그 주변 도시에서 도나티스트와의 대결에서 형성되었다. 304년 로마 제국의 당국자는 후일 도나티스트로 불리는 아비티니안 기독교인들(Abitinian Christians)을 체포했고 투옥했다. 관습대로 투옥된 그들을 위해 동료 그리스도인들이 면회를 신청하고 음식을 공급해 주고자 했으나 카르타고의 감독의 반대로 성사되지 못했다. 카르타고의 감독은 이들 투옥된 이들에 대한 면회를 금지시키고, 그의 부제인 케실리아누스(Caecilianus)을 보내 이를 저지하게 했다. 케실리아누스는 면회 희망자들을 심하게 대하고 이들이 준비해 온 음식을 뒤엎어 버리기까지 무례하게 대했다. 아마 이것은 죄수들에게 음식 공급을 금지한 법률 때문이었을 것이다. 아비티니안 순교자들에 대한 기록에 보면 케실리아누스는 독재자보다 더 무자비했고, 처형관들 보다 더 많은 피를 흘렸다고 기록하고 있다.[8]

그로부터 7년이 지나 후인 311년 케실리아누스는 카르타고의 감독이 되었다. 카르타고의 그리스도인들은 7년 전의 일을 기억하고 그의 감독 취임을 반대했다. 그리고 그를 감독으로 안수한 자 중 일부는 변절자들이었다고 주장했다. 즉 디오클레티아누스(Diocletianus)황제 박해하에서 많은 감독이나 성직자들은 기독교 문서를 자진 반납하고 불사르거나 많은 평신도들이 신앙을 버린 일이 있었다. 그 후 이들은 합당한 회개 없이 교회로 돌아왔는데, 이들 변절자들을 받아들인 교회는 참된 교회가 아니라고 주장하고, 특히 배교한 전력이 있는 압툰가의 펠릭스(Felix of Aptunga)가 케실리아누스를 카르타고의 감독으로 안수한 것은 무효라고 주장했다. 그리고는 맨사리우스(Mansarius)를 새 감독으로 옹립하였다. 그런데, 맨사리우스는 곧 사망하고 도나투스(Donatus)가 감독직을 계승했다. 이것이 소위 도나투스파의 시원이 되는 동시에 아프리카 교회의 첫 분열이었다.

케실리아누스를 지지하는 이들과 도나투스를 지지하는 이들 간의 대립은 심화되었다. 콘스탄티누스는 회심 이후 이들 간의 대립을 해소하고자 호소하였다. 그러나 도나투스를 따르는 도나티스트들(Donatists)은 이 국가 권력이 뒷받침된 교회를 거부했으므로 이들은 심각한 박해에 직면했다. 317년에서 321년, 그리고 346-348년 동안 도나티스트들은 재산을 몰수당하고 감독은 추방되고 많은 순교자들이 나왔다. 카르타고에서 교회 구성원 전원이 동시에 피살된 일도 있었다.[9] 말하자면 기독교가 이교적 상황에서 박해 받은 것이 아니라 기독교의 공인 이후 동료 기독교인들에 의해 박해를 받았고, 공권력이 다른 신앙에 대해 경찰력을 동원했다는 점이다. 배교자 율리안(Julian the Apostate, 361-363)이 통치하는 짧은 기간 동안 도나티스트들에 대한 관용의 기간이 있었다. 결과적으로 누미디아(Numidia)는 도나티스트들의 거점이 되었고, 이곳에서는 도나티스트들이 주도적인 집단이었다. 이런 환경에서 초기 교회사가인 프렌드(W. H. C. Frend)는 아우구스티누스의 어머니 모니카는 도나티스트의 영향 아래서 성장했다고 주장하기도 한다.[10] 아우구스티누스가 있는 히포(Hippo)는 기존의 교회인 가톨릭이 도리어 소수 집단이었을 만큼 도나티스트들의 세력이 우세했다.

이런 상황에서 아우구스티누스는 도나티스트들과 대립하였고, 논쟁하게 된다. 도나티스트들은 탄압을 받았고, 탄압받던 저들은 자기들이야말로 의로운 자들이라고 했다. 이런 과정에서 나온 아우구스티누스의 유명한 말이 "형벌이 순교자를 만들지 않고 형벌의 이유가 순교자를 만든다."는 말이었다. 이 말은 고난받고 박해받는다고 해서 그것이 의로움을 담보하는 것은 아니라는 의미였다.[11] 도나티스트들은 박해하는 자가 아니라 박해받는 자라는 점에서 선지자들과 사도들과 초기 기독교를 계승하는 의로운 참된 교회라고 주장했고, 선지자나 사도들이나 초기 기독교는 의를 위해 박해받았다고 주장했다. 그러나 아우구스티누스는 고난(박해받음)이 기독교적 의의 무오한 표식일 수 없다는 점을 지적했다.[12]

이런 과정에서 배태된 아우구스티누스의 이론이 Compelle intrare, 곧 이단 척력에서의 국가 권력의 개입을 허용하게 된 '강제권 이론'이다. 물론 5세기 당시는 교회와 국가가 완전히 분리된 그런 상황이 아니었다. 콘스탄티누스가 기독교를 공인한 이후부터 황제는 신앙의 문제에 대한 사법권을 행사하고 무엇이 정통 신앙인가를 선포하고 이단을 불법으로 선언하기도 했다. 또 이단들에 대한 벌금, 재산 몰수, 고문, 사형 등의 형벌 부과가 당시에는 일반적으로 인정되고 있었다. 이런 상황을 인정한다 하더라도 아우구스티누스는 비가톨릭(non-Catholics)에 대한 강제력에 대해 기독교적 타당성을 인정한 첫 신학자였다. 아우구스티누스에 의하면, "예수를 대적하던 바울이 예수에 의해 앞을 보지 못하게 되었듯이(행 9:1-9), 마찬가지로 이단들에게 매를 아껴서는 안 된다."고 보았다. 또 예수를 부인했던 바울이 육체적 징벌로부터 치유함을 받고 앞을 보게 되었듯이, 이단들도 이런 징벌을 통해 회심으로 인도될 수 있다고 보았다. 아우구스티누스가 이단 징벌에 있어서 경찰력의 동원을 신학적으로 정당화한 것은 교회의 대적들을 죽이려는 것이 아니라 도리어 저들을 영원한 형벌에서 구하기 위한 것이었다. 말하자면 국가 권력의 경찰력을 동원해서라도 바르지 못한 신앙에서 돌아서게 하는 것이 영원한 형벌을 받기보다 낫다는 생각이었다. 실제적으로 아우구스티누스는 도나티스트들에게 가해지는 고문이 실제적으로 죽음에 이르게 해서는 안 된다는 점을 끊임없이 요구하였다. 원리적으로 말할 때 아우구스티누스는 사형 제도는 회개의 기회를 원천적으로 불가능하게 한다는 이유에서 사형 제도를 반대했던 인물이다.

이런 아우구스티누스의 사상은 이미 411년에 행한 설교에서 나타나고 있다.

> 이단자들을 산울타리에서 끌어오고, 가시덤불에서 멀리하게 하라. 그들은 산울타리에 박힌 채 강요당하기를(cogi) 원치 않고, "우리가 원할 때 들어가겠다."고 말한다. 그러나 그것은 주님의 명령이 아니다. 주님은 그들에게 "들어오라고 강요하라"고 말씀하셨다. 밖에서는 강제를 사용하라. 그들이 한번 안에 들어오면 자유가 나타날 것이다.[13]

아우구스티누스의 입장에서 강제권이란 마치 억지로라도 학교에 가도록 하는 법은 결국 학교에서 자유롭게 배우게 되어 아동에게 유익을 주는 것과 같은 것으로 이해했다. 바른 신앙을 향해 나아가도록 강제될 수(compellerenter) 있다는 것이다. 그러나 이단 징벌에 경찰력을 동원할 수 있다는 아우구스티누스의 입장이 후일 가톨릭 신앙을 거부하는 자들을 사형에 처하도록 하는 것을 정당화하는 이론으로 발전한 것은 불행한 열매였다.[14] 이단이 계속적으로 그 신앙을 버리지 않는다면 다른 이에게 이단 사상을 전파할 수 없게 하기 위해 생명을 빼앗을 수 있다는 논리였다.

다. 그 이후의 발전

아우구스티누스의 강제권 사상은 후일 교회사에서 거듭 대두되었고, 이단 척결의 정당한 근거로 활용되었다. 존 후스를 비롯한 중세 교회가 범한 갖은 탄압의 근거였고, 16세기에도 동일했다. 그 한 경우가 재세례파에 대한 탄압이었다. 1521년 신성 로마 제국의 카를 5세는 재세례파(Anabaptist)를 척결하는 칙령을 발표했다.

물론 이것이 재세례파에 대한 최초의 거부 선언은 아니었다. 그러나 이 경우는 특별한 구속력이 있었다. 카를 5세는 "우리의 모교회인 거룩한 교회의 계율을 보호하기 위하여" 그의 휘하에 있는 모든 관리들은 이 칙령을 즉각적으로 수행해야 했다.

> 모든 처소와 경계지에서 저주받은 재세례파 집단으로부터 오염된 모든 이들은 생명과 재산을 잃게 될 것이며, 지체 없이 최고 형벌을 받게 될 것이다. 즉 저들의 악한 신앙과 목적에 완강하게 남아 있거나 그 악한 신앙을 계속 고집하는 이들은 화형을 당할 것이다. 또 재세례를 받는 모든 다른 이들도…

재세례파에게 동정을 베풀거나 숙소나 음식을 제공해도 법을 위반하는 것이었고, 따라서 처벌이 불가피했다. 이와 같은 민형사상 범죄 행위가 없이 단순히 다른 신앙이라는 이유만으로 처벌을 받게 하는 종교 문제에 있어서의 국가 권력의 간섭은 앞에서도 지적했듯이 16세기의 문제만은 아니었다. 또 재세례파에 대한 문제만도 아니었다.

개신교는 로마 가톨릭을, 로마 가톨릭은 개신교를 향해서 칼을 쓰기 시작했다. 로마 가톨릭과 개신교회는 재세례파를 향해서 증오의 칼을 쓰기 시작했다. 낭트 칙령이 있기 이전까지 프랑스에서 행해진 개신교도들에 대한 살상은 기독교 공동체 안에서(within the Christian body) 행해진 증오가 얼마나 깊었던 가를 보여 준다. 그 모든 일들이 거룩한 하나님의 이름으로 행해졌던 것이다.

교회가 교회를 대적하고, 그리스도인들이 동일한 그리스도인들을 대항한 처절한 대결과 피 흘림은, 그들이 아우구스티누스의 이론을 인식했든 인식하지 못했든 상관없이, 아우구스티누스에게 부분적인 책임이 있다.

맺음말 : 해결책은 없을까?

2천 년의 긴 역사를 뒤돌아 볼 때 양심과 이념, 신앙과 신념의 자유를 허용하지 않는 이런 국가 권력의 강제력, 그리고 그로 인한 폭력은 한 가지 원인에서 기인하였다. 국가 교회 제도였다. 국가와 교회의 통합은 국가 권력과 개인의 신앙 양심의 자유 사이의 경계를 제거했던 것이다. 국가와 교회의 분리라는 근대적 개념에 이르기까지 개인의 신앙과 양심은 보호받지 못했다. 이런 과정에서 기독교회는 초기 기독교가 견지했던 평화주의 전통을 버렸고, 신앙적 의(義)라는 이름으로 폭력이 용인되었다. 초기 기독교는 비폭력, 비전(非戰)의 평화 공동체였다. 그러나 4세기를 거쳐 가면서 기독교는 절대 평화 사상을 버리고 상대 평화주의를, 상대 평화주의를 버리고 의로운 전쟁론을 받아들이기 시작했다. 초기 기독교의 평화주의(pacifism), 그리고 평화주의적 이상으로부터의 이탈은 폭력과 전쟁을 수용했고, 기독교회가 동료 기독교회를 향해서, 그리스도인들이 동료 그리스도인들을 향해서, 국가 권력의 강제력을 사용하고 폭력을 행사하기 시작한 것이다.

종교 개혁 이후 대두된 정교분리는 중세적 환경을 탈피했으므로 국가 권력의 신앙이나 양심의 억압은 일부의 독재 국가나 극단적 이슬람권을 제외하고는 크게 문제시되지 않는다. 따라서 오늘 우리의 대안은 초기 기독교회가 견지했던 평화주의 전통을 회복하는 길이라고 믿는다. 이념, 사상, 신앙, 혹은 신조가 다르다는 이유만으로 우리는 폭력을 행사할 수 없다. 이단이라 하더라도 그 이단 사상만으로 국가 권력의 제재를 받을 수 없다. 단지 우리는 저들을 바른 교리로 일깨우고 설득하고 바른 신앙을 회복하도록 끊임없이 인내하고 도와주어야 할 뿐이다.

8장 / 아우구스티누스와 국가 권력

※ 이 글은 *Seize Life* 창간호(2008. 6), 42-48, 그리고 『헤르메네이아 투데이』 43호(2008, 여름), 227-236에 게재된 바 있음.

1   한국 교부학 연구회, 『내가 사랑한 교부들』(왜관: 분도출판사, 2005), 218-9.

2   B. B. Warfield, *Calvin and Augustine*(Philadelphia: P&R, 1974), 306.

3   아우구스티누스의 사망 직후인 431-439년에 『아우구스티누스 전기』를 쓴 포시디우스는 아우구스티누스의 1,030개의 저서명을 열거한 바 있다. 아우구스티누스는 자신이 말년에 쓴 『재고론』(Retract)에서는 427년까지 저술한 93개의 저서 목록을 열거했다. 이 저서들은 교부 문헌의 최대 총서인 『민녀 라틴어 문집』 32-47권에 수록되어 있으며, 500쪽의 책으로 환산해도 수백 권의 분량이 된다.

4   파두아의 마르실리우스(Marsilius of Padua, c. 1275-1342)는 콘질리아 운동의 초기 인물로서 중세 시대 가장 주목할 만한 저서 중의 하나인 『평화의 수호자』(*Defender of the Peace*)라는 책을 썼는데, 그는 이 책에서 종교적인 문제에 대해 강제권 사용에 대해 부정적인 입장을 취했다.

5   게리 윌스, 『성 아우구스티누스』, 안안희 역 (파주: 푸른 숲, 2005), 186.

6   "이에 모세가 진문(陣門)에 서서 가로되 누구든지 여호와의 편에 있는 자는 내게로 나아오라 하매 레위 자손이 다 모여 그에게로 오는지라. 모세가 그들에게 이르되 이스라엘의 하나님 여호와께서 이같이 말씀하시기를 너희는 각각 허리에 칼을 차고 진 이 문에서 저 문까지 왕래하며 각 사람이 그 형제를, 각 사람이 그 친구를, 각 사람이 그 이웃을 도륙하라 하셨느니라. 레위 자손이 모세의 말대로 행하매 이 날에 백성 중에 삼천 명 가량이 죽인바 된지라. 모세가 이르되 각 사람이 그 아들과 그 형제를 쳤으니 오늘날 여호와께 헌신하게 되었느니라. 그가 오늘날 너희에게 복을 내리시리라."

7   Peter C. Craigie, 『기독교와 전쟁문제』, 김갑동 역 (서울: 성광문화사, 1996), 36.

8   Tripp York, *The Purple Crown* (Scottsdale: Herald Press, 2007), 72; Maureen A. Tilley, *Donatist Martyr Stories : The Church in conflict in Roman Africa* (Liverpool: Liverpool University Press, 1996), 45-6.

9   Tripp York, *The Purple Crown*, xvi.

10 윌스, 『성 아우구스티누스』, 27.

11 Paolucci, *Political Writings of St. Augustine*, 216.

12 Paolucci, *Political Writings of St. Augustine*, 186.

13 윌스, 『성 아우구스티누스』, 187.

14 Peter Brown, *Augustine of Hippo* (New York: Dorset Press, 1986), 241. 이것은 사형 제도와 연관되기 보다는 국가의 폭력과 연결된다.

제 2 부

교회 개혁과 개혁주의 신앙

1장 칼빈과 칼빈의 공헌
2장 교회사에서 본 장로 제도
3장 교회사에서 본 장로교 정치 제도
4장 개혁교회 전통에서 본 교회와 국가
5장 개혁교회의 사회적 책임

1장 / 칼빈과 칼빈의 공헌

시작하면서 : 개혁 사상의 출발 - 칼빈

　종교 개혁의 결과로 복음주의 교회는 두 유형으로 발전되었는데, 그것이 루터파(Lutheran)와 개혁파(Reformed)였다. 루터에 의해 시작되었고 멜란히톤에 의해 계승된 루터파는 독일을 중심으로 주로 스칸디나비아 반도로 확산되어 갔으나, 츠빙글리(Ulrich Zwingli), 불링거(H. Bullinger), 칼빈(John Calvin) 등에 의해 형성된 개혁교회는 스위스, 화란, 독일 등지로 확산되었다.

　역사적으로 개혁신학, 곧 개혁주의 사상은 츠빙글리 지도하의 스위스에서 시작된 종교 개혁에서 찾는다. 개혁 사상의 근본 원리들은 이미 그의 가르침 속에 있었다고 볼 수 있다. 그러나 그 원리들이 최종적인 형태를 갖추고 조직적인 발전을 한 것은 칼빈에 의해서라고 할 수 있다. 이 개혁주의 사상은 스위스와 프랑스로 확산되었고, 라인강을 따라 독일을 거쳐 화란으로 전파되었다. 그리고 동쪽으로는 보헤미아와 헝가리로, 서쪽으로는 도버 해협을 건너 영국으로 전파되었다. 영국에서는 이 개혁신학을 장로파 혹은 장로교(Presbyterianism)라고 불렀다.

가. 칼빈과 칼빈주의

　칼빈(John Calvin, 1509-1564)은 1509년 7월 10일, 프랑스 파리에서 동북쪽으로 60마일 떨어진 곳에 위치한 삐가르디(Picardy)현의 느와용(Noyon)에서 다섯 아들 중 둘째 아들로 태어났다. 칼빈은 어린 시절 다른 형제들과 더불어 꼴레주 데 까뻬뜨(Collége des Capettes)라는 지방 학교를 다녔다. 1523년 8월에는 대학 교육을 받는데 필요한 라틴어를 배우기 위해 파리로 가 파리 대학에 있는 마르슈 대학(College de la Marche)에 입학하였다. 이때가 그의 나이 14세였다. 당시 이 대학에는 마튀렝 꼬르디에(Mathurin Cordier, 1479-1564)라는 저명한 인문주의자가 교수하고 있었는데, 그는 후일 개신교로 개종하였고, 칼빈에게 훌륭한 스승이 되었다. 칼빈의 저술에 나타나는 논리의 명료성, 분석의 정확성 등은 이때 받은 교육의 결과라는 주장이 있다.

약 1년간 꼬르디에로부터 라틴어와 인문주의 정신을 배운 칼빈은 보다 유명한 대학인 몽떼규 대학(College de Montaigu)으로 전학하였다. 칼빈이 이 대학으로 옮겨간 이유는 분명히 알 수 없으나 존 멕닐(John McNeil)은 아마도 사제가 되기 위한 의도 때문이었을 것이라고 추정한다. 칼빈은 이 대학에서 둔스 스코투스(Duns Scotus), 옥캄(William of Ockham), 비엘(Gabriel Biel) 등 후기 스콜라주의 신학과 철학을 배웠고 롬바르드(Peter the Lombard)의 『쎈텐치아』(*Sententia*)도 배운 것으로 보인다. 인문주의자인 에라스무스도 이 대학에서 수학하였는데, 칼빈은 1528년 초까지 이곳에서 공부하여 문학석사 과정을 끝냈다. 엄격하고 금욕주의적 경향이 짙었던 이 대학은 칼빈의 지성을 위한 적절한 훈련소였다.

1528년 초 칼빈은 법률학을 공부하기 위해 오르레앙 대학(the University of Orleans)으로 옮겨갔다. 칼빈의 아버지는 모종의 불화로 성당 참사회 및 주교와 심히 다투고 소송을 하게 되었는데, 1528년 11월 2일에는 불공정하게 파문을 받았다. 이렇게 되자 칼빈의 아버지는 자기의 아들이 성직자가 되기보다는 명예와 재산을 얻기에 유리한 법률가가 되기를 원했다.

칼빈은 부친의 권유에 따라 1528년 3월 오르레앙 대학으로 옮겨 가, 이 대학의 유명한 법률가였던 피에르 태상 드 레또알(Pierre Taisan de L'Etoile) 문하에서 법률(civil law)을 공부하기 시작하였다. 당시 이 법과 대학에는 5명의 민법(民法) 교수와 3명의 교회법(敎會法) 교수가 있었는데, 민법 연구도 중세적 기독교의 테두리를 벗어난 것이 아니었다. 칼빈은 이곳에서 1년간 체류하면서 인문주의를 배웠다. 그는 성경을 불어로 번역했던 인문주의자 올리베탄(Pierre Robert Olivetan, 1506-1538)의 도움으로 프랑스의 르네상스 인문주의 서클에 소개되었다. 이곳에서 칼빈은 르네상스 정신과 접촉할 수 있었고, 특히 올리베탄으로부터 기독교의 참 모습은 성경에서 찾아야 한다는 점을 배웠다. 이곳에서 또 칼빈은 파리에서 온 니콜라스 콥(Nicholas Cop)과 헬라어 선생이자 친구였던 멜키오르 볼마르(Melchior Wolmar)와 교제하였다.

1529년 가을에는 부르쥬 대학(College de Bourges)으로 옮겨갔다. 이태리 출신의 교회 법학자인 안드레아 알치아티(Andrea Alciati)에게서 교회법을 배우기 위해서였다. 그는 당대의 최고의 법률학자로 명성을 얻고 있었던 인물이었다. 이 대학에서 칼빈은 그의 부친이 세상을 떠난 해인 1531년까지 있었다.

1532년에는 다시 오르레앙 대학으로 돌아갔고 이듬해인 1533년에는 법학 박사 학위를 받았다. 이 당시 칼빈에게 많은 영향을 준 사람을 볼마르였다. 칼빈보다 3년 연상으로 호머(Homer)에 관한 책을 저술했던 볼마르는 칼빈에게 헬라어 원어로 신약을 읽도록 가르쳤고 성경 원전에 대한 지적 열정을 이끌어 주었다. 아마도 볼마르를 통해 칼빈은 루터의 신학을 접한 것으로 보인다. 후일 칼빈이 고린도후서 주석을 볼마르에게 헌정한 것을 보면 그에게서 적지 않은 영향을 받았음을 알 수 있다.

부친이 세상을 떠난 후 칼빈은 이제 자신의 희망을 따라 인문학을 공부하기로 작정하고 부르쥬를 떠나 콜리지 포르테(College Fortet)로 옮겨갔는데, 이곳에서 칼빈은 헬라어와 히브리어를 공부하였다. 이상과 같은 칼빈의 지적 여정은 후일 그의 생애와 저술 활동에 많은 영향을 주었다. 그의 명석한 두뇌와 학문적 능력은 학자로서의 길을 인도하고 있었다.

칼빈의 최초의 저술은 그의 나이 23세 때인 1532년 4월에 출판된 세네카

(Seneca)의 『관용론 주석』(*Commentaire du De Clementia*)이었다. 당시는 르네상스 인문주의의 영향하에 있었기 때문에 헬라나 라틴 저술가들의 저작을 주해하는 일은 매우 빈번한 일이었고 학계에 공헌하는 일로 여겨졌다. 세네카는 기독교 인문주의자들에게 사랑받는 '선한 이교도'였으며 당시 추세로 보아 관용의 문제는 흥미를 불러일으키는 주제였다. 그러나 칼빈의 첫 저서는 자신의 기대와는 달리 식자층의 관심을 얻지 못했다. 혹자는 첫 저서에 대한 실망스런 경험이 그를 기독교 인문주의자들로부터 떠나 복음주의자의 반열로 돌아서게 하는 요인이 됐다고 주장한다.

칼빈의 생애에 있어서 하나의 결정적인 전환점이 된 사건은 그가 세네카의 관용론 주석을 출판한 후 약 18개월이 지난 1533년 10월에 일어났다. 칼빈은 세네카의 관용론 주석을 출판한 후 오르레앙 지방에 가서 일 년간 체류하였고, 1533년 8월에는 그의 고향인 느와용을 방문한 후 다시 파리로 돌아갔다. 이때가 1533년 10월이었다. 칼빈은 이곳에서 니콜라스 콥(Nicholas Cop)과 교제하였고, 1533년 10월 31일, 곧 '모든 성자의 날'(All Saints' day)에 니콜라스 콥은 파리 대학 학장에 취임하게 되었다. 이때의 "심령이 가난한 자는 복이 있나니"라는 제목의 취임 연설문은 칼빈의 영향하에 작성된 것이었다. 혹자는 칼빈이 연설문을 대신 썼다고 주장하기도 하지만 이점은 분명치 않다. 칼빈이 어떤 형태로든 연설문 내용에 영향을 준 것은 사실이었다. 이 사건 때문에 니콜라스 콥과 함께 칼빈은 파리를 떠나지 않으면 안 되었다.

이 연설문에서는 소르본느 대학과 그 신학자들의 완고함을 비판하고, 에라스무스와 루터를 인용하여 교회 개혁 운동을 동조하였을 뿐만 아니라 복음주의적 신앙을 강하게 표현하였다. 이것이 문제시 되었다. 칼빈은 자신의 안전을 위하여 파리를 떠나 망명자의 길을 갔다. 칼빈은 일정 기간 파리에 숨어 있었으나 1534년 초

가명을 쓰고 루이 뒤 띠예(Louis du Tillet) 집에 은신해 있기도 했다. 이 기간 동안 칼빈은 루이 뒤 띠예의 장서들을 이용하여 지적 성숙을 이루어 갔다. 이때의 공부는 후일 『기독교강요』를 집필하는데 적지 않은 도움을 받은 것으로 알려져 있다.

    칼빈이 파리를 떠나 순례자의 길을 가게 되는 1534년 프랑스는 종교적 갈등으로 인한 혼란이 가중되고 있었다. 강력한 로마 가톨릭 신앙을 지키며 독일을 중심으로 전개되던 프로테스탄트 신앙 운동을 철저히 차단하려고 힘썼으나, 교회 개혁의 기운은 프랑스 파리에서도 점차 수면 위로 그 모습을 나타내기 시작하였다. 루터의 개혁 운동에 관한 정보는 구라파 각국의 국경의 경계망을 넘어 흘러들어 갔고 루터의 작품들도 암암리에 회람되고 있었다. 정신, 이념 혹은 사상적 통제는 인쇄술의 발명과 더불어 점차 그 위력을 상실해 가기 시작하였다. 드디어 1534년 10월 18일에는 소위 '플래카드 사건'(The Affair of the placards)이라고 부르는 프로테스탄트들의 공개적인 저항이 일어났다. 즉 이날 일군의 프로테스탄트들은 "교황제 하에서 실시되는 미사의 오용에 관한 조항 …"으로 시작되는 벽보들을 파리와 프랑스의 주요 도시에 게시하고 신앙적 자유를 주장하였고, 프랑스의 로마 가톨릭 옹호 정책을 비난하는 거사를 감행하였다. 이때 벽보는 암보아즈(Amboise)에 있는 왕궁 안 왕의 침실문 앞에까지 붙이는 기습적인 일이었다. 프랑스 왕 프랑수아 1세는 이를 중시하여 프로테스탄트들에 대한 탄압을 구체화하였다. 특히 그는 프로테스탄트에 대한 탄압을 정책적으로 이용하였다.

    그는 주교의 저택에서 벌어진 향연에서 로마 가톨릭을 반대하는 해독을 철저히 제거하겠노라고 장담하기도 했다. 그는 그의 약속을 지키기라도 하듯이 수백 명의 프로테스탄트들을 수색, 체포하였고 그중 35명을 화형에 처하기까지 하였다. 칼빈의 친구 안티엔느(Etienne de la Forge)와 칼빈의 친형제 중 하나는 이때 처형된 것으로 알려져 있다. 여기에 그치지 않고 프란시스 1세는 교황 파울루스 3세

(Paul III)의 환심을 사기 위해 자기 영토 내의 모든 이단을 섬멸하겠노라는 칙령을 발표하기도 했다.

이와 같은 프랑스의 정치적 변혁기에 칼빈은 파리를 떠나 순례자의 길을 떠났고, 스트라스부르를 거쳐 1535년 1월에는 바젤로 도피하였다. 이곳에서 그는 프로테스탄트의 최고의 저작이자 16세기 종교 개혁 이래로 기독교회의 가장 중요한 신학적 고전으로 불리는 『기독교강요』를 집필하고 출판하게 된다.

이 책은 1535년 8월에 완성했으나 출판된 것은 이듬해 곧 1536년 3월이었다. 516쪽으로 구성된 이 책은 전 6장으로 구성되어 있었는데, 첫 4장에서는 율법, 신경(信經), 주기도문, 성례를 취급하였고 마지막 두 장에서는 다소 논쟁적인 주제였던 로마 가톨릭의 오도된 성례관을 비판하고 그리스도인의 자유의 문제를 프로테스탄트 입장에서 요약하였다. 이 책이 프랑스 왕 프랑수아 1세에게 헌정된 사실에서 암시되고 있지만, 이 책은 프로테스탄트 신앙을 간명하게 가르치려는 교육적 의도와 더불어 프랑스의 박해받는 복음주의자들의 입장을 옹호, 변증하려는 목적으로 썼다.

칼빈은 안전을 위해 스트라스부르로 가고자 했으나 당시 합스부르크가(家)와 발로이스 간의 전쟁 때문에 스트라스부르로 직행할 수 없었다. 그래서 칼빈은 우선 제네바로 가서 그곳을 경유하여 최종 목적지인 스트라스부르로 가는 길을 택했다. 이것이 그로 하여금 제네바의 개혁자로 이끌어 가는 계기가 되었다.

제네바의 개혁자는 파렐이었고 그는 다혈질이고 목소리가 우렁찬 정열적인 인물이었다. 그는 비록 공식적으로는 제네바 시가 복음주의 신앙을 채택하도록 하였으나 신조나 신앙 고백의 작성, 요리 문답의 재정, 예배 형식의 확립, 신앙 교육과 훈련, 교회 조직 등 그가 감당해야 할 일은 산적해 있었다. 이런 상황에서 파렐은 칼빈의 제네바 정착을 요구하게 된 것이다.

제네바에서 칼빈과 개혁자들은 '제네바 교회의 조직과 예배에 관한 조례'라는 문서를 작성하여 제네바 시의회에 제출하였다. 이 문서는 개혁의 이념과 개혁교회 조직에 관한 기본 이념을 보여 주는 대표적인 문서로서 매 주일 예배 때마다 성찬식을 시행해야 한다는 것과 엄격한 치리를 강조하였는데, 이것은 성찬의 합당한 시행과 더불어 신앙적 삶을 지키기 위한 동기를 지니고 있었다. 또 청소년들을 위한 신앙의 기본적 가르침에 대한 교육을 강조하였고, 예배 시에 시편송(詩篇頌)을 부를 것과 결혼법의 개혁을 주장하였다. 특히 이 문서에서 주장한 성찬식의 매 주일 진행과 권징권의 문제는 많은 논란을 불러 일으켰다. 그래서 칼빈이나 파렐이 의도했던 바대로 교회의 조직과 예배에 관한 규례의 시행은 순조롭게 추진되지는 못했다. 결국 성찬식은 월 1회 시행하는 것으로 타협이 이루어졌으나 출교(파문)권의 문제는 충돌의 원인이 되기도 했다. 그 외에도 칼빈은 제네바 신앙 문답서를 작성하는 등 활발한 활동을 폈으나 시의회와의 마찰로 시의회는 1538년 4월 23일 칼빈과 파렐의 제네바 추방을 결의하고 사흘 안에 그 도시를 떠날 것을 요구하였다. 그래서 칼빈과 파렐은 베른과 취리히를 거쳐 6월 초에는 바젤로 갔다. 칼빈이 1536년 7월 제네바에 온 지 꼭 22개월만이었다.

제네바를 떠난 칼빈은 스트라스부르로 가서 3년간(1538-41) 체류하였다. 이 기간 동안의 칼빈의 삶과 목회, 연구와 저술은 그 자신의 생애에 실로 커다란 영향을 주었다. 이 기간 동안의 목회와 연구는 그의 성경에 대한 해박한 이해와 신학적 깊이를 더했고, 신앙적 성숙과 더불어 보다 원숙한 지도자적 능력을 개발할 수 있었다. 특히 스트라스부르에서 부써 등 개혁자들과 접촉함으로써 그는 많은 것을 배웠는데, 예배와 교회론의 영역에서 더욱 그러했다. 이 기간 동안의 사역에서는 프랑스 망명객들을 위한 목회, 성경 연구와 저술 활동, 다른 개혁자들과의 교제, 그리고 결혼이 중요한 일이었다.

칼빈이 제네바를 떠나 있는 3년간 제네바에는 많은 변화가 있었다. 무엇보다도 이곳에서의 정치적인 변화, 사회적 혼란과 무질서는 칼빈의 귀환을 요구하는 상황을 만들어 가고 있었다. 칼빈은 다시 돌아올 마음이 없었으나 제네바로부터의 강력한 호소를 듣고 제네바로 귀환하였다. 칼빈이 스트라스부르를 떠나 제네바로의 여행을 시작한 날은 9월 1일이었다. 칼빈은 뉘샤뗄과 베른을 거쳐 1541년 9월 13일(화요일) 제네바에 도착하였다. 칼빈 자신은 일정 기간, 곧 6개월 정도만 머물 생각이었지만 이날로부터 무려 23년간, 곧 그가 하나님의 부름을 받았던 1564년까지 제네바에서 일하였던 것은 인간의 생각을 초월하는 하나님의 특별한 경륜이었다.

제네바로 돌아온 칼빈은 교회 규례를 작성(1541) 하는 등 규정의 정비를 통해 교회 개혁 운동을 전개하고, 감독회와 권징을 시행하여 장로교 제도를 안착시켰다. 또 청소년 신앙 교육을 위한 규정을 만들어 제네바 아카데미를 설립하기도 했다.

1541년 칼빈이 제네바로 귀환한 이후 전개된 일련의 개혁 운동은 많은 반대와 저항에 부딪치기도 했으나, 1555년에는 엄격한 치리와 질서가 확립된 개혁이 이루어졌고 제네바는 개혁과 개혁교회의 중심지로 변화되었다. 제네바는 특히 그 지리적 위치 때문에 개혁 운동의 구심점이 될 수 있는 외적 요인들을 지니고 있었다. 즉 인접해 있는 여러 나라에서 종교적 박해를 피해 온 피난민들이 모여 들었고 복음적인 개혁 신앙의 본거지로 인식되었다. 그래서 1540년부터 1564년까지 프랑스, 이탈리아, 화란 등지에서 거의 1천 명이나 되는 이국인들이 신앙의 자유를 선택하여 제네바로 모여들었다. 스코틀랜드의 위대한 개혁자이자 그곳에 장로교회를 기초 놓았던 존 낙스(John Knox, 1513-1572)도 이곳에 이주해 왔던 사람 중의 하나였다. 낙스는 제네바에 대해 말하기를 칼빈이 '사도 시대 이래 지상에 결코 있어 본 일이 없는 가장 완전한 그리스도의 학교'를 만들었다고 평가하였다.[1] 제네바는 유럽의 대지(大地)에 개혁의 빛을 전파하는 '영적인 모국'(Spiritual motherland)

의 역할을 감당하였다.

    칼빈에게 있어서 건강은 그의 생애에 있어서 가장 힘겨운 도전자였다. 그는 모든 과업을 완성하고 1564년 5월 27일 토요일 55세를 일기로 베자의 품 안에서 운명하였다. 칼빈이 남긴 신학적 가르침인 개혁 신앙은 개혁파 교회를 통해 독일, 프랑스, 화란, 영국 등지로 확산되었다. 로마 가톨릭 신앙은 군사적 힘이나 정치적 강압에 의해 세력을 확장해 갔고, 영방 교회적 성격을 지닌 루터교도 정치적 힘에 의존하는 일이 빈번했으나, 개혁주의 신앙은 그렇지 않았다. 개혁교회는 기독교 신앙이 지닌 내적인 힘에 의해 구라파의 여러 지역으로 확산되었다. 물론 17세기 화란의 경우 칼빈주의 신앙이 국교적 성격을 지니게 되지만, 초기에는 십자가 아래의 교회라는 이름으로 불리기까지 상당한 박해를 감내해야만 했다. 개혁 신앙이 상당한 탄압과 박해하에서도 유럽의 여러 지역으로 확산되었던 것은 아마도 이 신앙 체계가 성경에 기초한 바른 신앙이라는 확신을 심어 주었기 때문일 것이다.

    물론 개혁주의 신앙도 본래의 정신과는 달리 사변화되거나 추상화되기도 하고 스콜라주의의 경향을 보인 것도 사실이지만, 시대 시대마다 새로운 도전 앞에서 그 본래적 신학과 신앙을 확인해 왔다.

나. 칼빈의 유산들

    칼빈주의란 칼빈의 사상 자체라기보다는 칼빈주의적 신학이라고 말하는 것이 적절할 것이다. 이 말의 의미는 칼빈의 사상만이 아니라 개혁교회 신앙을 공유하는 칼빈과 동시대의 개혁자들, 그리고 그 이후의 성경적 기독교 신앙의 요체를 발견하려는 이들의 신앙을 통칭한다고 말할 수 있다. 어떻든 칼빈은 츠빙글리와 더불어 16세기적 상황에서 개혁주의 신학과 신앙이 무엇인가를 해명한 인물로서 중요성을 지닌다. 그렇다면 칼빈이 남긴 기여 혹은 공헌은 무엇일까? 이 점에 대해서 존 브랏은 성경 중심주의(Biblicism), 장로교 정치 제도(Presbyterian form of Government), 시민 사회 이론(Theory of civil society), 도덕의 함양(Moralism), 그리고 신학적 체계(a system of Theology) 등 5가지로 정리하고 있다.[2] 그의 견해를 수용하면서 필자의 의견을 겸하여 칼빈의 개혁 활동이 남긴 기여에 대해 설명해 보고자 한다.

칼빈이 남긴 첫 번째 공헌은 성경에 대한 강조였다. 곧 성경 중심 사상이다. 칼빈은 성경에 근거하여 자신의 사상을 발전시켰고, 성경의 권위와 충족성을 확신했다. 성경에 근거하지 않는 교리나 전통은 거부했다. 그에게 있어서 성경만이 신학의 유일한 원천이며 신앙과 삶의 표준이었다. 바로 이런 이유에서 교부들의 문서나 교회 회의의 결정 사항, 교황의 칙령을 성경과 동일한 권위로 받아들이는 로마 가톨릭의 전통을 받아들일 수 없었다. 이것이 '오직 성경'(sola scriptura)사상이다. 이와 쌍을 이루는 것이 '모든 성경'(tota scriptura)인데, 칼빈은 어느 특정 부분만이 아니라 66권의 성경에 나타난 "하나님의 모든 뜻"(whole counsel of God, 행 20:27)을 해명하고 복음의 풍요로움을 드러내고자 했다. 그는 성경만이 유일한 권위라는 사실을 말했을 뿐만 아니라, 성경에 대한 가감을 경계했다. 한 사람의 개혁자로서 그는 신·구약 성경으로 돌아가기를 원했다. 그 성경의 빛 가운데서 그는 오직 하나님만이 율법을 초월해 계시고,[3] 하나님은 피조된 실재에 대한 자신의 말씀에 신실하다는 사실을 인정했다. 칼빈은 성경에 대한 의존 사상 때문에 그의 설교는 주해 설교(exegetical preaching)였고, 그의 주석은 이런 필요를 위한 도구였다. 칼빈의 성경 중심 사상 때문에 칼빈주의는 루터주의보다 더 철저한 개혁을 단행했던 것이다.

칼빈의 두 번째 공헌은 장로교 정치 제도(Presbyterian Form of Church Government)의 확립이었다. 이 점은 그의 『기독교강요』에서와 제네바에서의 활동 속에 드러나 있다. 성경에는 어떤 분명한 정치 제도를 명시적으로 제시하고 있지는 않다. 그러나 칼빈은 사도 시대에 장로교적 교회 정치 제도가 이미 시행되고 있었고, 그것이 가장 성경적인 제도라는 확신을 갖게 되었다.

칼빈에게 있어서 교회 정치 문제는 두 가지 점에서 중요한 관심사였다. 첫째는 국가 혹은 국가 권력과의 관계에서 교회의 독립성을 확보해야 했고, 둘째는 교회 내의 질서를 유지하고 바른 교회 건설을 위해 필요했기 때문이다. 무엇보다도 국가와 교회와의 관계를 바르게 정립하는 일은 칼빈의 중요한 관심사였다. 국가나 시의회 등 국가 권력 기구는 교회 문제에 개입하고자 했고, 교회는 국가 기관으로부터 독립성을 유지해야 했기 때문이다. 그 단적인 예가 치리권(治理權)의 행사와 관련하여 제네바에서의 시의회와 칼빈과의 대립이었다.[4] 이러한 상황에서 교회 정치 제도는 중요한 관심사였다. 칼빈이 1541년 제네바에서 작성한 교회 헌법(*Ecclesiastical Ordinances*)은 이런 관심의 반영이었다.

국가와 교회와의 관계에서 교회가 국가보다 우선하고 교회는 국가에 대한 지배권을 갖는다는 황제-교황주의(Caesar-Papism)도 옳지 않지만, 반대로 국가가 교회보다 우선한다는 에라스티안주의(Erastianism)도 옳지 않다. 그렇다면 교회와 국가는 어떤 관계여야 하는가? 로마 가톨릭은 교회의 세속 지배를 정당화하려 했고, 성공회는 왕이 교회의 수장임을 인정했다. 루터교는 국가의 교회 간섭을 완전히 배제하지 못했기 때문에 영방(領邦)교회로 발전하였다.

이런 상황에서 칼빈은 어떤 정치 제도가 성경에 가장 부합되는 바른 제도인가에 대해 고심했다. 그는 결론적으로 국가와 교회는 각각의 고유한 기능이 있고, 국가가 교회 문제를 간섭하거나 교회가 국가의 기능을 대치해서는 안 된다는 점을 인식하고 장로교 제도(Presbyterianism)가 가장 성경적인 정치 제도라는 사실을 확신했다. 비록 성경이 구체적으로나 명시적으로 장로제를 말하고 있지는 않지만, 사도행전 15장의 할례 문제 처리에서 개별 교회가 독단적으로 처리하거나 어느 한

지도자가 독단적으로 결정하지 않고 예루살렘 공의회를 소집하여 이 문제를 처리한 것을 보면 '예루살렘 공의회'는 지금의 '노회'와 같은 기구라고 보았다. 또 디모데전서 4:14의 "네가 장로의 회에서 안수 받은 것을 기억하라"에서 '장로의 회'는 지금의 노회와 같은 제도로 이해했다. 그래서 칼빈은 사도 시대의 교회는 비록 '장로제' 혹은 '장로 정치'라는 표현은 쓰지 않았으나 이미 장로 제도가 시행되고 있었다고 확신하였던 것이다. 칼빈의 감독회는 바로 이런 기구였다.

칼빈은 교회론, 예배론, 성찬론에 있어서 스트라스부르의 개혁자인 마르틴 부써(Martin Bucer)로부터 많은 영향을 받았는데, 장로교 정치 제도도 예외가 아니다. 부써는 1538년 『참된 목회에 관하여』(*Von der waren Seelsorge*)를 출판했는데, 이것은 장로교 체제를 수립하기 위한 수년간의 노력의 결창이었다. 칼빈은 이 책으로부터 큰 도움을 입었고, 부써가 1536년에 출판했던 『로마서 주석』은 칼빈의 『기독교강요』 제2판(1539년 판)에 상당한 영향을 주었다.

장로교 정치 원리는 그리스도의 주권 아래서 모든 지체와 지교회들이 누리는 평등성(equality), 국가 기관으로부터 독립하여 직분자들을 통해서 운영되는 자율성(autonomy), 지 교회의 대표들을 통해 연합하는 연합성(unity)으로 요약될 수 있는데, 이러한 정치 제도는 칼빈이 남긴 공헌이라고 할 수 있다. 국가 권력과 독립하여 교회의 직분자에 의한 치리, 연합을 통한 교회의 통일성, 그리고 개체 목사와 장로의 평등성은 장로제의 3대 특색이라고 할 수 있다.[5]

칼빈의 세 번째 공헌은 기독교적 가치에 기초한 사회 전반에 대한 개혁이었다. 칼빈은 교회의 개혁자였으나 그의 개혁은 교회 내적인 문제에만 국한되지 않았다. 그의 교회 개혁의 이상은 사회 개혁으로 외연되었고, 이것은 교회 개혁의 자연스런 결과였다.

사회 변화에 있어서 루터보다 칼빈의 기여가 컸다. 루터는 근본적으로 보수주의

자로서 사회 변화에 대해 역동적이지 못했다. 루터의 신학이 그리스도 중심적이라고 한다면, 칼빈은 하나님 중심적(Theocentric)이었는데, 그의 신관은 인간관 사회관 등 신학 전반에 영향을 주었다. 이 점에 대해 트뢸취(Emest Troeltsch, 1865-1923)는 이렇게 말한 바 있다. 칼빈주의자들은 "어느 곳에서나 사회 전체의 삶을 계획적으로 구축하고자 하는 노력과 일종의 '기독교 사회주의'에 대한 시도가 있었다. … 칼빈주의는 교회가 삶의 모든 부분에 관심을 가져야 한다는 원칙을 세워 놓았고, 루터교처럼 종교적인 요소와 비종교적인 요소를 분리하지 않았을 뿐만 아니라 로마 가톨릭처럼 몇몇 기관을 세워 두고 간접적으로 참여하는 방식을 취하지도 않았다." 칼빈은 사회를 성속(聖俗) 이원론에 따라 분리하지 않았고, 사회와 그 제도를 불변의 절대적인 구조로 보지도 않았다. 하나님은 인간의 역사 속에 모든 제도, 조직, 직업, 직위 등 질서를 설정하였으며, 이 모든 조직과 제도는 하나님의 통치하에서 그의 뜻을 성취하기 위한 예속된 수종자(servants)로 표현된다. 세상에서 절대적인 것은 하나님의 말씀 외에는 아무것도 없다. 사회를 절대 불변의 구조로 보지 않는다는 말은 사회는 타락했고, 타락할 수 있다는 인식에 바탕을 두고 있다. 그래서 그 사회는 개혁될 수 있다는 점도 암시한다.

칼빈은 제네바 시를 성경에 부합하는 도시로 만들려는 성경적 정치(Biblocracy)에 대한 이상을 지니고 있었고, 이런 이상을 실현하기 위해 치리와 질서를 강조하였다.[6] 그가 주 1회 성찬식의 시행을 주장하고 권징을 강조했던 것은 도덕과 윤리적 삶을 고양함으로 성화의 삶을 살게 하기 위한 것이었고, 궁극적으로는 사회 개혁을 위한 것이었다. 칼빈이 구빈원을 설치하고, 결혼법을 제정하는 등의 일은 기독교적 가치를 근거로 사회를 변화시키고자 하는 동기에서 출발했다. 몽테르는 "제네바 역사에 있어서 모든 길은 결국 칼빈에게로 통한다."[7]고 했는데, 이것은 사회 전반에 대한 칼빈의 영향력을 지적하고 있다.

칼빈의 네 번째 기여는 도덕의 함양, 윤리적 생활을 통해 기독교적 삶을 강조한 것이다. 참된 의와 경건은 칼빈이 추구한 목표였다.[8] 그렇다고 해서 그가 청교도적 엄격성이나 율법주의적 준수를 이상으로 여긴 것은 아니다. 칼빈에게 있어서 지속적인 윤리적 행위에 의해 드러나는 경건한 삶은 구원받은 자의 생활 속에 자연스럽게 나타나는 결과였다. 동시에 그것은 하나님의 값없이 주신 구원에 대한 감사의 표시였다.

칼빈이 경건한 삶을 그처럼 강조했던 것은 도덕적이지 못하고 윤리적이지 못한 제네바의 사회상에 대한 반응이었다. 프레드 그래함(Fred Graham)은 "칼빈의 제네바는 그 시대의 모든 문제를 안고 있던 도시"라고 말했을 정도로 다양한 문제를 안고 있었다.[9] 암울한 중세 말기에 회자되던 "성직자의 삶은 평신도의 복음이다 (Vita clerici est evangelium laice)."는 말은 당시에도 여전히 유효했다. 중세 로마 가톨릭의 문제는 교리적인 타락과 함께 성직자들의 윤리적인 부패였다. 역으로 말하면 진정한 교회 개혁은 교리적 개혁(Reform)과 함께 윤리적 각성(Revival)이 있어야 했다. 루터파는 로마 가톨릭 성직자들의 도덕적 타락을 비판하면서, 바로 그런 이유 때문에 로마 가톨릭 성직자들이 존경받지 못했음을 지적하면서도 루터교회는 도덕적 변화나 윤리적 삶을 강조하지 못했다. 실제로 루터의 제자들, 특히 평신도 가운데서 윤리적이지 못한 이들이 적지 않았다.[10] 대표적인 한 사람이 루터의 든든한 후원자로서 막강한 권력을 행사했던 헤세의 필립(Philip of Hesse)이었다. 루터와 그의 동료 개혁자들은 그가 중혼(重婚)을 하도록 허용하여 방종한 삶을 살도록 묵인해 주었다.

그러나 칼빈은 이런 점에 있어서 분명했다. 그는 엄격한 치리를 강조하고 이를 실행했다. 이런 그의 원칙이 제2차 제네바 사역기 첫 10년간을 어렵게 만들었던 요인이었다. 윌리엄 에스텝(William Estep)이 지적한 바처럼 첫 10년간의 '고투의 기간'은 엄격한 치리의 실행이 빚은 도덕적 삶을 위한 불가피한 인고였다.

사실 제네바에서의 개혁 추진에는 정치적인 동기가 없지 않았고, 도덕적 상태는 심각했다. 존 브랏에 의하면 파렐은 공권력을 발휘해서라도 시민들의 도덕성을 고양하려고 생각했다고 한다. 그러나 이러한 시도가 효과적이지 못했고, 개선의 징조가 보이지 않게 되어 칼빈의 제네바 정착을 강력히 요구했고, 이러한 상태를 타개해 주도록 요청했다고 한다.[11] 사실 칼빈은 로마 가톨릭 신자들은 물론 루터교 추종자들, 그리고 시민들의 도덕성이 크게 결여되어 있음을 발견하고 경건한 삶에 대해 강조했던 것이다. 그에게 있어서 죄라는 것은 어떤 것에 대한 결핍이 아니며, 은혜에 대한 반대 개념도 아니라 하나님과 우리 인생을 향하신 그의 거룩한 뜻에 대한 반역이라고 보았다. 그래서 그는 인간이 하늘에 계신 아버지의 택함 받은 자로서 성령 충만한 삶을 살며, 그리스도 중심적인 삶을 살아야 하는 또 다른 책임에 대해 주의를 환기시켰다. 그에게 있어서 경건한 삶에의 요구는 구원받은 성도들의 당연한 삶의 방식이었다. 그런 점에서 칼빈은 성화의 신학자였다.

칼빈의 개혁 활동이 가져온 다섯 번째 기여는 신학적 체계, 곧 개혁신학의 확립이었다. 엄밀하게 말해서 칼빈은 신학자(a theologian)이기에 앞서 개혁자(a reformer)로 살았다. 공식적으로 말하면 그는 신학이 아니라 법률학 훈련을 받았고, 젊은 시절 망명객이 되었으며, 동료 망명 인사들을 도우며, 교회를 개혁하기 위해 제네바와 스트라스부르를 왕래했다. 광범위한 서신 교환을 통해 그는 영국, 스코틀랜드, 폴란드, 헝가리, 프랑스 그리고 네델란드의 다른 개혁자들을 격려하기도 했다.[12] 이런 그의 활동을 통해 자연스럽게 개혁신학의 체계를 수립했다. 그의 개혁 신학은 근본적으로 아우구스티누스 신학의 재진술이었다. 그가 아우구스티누스와 의견을 달리했던 것은 제도화된 교회의 권위에 대한 견해였다. 그는 오직 성경의 가르침을 천착하려고 힘썼고, 그의 신학의 중심 주제인 하나님의 주권, 믿음에 의한 구원, 예정론 등은 자신의 사색의 결론이 아니라 성경의 사상이었다. 그는 사제주의, 루터주의, 아르미니안주의와 구별되는 개혁신학을 확립했다. 이것은 그가 남긴 가장 큰 공헌이었다.[13]

1장 / 칼빈과 칼빈의 공헌

1 P. Schaff, *History of the Christian Church*, VIII(Grand Rapids: Eerdmans, 1910), 518.

2 John Bratt, *The Rise and Development of Calvinism* (Grand Rapids: Eerdmans, 1963), 29-33.

3 Deus legibus solutus est. 이것은 하나님은 율법 밖에 계신다(Deus ex lex)는 유명론적 개념에 반대하는 의미에서 나온 말이다.

4 권징에 있어서 특히 출교권(黜教權)의 문제로 칼빈과 시의회는 첨예하게 대립하였다. 이 문제로 제네바 시의회는 1538년 4월 칼빈과 파렐의 추방을 결의하기까지 했다. 취리히의 개혁자인 츠빙글리(Zwingli, 1484-1531)는 출교권이 교회에 있지 않고 정부, 곧 시의회에 있다고 보았다. 그의 후계자인 불링거(Heinrich Bullinger, 1504-1574)도 출교권은 통치자에게 있다고 보아 취리히 교회는 정부의 통제 하에 있었다. 그러나 칼빈은 권징권은 교회에 속하며, 교회의 고유한 과업이라고 보았다. 이러한 그의 사상은 부써(Martin Bucer, 1491-1551)로부터 온 것이었다. 그는 도덕적인 권징(moral discipline)을 교회의 고유한 업무로 간주하였고, 가장 중한 권징인 출교는 정부가 아닌 교회가 시행해야 한다고 주장하였다. 부써는 이미 1527년에 출판한 『마태복음 주석』에서 교회가 이 세상에서 하나님이 주신 과업을 감당하려면 정부의 간섭으로부터 독립해야 한다고 주장한 바 있다.

5 흔히 장로제의 제3의 특징이라고 일컬어지는 '평등성'은 1646년 12월에 발행된 『교회 정치의 신적 제정』(Jus Divinum Regiminis Ecclesiastici)에서는 언급이 없다. 도리어 그것은 스코틀랜드의 맥퍼슨과 미국의 찰스 핫지가 주장했다. 회중 정치는 계층 구조에 대한 반발로 일어난 교회 정치 형태로서 지역 교회의 자율성 (곧 목사의 청빙, 예산의 집행, 치리의 자율적 집행 등)과, 교회와 교회 사이, 목사와 목사 사이의 평등을 강조하며, 어떤 형식의 계층 구조도 반대한다. 이들은 교회 연합이 계층 구조를 취할 수 있다고 보아 교회 연합을 반대하고 개 교회주의를 취한다. 그러나 장로교 정치는 회중교회의 자율성과 평등성을 수용하면서도 모든 교회가 그리스도의 몸이라는 사실 때문에 연합해야 한다고 믿고, 치리회로서 당회, 노회 그리고 총회를 갖는다. 이것이 회중교회 제도와 다른 점이다.

6 이상규, 『교회 개혁사』(서울: 성광문화사, 2002), 171-2.

7 William Monter, *Studies in Genevan Government*, 1536-1605(Geneva: Droz, 1964), 118.

8 Bratt, *The Rise and Development of Calvinism*, 31.

9 W. Fred Graham, *The Constructive Revolutionary : John Calvin and His Socio-Economic Impact* (Atlanta: John Knox, 1971), 157. 칼빈 당시의 제네바의 도덕적, 윤리적

상태에 대해서는 이 책 157-73, 235-7을 참고할 것.

10 Bratt, *The Rise and Development of Calvinism*, 31.

11 Bratt, *The Rise and Development of Calvinism*, 32.

12 Selected Works of John Calvin. *Tracts and Letters*, edited by Henry Beveridge and Jules Bonnet, Vols 4-7: Part I (1528-1545) and Part 2 (1545-1553), translated by David Constable; Part 3 (1554-1558) and Part 4 (1559-1564), translated by Marcus Robert Gilchrist (Grand Rapids: Baker Book House, 1983)을 참고할 것.

13 이런 성취에도 불구하고 칼빈에게도 그 시대적 한계가 없지 않았다. 미국 도르트 대학의 John vander Stelt는 "칼빈은 아리스토텔레스적 철학, 아퀴나스적 중세 실재론, 오감적인 유명론, 고대 지향적인(antiquity-oriented) 후기 인문주의, 인간중심적인 르네상스, 신령주의적 재세례파, 루터적인 복음과 율법의 대비, 그리고 개혁파 정통주의에 대해서는 동의하지 않았다." 그러나 개혁자로서 칼빈의 사역에도 한계는 있었다고 말하면서, "그도 여전히 그 시대와 전통의 아들이었다. 많은 문제시되던 견해들이 자신이 발견한 새로운 통찰력에 대한 일관된 적용을 방해하기도 했다. 예컨대, 타락을 인간의 지적인 것(intellect)보다는 의지(will)와 관련시키고, 영혼과 육체를 두 본질로 생각하고, 육체를 영혼의 감옥으로 말하고, 그리고 그의 인간론에서 헬라적 영혼의 3분관(tripartite view of the soul)과 함께 헬라적 "기능심리학"(faculty psychology)을 사용하고, 인간의 감성(sense), 이성(reason), 상상력(imagination), 그리고 지성(intellect)을 계층적으로 배열하고, 하나님의 형상을 인간의 어떤 정신적 본질에 관련시키고, 요한복음 1:4, 5, 그리고 9절에 대한 미심쩍은 이해로 그리스도를 보고, 자연과 초자연적 계시와 창조에 있어서, 중보자로서 로고스와 구원에 있어서 중보자로서 그리스도, 그리고 비기독교 문화에 대한 가치에 대하여 진부한 중세적 개념을 허용하는 등 그의 신플라톤적인 경향에 분명히 나타난다."고 지적하고 있다. John vander Stelt, "Theological Education in the 16th Century Reformers and Subsequent Reformed Tradition," 『한상동목사와 신학교육』(부산: 고신대학교, 2000), 74, 109.

2장 / 교회사에서 본 장로 제도[※]
장로 제도와 장로교 치리 제도에 대한 역사적 고찰

시작하면서

　모든 조직에는 조직을 이끌어 가는 치리 제도가 있듯이 교회의 치리 제도는 흔히 3가지, 곧 감독제(監督制), 회중제(會衆制), 장로제(長老制)로 구분되어 왔다. 천주교의 교황제(敎皇制)를 별도의 유형으로 구분한다면 4가지 유형으로 구분될 수 있지만 교황 제도 감독제에 포함시킬 수 있을 것이다. 감독제란 (물론 정도의 차이가 있지만) 로마 가톨릭, 성공회 그리고 감리교회가 따르는 정치 형태로서 상회와 하회의 구분이 뚜렷하고, 교회 직분자 간의 계급적 차이를 두어 지역 교회 간의 평등성과 자율성을 인정하지 않는 교회 정치 형태를 말한다. 이 제도는 일종의 독재적 성격을 띠고 있다.

　회중제는 회중교회나 침례교회가 따르는 제도로서 계층 구조에 대한 반발로 일어난 교회 정치 제도이다. 회중제는 지역 교회의 독립성과 자율성을 강조한다. 즉 회중에 의한 목사의 선택, 예산 집행이나 권징의 자율적 실시를 강조한다. 개 교회나 목회자 간의 평등을 강조하고 계층 구조를 반대한다. 그런데 회중 제도를 따르는 교회들은 교회 연합을 강조하다 보면 교회 구조가 계급화 할 위험이 있다고 보아 노회나 총회와 같은 형식의 치리회(治理會)를 반대하고, 개 교회주의를 지향한다.

　반면에 장로제(presbyterianism)는 장로교회의 정치 형태로서, 근본적으로 모든 성도는 하나님 앞에서 평등하며, 장로와 장로 사이, 교회와 교회 간의 평등을 강조한다. 그래서 교회에서의 계층적 혹은 계급적 구조를 반대한다. 동시에 모든 교회가 그리스도의 몸이기 때문에 연합해야 한다고 믿고 있다. 특히 장로교회는 감독제와 같이 어느 특정한 직분자에게 절대적 권위를 두지 않고, 회중제와 같이 회중의 결정을 절대시하지도 않는다. 도리어 회중이 선출한 장로(지금의 목사와 장로)가 교회의 치리를 담당하는 제도이다. 그래서 장로교는 대의제(代議制)라고 불리기도 한다. 장로교회는 개 교회의 독립성, 평등성, 자율성을 강조하면서도 교회는 그리스도의 몸이라는 점에서 연합을 강조한다.[1] 감독 제도 외의 치리 제도는 종교 개혁 이후에 생성되었는데 이 점은 감독 제도의 교권적, 계층적 제도에 대한 거부에서 비롯되었음을 암시한다.

장로교 제도 혹은 직분, 가르치는 장로(preaching elder)와 치리하는 장로(ruling elder) 등과 관련된 토론에 대해서는 여러 논저들이 있으나,[2] 교회의 직분 이해와 관련하여 장로교회가 '역사적으로' 어떤 변화의 과정을 겪어 왔는가에 대해서는 한국에서 깊이 연구되지 못했다.[3] 이 점을 감안하여 이 글에서는 장로 제도, 혹은 장로교 제도가 역사적으로 어떤 부침의 과정을 거쳐 오늘에 이르렀는가를 검토하되, 장로교 제도의 회복 또한 칼빈을 비롯한 개혁자들과 개혁교회 전통에서 제시된 것임을 지적하고, 16세기 이후 장로직 이해의 변화를 정리하였다. 이런 시도는 장로교 제도를 역사적으로 인식하는 동시에 '장로'직에 대한 서구 교회의 풍성한 유산을 이해하는데 도움을 줄 것이다.

가. 신약교회에서의 장로

1) 이직분론(二職分論) : 집사와 장로(감독)

장로교회를 문자적으로 말하면 '장로에 의해 다스려지는(治理) 교회'라고 말할 수 있는데, 장로교회는 '장로교 제도'가 사도 시대부터 있어 왔던 치리 제도라고 믿고 있다. 그래서 장로제는 가장 성경적인 제도, 가장 사도적인 제도, 가장 민주적인 제도라고 말한다.[4] 그러나 신약 성경에서 어떤 제도가 가장 이상적인 제도인지 혹은 교회는 어떤 정치 제도를 가져야 하는지에 대해 분명하게 제시하고 있지는 않다.

신약 시대의 교회는 조직화되어 가는 과정에 있었으므로 오늘 우리가 기대하는 그런 구체화된 제도를 기대하기 어려울 것이다.

신약 성경에 보면 '집사' 외에도 '장로'라는 직분과 '감독'이란 직분이 나온다. '장로'(πρεσβύτερος)라는 말은 신약 성경에만 66회 사용되었는데, 영어로는 elder 혹은 presbyter로 번역되었다. 물론 이 66회의 단어가 다 직분으로써 장로를 의미하는 것은 아니었다. 직분으로써 장로를 의미하는 경우는 19회 정도에 지나지 않는다.[5] 반면에 감독(ἐπίσκοπος)[6]이란 말은 신약 성경에 오직 5번만 사용되었다(행 20:28, 빌 1:1, 딤전 3:2, 딛 1:7, 벧전 2:25). 이를 영어로는 bishop, overseer, supervisor 등으로 번역한다.

그런데 신약 성경에서 이 두 용어는 동일한 직분을 의미하는 동의어, 곧 동직이명(同職異名)이라는 점에 대해서는 대부분의 학자들이 인정하고 있다.[7] 이 점을 보여 주는 대표적인 본문이 사도행전 20:17과 28절이다. 흔히 '밀레도 강화'라고 불리는 이 본문에서 바울은 에베소에서 온 '장로들'(πρεσβυτέρους)에게 설교하는 중에(행 20:17) 동일한 대상을 '감독자들'(행 20:28, ἐπίσκοπους)로 호칭하였다. 말하자면 장로라는 말과 감독이란 말이 상호 교차적으로 사용된 것이다. 동일한 사례가 디도서 1장의 경우인데, 바울은 각 성(城)에 장로들을 세우도록 명하면서(딛 1:5) 장로의 자격을 말하는 중에 디도서 1:7에서는 '감독'이란 단어를 사용하고 있어 이곳에서도 감독과 장로라는 말이 상호 교차적으로 사용되고 있음을 보여 준다. 즉 동일한 대상을 '감독'으로 혹은 '장로'로 호칭함으로 '장로'와 '감독'은 별개의 직분이 아니라는 점을 보여 주고 있다.

또 한 가지 본문이 디모데전서 3장이다. 디모데전서 3:1 이하에서는 감독의 자격을 말하고 있는데 동일한 내용이 디도서 1:5 이하에도 기록되어 있다. 그런데 디모데전서 3:1 이하에서 감독의 자격과 집사의 자격을 말하고 있지만, 장로의 자격에 대해서는 아무런 언급이 없다. 그것은 장로는 감독과 동의어였기 때문에 별도로 언급할 필요가 없었던 것이다.[8] 이와 동일한 경우가 빌립보서 1:1이다. 바울은 빌립보 교회에 보낸 편지 서두에서 "그리스도 예수 안에서 빌립보에 사는 모든 성도와 또는 감독들과 집사들에게 편지하노니"라는 말로 인사하고 있다. 그런데 이 인사에서 '성도'와 '감독'과 '집사'는 언급하고 있지만 '장로'에 대해서는 언급이 없다. 그것은 '장로'가 '감독'과 동의어였기에 '장로'를 언급할 필요가 없었기 때문이다. 또 아픈 자를 위해 교회 장로들을 청하라고 야고보가 지시할 때(약 5:14) 감독에 대해서는 침묵한다. 이런 점들이 장로와 감독은 동의어였음을 보여 주는 증거라고 할 수 있다.[9] 특히 흥미로운 사실은 성경 외의 가장 오래된 기독교 문헌으로 간주되는 로마의 클레멘트의 서신, 곧 고린도 교회에 보내는 편지(*Epistula ad Corinthios*)[10]에서 '장로'와 '감독'을 상호 교차적으로 사용하여 동의어로 인식하고 있음을 보여 주고 있다.

이런 근거에서 필립 샤프(Phillip Schaff, 1819-1893)나[11] 라이트푸트(Joseph B. Lightfoot, 1828-1889)는 장로와 감독은 동의어로 본 것이다.[12] '장로'와 '감독'의 차이가 있다면, '장로'(長老)는 연령적 측면 혹은 위엄에 강조를 둔 표현이라면, '감독'(監督)은 직분의 임무 혹은 역할에 강조를 둔 표현일 뿐이다. 그래서 개혁교회 전통에서 신약 교회의 직분은 오직 두 가지, 곧 집사와 장로(감독)로 구성되었다고 하는 2직분론(二職分論)을 지지한다.

2) 장로의 자격과 역할

신약 성경에서 '장로'의 자격에 대해서는 분명하게 언급하고 있지만(딤전 3:1-7, 딛 1:5-9), 장로의 사역이나 역할에 대해서는 분명하게 말하지 않고 있다. 단지 장로의 자격에 대한 언급을 통해 장로의 사역을 암시하고 있을 뿐이다. 장로의 역할을 암시하는 성경 근거로 디모데후서 5:17과 장로의 자격을 말하는 디모데전서 3:2을 들 수 있다. 디모데전서 5:17에서, "잘 다스리는 장로들(οἱ καλῶς προεστῶτες πρεσβύτεροι)을 배나 존경할 자로 알되"에서는 장로의 지도력 곧 치리적 기능을 말하고 있고, 디모데전서 3:2에서는 "가르치기를 잘하며"에서는 장로의 교육적 기능을 제시하고 있다.

이 두 본문에서 볼 때 장로의 사역은 두 가지, 곧 다스리는 치리(治理)의 기능과 가르치는 교육이 기능을 암시하고 있다. 장로는 바르게(καλῶς) 다스리는 지도력을 행사하고 하나님의 말씀을 가르치는 직분임을 보여 준다. 여기서 '바르게'[13]는 어의가 암시하듯이 사역의 질을 의미한다기보다는 사역의 태도를 의미한다고 볼 수 있다. 즉 치리에 있어서의 정행(正行)을 강조한다. 바울은 디도에게도 교회의 장로는 가르치는 것을 굳게 지켜야 하고, 그릇 가르치는 이들을 바로잡고 논박해야 한다고 말하고 있다(딛 1:9).

디모데전서 3:2에 사용된 '가르치기를 잘하며'(διδακτικος)는 '가르칠 능력이 있는'(able to teach)으로 해석할 수 있다.[14] 이처럼 가르칠 능력을 장로의 자격으로 제시하는 것을 보면 가르침이 장로의 중요한 사역이었음을 알 수 있다. 이런 점에서 바울은 디모데에게 "너는 말씀을 전파하라. 때를 얻든지 못 얻든지 항상 힘쓰라. 범사에 오래 참음과 가르침으로 경책하며 권하라."(딤후 4:2)고 권면했을 것이다.

나. 2세기 이후의 변화

1) 삼직분론(감독 장로 집사)의 대두

'장로'와 '감독'은 동의어로 이해되어 동일한 직분의 두 표현으로 여겨져 왔으나 2세기 중엽 이후 변화를 겪게 된다. 앞에서 언급했지만, 성경에서는 두 직분 곧 장로(혹은 감독)와 집사를 언급하고 있어 '2직분론'으로 인식되어 왔다. 앞에서 지적한 바처럼 로마의 클레멘트 서신에서 '장로'와 '감독'은 상호 교차적으로 사용되었고, 2세기 말까지도 이런 용례가 사라지지 않았다.[15] 『디다케』에서는 "여러분들은 자신을 위해 주님께 합당하고 온유하고 돈을 좋아하지 않고 진실하며 인정된 사람들을 감독과 집사로 선출하십시오."[16]라고 말하고 있는데, 교회의 직분으로 감독과 집사만을 언급하고 있다는 점은 감독과 장로를 동의어로 간주하고 있음을 암시한다.

그런데 2세기 중반 이후 장로와 감독이 구분되기 시작했다. 이미 이그나티우스 때부터 이 용어가 구분되어 별개의 두 직분으로 이해되기 시작했다. 이그나티우스는 110년 경 쓴 『마그네시아인들에게』에서 "경건한 감독 다마스(Damas), 여러분의 합당한 장로들인 바수스(Bassus)와 오폴로니오스(Apollonius), 그리고 나의 동료 봉사자인 조티온(Zotion) 집사"[17] 등을 언급하고 있는데, 여기서 감독과 장로가 별개의 직분으로 표기되고 있음을 보여 주고 있다. 『트랄레스인들에게』와 『서머나인들에게』에서도 동일한 직분 이해가 나타난다.[18]

이그나티우스의 작품에서 감독직의 부상을 보여 주고 있고, "그리스도 예수가 있는 곳에 가톨릭교회[19]가 있는 것처럼, 감독이 있는 곳에 공동체도 있다. 감독이 없이는 세례나 성찬(ἀγαπην)은 허용되지 않는다."고 말하고 있다.[20] 말하자면 감독을 장로와 집사보다 우위에 둠으로써 은사에 의한 구분이 아니라 수직적 구조의 직분 체계를 보여 주고 있다. 즉 이그나티우스는 감독, 장로, 집사 등 삼중직을 보여 주고 있다. 즉 이 시기에 와서 감독(주교)은 장로회의 보좌를 받는 회중의 우두머리로 간주되었고, 후에는 사도들의 계승자로 인식되기 시작한 것이다. 그래서 감독은 장로 중에서 선임된 자라는 인식의 변화가 나타났다.[21]

이런 변화의 과정에서 2세기 중엽의 사도 교부들은 '감독'으로 불리기 시작했다. 이 점은 안디옥 교회의 감독이었던 이그나티우스의 글 속에 현저히 나타나는데, 120년경부터 감독을 정점으로 하는 교회 조직이 나타난 것으로 보인다.[22]

150년 이후부터는 이런 현상이 보편적이었다. 예컨대, 이레네우스(Irenaeus of Gaul, c.135-202)는 먼저 장로가 되었다가 178년 폰티누스의 뒤를 이어 리용(Lyon)의 감독이 된다. 이런 변화를 보면서 윌리엄 커닝햄(William Cunningham)은 그의 『역사신학』(*Historical Theology*) 제1권 7장에서 계층화 된 성직 계급(Prelacy)의 출현을 은혜의 교리에 대한 모호한 견해와 덕(Virtue)과 성만찬의 효과에 대한 오도되고도 과장된 개념의 대두와 함께 교회관의 변질을 보여 주는 징후로 지적한 바 있다.[23] 기독교회가 감독 제도를 채용하게 된 것은 교회 내적인 이유도 없지 않았지만 당시 정치적인 여건, 곧 공화 정치가 아닌 왕정(王政)의 영향도 없지 않았을 것이다.[24]

이와 같이 장로와 감독을 동의어로 보지 않고 별개의 직분으로 이해하여 교회에는 집사, 장로, 감독의 3 직분이 있었다는 주장을 '삼직분론'(三職分論)이라고 말한다. 여러 장로들 중에서 다스림의 위치에 있는 어느 한 사람을 '감독'으로 부르면서, 장로와 감독을 구분하고 계급화 한 것이다. 이처럼 감독과 장로를 동일 직분으로 보지 않고 이를 계층화한 것이 교회 구조를 계급 구조로 변질시키는 시작이 되었다.

비록 2세기 중엽부터 장로직과 감독직을 별개의 직으로 이해하는 3직분론이 대두되지만 키프리아누스(Cypriaus, c.200-258)의 경우 여전히 장로와 감독을 동의어로 인식하고 있었다는 점은[25] 흥미로운 예외라고 할 수 있다. 종합적으로 고려할 때 2세기를 접어들면서 서서히 감독 제도가 나타나기 시작했는데, 이것은 400여 년에 걸친 교황을 정점으로 하는 인간 중심의 계급 구조에로의 변질의 과정이었다.

2) 교회의 계급 구조와 장로직의 소멸

처음에는 한 사람의 감독과 여러 장로 혹은 집사들이 한 교회에서 사역했다. 그러나 점차 감독은 한 도시에서 여러 교회를 관장하는 직분으로 발전했다. 감독은 2

세기 중엽(140-180) 영지주의나 마르키온주의와 같은 이단에 대항하면서 사도적 권위와 전승을 주창했다.[26] 그 이후 감독의 권한은 강화되었고, 감독들 사이에서도 위계질서가 형성되어 3세기 이후 감독주의 구조로 변질되었다.

기독교 공인과 국교화가 이루어지는 4세기를 접어들면서 이런 계층적인 교회 구조, 즉 감독제는 심화되어 '교황주의'로 발전하게 된다. 니케아 회의(325)는 로마, 알렉산드리아, 안디옥 세 감독을 동일시하여 다른 지역 감독들보다 높은 대감독(Patriachs)의 칭호를 수여하도록 결정하였고, 콘스탄티노플 회의(381)는 콘스탄티노플 감독에게도, 칼세돈 회의(451)는 예루살렘 감독에게도 대감독의 칭호를 부여하기로 결정하였다. 그래서 5세기 중엽 이후 전기한 5개 지역에 '대감독'이 있게 되었다. 그러나 로마를 제외한 4개 도시 대감독들이 콘스탄티노플 대감독의 영향하에 있었음으로 로마와 콘스탄티노플은 교회의 주도권을 지니게 된다. 직분은 권력화 되고 계층화(hierarchial system)되었다.

그 결과 170년경부터 베드로는 로마의 첫 감독으로 기원 42년부터 67년까지 25년간 그 직에 있었다는 주장이 제시되었고,[27] 이레네우스, 키프리아누스(Cyprianus, c.200-258) 등은 로마 감독의 우위를 주장하였다. 4세기 말 로마의 감독 다마수스 1세(Damasus I, 304-384)는 로마 교회의 우위성을 강조하면서 마태복음 16:18을 이용하여 자신의 감독직은 베드로의 후계자로서 '사도적 전승'을 계승한 것임을 공포하였다.[28] 또 히에로니무스에게 라틴어로 성경을 번역토록 지시하면서 베드로의 후계자로서의 로마 감독의 권위를 이 번역에 반영하게 했다. 그 결과 404년 라틴어 성경 불가타(Vulgate)역이 간행되었다.

다마수스 1세에 이어 로마의 감독이 된 성 시리치우스(St. Siricius, 384-399)는 로마 감독의 수위권을 공표하고 자신이 사도 베드로의 후계자임을 분명히 했다. 395년에는 주피터(Jupiter) 신의 대제사장 칭호인 '대사제'(Pontifex Maximus)라는 말을 자신의 칭호로 사용했다. 이때부터 로마의 감독(교황)을 대사제(Pontiff)라고 칭하기 시작했다.[29]

이런 일련의 과정 속에서 로마 감독의 권위가 크게 부상하여, 476년 서로마 제국의 붕괴 이후 교회가 국가 권위를 대신하게 되었고 따라서 로마 감독은 세속까지도 통치하는 교황(Caesar Papacy)이 되었다. 그 후 로마 교회가 절대적 권위를 인정받게 되었고, 로마의 감독 그레고리오 I세(Pope Gregory I)는 590년 최초로 '교황'으로 불리게 되었다. 이렇게 생성된 교황은 왕권(imperium)에 대한 사제권(sacerdotium)의 우위를 주장하게 된다.

이처럼 계층 구조적인 교황 제도는 역사적 발전 과정의 소산이었다. 즉 순수한 '말씀의 봉사자'가 '사제'가 되어 성례전 수여 등과 같은 소위 은혜의 수여자가 된 것이다. 이 사제는 사도적 계승이라는 명분으로 교권주의가 계급주의(Hierarchism) 곧 교황주의(Papism)로 발전하게 된 것이다. 이런 변화의 과정 속에서 장로와 집사는 감독 휘하의 보조자로 전락했고, 점차 그 직의 의미를 상실했다. 그 결과 중세하에서 장로와 집사직의 기능이나 역할은 사실상 소멸되었다.

물론 중세하에서도 교회 쇄신과 더불어 장로(교) 제도를 회복하고자 하는 노력이 없지 않았다. 피터 왈도(Peter Waldo, d. 1217)나 위클리프(Wycliff, c. 1330-1384) 같은 이들이 대표적인 경우였다. 중세의 교황제(감독제)하에서 사라진 장로 제도를 성경적인 제도로 간주하여 이를 회복하려는 구체적인 시도가 있었는데, 이들이 바로 개혁자들, 특히 칼빈이었다.

다. 칼빈의 교회관과 장로직

1) 칼빈과 장로교 제도

종교 개혁을 거치면서 교회관의 큰 변화를 가져온다. 교회관의 변화는 직분관의 변화를 수반했다. 이 변화를 주도한 인물이 루터였다. 루터는 종래의 가톨릭교회의 교회관을 거부했다. 가톨릭교회는 "감독이 있는 곳에 교회가 있다"라고 하였으나, 루터는 교회를 단순히 '믿는 자들의 공동체', 곧 '성도의 모임'(communio sactorum)으로 이해했다. 이렇게 함으로써 교회가 성직자나 감독들에 의해 성립되거나 유지되지 않고 '성도의 교제'로 바르게 서게 된 것이다. 목사는 계층적 구조 속에 있는 계급이 아니라 은사로 이해되었다. 그래서 성직자 위계질서 대신 만인사제직의 원리를 주장하게 된 것이다.

그러나 칼빈의 교회관은 루터와 달랐는데, 교회 제도와 관련하여 볼 때 이는 교회 제도에 대한 차이를 반영한다. 루터는 교회를 '성도의 모임'(communio sactorum)이라는 개념으로 이해하여 제도로서의 교회를 강조하지 않았다. 즉 루터는 제도화 된 로마 가톨릭에 대해 반발하면서도 제도에 대해서는 소홀하게 생각했다. 이런 이유 때문에 루터교회에는 로마 가톨릭의 감독 제도를 그대로 답습하는 결과를 가져왔다고 해석할 수 있다.[30]

그러나 칼빈은 교회는 '성도의 모임'일 뿐만 아니라, 하나님께서 세우신 '제도'(institution)로 이해했다. 이는 부써의 영향이었다. 그는 하나님이 세우신 제도로서의 교회 개념이 성도의 모임으로서의 교회 개념보다 우선하는 것으로 이해했다. 그것은 하나님의 말씀이 먼저 있고, 여기에 대한 응답으로서 신자들의 모임이 있기 때문이라고 했다. 그래서 칼빈은 로마 가톨릭과는 다른 제도를 생각하게 되었던 것으로 보인다.[31]

교회 정치 제도와 관련하여 칼빈에게 가장 큰 관심은 과연 성경이 어떤 형태의 교회 정치 제도를 지지하는가 하는 점이었다. 또 사도 시대의 교회 정치 제도는 어떠했는가 하는 문제였다. 이 점에 대해 성경이 명시적으로 언급하고 있지 않기 때문에 칼빈은 이 문제를 가지고 고심했다.

그러나 칼빈은 신약 성경의 두 본문에 근거하여 신약 시대 혹은 사도 시대에는 비록 장로제에 대해 언급하고 있지는 않지만 이미 장로교 제도가 있었고, 그것이 가장 성경적인 제도라는 확신을 갖게 되었다. 지금의 장로교 정치 제도를 보여 주는 두 가지 근거는 사도행전 15장과 디모데전서 4:14이다. 사도행전 15장에 보면 바울의 1차 전도 여행의 결과 이방인과 할례 문제가 제기되었다. 그런데 이 문제를 안디옥 교회가 단독으로 결정하지 않고 교회 대표를 예루살렘에 파송하였고, 예루살렘 공의회가 이 문제를 처리하였다. 만일 안디옥 교회가 단독으로 결정하였다면 이는 회중 제도임을 보여 주지만, 지역 교회가 파송한 교회 대표가 모여 이 문제를 논의한 것은 오늘의 노회(혹은 총회)제도를 보여 주고 있어 이는 장로제를 암시하고 있다고 이해하였다.

또 디모데전서 4:14에 보면, 바울이 디모데에게 권면하면서 "네 속에 있는 은사, 곧 장로의 회에서 안수 받을 때에 예언으로 말미암아 받은 것을 조심 없이 말며"라고 말하고 있는데, 여기서 말하는 '장로의 회'(the body of elders)란 '장로들의 일단' 혹은 '장로단'이란 말로서 지금의 노회(老會)에 해당했다. 그래서 칼빈은 장로 제도는 가장 성경적인 제도이고, 이것이 신약 교회의 정치 형태로 확신했다. 그래서 그는 제네바에서의 교회 개혁 운동을 통해 이 제도를 회복하고자 했고, 신약 성경에서 장로와 감독이 동의어라는 점을 주목하여 감독제를 말하지 않았다.[32] 결과적으로 로마 가톨릭의 계급적인 감독 제도와 다른 장로교주의를 주창하게 된 것이다.

2) 장로교 정치 제도의 의의

16세기 개혁자들에게 있어서 교회 정치 문제는 두 가지 점에서 중요한 관심사였다. 첫째는 국가 혹은 국가 권력과의 관계에서 교회의 독립성을 확보해야 했기 때문이고, 둘째는 교회 내의 질서를 유지하고 바른 교회 건설을 위해 필요했기 때문이다. 무엇보다도 국가와 교회와의 바른 관계 정립은 개혁자들에게는 중요한 문제였다. 국가 혹은 시의회 등 국가 권력 기구는 교회 문제에 개입하고자 했고, 교회는 독립성을 유지하려고 했기 때문이다. 그 단적인 사례가 치리권(治理權)의 행사와 관련하여 제네바 시의회와 칼빈이 대립한 사건이다.[33] 이러한 상황에서 교회 정치 제도는 중요한 관심사였다. 뿐만 아니라 교회 내의 질서와 훈련, 치리를 위해서도 교회 정치 제도는 중요하게 취급되었다. 칼빈이 1541년 제네바에서 작성한 '교회 규정'(*Ecclesiastical Ordinances of Church of Geneva*)은 이런 관심의 반영이었다. 이 문서는 장로 제도, 혹은 장로교 제도에 대한 칼빈의 확고한 입장을 보여 준다.

국가와 교회와의 관계에서 교회가 국가보다 우선하고 교회는 국가에 대한 지배권을 갖는다는 황제-교황주의(Caesar-Papism)도 옳지 않지만, 반대로 국가가 교회보다 우선한다는 에라스티안주의(Erastianism)도 정당성이 없다. 그러면 교회와 국가는 어떤 관계에 있어야 하는가? 로마 가톨릭은 교회의 세속 지배를 정당화하려 했고, 성공회는 왕이 교회의 수장임을 인정했다. 루터교는 국가의 교회 간섭을 완전히 배제하지 못했기 때문에 영방(領邦)교회로 발전하였다.

이런 상황에서 칼빈은 어떤 정치 제도가 성경에 가장 부합되는 바른 제도인가에 대해 고심했다.[34] 그는 결론적으로 국가와 교회는 각각의 고유한 기능이 있고, 국가가 교회 문제를 간섭하거나 교회가 국가의 기능을 대치해서는 안 된다는 점을 인식하고 장로교 제도(Presbyterianism)가 가장 성경적인 정치 제도라는 사실을 확신했다. 비록 성경이 구체적으로나 명시적으로 장로제를 말하고 있지는 않지만, 위에서 언급했듯이 사도행전 15장의 할례 문제 처리에서 개별 교회가 독단적으로 처리하거나, 어느 특정 지도자가 독단적으로 결정하지 않고 예루살렘 공의회를 소집하여 이 문제를 처리한 것을 보면 예루살렘 공의회는 지금의 노회와 같은 기구라고 보았다. 또 디모데전서 4:14의 "네가 장로의 회에서 안수 받은 것을 기억하라."

에서 '장로의 회'는 지금의 노회와 같은 제도로 이해했다. 그래서 칼빈은 사도 시대의 교회는 비록 '장로제' 혹은 '장로 정치'라는 표현은 쓰지 않았으나 이미 장로 제도가 시행되고 있었다고 확신하였던 것이다.

칼빈은 교회론, 예배론, 성찬론에 있어서 마르틴 부써(Martin Bucer, 1491-1551)로부터 많은 영향을 받았는데, 장로교 정치 제도도 예외가 아니었다.[35] 부서는 1538년 『참된 목회에 관하여』(*Von der waren Seelsorge*)를 출판했는데, 이것은 장로교 체제를 수립하기 위한 수년간의 노력의 결창이었다. 칼빈은 이 책으로부터 큰 도움을 입었고, 부써가 1536년에 출판했던 『로마서 주석』은 칼빈의 『기독교강요』 제2판(1539년 판)에 상당한 영향을 주었다는 점은 널리 알려져 있다.

회중 정치는 계층 구조에 대한 반발로 일어난 교회 정치 형태로서 지역 교회의 자율성 (곧 목사의 청빙, 예산의 집행, 치리의 자율적 집행 등)과, 교회와 교회 사이, 목사와 목사 사이의 평등을 강조하며, 어떤 형식의 계층 구조도 반대한다. 이들은 교회 연합이 계층 구조를 취할 수 있다고 보아 교회 연합을 반대하고 개 교회주의를 취한다. 그러나 장로교 정치는 회중교회의 자율성과 평등성을 수용하면서도 모든 교회가 그리스도의 몸이라는 사실 때문에 연합해야 한다고 믿고, 치리회로서 당회, 노회 그리고 총회를 갖는다. 이것이 회중교회 제도와 다른 점이다.

정리하면, 장로교 정치 원리는 그리스도의 주권 아래서 모든 지체와 지교회들이 누리는 평등성(equality), 국가 기관으로부터 독립하여 직분자들을 통해서 운영되는 자율성(autonomy), 지교회의 대표들을 통해 연합하는 연합성(unity)으로 요약될 수 있다. 국가 권력과 독립하여 교회의 직분자(특히 치리를 하는 직원으로서 목사, 교사, 치리 장로)에 의한 치리, 연합을 통한 교회의 통일성, 그리고 개체 목사와 장로의 평등성은 장로제의 3대 특색이라고 할 수 있다.[36]

3) 칼빈의 직분관과 장로직

칼빈은 스트라스부르에서 3년을 보내고 1541년 9월 13일 제네바로 귀환 한 지 약 두 달 후인 1541년 11월 20일에 교회 규칙서 혹은 교회 규정이나 교회 헌법이라고 할 수 있는 문서를 작성하여 시의회에 제출하였는데, 이 문서는 약간의 수정을 거쳐 1542년 1월 2일 시의회에서 채택되었다. 이 문서에서 칼빈은 컨시스토리(Consistory)라는 새로운 기관을 설정하였고, 또 1539년도 판 『기독교 강요』에서 제안했던 바처럼 신약 성경 원리에 따라 4종의 직분을 제안했다. 그것은 목사(Pastors, Pasteurs), 교사(doctors, docteurs), 장로(elders, anciens), 집사(deacons, diacres)였다(엡 4:11).[37] 이 문서에서 칼빈은 처음으로 '장로'직(anciens)을 언급했다.[38] 칼빈은 에베소서 4:11에 대한 주석에 근거하여 사도, 선지자, 복음 전하는 자를 임시직(temporary offices)으로, 목사와 교사를 영구직(permanent offices)로 이해하여 후자의 두 직분과 함께 중세 로마 가톨릭하에서 상실되었던 장로와 집사직를 회복하여 4종직을 말하게 된 것이다.[39] 칼빈은 이 네 직분을 '하나님이 정하신 직분들'(Jus Divinum)이라고 보았다.[40]

이 네 가지 직분에 대해 규정한 바에 따르면, '목사'는 하나님의 말씀을 설교하고 성례를 집행하며 장로들과 함께 형제애적 교정을 시행할 책임을 지니며,[41] '교사'는 교리를 순수하게 지킬 것과 자격 있는 목사를 양성하며 신앙 교육의 의무를 지닌다. 그리고 '장로'는 시민의 생활을 감독하며 그릇된 행동은 사랑으로 징계하여 바른 길로 인도할 의무를 지닌다. 장로는 제네바 시의 각 구역에서 선출되며 교회 헌법과 규칙이 잘 이행되는지는 살피며 감독케 하였다.

'집사'는 가난한 사람들을 돌보고 병원을 운영하는 일이 위임되었다. 칼빈은 제네바에서 가난한 이들을 돌보는 재무 관리인(procurators)과 병든 자를 돌보고 구제하는 병원 봉사자(hospitallers)가 집사에 해당한다고 보았다.[42] 이렇게 하여 칼빈은 중세하에서 사라졌던 장로, 집사직을 회복한 것이다.

이와 같은 4종 직분을 통해, 제네바 교회뿐만 아니라 제네바 시를 개혁하고 질서와 훈련을 감당하도록 했다. 칼빈이 제안한 4종직에서 특히 주목하고자 하는 장로직은 평신도 중에서 선하고 정직한 삶을 살고 책망할 것이 없으며 하나님을 두려워하고 영적 분별력을 지닌 자여야 한다고 보았다.[43] 장로는 소의회로부터 2명, 60인회로부터 4명, 200인회로부터 6명 등 전체 12명이 선출되어 제네바 시 각 구역에 배치되었다. 임기는 1년이었으나 장로직의 계속 수행 여부는 매년 말 결정되었는데, 대부분의 경우 연임되었다. 장로들은 주 1회 모여 목사와 함께 교회 치리를 위해 의논했다.[44]

그런데 칼빈은 고린도전서 12:28, 롬 12:8, 특히 딤전 5:17에 근거하여 장로의 이중직제, 곧 가르치는 장로(講道長老)와 치리하는 장로(治理長老)로 구분했다.[45] 특히 칼빈은 스트라스부르에서 돌아 온 이후인 1543년 판(제3판) 『기독교강요』에서부터 이 점을 분명히 했다.[46] 박윤선 또한 칼빈의 견해를 추수하여 치리 장로(治理長老)와 교무 장로(敎務長老)로 구분했다.[47]

장로의 이중직제와 관련된 논란의 여지는 디모데전서 5:17, "잘 다스리는 장로들을 배나 존경할 자로 알되 말씀과 가르침에 수고하는 이들을 더할 것이니라."(Οἱ καλῶς προεστῶτες πρεσβύτεροι διπλῆς τιμῆς ἀξιούσθωσαν, μάλιστα οἱ κοπιῶντες ἐν λόγῳ καὶ διδασκαλίᾳ)에 대한 해석에 기인하는데, 논란이 되는 단어가 μάλιστα이다. 이를 '특(별)히'라고 번역하여 이중직으로 이해하는 경우가 KJV NIV NRSV 공동번역(1977), 표준새번역(1993), 바른성경(2008)의 경우이다.[48] 고신, 합동 교단을 비롯하여 대부분의 한국 교회가 이 입장을 따르고 있다.

그러나 스키트(T. C. Skeat)는 μάλιστα를 '즉'으로 번역하여 '잘 가르치는 장로들'이 곧 '말씀과 가르침에 수고하는 자들'이라고 보아 이중직제를 거부한다.[49]

이미 토렌스(T. E. Torrance)가 주장한 바이지만 이런 입장을 따른 이들이 I. H. Marshall, J. Stott, Campbell 등이다. 이들은 두 종류의 장로를 말하는 것이 아니라고 본다. 즉 잘 다스리는 장로가 곧 가르치는 장로라는 입장이고, 여기에는 치리하는 별도의 장로직은 나타나지 않는다는 것이다. 이들은 디모데전서 3:1-13이 이 점을 지지한다고 이해한다. 결국 스키트의 입장을 따른다면 가르치는 장로와 치리하는 장로를 구별하는 칼빈을 비롯하여 전통적으로 수용되어 온 견해는 근거를 상실한다.

그러나 칼빈은, 장로를 두 가지로 구분하여 치리하는 장로, 곧 지금의 장로의 기능은 신자들의 윤리적 삶을 감독하는 직분으로 이해하였다. 이점이 1541년 11월 제안된 '교회 규정'(Ecclesiastical Ordinance)에 제시되었다. 칼빈에게 있어서 가르치는 장로인 목사는 말씀을 선포하고 성례전을 집례 한다. 따라서 장로는 목사가 가르친 것이 그대로 지켜지고 실행되고 있는가를 감독하는 것이 장로의 주된 임무였다. 이런 점에서 화란 개혁파 교회는 현재에도 장로의 가장 중요한 임무는 성도들의 삶을 감독하는 심방으로 이해하고 있다. 결국 칼빈에게 있어서 목사와 장로는 상호 대립된 역할이 아니라 상호 보완적 기능을 하는 협조자였다.

4) 감독회, 당회(Collegium, Consistoire)

칼빈은 4종의 직분을 통해 제네바의 질서와 훈련(치리)을 감당하도록 하였는데, 특히 제네바 시의 질서를 유지하고 시민들의 생활을 감독하고 정화하기 위해 목사와 장로들로 구성되는 감독회(Consistorium, Consistory)를 구성하였다.

칼빈은 그리스도만이 왕이 되시고 또 하나님만이 입법자[50]라는 전제에서 교회는 '자유의 법'(lex libertatis), 곧 '거룩한 복음의 말씀'(sacrum Evangelii verbum)에 의해 지배되지 않으면 안 된다[51]고 보아 이를 제도적으로 치리하게 위해 회의를 규정했다.[52] "주의 떡이나 잔을 합당치 않게 먹고 마시는" 자가 없도록(고전 11:27 이하) 교회 내에서 교육과 훈련을 행하는 것도 교회 사역(ministerium)의 중요한 과제로 여긴 것이다. 그런데, 다스리는 사역의 담당자는 장로이지만, 개인적으로 다스리는 권능을 행사하고, 또 단독으로 심판의 권능을 행사할 수 없으므로 회의를 구성하고, 이 회의를 통하여 권능을 행사하게 해야 한다고 보았다. 이는 마치 재판관이 법정 이외에서 판결을 내릴 수 없듯이, 교회적 판결은 교회적 법정 외에서 행사되어서는 안 된다고 본 것이다. 이런 점에서 일본의 칼빈 학자 와타나베 노부오(渡辺信夫)는 "개혁파 종교 개혁이 가지는 중요한 특색이 회의의 중요성에 대한 인식"이라고 말한 바 있다.[53] 회의의 중요성을 말한다고 해서 그것이 각 직분자의 사역의 의의를 경시한다는 의미는 아니었다. 직분자는 선거를 통하여 세워지지만 그렇다고 해서 회중으로부터의 위탁이 아니라 하나님이 세우셨다고 보았다(IV.3). 그러나 그 권능은 카리스마적인 지배가 아니라 회의를 통해서 행사되고 발휘된다고 본 것이다.

이런 취지에서 제시된 컨시스토리를 한국에서는 '감독회', '종교 법원', '치리 법원' 혹은 종무국(宗務局)으로 번역해 왔다.[54] 칼빈은 이 용어를 목사와 평신도 대표로 구성되는 치리회, 곧 당회를 뜻하는 용어로 사용한 것이다.[55] 감독회의 가장 중요한 임무는 제네바 시의 질서와 훈련을 위한 치리를 담당하는 것(to handle matters of discipline)이었고, 그 구성은 12명의 목사와 12명의 장로 곧 24명으로 구성되었다. 이것은 현재 장로교회의 '당회'와 같은 제도였다. 이 감독회는 시민(국가) 법정이 아니라 어디까지나 교회에 속한 교회적 치리 기관이었다. 말하자면 칼빈은 목사와 평신도 대표로 구성되는 당회를 구성하여 함께 교회를 다스리는 장로교 정치 구조를 만들었던 것이다. 이런 점에서 칼빈은 장로교 제도의 창시자로 불려 온 것이다.

라. 16세기 이후의 변화

1) 스코틀랜드 교회에서의 장로직 이해

16세기 이후 장로직제는 변화를 겪어 왔다. 칼빈 당시의 제네바에서 장로는 평신도 중에서 선출되는 1년 단위의 임명직이었다. 소의회가 적격자를 지명하고 목사들의 동의 후 200인회가 승인하는 방식이었다. 그러나 1560년의 9개 항으로 구성된 스코틀랜드 교회의 제1치리서(The First Book of Discipline)에서는 장로는 목사에 의해 지명되고 회중에 의해 선거로 선출되는 1년 임기의 직이었다. 물론 재선임이 가능했으나 3년을 넘지 못하게 규정했다. 그러나 1578년의 『제2치리서』에서는 장로를 안수하는 종신직으로 규정했다. 이런 조치는 당시의 정치적 상황에 따른 조치였다. 스코틀랜드(장로)교회는 목사와 장로를 동등한 직분으로 보고, 목사를 가르치는 장로, 일반 장로를 치리하는 장로로 부르기 시작했다.[56]

제2치리서 4장 1항에서 감독들(bishops) 목사들(mimisters) 혹은 목회자들(pastors) 등의 용어가 사용되었으나 가르치는 장로들에 대한 별칭으로 사용했다. 이들은 회중을 말씀으로 돌보고 말씀으로 섬기고 말씀을 먹이는 자들이기 때문에 때로는 감독으로, 섬기는 이들로, 혹은 목회자들로 불리는데 영적 다스림의 위엄 때문에 장로들이라고도 부른다는 것이다.

또 제2치리서 7장에서는 교회의 회의체인 치리회를 4가지로 제시하는데, 곧 개별 교회의 회의체인 당회, 특정 지역의 회의체인 지역회, 전국적인 회의체인 총회(national assembly), 그리고 한분 그리스도를 주로 고백하는 모든 국가의 회의체인 국제 총회가 있다고 말한다. 여기서 말하는 특정 지역 회의체는 당시 상황으로 볼 때 한 사람의 주교가 관리하던 주교구를 염두에 둔 것인데 지금의 노회에 해당한다고 볼 수 있다. 또 국제 총회를 언급하고 있는 것은 장로교회의 국제적인 연대를 시사하는데, 당시 교황 한 사람의 절대적 통치에 대비되는 국제적인 협의체를 염두에 두었던 것임을 알 수 있다. 이처럼 당회, 노회, 총회로 연결되는 교회 회의체 곧 치리 제도는 오늘이 장로교 정치 제도의 근간을 이룬다. 이런 점에서 제2치리서가 '장로회주의의 대헌장'으로 불리는 것은 매우 자연스러운 일이다.

2) 웨스트민스터 회의

웨스트민스터 회의(1643-1647)[57]에서도 교회 정치 문제는 가장 심각한 문제였다. 다른 교리적 문제는 큰 논란이 없었으나, 교회 정치 문제에 대한 토론은 1643년 11월 22일부터 12월 7일까지 무려 3주간 계속되었으나 합의에 이르지 못했다.[58] 이 때에도 중요한 이슈는 국가 권력과의 문제였고, 어떤 제도가 가장 성경적인 정치 제도인가가 관심의 핵이었다. 오랜 토론을 통해 작성된 이 신앙고백서[59]에서 장로교 제도가 석명되었다. 특히 웨스트민스터 신앙고백서 제31장에 잘 드러나 있다.

웨스트민스터 신학자 회의는 영국에서의 장로제의 대두와 더불어 의회와 신학자회 간의 대립을 보여 주었는데, 그 대립의 핵심 사안은 치리권의 문제였다. 치리권이 의회에 있는가 아니면 교회에 있는가? 이런 대립된 주장의 와중에서 의회가 '9개 항목의 질의서'를 신학자회의에 보냈는데, 이 질의서에 대한 응답의 형식으로 1646년 12월 런던의 시온 칼리지(Sion College)의 목사들이란 이름의 익명으로 출판된 문서가 『교회 정치의 신적 제정』(*Jus Divinum Regiminis Ecclesiastici*)이었다. 이 문서에서 치리권은 위정자나 교회 회중에 있지 않고 교회의 치리회에 있다고 주장했다. 교회 정치의 권위 곧 치리권이 "교회의 회중, 곧 신앙의 공동체에 있지 않다."는 지적은 당시의 독립파 교회가 교회 정치의 권위가 신앙의 공동체에 있다고 한 것에 대한 반발로 나온 것이다. 결국 장로교 제도란, (1)국가 권위의 한계성을 지적해 주고, (2)교회를 국가 권력으로부터 독립과 자율성을 지켜 가는 제도이며, (3)교회의 질서와 치리를 통해 바른 교회를 세워 가는 제도라고 볼 수 있다.

그런데, 웨스트민스터 대회에서 작성된 정치 모범에서도 장로를 종신직으로 규정했다. 미국 장로교회의 헌법에서도 장로는 회중의 선거로 선출되며 목사에 의해 안수 받도록 규정했다. 구라파적 환경, 곧 제네바 스코틀랜드 잉글랜드 등에서 장로는 성도의 삶을 감독하는 직분이었는데, 장로교회가 미국으로 소개된 이후 장로는 교회 행정 전반을 감독하는 직분으로 이해되기 시작했다. 장로의 임기에 대해서는 일관된 규정이 없다. 화란 교회를 비롯한 개혁파 교회 전통은 임기제를 두고 있으나 스코틀랜드 장로교회나 한국은 종신직으로 이해하고 있다.

3) 미국 장로교회

19세기 미국 교회에서는 장로직 이해와 관련하여 큰 논쟁이 제기되었다. 그것은 장로직을 구분하여 '가르치는 장로'(teaching elder)와 '치리하는 장로'(ruling elder)로 구분하는 '두 장로직' 이론이다. 물론 이런 구분은 칼빈에 이어 1578년의 『제2치리서』에서 제안된 바 있다. 그러나 미국 장로교회에서는 이 주제와 관련하여 남 장로교의 쏜웰(James H. Thornwell, 1812-1862)과 북장로교의 찰스 하지(Charles Hodge, 1797-1878) 사이의 격한 논쟁으로 발전했다. 남부를 대표하는 이들이 쏜웰과 로버드 다비(Robert Dabney) 로버트 브레킨리지(Robert J. Brekinridge)였고, 북부를 대표하는 이가 하지와 토마스 스미스(Thomas Smyth)였다.[60]

남부 구학파를 대표하는 쏜웰은, 성경은 비록 두 가지 다른 기능(two differing aspect)을 행사한다 하더라도 오직 하나의 장로직(one office of elder)을 말하고 있다고 주장하면서, 목사와 장로는 동일한 직분으로 보아 동등성을 갖는다고 주장했으나, 북부 구학파를 대표하는 하지는 장로를 평신도 대표로 보아 목사와 장로는 동일한 직분으로 볼 수 없다고 주장했다. 즉 하지는 하나의 장로직 개념을 거부하고, 목사직과 치리장로직을 구분했다.

쏜웰은 "장로교회의 첫 번째 원리는 교회의 통일성(unity)의 원리이다. 그리스도의 몸인 교회는 하나이다. 그러므로 가시적 연합을 이루어야 하는데," 이 교회의 통일성이 교회 회의를 통해 이루어진다고 말한다. 이것이 장로교회의 두 번째 원리라고 말한다. 장로교회의 세 번째 원리는 "이 교회 회의를 이루는 구성원들은 장로들로서 이들은 교인들의 자유로운 선택에 의한다."고 말하면서, 목사나 다스리는 장로는 다 같은 장로로서 동등하다고 주장했다. 그는 장로는 본질적으로 다스리는 장로(ruling elder)이며, 거기에 말씀을 선포하고 가르치는 기능이 더해질 수 있다고 주장했다. 그러나 하지는 장로는 교인들의 대표인 평신도에 불과하다고 주장하며 목사와 동등할 수 없다고 주장하고, 치리 장로의 권위를 제한하고자 했다. 하지는 노회에 참석한 치리장로는 의사정족수(quorum)에 포함될 수 없으며, 가르치는 장로가 행하는 안수에 의한 성직 임명에 참여할 수 없다고 주장했다. 이 건과 관련하여 1843년 총회가 하지의 입장을 채택하자 쏜웰과 브레킨리지(Robert J. Brekinridge)는 강하게 반발했다. 쏜웰은 장로직은 '신적인 법의 제정'이며, 성경과 장로교 정치체계에 부합한다는 점을 들어 목사 안수에 참여할 것을 요구했다.[61]

하지는 1855년에 행한 "장로주의란 무엇인가?"(What is Presbyterianism)라는 연설에서 장로교 정치를 두 개의 원리, 곧 '자유의 원리'(principle of liberty)와 '질서의 원리'(principle of order)로 설명했는데, 자유의 원리란 회중이 무오한 하나님의 말씀의 권위 아래서 자율성을 갖는다는 의미였고, 질서의 원리란 성경의 원리대로 구성된 교직자에 의해서 권위가 행사된다는 의미였다. 하지의 입장을 보여 주는 연설이었으나, 쏜웰이 볼 때 하지의 교회 정치는 성경에 전적으로 근거하지 않는다고 보았다. 그래서 쏜웰은 교회 정치를 전적으로 성경에 근거하여 운영할 것을 주장했으나, 하지는 성경에서 명시하지 않는 세부적인 사항들은 일반적 원리를 허용할 수 있다는 입장이었다. 두 사람의 논쟁은 격한 감정을 토로했고 남북 장로교회의 대립으로 발전했다.[62]

맺음말 : 종합과 결론

이상에서 우리는 장로직과 장로 제도의 역사적 발전 과정을 직분론과 관련하여 고찰하였다. 신약 성경에서 장로와 감독은 동의어로 사용되어 초기 기독교는 교회의 직분은 장로와 집사로 구성된다는 2직분을 수용했으나 2세기 이후 장로와 감독을 별개의 직분으로 이해하되, 감독은 장로 보다 상위의 직분이라는 인식과 함께 3직분론이 대두되었고, 이런 직분 이해는 감독직의 부상을 가져와 결국 교회 구조는 인간 중심의 계급 구조로 변질되어 590년에는 '교황' 직분이 대두되었음을 지적하였다. 중세 시대 교권 체제의 확립과 더불어 장로 집사직은 사실상 소멸되었으나 16세기 종교 개혁자들, 특히 칼빈에 의해 성경적인 교회 정치 제도가 어떤 것인가에 대한 숙고와 함께 1541년 작성된 교회 규정에서 장로 제도의 회복과 장로교 정치 제도가 제시되었고, 그것이 오늘의 장로교 제도의 연원이 되었음을 지적하였다. 이어서 17세기 이후 스코틀랜드와 웨스트민스터 회의, 그리고 북미 대륙에서 장로직이 어떻게 이해되었는가에 대해 소개하였다.

그렇다면 우리는 장로직을 어떻게 이해할 것인가? 한국 교회에서 장로직은 민감한 현안이 되었다. 이안 머리(Iain H. Murray)는 장로직에 대한 3가지 다른 견해가 있음을 지적했다.[63] 첫째, 장로의 직은 하나이나 그 기능은 두 가지라는 견해이다. 이것은 신약의 장로직은 하나이지만 그 직무는 두 종류, 곧 가르치는 장로와 치리하는 장로직이라는 입장이다. 우열이 없고 권위가 동일하지만 기능에서만 차이가 있을 뿐이라는 입장이다. 둘째, 장로의 직 자체가 두 가지로 구분되어야 한다는 입장이다. 이 주장은 장로직 자체는 동일한데, 기능만 구분되어야 한다는 첫 번째 주장과는 달리 장로직 자체가 둘로 구분되어 있다는 주장이다. 이 입장은 설교하고 성례를 집례하는 목사들만이 진정한 의미의 장로이고, 사역자들이 아닌 지금의 일반 장로들에게는 장로(elder)라는 칭호를 허용했을 뿐이라고 말한다. 많은 장로교회가 이 입장을 수용하고 있다고 할 수 있다.

셋째, 장로직도 하나이고 그 기능도 하나라는 주장이다. 이 주장은 장로직이 하나밖에 없다는 점에서는 첫 번째 관점과 동일하지만, 그 기능이 두 가지로 구분된다는 입장을 거부한다. 이 제3의 관점을 주장하는 이들은 가르치는 장로와 치리하는 장로를 구분하지 말아야 한다고 주장한다. 왜냐하면 장로들은 기본적으로 동일한 의무를 지니기 때문이라고 말한다. 모든 장로들은 가르치고 설교할 수 있다고 주장한다. 이런 주장을 하는 대표적인 인물이 아이리쉬 장로교 목사이자 신학자였던 토마스 위드로우(Thomas Witherow)였다.[64] 이 제3의 입장은 반성직주의적(anti clerical)인 성격이 있다. 서구 교회에서의 장로직의 기원과 발전, 그리고 장로직 이해에 대한 토론은 오늘의 한국 교회 장로직 이해에 역사적 사례가 될 것이다.

2장 / 교회사에서 본 장로 제도

※ 이 논문은 『역사신학논총』 30(2017) : 181- 215에 게재된 논문임.

1 *Inst*. IV.2.6.

2 고전적인 경우로는(출판 연대순), Samuel Miler, *The Warrant, Nature and Duties of the Office of the Ruling Elder in the Presbyterian Church*(Glasgow, 1835), Charles Hodge, *The Church and its Policy*(London, 1879), Thomas Witherow, *The Form of the Christian Temple*(Edinburgh, 1889), Edwin Hatch, *The Organization of the Early Christian Churches*(London, 1909) 등이 있고, 근년의 연구로는 T. F. Torrance, *The Eldership in the Reformed Church*(Edinburgh: The Handsel Press, 1984)가 있다. 19세기 중엽 미국 교회적 환경에서 장로직에 대한 대표적인 논자들은 Samuel Miller, R. J. Brekinridge, J. H. Thornwell, Charles Hodge, Thomas Smyth 등이 있었고, 이들 간의 논쟁에 대해서는 Iain Murray, "Ruling Elders, A Sketch of a Controversy," *The Banner of Truth*, 235(April, 1983): 1-9를 참고할 것.

3 비록 이 글이 지향하는 의도와는 일치하지 않으나 교회사에서 장로회주의에 대한 논문으로는, 홍치모, "장로제의 기원에 관한 역사적 고찰," 『신학지남』 247(1996): 153-70, Iain D. Campbell, "교회 역사 속에서 장로회주의" 『장로회주의 원리와 실제목회』, 서창원 역 (한국개혁주의 설교연구원, 2014), 31-60 등이 있다.

4 Thomas Witherow, 『장로교회의 성경적 근거 *The Apostolic Church Which is it?*』, 이국진 역(서울: 아가페 문화사, 1991), 68, 72. 장로교의 원리, 제도, 역사에 대한 평이한 안내서로는 Thomas Withevow의 저작 외에도 자넷 맥그레고, 『장로교 정치 제도 형성사』, 최은수 역(서울: 솔로몬, 1997); 월트 링글, 『세계장로교회의 신앙과 역사 이야기』, 이종전 역(서울: 예루살렘, 1992); 오덕교, 『장로교회사』(수원: 합신대학원대학교, 2005); 황정욱, 『장로교회사』(오산: 한신대학 출판부, 2006); 홍치모, 『영미장로교회사』(서울: 개혁주의신행협회, 1998) 등이 있다.

5 조석민, "신약성서의 장로 직분," 『교회 직제론』(서울: 예영, 2012), 56-7.

6 신약에서 ἐπίσκοπος는 ποιμήν과 동일한 직분을 의미하는 것으로 보는데, 한글 성경에서는 목사로 번역했다(엡 4:11). ποιμήν은 신약에서 18회 사용되었다(마 9:36, 25:32, 26:31, 막 6:34, 14:27, 눅 2:8, 15,18,20, 요 10:2, 11(2회), 12, 14, 16, 엡 4:11, 히 13:20, 벧전 2:25).

7 J. B. Lightfoot, *St. Paul's Epistle to the Philippians*(Macmillan, 1881), 95-99, 181-269, I. H. Marshall, *Pastoral Epistles*(Edinburgh: T&T Clark, 1999), 180-181. 토마스 위드로우, 『장로교회의 성경적 근거』(서울: 아가페문화사, 1991), 37.

8 참고, *Inst*, IV.3.8.

9 칼빈도 성경에서 사용된 episcopus, presbyter, pastor, minister 등을 동의어로 보고 있다. "내가 교회를 다스리는 자들을 가독들, 장로들, 목사들이라고 구별 없이 부른 것은 이 용어들을 혼용한 성경적 용법을 따른 것이다." *Inst*, IV.3.8. 칼빈 또한 장로와 감독이 동의어라는 점을 딛 1:7,7, 빌 1:1, 행 20장에 근거하여 설명한다. *Inst*, IV.3.8.

10 클레멘트가 남긴 유일한 기록이 고전 헬라어로 기록된 클레멘트 서신이라고 불리는 『고린도 교회에 보내는 편지』(*The Letter of the Church of Rome to the Church of Corinth*)이다. 이 편지는 AD 96년경 고린도 교회에서 장로와 교인 사이에 분규가 생겼을 때 보낸 서신으로서 전 65장으로 구성되어 있다. 2세기 당시의 우편 전달과 관련한 제도에 대해서는 S. R. Llewelyn, *New Documents Illustrating Early Christianity*, Vol. 7(The Ancient History Documentary Research Centre, Macquarie University, 1994), 1-57을 참고할 것. 이 클레멘트 서신은 Claudius Ephebus, Valerius Vito 그리고 Fortunatus에 의해 전달되었다(1 Clem. 63.3, 65.1).

11 P. Schaff, 『사도적 기독교』, 이길상 역(서울 : 크리스천다이제스트, 2004), 394. 샤프는 장로와 감독은 동의어이지만 차이가 있다면 장로는 회당에서 차용한 용어인 반면에 감독은 헬라 사회 공동체에서 차용한 것이라고 말한다. 또 장로가 위엄을 의미한다면 감독은 임무를 강조하는 의미라고 보았다.

12 물론 장로와 감독을 동의어로 볼 수 없다는 주장도 있다. 그 근거로 목회 서신에서 감독은 항상 단수이지만, 장로는 항상 복수로 사용된 경우를 예로 들고 있다. 물론 예외적인 경우이지만 딤전 5:19에서는 장로가 단수로 표기되었다.

13 καλῶς는 '적절하게', '적합하게', '바르게' 혹은 '옳게' 등으로 번역된다. BAGD (2000), 505-6.

14 BAGD(2000), 240.

15 Schaff, 『사도적 기독교』, 395.

16 *Didache*, 15.1. "Χειροτονήσατε οὖν ἑαυτοῖς ἐπισκόπους καὶ διακόνους ἀξίους τοῦ κυρίου ἄνδρας πραεῖς καὶ ἀφιλαργύρους καὶἀληθεῖς καὶ δεδοκιμασμένους ὑμῖν …"

17 J. B. 라이트푸트, 『속사도 교부들』(서울: CLC, 1994), 128, 이냐시오스, 『일곱편지』(왜관 : 분도출판사, 2000), 50, 51.

18 조병하, "초대 교회 직제발전에 대한 연구," 『교회직제론』, 83-84. *Didache*, 15.1.

19 이그나타우스는 가톨릭교회(ἡ καθουλικὴ ἐκκλησία)라는 용어를 사용한 첫 인물로 알려져 있다.

20 『서머나인들에게』 8.2. 조병하, "초대 교회 직제발전에 대한 연구," 83-84.

21 Schaff, 『사도적 기독교』, 395. 칼빈도 이런 변화를 인정하고 있다. 칼빈은 고대 교회의 정치 형태에 대해 말하면서, "각 도시마다 특정한 한 구역이 배당되어 거기서 장로들이 선출되고 그 지역은 그 교회의 몸에 속하는 것으로 여겼다. 그 조직의 평화를 보존하기 위하여 각 장로회

의 마다 한 감독의 치리를 받았다. 감독은 그 위엄에 있어서 다른 장로들 보다 높았지만 그럼에도 불구하고 그 형제들의 회의에 복속되어 있었다."고 말한다. *Inst*, IV.3.8.

22 김영재, "장로교회 제도에 대한 역사적 고찰," 『신학정론』 10/2(1992, 12): 356.

23 William Cunningham, *Historical Theology*, Vol. 1, 202.

24 김영재, "장로교회 제도에 대한 역사적 고찰," 356.

25 Cunningham, *Historical Theology*, 171.

26 Adolf Matin Ritter, 『고대그리스도교의 역사』, 조병하 역(서울: 기독교문사, 2003), 34-53.

27 Loraine Boettner, *Roman Catholicism* (Philadelphia: P&R, 1972), 117.

28 전달수 편, 『교황사』(서울: 가톨릭 출판사, 1996), 49. 다마수스는 로마의 주교좌를 사도좌로 부른 첫 교황이었다.

29 오덕교, 『장로교회사』, 57.

30 김영재, "장로교회 제도에 대한 역사적 고찰," 360.

31 김영재, "장로교회 제도에 대한 역사적 고찰," 360.

32 *Inst*, IV.3.8.

33 이에 관해 2부 1장 각주 18번 참고.

34 *Inst*, iv, 1-10.

35 최윤배, "깔뱅의 교회 직분과 교회권위에 관한 연구," 『칼빈연구』 4(2006): 202.

36 흔히 장로제의 제3의 특징이라고 일컬어지는 '평등성'은 1646년 12월에 발행된 『교회 정치의 신적 제정 Jus Divinum Regiminis Ecclesiastici』에서는 언급이 없다. 도리어 그것은 스코틀랜드의 맥퍼슨과 미국의 찰스 하지가 주창했다.

37 Walter Lingle, *Presbyterians : Their History and Belief* (Richmond: John Knox Press, 1951), 21.

38 Soon Gil Huh, *Presbyter in Volle Rechten* (Groningen: Vuurbaak 1972), 123-4, 202.

39 LCC XXII, 58.

40 *Inst*, IV.3.5.

41 *Inst*, IV.3.6.

42 *Inst*, IV.3.9.

43 *Inst*, IV.3.8.

44 송인설, "개혁교회 직제의 역사" 『교회직제론』, 181.

45 *Inst*, IV.3.8, Calvin, ***Commentaries on the Epistle to Timothy, Titus and Philemon*** (Edinburgh, 1856), 138-9, 『디모데전서』(서울: 성서교재간행사, 1981), 504.

46 *Inst*, IV.11.1.

47 박윤선, 『성경주석 바울서신』(서울: 영음사, 1981), 498.

48 한글 개역개정판(1998)에서는 이 단어가 번역되지 않았다.

49 이진섭, "치리장로개념은 성경적인가?" 『성경과 교회』 5(2007): 244.

50 Deum ipsum, qui unicus est Legislator. OS V, 164. 와타나베 노부오, 『칼빈의 교회론』 (서울: 도서출판 깔뱅, 2010), 242에서 재인용.

51 una libertatis lege, nempe sacro Evangelii verbo regantur oporter. OS V, 165. 노부오, 『칼빈의 교회론』, 242 재인용.

52 칼빈이 회의를 칭한 용어 중 가장 보편적인 것이 concilium(IV.9)이다. 콘치리움은 종종 다른 회의와는 별도의 것으로 취급되지만, 칼빈은 synodus을 concilium와 동의어로 사용했다(IV.9.8.9). 콘치리움은 라틴어 con과 calo(불러 모음)에서 유래했고, synodus는 헬라어에서 온 라틴어로, συν과 ὁδς(길이 한곳으로 모이는 곳, 즉 회합지)에서 유래했다. 이 외에도 consesus(IV.9.1), conventus(IV.1.9), collegiun(IV.4.2), colloque(프랑스 개혁파 교회 규칙 제2조) 등이 사용되었다.

53 노부오, 『칼빈의 교회론』, 243.

54 감독회는 The Court of the Church, Ecclesiastical Court, The Court of Presbyters, Consistorial Judges 등 여러 명칭으로 불렸는데(Lechler, *Geschichte der presbyterial Verfassung*, 32-49), 목사와 장로로 구성된 이 협의체를 칼빈은 꽁시스투아(Consistoire)라고 불렀다[David Hall& Joseph Hal ed., *Paradigms in Polity : Classic Readings in Reformed and Presbyterian Church of Government* (Grand Rapids: Eerdmans, 1994), 147-8]. 본래 꽁시스투아라는 단어는 중세 때 추기경단을 지칭하는 용어였다.

55 오토 웨버, 『칼빈의 교회관』, 김영재 역(서울: 이레서원, 2001), 28-29.

56 Douglas M. Murray, "The Recent Debate on the Eldership in the Church of Scotland," *The Ministry of the Elders in the Reformed Church, ed. Lucas Vischer*(Bern : Evangelische Arbeitsstelle Oekumene Schweiz, 1992), 191. 송인설, 195. G. D. Henderson은 이미 이점을 다음과 같이 지적한 바 있다. "장로교는 특정한 프로테스탄트 교회들이 채택하고 있는 교회 정치의 한 형태이다. 그 교회는 안수 받은 목회자와 평신도 장로들을 그 구성원으로 하는 치리 기구들을 특징으로 한다. 모든 장로는 토론과 의결에 있어서 목회자와 동등한 권리와 책임을 지닌다." G. D. Henderson, *Why We Are Presbyterians*(Edinburgh: Church of Scotland Publications, n.d.), 82-3.

57 이 회의에는 121명의 영국 교회 내의 청교도 목사들이 참석하였는데, 대부분 장로교 사상을 가진 이들이었고, 약간 명의 회중 교도와 두, 세 명의 감독교회 지지자들이 있었다. 그 외에도 30여 명의 평신도 국회의원, 그리고 스코틀랜드 교회가 파송한 6명의 대표가 참석하였다. 장기국회가 이 회의에 위촉한 것은 영국 교회의 '39개조'를 개정하는 일이었다. 그러나 이 개정 작업이 반 이상 진척되었을 때에 의회와 찰스 1세간의 전쟁에서 의회파가 스코틀랜드의 원군의 힘을 입어 승리함으로써 스코틀랜드의 영향력이 강화되었다. 그래서 6명의 대표 중 4사람이 잉글랜드 측의 에드워드 레이놀드(Edward Reynold)를 포함한 7명의 신앙고백서 기초 위원으로 선임되었다.

58 W. D. J. Mckay, "George Gillespie and the Westminster Assembly : The Defence of Presbyterianism," *Scottish Bulletin of Evangelical Theology*, vol 13, no. 1(Spring, 1995): 65. R. S. Paul, *The Assembly of the Lord*(Edinburgh : T&T Clark, 1985), 163-174; John R. de Witt, *Jus Divinum : The Westminster Assembly and the Divine Right of Church Government*(Kampen: KoK, 1969): 78-86.

59 이 신앙고백서는 1647년 스코틀랜드 장로교회가 채택하였고, 미국 장로교회는 1729년 대, 소요리문답서와 함께 채택하였다. 이 신앙고백서는 회중교회와 침례교회 신앙고백서 작성에도 영향을 주었다. 예컨대, 매사추세츠주 회중교회 노회는 1648년 이 신앙고백서의 교회 정치에 관한 사항만 수정하고 교회의 신앙 고백으로 채택했다. 1903년 미국 북 장로교회가 이 신앙고백서를 채택할 때 이 신앙고백서의 생활에 관한 3조항을 수정하고, 성령과 선교에 관한 장을 첨가하였다. 교리에 관한 조항은 수정하지 않고 보다 적절한 이해를 도모하는 것으로 그치기로 하고 제10장 3항, "죽은 유아의 구원에 관한 조항"을 설명하고, 제3장 "예정에 관하여" 설명을 부과함으로써 정통주의 시대의 산물인 극단적인 예정론의 입장을 수정하였다. 한국 교회는 1907년 독노회를 조직할 때 "12개 신조"를 채택하는 한편 웨스트민스터 신앙고백서와 대, 소요리문답을 신앙의 지침을 위해 참고하는 것으로 하고 그것을 신앙고백서로 채택하는 문제는 후일로 미루었다.

60 하지와 쏜웰 간의 토론에 대한 개략적 요약은 Mark Shand, "How Many Elders?, The Presbyterian View of the Ruling Elder," *Protestant Reformed Theological Journal* vol. XXXIII, no. 1(Nov., 1999): 45-83을 참고할 것.

61 존 레이스, 『개혁주의란 무엇인가?』(서울: 도서출판 충만, 1989), 187.

62 Shand, "How Many Elders?, The Presbyterian View of the Ruling Elder," 50.

63 서창원, 『장로교회의 역사와 신앙』(서울: 진리의 깃발, 2011), 301.

64 이런 입장을 취하는 그의 *The Apostolic Church, Which is it?*은 이국진에 의해 역간되었다. 『장로교회의 성경적 근거』(서울: 아가페문화사, 1991).

3장 / 교회사에서 본 장로교 정치 제도※

시작하면서

한국에서의 장로교회는 전체 개신교 인구의 70%를 점하는 주도적인 교회로서, 여타의 교회와 교회 제도에도 영향을 끼치고 있다. 이 글에서는 장로교회가 지향하는 장로교 제도(Presbyterianism)가 어떤 제도이며, 이 제도의 역사적 발전 과정과 신학적 의의를 간략하게 살펴본 후 그런 장로교회가 한국에 소개 된 후 유교적 문화 토양에서 어떤 특징 혹은 양상을 보여 주고 있는가에 대해 언급하고자 한다. 이를 통해 한국에 전래된 장로교회 제도에 대하여 반성하는 기회로 삼고자 한다. 이런 일련의 역사적 혹은 신학적 반성은 내일의 건실한 한국 교회를 세워 가는데 소중한 밑거름이 될 것이다. 이런 노력은 일종의 교회 개혁과 쇄신 운동으로서 개혁해 가는 교회상을 확립하는데 도움을 줄 것이다.

가. 장로교회와 장로교 정치 제도

장로교회를 문자적으로 말하면 '장로에 의해 다스려지는 교회'라고 말할 수 있는데, 장로교회는 이 제도가 사도 시대부터 있어 왔던 정치 제도라고 믿고 있다. 그래서 흔히 장로제는 가장 성경적인 제도, 가장 사도적인 제도, 가장 민주적인 제도라고 불리기도 한다.[1] 그러나 신약 성경에서 어떤 제도가 가장 이상적인 제도인지 혹은 교회는 어떤 정치 제도를 가져야 하는지에 대해 분명하게 제시하고 있지는 않다. 신약 시대의 교회는 조직화되어 가는 과정에 있었으므로 오늘 우리가 기대하는 그런 구체화된 제도를 기대하기 어려울 것이다.

신약 성경에 보면 '장로'라는 직분과 '감독'이란 직분이 나오는데, '장로'라는 말은 신약 성경에만 60회 이상 사용되었으나, 감독이란 말은 신약 성경에 오직 5번만 사용되었다(딤전 3:1,2, 딛 1:7, 빌 1:1, 행 20:28). 그런데 성경을 살펴보면 이 두 용어는 동일한 직분을 의미하는 동의어임을 알 수 있다(행 20:17, 28, 딛 1:5, 7, 딤전 3:1). 그래서 개혁주의 교회는 신약 교회의 직분은 오직 두 가지, 곧 집사와 장로(감독)로 구성되었다고 보는데, 이를 2직분론(二職分論)이라고 말한다. 그러나 감독 제도를 따르는 교회들은 '장로'와 '감독'을 동의어로 보지 않고 별도의 직분으로 이해한다. 이런 입장을 3직분론(三職分論)이라고 부른다. 감독과 장로를 동일 직분으로 보지 않고 이를 계층화한 것이 교회 구조를 계급 구조로 변질시키는 시작이 되었다. 그래서 2세기를 접어들면서 서서히 감독 제도가 나타나기 시작했고, 이것은 섬김의 직분이 인간 중심의 계급 구조로 변질되어 가는 과정이었음을 알게 된다.

이런 변화의 과정에서 2세기 중엽의 속사도 교부들은 감독으로 불리기 시작했다. 이 점은 이그나티우스의 글 속에 현저히 나타나는데, 120년경부터 감독을 정점으로 하는 교회 조직이 나타난 것으로 보인다.[2] 150년 이후부터는 보편적인 현상이 된 것으로 보인다. 예컨대 이레니우스는 먼저 장로가 되었다가 178년 폰티누스의 뒤를 이어 리용(Lyon)의 감독이 된다. 이런 변화를 보면서 윌리엄 커닝햄(William Cunningham)은 『역사신학』(Historical Theology) 제1권 7장에서 계층화 된 성직 계급(Prelacy)의 출현을 은혜의 교리에 대한 모호하고도 잘못된 견해와 덕(Virtue)과 성만찬의 효과에 대한 오도되고도 과장된 개념의 대두와 함께 교회관의 변질을 보여 주는 징후로 지적한 바 있다.[3] 기독교회가 감독 제도를 채용하게 된 것은 교회 내적인 이유도 없지 않았지만 당시 정치적인 여건, 곧 공화 정치가 아닌 왕정(王政)의 영향도 없지 않았을 것이다.[4]

4세기를 접어들면서 이런 계층적인 교회 구조 즉 감독제는 심화되었고, 이런 발전은 교황주의로 발전하게 된다. 니케아 회의(325)는 로마, 알렉산드리아, 안디옥

세 감독을 동일시하여 다른 지역 감독들보다 높은 대감독(Patriachs)의 칭호를 수여하도록 결정하였고, 콘스탄티노플 회의(381)는 콘스탄티노플 감독에게도, 칼세돈 회의(451)는 예루살렘 감독에게도 대감독의 칭호를 부여하기로 결정하였다. 그래서 5세기 중엽 이후 전기한 5개 지역에 '대감독'이 있게 되었다. 그러나 로마를 제외한 4개 도시 대감독들이 콘스탄티노플 대감독의 영향하에 있었으므로 로마와 콘스탄티노플은 교회의 주도권을 지니게 된다.

170년경부터 베드로는 로마의 첫 감독이었다는 주장이 나타났고, 이레니우스, 키프리아누스(Cyprianus) 등은 로마 감독의 우위를 주장하였다. 4세기 말 로마의 감독 다마수스 1세(Damasus I, 366-384)는 마태복음 16:18을 이용하여 자신의 감독직은 베드로의 후계자로서 '사도적 전승'을 계승한 것임을 공포하였고, 히에로니무스에게 라틴어로 성경을 번역토록 지시하면서 베드로의 후계자로서의 로마 감독의 권위를 이 번역에 반영토록 지시하였다.

이런 일련의 과정 속에서 로마 감독의 권위가 크게 부상하여, 476년 서로마 제국의 붕괴 이후 교회가 국가 권위를 대신하게 되었고 따라서 로마 감독은 세속까지 지도 통치하는 교황(Caesar Papacy)이 되었다. 그 후 그레고리 I세 때는 로마 교회가 절대적 권위를 인정받게 되었고, 왕권(imperium)에 대한 사제권(sacerdotium)의 우위를 주장하게 된다.

이처럼 계층 구조적인 교황 제도는 역사적 발전 과정의 소산이라고 할 수 있다. 즉 순수한 '말씀의 봉사자'가 '사제'가 되어 성례전 수여 등과 같은 소위 은혜의 수여자가 된 것이다. 이 사제는 사도적 계승이라는 명분으로 교권주의가 계급주의(Hierarchism) 곧 교황주의(Papism)로 발전하게 된 것이다. 중세의 교황제 혹은 감독제하에서도 장로 제도를 성경적인 제도로 알아 이를 회복하려는 노력이 계속 있어 왔는데, 이들이 바로 개혁자들이었다.

교회 제도와 관련하여 볼 때 루터와 칼빈의 교회관의 차이는 교회 제도에 대한 차이를 반영한다. 루터는 교회를 '성도의 모임'(communio sactorum)으로 이해하여 제도로서의 교회를 강조하지 않았다. 즉 루터는 제도화 된 로마 가톨릭에 대해 반발하면서도 제도에 대해서는 소홀하게 생각했다. 이로 이 점 때문에 루터교회에는 로마 가톨릭의 감독 제도를 그대로 답습하는 결과를 가져왔다. 그러나 칼빈은 교회는 성도의 모임 일뿐만 아니라, 하나님께서 세우신 제도(institution)로 이해했다. 그는 하나님이 세우신 제도로서의 교회 개념이 성도의 모임으로서의 교회 개념보다 우선하는 것으로 이해했다. 그것은 하나님의 말씀이 먼저 있고, 여기에 대한 응답으로서 신자들의 모임이 있기 때문이라고 했다. 그래서 칼빈은 로마 가톨릭과는 다른 제도를 생각하게 되었던 것으로 보인다.

교회 정치 제도와 관련하여 칼빈에게 가장 큰 관심은 과연 성경은 어떤 형태의 교회 정치 제도를 지지하는가 하는 점이었다. 또 사도 시대의 교회 정치 제도는 어떠했는가 하는 문제였다. 이 점에 대해 성경이 명시적으로 언급하고 있지 않기 때문에 칼빈은 이 문제를 가지고 고심했다. 칼빈은 신약 시대 혹은 사도 시대에서 '장로제'에 대해 언급하지 않지만 이미 장로교 제도가 있었고, 그것이 가장 성경적인 제도라는 확신을 갖게 되었다(행 15, 딤전 4:14). 그래서 칼빈은 장로 제도는 가장 성경적인 제도이고, 이것이 신약 교회의 정치 형태라고 확신했다. 그래서 그는 제네바에서의 교회 개혁 운동을 통해 이 제도를 회복하고자 했고, 결과적으로 로마 가톨릭의 계급적인 감독 제도와 다른 장로교주의를 주창하게 된 것이다.

나. 한국에서의 장로교회

이상에서 장로교회가 어떤 정치 제도의 교회인가를 역사적으로 고찰하였다. 역사적으로 장로교회는 중세적 계층 구조로서의 교회 제도를 반대하는 성격과 교회의 자율과 독립을 강조하는 이중적 성격이 있다. 로마 가톨릭의 중세적 계층 구조의 교회관을 부정하는 가장 안이한 길은 회중교회와 같은 개 교회주의를 택하던지, 아니면 교직 제도 자체를 부정하는 소위 자유교회(free church)를 지향하는 것이다. 장로교회는 제도적으로 이런 양 극단과는 다른 길을 추구한다. 즉 교회의 계층화를 반대하지만 그렇다고 해서 개 교회주의나 자유교회적 경향을 지지하지도 않는다. 그럼에도 불구하고 장로교회에서 이런 경향이 나타난다는 것은 장로교회가 감독교회화 되고 있다는 반증이기도 하다.

그런데 한국에 기독교회, 특히 장로 제도의 장로교회가 소개된 이후 한국의 고유문화, 곧, 유교의 권위주의 혹은 신분주의의 영향으로 장로교회에 로마교적 계층주의가 나타나는 등 장로교회 본래의 정신에서 이탈하는 현상을 보이고 있다. 이런 점들에 대해 고찰해 보고자 한다.

1) 유교적 위계질서와 권위주의

아무리 부정해도 유교적 가치는 한국인의 실존적 삶에 영향을 미쳤고, 또 영향을 미치고 있다는 점에는 의의가 없을 것이다. 비록 서구 문화의 이식 이후 유교는 근대성이란 이름하에서 봉건적 잔재로 인식되기도 하지만 유교적 가치는 여전히 한국인의 일상생활과 사고에 뿌리 깊게 남아 있다. 유교는 일종의 인간관계의 철학으로서 봉건적 정치 질서의 기반이 되었고, 한국에서도 3가지의 강령(綱領)과 5가지의 인륜(人倫), 곧 삼강오륜은 사회의 기본적 윤리로 존중되어 왔다. 즉 유교는 수신, 제가, 치국이라는 인생관에 따라 정치적 입신양명(立身揚名)을 추구한다. 그래서 유가적 가치는 신분, 직함, 직책에 대한 애착이 높아 한국 교회에 권위주의적 영향을 끼쳤다. 넓게는 한국 교회, 특히 장로교 제도에서 이 유교적 권위주의는 다음과 같은 한국 교회 특유의 성격을 보여 주었다.

첫째는 교회에서의 상하 관계와 신분주의가 심화되었다고 할 수 있다. 직분은 섬김의 수단임에도 불구하고 계급으로 이해하게 되어 평교인, 서리 집사, 안수 집사, 장로 등으로 서열 의식을 갖게 되었다. 또 유교적 신분주의는 세계 교회에 유례없는 직분 과잉 현상을 초래한 것으로 해석할 수 있다. 서구 교회의 경우 장로, 혹은 집사의 수가 극히 제한적이라는 점을 고려해볼 때 한국 교회의 경우 전 교인의 약 50%가 직분자일 정도로 직분이 남발되고 있다. 호칭에 대한 지나친 애착도 입신양명 의식과 무관하지 않다. 일단 장로가 되면 '장로'라는 직함은 자기 현시의 정체성으로 인식한다. 특히 장로를 항존직으로 보는 한국 장로교의 전통과 결합될 때 이러한 신분화는 정당시된다. 서양 교회 전통에서 '장로'라고 할지라도 Mr.로 호칭하지만 한국에서 이러한 호칭은 커다란 결례로 인식되는 것이 현실이다. 물론 이런 현상을 유교주의의 영향으로만 해석할 수 없지만, 외국인 학자들의 지적처럼 이런 현상들은 유교적 신분주의와 무관하지 않다는 점은 부인하기 어렵다.

2) 교회의 계층화와 감독교회화

장로교회는 회중교회와 함께 감독 정치에 대한 반발로 일어났으나 한국적인 상황에서 점차 계층화되는 경향을 보여 주고 있다. 장로교는 계급적인 구조는 본질적으로 신약 교회 원리에서 어긋나며, 교회의 구조는 근본적으로 그리스도의 공동체를 섬기기 위해서 존재한다고 믿고 있다. 즉 초기 기독교회에서 직분자들은 서로를 "함께 종 된 자"(골 1:7), "함께 군사 된 자"(빌 2:25), "같은 장로"(벧전 5:1), 혹은 "동역자"(빌 2:25, 4:3, 몬 1:24)라고 불렀다. 이 시대 교회는 계급적인 구조가 없었으나 2세기를 거쳐 가면서 교회 구조의 변질과 함께 교회는 계층화되고 감독 정치가 자리 잡게 되었다.

바로 이런 사실 때문에 회중교회는 계층 구조를 어떤 형식이든 반대하고, 또 교회 연합에 대해서도 부정적인 입장을 취했다. 교회 연합을 강조하다 보면 교회 조직이 계급 구조로 변질될 위험이 내재해 있다고 믿었기 때문이다. 그래서 회중교회는 개체 교회의 자율과 평등을 절대적 가치로 수용하는 개 교회주의를 지향했던 것이다.

그런데 장로교회는 장로와 장로, 교회와 교회 간의 평등을 강조하며, 또 감독 정치의 계급적인 구조를 반대하면서도, 모든 교회가 그리스도의 몸이라는 점에서 연합되어야 한다고 주장해 왔다. 이 점이 감독 제도를 반대하는 점에서는 회중교회와 동일하지만 연합을 강조한다는 점에서 회중교회와 차이가 있다. 그래서 장로교회는 그리스도의 주권 아래서 모든 지체들이 누리는 평등성(equality), 직분자들을 통해서 운영되는 자율성(autonomy), 교회 대표를 통해서 실시되는 연합성(unity)을 기본 정신으로 하고 있다.[5] 즉 장로교회는 평등과 자율을 강조하면서도 연합을 반대하는 회중주의와 다르며, 연합을 강조하지만 평등과 자율을 거부하는 감독 정치도 반대했던 것이다.

그런데 한국에 장로교회가 소개 된 후 교회의 조직이 이루어지고, 특히 교회가 수적으로 성장하게 되자 교회가 점차 교권화 되고 장로(목사)와 장로(목사) 간의 평등, 교회와 교회 간의 평등 의식이 희박해 지고 계층화되는 현상이 나타나기 시작했다. 이 점은 장로교회 제도에서 오는 내적 원인과 한국의 문화 현실에서 오는 외적 요인이 동시에 작용한 것으로 보인다.

루터는 '만인 사제직,' 혹은 '만인 제사장론'을 강조하여 어떤 점에서 교직자와 평신도 간의 구별이나 차별을 해소하였으나 칼빈은 이런 용어를 사용한 흔적이 거의 없다. 즉 칼빈의 글이나 개혁교회의 신앙고백서에서 '만인 사제직'이라는 용어는 거의 찾아 볼 수 없다. 김영재 교수가 지적하고 있듯이 오직 불링거(Heinrich Bullinger)가 작성한 '제2 스위스 신앙고백서'에서만 '만인 제사장'은 계층주의를 반대하는 입장에서 모든 교인이 하나님 앞에 평등함을 뜻하는 말이라고 해석하고 있을 정도이다. 루터의 만인 제사장론은 극단적으로 교직 제도를 부정하는 방향으로까지 발전하였으나, 칼빈의 경우는 그렇지 않았다. 즉 장로교회는 루터만큼 평신도와 다른 교직자와 위상을 포기하지 않고 있다.

앞에서 지적했지만 칼빈은 하나님이 세우신 제도로서의 교회 개념이 성도의 모임으로서의 교회 개념보다 우선한다고 지적했는데 이런 칼빈의 교회관 때문에 말씀의 사역자로서 목사가 먼저 있고 그 다음에 교회가 있는 것이므로 교회를 말할 때 목사는 교회와 대칭이 되며 교회를 있게 하는 직분으로 그 중요성을 강조한다. 이런 원리에서 목사는 지역 교회에 속하지 않고 목사단, 곧 노회에 속한 것으로 제도화 되어 있다. 다시 말하면 장로교회에서 목사는 노회에 적을 두고 있으며, 지역 교회에 적을 두고 있는 교인과는 다르다. 다시 말하면 장로교회는 제도적으로 목사와 평신도(교인) 간의 구별이 있고 2층 구조로 되어 있다. 비록 장로교회는 중세의 계층화된 감독교회의 문제를 반대했지만 장로교 제도에는 교회의 계층화 혹은 감독교회화의 여지를 안고 있는 것이다. 목사와 평교인 간의 2층 구조의 장로교회 제도를 중세 교회나 현재의 로마 가톨릭의 교회 구조와 혼돈하지 않고 구별할 수 있는가는 중요한 과제인 것이다. 물론 평신도인 장로가 노회나 총회의 회원이 되며 각종 회의의 의결권을 갖는다는 점이 로마 가톨릭과 다를 수 있다.

그러나 사안의 전문성이라는 점에서 목사가 주도하게 되고 구조적 계층화 현상은 완전히 배제될 수 없다. 즉 장로교회는 목사의 직분을 소중하게 여기는 전통적인 이해 때문에 중세적인 계층 제도로 빠져드는 여지를 안고 있다. 즉 장로교회는 어느 정도의 계층적 구조를 인정하고 있는 셈이다. 어떤 점에서 장로교회는 회중교회도 아니고 감독 제도도 아니지만 회중 제도보다는 감독제에 근접하다고 볼 수 있다. 이런 내적 구조가 교회의 계층화와 감독교회화의 여지를 남겨 주었다고 볼 수 있다.

한국의 장로교회가 감독교회화하는 경향을 보여 주는 외적 요인으로는 대형 교회의 출현과 노회, 총회의 역할의 증대라고 할 수 있다. 노회나 총회에서 대형 교회의 영향력이 높아지는 것은 어쩔 수 없는 현실이다. 이렇게 되면서 대형 교회 목사의 권력이 집중하게 되고 주도권 확보에 영향을 끼쳐, 감독교회화에 영향을 준다.

이런 경향에는 유교적 권위주의 영향 또한 적지 않다. 한국의 그리스도인들은 목사와 장로, 집사와 평신자들 간의 관계를 친교 보다는 계급의 관점에서 이해하는 경향이 짙다. 이것 역사 유교적 계급 의식의 반영이라고 할 수 있다. 김세윤 박사는 미국 칼빈 신학교에서 행한 강연에서 "오늘날 한국 개신교의 가장 큰 문제로 지적되는 한 가지는 목사들이 점점 더 권위적이 되어 간다는 사실"이라고 지적한 바 있다. 교회가 감독주의화 되어 가면 이에 대한 반발로 개교회주의 현상으로 나타날 가능성이 높다. 이것은 역사적 경험이다.

3) 파벌주의와 분열

파벌 의식과 당파성 또한 유교적 영향으로 지적된다. 한국 장로교회의 가장 큰 약점은 교회의 고질적인 분열상인데, 현재 한국에는 100여개가 넘는 교단을 형성하고 있다. 물론 이런 분열은 어느 한 가지 요인으로 설명할 수 없는 다양한 원인이 있을 것이다. 신학과 역사적 배경을 달리하는 선교부의 경쟁적 선교 활동, 진보와 보수의 신학적 대립, 일제하에서의 박해와 신사참배 문제, WCC에 대한 NAE와 NCC의 견해차, 한국인들의 지방색과 파벌주의, 그리고 지도자들 간의 주도권 경쟁 등 다양한 요인이 있다.

분열의 요인이 무엇이었던가에 관계없이 그 이면에는 유교적 영향, 곧 학문적인 토론이나 이설(異說)을 허용하지 않는 엄격한 정통 집착증, 파벌주의가 작용한 것이 사실이다. 위에서 언급한 김세윤은 유교적 입신양명 추구가 주도권 쟁탈의 내적 요인이었다고 지적했다.

4) 집단주의(collectivism)

한국에서 기독교가 '개인'과 '개인주의'를 발전시킨 점은 부인할 수 없을 것이다. 이 점은 한국 기독교의 중요한 기여라고 할 수 있다. 그럼에도 불구하고 여전히 한국 교회에는 개인적 특성보다는 한국의 전통문화 유산인 집단적 특성이 강하다. 이런 현상을 보여 주는 대표적인 경우가 '새벽 기도회'라고 할 수 있다. 기도는 하나님과의 교제로서 때로는 은밀성을 요구하지만 집에서 혼자 기도하지 않고 새벽 이른 시간에 교회에 함께 모여 기도한다.

한국 기독교는 신앙 생활에 있어서도 하나님 앞에서 단독자로서 결단하고 기독교적 삶을 추구하기 보다는 다른 이와 함께 하는 교회의 공적 집회나 모임에 참여하는 일에 더 적극적인 관심을 두고 있다. 그래서 윤리적 존재로서 개인의 삶 속에서 기독교적 가치를 구현하고 결단하는 일에는 다소 소홀하다.

이런 집단주의는 조직 속에서는 중앙 집권적 경향으로 나타난다. 즉 어떤 조직체에서 결정권이나 집행권이 소수의 엘리트에게로 이양 내지 집중되는 것을 의미한다. 이런 경향이 한국 교회에서도 나타나는데 그것이 감독제화 현상이다. 즉 한국 장로교회에서 나타나는 감독제화 경향은 집단주의적 경향의 열매라는 점이다.

맺음말 : '한국적 장로교회'의 반성

장로교 제도는 우피리쳐드 로버트(Uprichard Robert)가 지적한 바처럼 부써나 칼빈에 의해 창안된 제도가 아니라 성경적인 원리에서 재발견된 제도라고 할 수 있다. 그렇다면 이 제도는 영속적 의미를 갖는 교회 정치에 대한 유일한 대안인가? 만일 장로교회의 제도, 곧 장로교 제도가 하나님이 세우신 유일한, 성경적인 제도라면 그것은 시대를 초월하여 유지되어야 할 영속적인 제도이어야 할 것이다. 이 점에 대하여 칼빈은 열려진 입장을 보여 주고 있다. 즉 칼빈은 장로교 제도는 로마 가톨릭의 교황제의 독선을 반대하고, 급진 종교 개혁자들의 무정부적인 반제도적인 교회관을 반대하며, 동시에 제네바 교회에 대한 제네바 시의회의 간섭을 배제함으로써 교회의 자율과 독립을 지키려는 의도에서 장로교 제도를 주창했지만 그것을 절대적인 제도로 보지는 않고 있다. 다시 말하면 교회의 제도는 고정된 원리가 아니라고 이해했다. 이 점에 대해 칼빈은 고린도전서 11:2을 주해하면서 이렇게 말했다.

> "각 교회는 각 교회가 처한 환경에 걸 맞는 직제 형태를 자유롭게 세울 수 있다. 그것은 교회의 유익을 위해 더욱 그러하다. 왜냐하면 주님 자신이 그런 문제에 대해 구체적인 방향 가지를 제시하지 않았기 때문이다. 바울도 그러한 원리에 따라 고린도 교회를 건실하고 참된 방향으로 나아가도록 모든 것이 질서 속에 이루어지도록 교회의 기초를 놓았던 것이다."[6]

칼빈은 고린도전서 14:34-37을 주해하면서 교회의 외적인 통치나 조직형태는 정황에 따라 가변성이 있음을 지적하였다. 특히 그는 도덕적으로 중성인 교회의 행정 체계나 제도는 영원히 우리의 양심을 묶어 둘 필요가 없다고 보았다.[7] 교회의 발전 과정에서 나타나는 제도의 문제를 고정적인 것으로 이해하는 것은 옳지 않다.

3장 / 교회사에서 본 장로교 정치 제도

※ 이 논문은 한국 개혁주의 설교연구원에서 발표되었고(2014. 2. 25), 일부 수정되어 『고신신학』 11(2009. 9), 197-235에 게재되었다.

1 장로교의 원리나 제도에 대한 평이한 안내서로는 Thomas Witherow, 『장로교회의 성경적 근거』, 이국진 역(서울: 아가페 문화사, 1991) 등이 있다.

2 김영재, "장로교회 제도에 대한 역사적 고찰," 『신학정론』 10/2(1992, 12): 356.

3 William Cunningham, *Historical Theology*, Vol. 1, 202.

4 김영재, "장로교회 제도에 대한 역사적 고찰," 356.

5 John Leith, *Introduction to the Reformed Tradition*(Atlanta: John Knox Press, 1977), 188-97; 오덕교, 『장로교회사』(수원: 합동신학교 출판부, 1995), 17.

6 *Calvin's Commentary I Corin*. 11:2, 228.

7 *Calvin's Commentary I Corin*. 14:35, 307.

4장 / 개혁교회 전통에서 본 교회와 국가[※]

시작하면서

　교회와 국가의 문제는 기독교 역사에서 가장 첨예한 문제였다. 초기 기독교회가 국가 권력에 대해 어떤 태도를 취했던 가에 대해서 필자는 이미 군 복무와 평화 문제와 관련하여 몇 편의 논문을 발표한 바 있다.[1] 이 글에서는 중세 이후 특히 16세기 개혁자들과 웨스트민스터 신앙고백서를 중심으로 교회와 국가 간의 문제에 대해 살펴보고자 한다. 중세 시대는 교황권(Sacerdotium)과 황제권(Regnum)의 부단한 제휴와 대결의 시대라고 할 수 있을 만큼 권력다툼이 심각했다. 교회와 국가 간의 타협과 제휴는 갑작스럽게 이루어진 일이 아니라 오랜 역사를 거치면서 발전된 것이었다. 그 연원은 이미 330년 콘스탄티누스 황제가 로마에서 비잔틴으로 수도를 천도한 때부터 로마 교회의 세속 권력과의 타협은 배태되고 있었다. 로마를 중심으로 정치적, 군사적 힘이 동방으로 이동하고, 서로마 제국이 패망하자(476) 로마교회는 어떤 다른 힘의 보호가 필요했다. 그래서 교회는 후일 프랑크 왕국(Frankish Kingdom)과 제휴하게 된 것이다. 이와 같은 과정을 통해 교회와 국가가 타협 혹은 제휴하게 된 역사를 정리한 후 16세기 이후 개혁교회 전통에서 이 문제가 어떻게 논의되어 왔던 가를 검토해 보고자 한다.

가. 역사적 배경 : 중세에서의 국가와 교회

　프랑크족의 클로비스의 개종(496)은 일반적으로 게르만 민족의 기독교화의 계기가 되었을 뿐만 아니라 교회와 국가 간의 부단한 타협과 분쟁의 시발점으로 보고 있다. 클로비스와 그 아들들의 통치하에서 프랑크족은 과거에 로마가 차지하였던 갈리아와 게르마니아 영토들을 정복한 뒤 '레그눔 프랑코룸'(Regnum Francorum), 곧 프랑크 왕국을 수립하였다. 클로비스(Clovis, 465?-511, 481-511 재위)는 496년 성탄일에 그의 부하 3천 명과 더불어 라임 교회당(The Great Church of Rheims)에서 세례를 받고 기독교로 개종하였다.[2] 이 당시 집단 세례가 유행하였는데 이들이 세례를 받았다고 해서 이전 생활의 청산을 의미하지는 않았다. 그래서 많은 이교적 영향이 교회 내에 유입되었다. 프랑크족은 이 당시 유력한 족속으로 정복 전쟁을 통해 영토를 확장하고 있었다.

클로비스 사후 메로빙가(家) 왕들(Merovingian, 511-751)이 통치하던 시대에도 정복 사업은 계속되었고 이들 지역민들이 명목상 교회로 편입되었다. 이 시기 영주들의 권위가 부상했고, 영주가 자기 영토 내에 교회를 건축하고 사제의 급료를 지불하는 개인 소유의 교회가 생겨나기 시작한다. 이러한 변화가 후일 교구 체제(parochial system)뿐 아니라 평신도의 성직 서임권의 문제가 제기될 수밖에 없는 상황으로 발전하였다.

그 후 궁내 대신에 불과했던 카롤링이 권력을 장악하여 카롤링(Caroling) 왕조(751-888)가 시작되는데, 이때부터 농업이 사회의 주생활 양식이 되었고 소규모의 자작농이 많아지기 시작하여 대토지(大土地)를 소유하는 지주들이 나타났다. 이것은 중세 봉건사회의 시작을 나타내는 것이었다. 이와 같은 과정에서 교황권과 세속권과의 대립도 노정되었는데, 그 한 가지가 8세기 성화상(聖畵像) 예배와 관련된 것이었다. 황제 레오(Leo) 3세는 성상 철거령을 내리고 성상 예배를 금지하였는데(726년) 이에 맞서 교황 그레고리 3세(Gregory)는 731년 성상 반대자를 파문하였다. 이것이 '성화상 파괴 논쟁'(Iconoclastic Dispute) 으로 알려진 대논쟁의 시작이다. 이렇게 되자 황제는 이태리 남부와 시실리를 로마 교구(교황 치하)에서 콘스탄티노플 교구로 옮기려고 하였다. 이때 교황은 황제에게 강력하게 항의, 반대, 불복하였다. 당시 로마 교회는 롬바르트(Lombard)족의 위협하에 있었으므로 황제의 보호가 필요한 상태였는데, 교회(교황청)가 황제와 대결하려면 롬바르트족으로부터 보호를 황제 아닌 다른 이에게서 찾아야 했다. 그래서 교황은 프랑크족과 타협을 시도하게 된다.

이런 배경에서 프랑크족의 찰스 마르텔(Charles Martel)과 그의 아들 페핀(Pepin, Pipin)을 거쳐 가면서 교회와의 타협이 진행되었고, 페핀의 아들 샤를레망(Charlemagne, 742-814, 재위 기간 768-814) 때는 분명한 타협이 이루어졌다. 샤를레망은 50여회[3]의 전쟁을 통해 서쪽으로는 스페인(사라센)을 공격하고, 남쪽으로는 이탈리아의 롬바르트족을 치고, 동쪽으로는 색슨인과 싸워 이들을 복종시키고 교황권하에 두어 이들 지역을 기독교화하였다.

이런 협력 관계에 있던 AD 800년 크리스마스 날 성 베드로 성당에서 교황 레오(Leo) 3세는 샤를레망에게 '로마 황제'의 칭호를 수여하고, 로마 황제의 관을 수여하였다. 이 정치적인 배려는 획기적인 일로서 향후 계속된 교회와 국가 간의 보다 중요하고도, 직접적인 제휴의 시작이 되었다. 즉 교권과 속권의 거듭된 제휴, 타협, 대결의 시작이었다.

중세 시대 교황권과 황제권의 대립에서 극적인 사건이 서임권(敍任權) 투쟁이었다. 서임권과 관계된 대립은 근본적으로 교회 직분을 정치적 권력의 도구로 이용코자 한데서 비롯되었다. 클루니 수도원 출신인 힐데브란트(Hildebrand, 1021?-1085)는 그레고리 7세라는 이름으로 1073년 교황이 되었는데 그는 개혁을 추진한 인물이었다. 12년간(1073-1085) 재임하였던 그는 국가에 대한 교회의 우위를 주장하고 황제나 귀족들에 의해 행해지던 성직 매매(Simony)와 평신도(황제)의 성직 서임(수임)권을 반대하고 교회의 독립성과 교황의 (황제에 대한) 우위권을 주장하였다. 이것을 보통 '서임권 논쟁'(敍任權 論爭, Investiture Controversy) 또는 '서임권 투쟁'(Investiture Struggle)이라고 하는데, 그는 관행화 되었던 황제의 성직 임명권을 반대하고 교황에 의한 성직 수임을 주장했다. 이것은 신성 로마 제국의 황제에게 있어서 하나의 도전이었다. 따라서 교황과 황제 하인리히 4세(Heinrich IV, 1056-1106) 사이의 충돌은 피할 수 없게 되었다. 이 충돌은 '카노사(Canossa)의 굴욕'이라고 일컫는 소위 카노사(Canossa) 사건으로 확대되었다. 이 사건은 국가와 교회의 심각한 대결의 한 예라고 볼 수 있다. 이렇게 시작된 대립은 칼리스투스 2세 때 와서 종결되는데, 그는 하인리히 5세와 화해하고 서임권 논쟁을 해결했다. 이때가 1122년이었다. 이해 9월 23일에 보름스(Worms)에서 모인 교회 회의에서 정교 협약(Concordatum)을 체결했다. 교황의 이름을 따서 '칼리스투스 조약'이라고도 불리는 '보름스 정교 협약'은 황제가 교황과 교회에 양보하는 부분과 교황이 황제에게 양보하는 부분으로 구성되어 있다. 교황의 양보 사항은 하인리히 5세에 국한되어 있어 황제가 사망한 후에는 효력이 소멸되는 것이었기 때문에 교황의 승리였다고 할 수 있다.

황제는 성직 서임권을 포기하고 신성 로마 제국 안에서 교회법에 의한 주교와 수도원장의 선출과 자유로운 주교 임명을 보장하였다. 교황은 하인리히 5세에게 주교 선출 장소에 입회하여 의견이 통일되지 못하였을 때에 주교 지명권을 부여하였고 황제로부터 세속 재산과 속권을 부여받은 주교는 황제에 대한 봉사 임무를 갖게 하였다. 따라서 서임권이 교회의 영적 서임권과 국가의 세속적 서임권으로 명확하게 구분되었다.[4] 이 정교 협약은 독일에서는 밤베르그 제국 의회에서 인준을 받았고 교회에서는 라테라노 공의회(1123)에서 추인되어 이로써 '그레고리우스 개혁'의 주요한 문제인 '평신도의 성직 서임권 논쟁'이 종식되었다.

그 이후에도 여러 차례 교권과 황제권의 대립이 있었다. 대표적인 경우가 캔터베리 대주교 토마스 베킷과 영국 왕 헨리 2세(1154-1189년)의 대립, 교황 인노센트 3세(Innocent III, 1198-1216)와 영국 왕 존과의 대립이었다. 인노센트 3세(1198-1216)는 황제권의 모방(Imitatio Imperii)으로서 절대 권력(Plenitudo Potestatis, 전권)을 행사했는데, 그는 "교황은 하나님과 그리스도의 대리자로서 그의 통치권은 세계를 포괄하는 것이며 왕중왕이므로 군왕의 심판자가 된다. 교황은 태양이고 제국은 그 빛을 받아서 빛나는 달과 같은 것이다." 라고 하여 황권에 대한 교황권의 우위를 주장했다. 인노센트 3세는 자신의 위치를 교회의 '첫째이자 최고 통치자이며 교회의 수장'(primus et summus magister et princeps ecclesiae)이라고 했고, 그 근거로 마 16:18, 요 1:42, 20:23, 고전 4:4을 들었다. 그는 프랑스 왕 필립 2세가 아내와 이혼하고 다른 여자를 취한 일을 승인하지 않고 다시 본처를 받아들이게 하였다. 그리고 영국 왕 존이 교황의 명에 따라 캔터베리 대감독으로 취임한 스티븐 랭톤을 승인하지 않자 인노센트 3세는 1209년 영국 왕을 파문에 처하고 그의 영토를 몰수하였다. 이렇게 되자 영국 왕 존은 교황에게 굴복하고 사죄를 간청하였다. 이에 교황은 1213년 복권하여 주고 영토를 되돌려 주었다. 그래서 역사가들은 존을 '실지왕(失地王) 존'이라고 부른다. 교황과의 싸움에서 패한 그는 권위를 잃었고, 1215년에는 왕권을 제한하는 문서인 마그나 카르타(Magna Charta)에 서명하지 않을 수 없었다. 65개조로 되어 있는 이 문서는 근대 민주주의 발전에 중요한 문서이다.

보니페이스 8세(Boniface VIII, 1294-1303)는 그레고리 7세, 인노센트 3세와 동일한 이념을 가졌던 교황이었으나 그의 시대에 교황권은 쇠퇴의 길로 들어섰다. 그는 불란서 왕 필립 4세와의 대결에서 패배했다. 13세기 말 프랑스의 민족주의는 1302년 교황의 교서 '하나의 거룩한 교회'(Unam Sanctam)를 무력화시켰다. 보니페이스의 후계자 베네딕트 11세(1303-4)때부터는 교황권이 약화되고 불란서 왕의 영향 하에 있게 되었다. 결국 1309년 교황(베네딕트 11세의 후계자인)

클레멘스 5세(1305-1314)는 교황청을 아비뇽(Avignon)으로 옮겨 1377년까지 약 70년간 지내게 되었다.[5] 이 기간을 '교황청의 바벨론 유수기'(The Babylonian Captivity of the Papacy, 1309-77)라 부른다. 이 기간 동안 재임했던 7명의 교황은 전부 프랑스인이었다. 1378년부터는 교황청이 아비뇽과 로마로 분열되어 2사람의 교황이 각기 정통성을 주장하였는데, 이 기간을 교황청의 대분열(1378-1417)이라고 말한다. 이 교회 분열을 통해 하나의 교회(Universal Church)라는 관념이 사라지고 민족교회라는 개념이 싹트기 시작하였다.

이상에서 본 바와 같이 교황권이 몰락하고 분열하게 되자 해결의 실마리가 보이지 않았다. 이런 상황에서 파리 대학 교수들을 중심으로 교회 회의를 통해 교황권의 분열을 해결하려는 시도가 일어나는데 이것을 보통 개혁 회의, 곧 콘질리아(Conciliar) 운동(1409-1449)이라고 부른다. 콘질리아 운동은 교회 회의(공의회)가 교황보다 우위에 있으며, 그 권위는 하나님에게서부터 나왔고, 교회의 모든 문제는 교황이 아니라 교회 회의를 통해 해결해야 한다고 주장했는데,[6] 이것은 교황의 무오성과 절대권을 신앙하던 큐리얼리즘(Curialism)과 정반대의 주장이었다. 교회 회의가 교황보다 우위에 있다는 주장은 후일 성경이 교황보다 우위에 있다는 점을 말하는 중요한 전거가 된다.

이상에서 살펴본 바처럼 중세기는 교회와 국가, 혹은 교황권과 황제권은 타협과 제휴, 대립과 투쟁의 기간이었고, 교회의 국가 지배나 국가의 교회 지배 양자는 '교회와 국가' 간의 바른 관계가 어떠해야 하는가를 심각하게 고민하게 해 주었다.

나. 종교 개혁과 '국가와 교회'

이런 역사적 배경에서 16세기 개혁자들은 무엇이 국가와 교회의 바른 관계인가에 대해 고심했고, 그런 고뇌가 후에 살펴볼 개혁교회의 신조에 나타나 있다. 역사적으로 볼 때 국가와 교회와의 관계에 대해서는 몇 가지 입장이 있다.

1) 몇 가지 유형

첫째는 교회 지상주의인데, 성직우선주의(clericalism)라고 말하기도 한다. 이것은 국가를 교회의 일부로 보고 교회가 국가 위에 군림할 수 있다고 주장한다. 이것이 중세 교회의 입장이었고, 가톨릭의 견해였다. 이런 입장을 교황황제주의라고 할 수 있는데, 국가에 대한 교회의 우위를 강조한다. 그래서 교회가 시민 사회에서도 권위(civil authority)를 행사할 수 있다고 말한다.

둘째는 국가 지상주의(Erastianism)인데, 교회를 국가의 일부분으로 보고 국가가 교회를 지배할 수 있다고 주장한다. 이런 입장을 에라스티안주의라고 말하는데 그것은 스위스의 철학자 에라스투스(Thomas Erastus, 1524-)[7]의 견해에서 비롯되었기 때문이다. 이것은 교회에 대한 국가의 우위를 주장하며, 국가가 교회의 문제를 치리할 수 있다는 입장이다. 영국 교회(성공회)가 이런 입장을 따랐다고 볼 수 있다.

셋째는 교회와 국가의 분리론(배타주의, Total Separation)인데, 교회와 국가의 완전한 분리를 주장하는 입장이다. 초기 기독교회의 태도가 이러했다. 이것은 국가 정치에 대한 교회의 무관심을 의미하며, 정치적 문제에 관여하지 말아야 한다는 견해이다. 재침례파도 이런 입장을 취했다.

넷째는 국가와 교회의 통합론(Unity)인데, 이런 형태는 4세기 이후 기독교가 로마 제국의 국교가 된 구조라고 볼 수 있다. 이런 형태를 가장 극렬하게 반대한 그룹이 재세례파였다. 이런 형태는 교회를 속화시키고 참된 교회가 되지 못하게 하는 형태인 동시에 국가도 본래의 신적 기원에서 이탈하는 것이라고 보았다.

이러한 현실에서, 16세기 종교 개혁자들은 국가와 교회에 대한 바른 관계를 규정하려 했다. 그것은 교회를 위해서도 필요한 일이지만 국가를 위해서도 필요한 일이라고 보았다. 이런 인식은 초기 기독교에서 보는 바처럼 교회와 국가의 완전한 분리라는 분리 모델도 이상적이지 못하고, 중세 교회의 경우처럼 국가와 교회의 일치도 바람직하다고 보지 않았다. 또 국가가 교회를 지배하거나 반대로 교회가 국가를 지배하는 형태도 이상적이지 않다고 보았다. 이런 인식에서 국가와 교회 간의 바른 관계는 어떠해야 하는 가는 중요한 논점이 되었다.

2) 루터

루터의 입장은 최초의 복음주의적 신앙고백서인 1530년에 간행된 『아우구스부르크 신앙고백서』 제16항에서 취급되었다. 이 16장에서 국가와 이 세상의 지배, 관헌 혹은 위정자의 문제가 취급되고 있다. 여기서 다루는 점을 3가지로 요약할 수 있는데,

첫째, 세상 관헌과 통치와 법률은 하나님에 의해 창조되고 설립된 선한 질서라는 점이다. 둘째, 그리스도인은 죄를 범하지 않게 되는 이상 관직 취임을 허용하고 있다는 점이다. 즉 관헌이 되거나, 왕후나 재판관의 직무에 앉을 수 있고, 또 제국의 국법 및 그 외의 법에 따라서 재판을 집행하거나, 판결을 내리고, 악을 행하는 자를 검으로 벌할 수 있다. 또 올바른 전쟁을 지도하고, 전투에 종사하고, 주어진 선서를 행하고, 재산을 보유할 수 있다. 셋째, 그리스도인은 관헌에 복종하고, 죄를 범하지 않는 모든 행위에 대하여, 그 명령과 법에 순종해야 한다. 넷째, 그러나 관헌의 명령이 죄를 범하지 않고는 수행할 수 없는 경우, 사람에 따르기보다 하나님을 순종해야 한다(행 5:29).

1537년에 작성된 루터의 슈말칼덴 신조는 신성 로마 황제 카를 5세의 요청으로 개신교의 입장을 천명하기 위해 작성된 신조인데, 1537년 이탈리아 만투에서 열리는 교회 회의를 앞두고 작성되었다. 개신교에 호의적인 삭손의 선제후는 루터에게

교회의 일치를 위해 어느 정도 양보할 수 있는지를 밝혀 주는 글을 요청했다. 이 때 루터는 병석에 있었는데, 1장에서 3장 3항까지는 친필로 쓰고 나머지 16항까지는 구술로 썼다. 이 글에서 루터는 간결하게 개신교의 입장을 밝히고 로마교의 잘못을 예리하게 지적했다. 이 글에서 교회와 국가 간의 관계에 대한 루터의 입장을 읽을 수 있다. 그는 제2장 4항에서 교황을 비판하는데, 특히 교황을 "가장 자비로운 주"라고 부르는 것은 언어도단이라고 비판하고, "교황이 세상 권력까지 가진 것은 악마적 사건"이라고 말했다. 또 "이것은 거룩한 그리스도의 교회를 파멸로 이끄는 것"이라고 말하고 있다. 교회가 세속까지 통치해야 한다는 교황의 절대권에 대해서는 아우구스부르크 신앙고백서(1531)에서도 신랄하게 비판하고 있다.

3) 칼빈과 장로교 제도

칼빈에게 있어서 교회 정치 문제는 두 가지 점에서 중요한 관심사였다. 첫째는 국가 혹은 국가 권력과의 관계에서 교회의 독립성을 확보해야 했기 때문이고, 둘째는 교회 내의 질서를 유지하고 바른 교회 건설을 위해 필요했기 때문이다. 무엇보다도 국가와 교회와의 정당한 관계의 정립은 개혁자들에게는 중요한 문제였다. 국가 혹은 시의회 등 국가 권력 기구는 교회 문제에 개입하고자 했고, 교회는 독립성을 유지하려고 했기 때문이다. 그 단적인 예가 치리권(治理權)의 행사와 관련하여 제네바에서의 시의회와 칼빈과의 대립이었다.[8] 이러한 상황에서 교회 정치 제도는 중요한 관심사였다. 뿐만 아니라 교회 내의 질서와 훈련, 치리를 위해서도 교회 정치 제도는 중요하게 취급되었다. 칼빈이 1541년 제네바에서 작성한 교회 헌법(*Ecclesiastical Ordinances*)은 이런 관심의 반영이었다.

국가와 교회와의 관계에서 교회가 국가보다 우선하고 교회는 국가에 대한 지배권을 갖는다는 황제-교황주의(Caesar-Papism)도 잘못이지만, 반대로 국가가 교회보다 우선한다는 에라스티안주의(Erastianism)도 잘못이다. 또 마키아벨리와 같이 국가 권력을 절대시하는 것도 옳지 않지만 재세례파처럼 국가 권위 자체를 인정하지 않는 것에 대해서도 칼빈은 동의하지 않았다. 칼빈은 영적 질서인 교회와 함께 국가도 하나님이 세우신 정당한 질서라고 보았다(롬 13:1ff.). 단지 국가라는 질서는 결혼 제도와 같은 창조 질서가 아니라 인간의 죄 때문에 인간의 타락을 억제하기 위해서 하나님께서 세우신 '일반 은혜'의 제도라고 보았다.

그러면 교회와 국가는 어떤 관계에 있어야 하는가? 로마 가톨릭은 교회의 세속 지배를 정당화하려 했고, 성공회는 왕이 교회의 수장임을 인정했다. 루터교는 국가의 교회 간섭을 완전히 배제하지 못했기 때문에 영방(領邦)교회로 발전하였다. 칼빈은 루터와 마찬가지로 교회와 국가의 구별을 따르면서도 여기서 진일보하여 양자는 완전한 독립을 유지하고 양자는 유기적으로 관계되어야 한다고 보았다. 이렇게 봄으로써 국가의 교회 지배나, 교회의 국가 지배, 그리고 교회와 국가 양자를 분리하여 이해한 재세례파의 견해를 반대한 것이다.

이런 상황에서 칼빈은 교회 정치에 있어서 어떤 정치 제도가 성경에 가장 부합되는 바른 제도인가에 대해 고심했다. 그는 결론적으로 국가와 교회는 각각의 고유한 기능이 있고, 국가가 교회 문제를 간섭하거나 교회가 국가의 기능을 대치해서는 안 된다는 점을 인식하고 장로교 제도(Presbyterianism)가 가장 성경적인 정치 제도라는 사실을 확신했다. 비록 성경이 구체적으로나 명시적으로 장로제를 말하고 있지는 않지만, 위에서 언급했듯이 특히 사도행전 15장의 할례 문제 처리에서 개별 교회가 독단적으로 처리하거나 어느 한 지도자가 독단적으로 결정하지 않고 예루살렘 공의회를 소집하여 이 문제를 처리한 것을 보면 예루살렘 공의회는 지금의 노회와 같은 기구라고 보았다. 또 디모데전서 4:14의 "네가 장로의 회에서 안수 받은 것을 기억하라."에서 '장로의 회'는 지금의 노회와 같은 제도로 이해했다. 그래서 칼빈은 사도 시대의 교회는 비록 '장로제' 혹은 '장로 정치'라는 표현은 쓰지 않았으나 이미 장로 제도가 시행되고 있었다고 확신하였다.

칼빈은 교회론, 예배론, 성찬론에 있어서 스트라스부르의 개혁자인 마르틴 부써(Martin Bucer)로부터 많은 영향을 받았는데, 장로교 정치 제도도 예외가 아니다. 부써는 1538년 『참된 목회에 관하여』(Von der waren Seelsorge)를 출판했는데, 이것은 장로교 체제를 수립하기 위한 수년간의 노력의 결정체였다. 칼빈은 이 책으로부터 큰 도움을 입었고, 부써가 1536년에 출판했던 『로마서 주석』은 칼빈의 『기독교강요』 제2판(1539년 판)에 상당한 영향을 주었다.

회중 정치는 계층 구조에 대한 반발로 일어난 교회 정치 형태로서 지역 교회의 자율성(곧 목사의 청빙, 예산의 집행, 치리의 자율적 집행 등)과, 교회와 교회 사이, 목사와 목사 사이의 평등을 강조하며, 어떤 형식의 계층 구조도 반대한다. 이들은 교회 연합이 계층 구조를 취할 수 있다고 보아 교회 연합을 반대하고 개 교회주의를 취한다. 그러나 장로교 정치는 회중교회의 자율성과 평등성을 수용하면서도 모든 교회가 그리스도의 몸이라는 사실 때문에 연합해야 한다고 믿고, 치리회로서 당회, 노회 그리고 총회를 갖는다. 이것이 회중교회 제도와 다른 점이다.

정리해서 말하면 장로교 정치 원리는 그리스도의 주권 아래서 모든 지체와 지 교회들이 누리는 평등성(equality), 국가 기관으로부터 독립하여 직분자들을 통해서 운영되는 자율성(autonomy), 지교회의 대표들을 통해 연합하는 연합성(unity)으로 요약될 수 있다. 국가 권력과 독립하여 교회의 직분자(특히 치리를 하는 직원으로서 목사, 교사, 치리 장로)에 의한 치리, 연합을 통한 교회의 통일성, 그리고 개체 목사와 장로의 평등성은 장로제의 3대 특색이라고 할 수 있다.[9]

4) 웨스트민스터 신앙고백서(1647)

국가와 교회와의 관계에 대해서는 웨스트민스터 신앙고백서가 가장 분명하게 가르치고 있다. 1643년 7월 121명의 영국 교회 내의 청교도 목사들이 모였는데, 대부분이 장로교 사상의 소유자들이었고, 약간 명의 회중교도와 두, 세 명의 감독 교회 지지자들이 포함되어 있었다. 그 외에도 30여 명의 평신도 국회의원과 스코틀랜드 교회가 파송한 6명의 대표도 포함되어 있었다. 웨스트민스터 회의에서 가장 논란을 불러일으킨 것은 교회 정치 제도였다. 이 문제에 대해 약 한달 동안 논의하면서 장로교 정치가 과연 하나님께서 제정하신 정치 제도인가를 심각하게 논의하였다. 장로교 정치 제도는 장로교회의 국가에 대한 이해와 관련되어 있는데, 국가 혹은 위정자에 대한 문제를 취급한 것은 제23장이다. 23장은 4항으로 구성되어 있는데, 그 내용은 다음과 같이 요약될 수 있다.

1. 하나님은 지상에 세속 정부를 세우셨고, 그 목적은 하나님의 영광과 우리의 유익을 위한 것이다(1항).
2. 하나님은 공직자에게 무력 사용을 허용하셨는데, 그것은 선한 자를 보호하고 악한 자를 징벌하기 위함이다(1항).
3. 기독 신자들도 공직 취임이 가능하다(2항).
4. 공직자는 경건과 공의와 평화를 유지해야 하며, 그 목적을 위해 무력행사 곧 전쟁은 가능하다(2항).
5. 위정자는 말씀과 성례, 권징을 행할 수 없다(3항).
6. 교회 안에서 통일과 평화를 보존하고, 하나님의 진리를 유지하며, 불경건과 이단 억제를 위해, 하나님의 법 집행을 위해 명령을 발하는 것은 위정자의 의무이자 권한이다(3항).
7. 위정자는 이 일의 수행을 위해 종교 회의를 소집하고 그 회의 결정은 하나님의 뜻으로 처리되도록 주선할 권한이 있다(3항).
8. 위정자들을 위해 기도하고 조세, 공과금을 바칠 의무가 있고, 적법한 명령에 복종해야 한다(4항).

9. 교황은 세속적 영역에 통치권을 행사할 수 없다(4항).

웨스트민스터 신앙고백서 23장은 로마서 13:11-7의 가르침을 반영한 것으로 볼 수 있다. 23장이 가르치는 대의는 개혁파 장로교회 전통에서 성경의 가르침을 반영한 것으로 수용되어 왔고 국가와 교회와의 관계에 대한 바른 가르침으로 인식되어 왔다.

물론 문제가 없는 것은 아니다. 예를 들면, 그것은 23장 3항에는 조화될 수 없는 점이 있다는 점이다. "위정자는 말씀과 성례를 집행하는 일이나 천국 열쇠의 권세를 떠맡아서는 안 된다."고 말하는가 하면 다른 한편에서는 "위정자는 교회 안의 질서와 평화가 보전되며 하나님의 진리가 보존되도록 하고 불경건한 것들이나 이단들이 억제되고 하나님의 모든 규례들이 정당하게 집행되도록 명령을 발할 수 있다"고 말하고 있다. 심지어는 "이를 위해서는 종교 회의를 소집하고 거기에 참석하며 무엇이든지 처리되는 것이 하나님의 뜻에 따라 처리되도록 주선하는 권한이 위정자에게 있다"라고 말하고 있다. 같은 내용이지만 또 30장 1항에서는 예수 그리스도가 "교회의 왕이요 머리"로서 "위정자와는 구별된 교회 임원들의 손에 의해 교회 정치가 이루어지도록 정해 두셨다."고 말하고 있지만 제31장 2항에서는, "위정자들이 목사들과 또 이에 적당한 인물들과 함께 회의를 소집하여 종교 문제를 상의하고 충고할 수 있다"고 말하고 있다. 반대로 위정자들이 교회에 대하여 적대 행위를 할 때는 "그리스도의 사역자들은 자신들만으로 그들의 직책을 따라 교회에서 파견된 다른 적합한 이들과 더불어 그 같은 회의를 소집할 수 있다"고 말하고 있다. 여기에 모순점이 있다. 위정자들은 교회 일에 관여할 수 없다는 점을 말하고 있는가 하면 종교 문제에 관여하고 교회 회의를 소집할 수 있다고까지 말하기도 한다.[10]

어떻게 이런 모순적인 내용이 생기게 되었을까? 위정자의 교회 지배를 허용하는 듯한 내용으로 기술된 것은 당시 이 신앙고백서의 작성자들은 장로교가 영국의 국교가 되기를 희망하고 있었고, 당시의 법에 준하여 성문화했기 때문이었을 것이다.[11] 위정자가 교회를 보호할 의무가 있다는 점을 말한 것은 웨스트민스터 신앙고백서만이 아니라 칼빈도 역설했던 점이었다.

어떻든 국가와 교회에 대한 관계 기술에서의 이 모순은 그동안 개혁교회 전통에서 지적되어 왔다. 북미의 개혁주의 장로교회는 모순이라고 보여 지는 신앙고백서 자체는 손대지 않고 이 점에 대한 특별한 선언을 통해 그 의미를 분명히 해명하려고 했다. 그것이 The Reformed Presbyterian Declaration and Testimony이다. 미국의 어떤 교회는 위정자의 교회 회의 소집 권한을 인정하는 31장 2항을 완전히 삭제하기도 했다. 미국의 정통 장로교회(OPC)는 이 모순되는 조항을 다음과 같이 석명하여 이해한다.

1. 교회의 정치는 국가의 정치와 구별된다.
2. 위정자들은 교회의 일들이 공공질서를 파괴하지 않는 한 교리 논쟁이나 권징에 간여할 수 없다.
3. 교회 역원들만이 교회 회의나 협의회를 소집할 수 있다.

초대 교회 신조들은 구체적인 윤리 생활에 대한 언급이 없이 기독교의 기본 교리만을 기술하고 있기 때문에 모든 교회가 그대로 수용할 수 있지만, 16세기 이후의 신앙고백서들은 그 시대적 상황을 반영하는 문화적 요소가 있으므로 보편적인 것과 문화적 특수성을 고려하여 수정하거나 재해석하는 노력이 필요하다고 본다.[12] 미국 교회가 1903년 웨스트민스터 신앙고백서를 받아들일 때 성령에 관한 조항(34장)과 선교에 관한 조항(35장)을 삽입한 경우도 그 한 경우이다.

그러면서도 웨스트민스터 신앙고백서 23장은 교회와 국가는 다 같이 하나님이 정하신 제도이며, 그 목적과 행동 영역, 그리고 치리 체제와 역원은 서로 다르며, 상호 호의를 가지지만 상호 독립해 있다는 점을 말하고 있다. 사실 이 점이 국가와 교회에 대한 개혁교회 혹은 장로교회 전통을 잘 설명하고 있다. 즉 23장은 교황 지상주의(황제 교황주의)나 에라스티안주의 양자를 배격하고 있는 것이다. 국가가 개인의 양심에 따라 하나님을 경배할 권리를 제한할 수 없으며, 교회가 열쇠의 권한을 가졌으나 신앙 고백을 강요하기 위해 세속 권력을 이용할 수 없다. 위정자는 교회와 교회 기관들이 평화롭게 행사할 수 있도록 보호할 의무는 있지만 교회 일에 대한 공식적인 지배권은 허락되지 않는다.

웨스트민스터 신앙고백서 23장과 관련하여 3가지 사실에 대해 검토해 보고자 한다. 첫째, 세속 정부는 신적 기원을 지니고 있고, 따라서 합법적 지배자에게 순종해야 한다는 점을 말하고 있다는 점이다. 권세는 하나님이 어떤 목적을 위해 세우신 것이므로 권세에 대한 순종은 하나님께 대한 순종이라는 점이다. 이 점은 로마서 13장의 가르침이다. 바울이 "모든 권세는 다 하나님이 정하신 바라"고 말했을 때 그것은 전체주의적인 로마 제국을 두고 한 말이었다. 예수님도 카이사르에게 순복할 것을 가르쳤다. 이것은 형식적 순종이 아니라 위정자들을 위해 기도하며 진심으로 순종해야 한다고 가르치고 있다는 점이다. 이것은 그리스도인이 거주하는 그 나라의 사실상의 정부(the de facto government)를 합법적인(de jure) 정부로 여겨야 한다는 의미이다. 반역은 하나님께 대한 불순종이었다.

둘째, 그렇다면 저항권은 없는 것인가? 순종하지 않아도 될 형태의 세속 정부란 존재하지 않는가? 그렇다고 보지는 않는다. 세속 권세가 신적 기원을 가지고 있다고 해서 그 권세가 무한정하다는 말은 아닐 것이다. 세속적인 문제에 있어서 하나님이 세우신 모든 권세는 하나님의 법 아래 제한되어 있다. 국가 위정자는 "선한 일을 위하여," 하나님의 종(사역자)으로 하나님에 의해 세워졌다. 세속 정부가 악이나 폭력을 제거하고 선한 자를 보호하고 악한 자를 징벌하는 한 기독교인은 지배자에게 순종하고 기도해야 한다. 칼빈이 이 점을 강조했다. 세상 정부를 위한 기도는 제네바의 주일 예배 기도에서 가장 중요한 순서이기도 했다. 그러나 의인을 벌하고 악인에게 상을 주며 명백하게 하나님의 법을 파괴할 때는 항거하는 것이 기독교인의 의무라는 점이다. 하나님을 순종하는 것과 사람에게 순종하는 것이 충돌이 생길 경우 하나님께 순종해야 하는 것은 당연하기 때문이다(행 5:29). 다시 말하면 하나님의 높은 권위에 반대되는 명령을 하게 될 경우 순종의 한계가 생긴다.[14] 그러나 어느 정도까지 어떤 방식으로 세속 정부에 항거할 것인가를 결정하는 일은 매우 어려운 일이다. 이 점과 관련된 저항권에 대해서는 다음 항에서 취급하였다.

셋째, 웨스트민스터 신앙고백서 23장은 정당 전쟁을 인정하고 있다는 점이다. 물론 법에 따른 경건, 공의, 평화를 유지하기 위해서는 폭력의 사용, 곧 전쟁이라는 제제 수단을 허용하고 있다는 점이다. 웨스트민스터 신앙고백서는 근본적으로 사형 제도, 정당 전쟁론을 지지하고 있다. 이것은 자위권(自衛權)에 대한 인정이라고 할 수 있다. 개인의 자위를 위한 목적으로 방어적 폭력이 필요하다면 공동체도 동일하다는 원리라고 할 수 있다. 여기서 말하는 정당 전쟁이 무엇인가라고 말하기는 매우 어렵다. 전쟁은 악(惡)이다. 가능하면 억제되어야 한다. 그러나 하지(A. A. Hodge)는 국가가 생존을 유지하기 위해서 필요한 경우가 아니라면 전쟁은 정당화될 수 없다고 말한다.[15] 하지는 정당한 전쟁이란 a. 적군이 우리를 침략할 뿐 아니라 그 침략이 직간접적으로 우리나라의 존재를 위협해야 하며, b. 전쟁만이 그 침해를 막는 유일한 방법이어야 한다고 말하여 정당 전쟁이라 할지라도 그 한계를 제한하고 있다.[16] 전쟁의 정당성 여부는 그 전쟁의 진정한 목적이 무엇인가에 있다.

다. 저항권 사상 : 부당한 권력에 저항할 수 있는가?

합법적인 지배자에 대해서는 순종해야 하지만 명백하게 하나님의 법에 위반되는 요구를 할 때 그리스도인은 저항할 수 있는가? "각 사람은 위에 있는 권세에게 순복하라"(롬 13:1)는 말씀에 근거하여 위정자의 정당한 다스림을 인정하면서도, "사람보다 하나님의 말씀에 순종하는 것이 마땅하다"(행 5:29)는 말씀은 위정자의 부당한 요구에 대해서는 저항할 수 있다는 점을 말하는 근거로 인용되어 왔다. 개혁교회와 장로교 전통에서는 이 저항권은 인정되어 왔다. 특히 칼빈은 저항권 사상의 전개에서 중요한 인물이었다.

칼빈의 저항권 이론은 『기독교강요』 IV권 20장 31-32항에 기술되어 있는데, 그곳에서 그는 국가 권력은 하나님으로부터 온 것이며, 위탁에 의한 것이라는 성경 말씀에 기초를 두고 있다. 권력에 대한 저항은 권력이 하나님께 반역할 경우에 한하여 정당한 것으로, 그것은 의무이기도 한다. 위정자에 대한 복종보다 하나님에 대한 순종이 우선한다. 그러나 권력에 대한 저항, 그 자체가 권력화(權力化)되기 때문에, 저항 역시 하나님으로부터의 위탁에 근거해야 한다는 점을 강조했다.

물론 저항권 사상은 칼빈에게서만 나타나는 것은 아니다. 정도의 차이는 있지만 루터파의 아우구스부르크 신앙고백서 16조의 말미에도 "사람에게 복종하기보다 하나님께 복종해야 하기" 때문에 관헌에 대한 복종은 무조건적인 것이 될 수 없다는 점을 지적하고 있다. 저항의 정당성에 대한 여지를 두고 있는 것이다. 루터파에 있어서는 불경건한 교사, 올바른 교리를 가르치지 않는 설교자는 그리스도의 대리인으로서 올바른 직무를 행하지 않는 반그리스도의 대리인이기 때문에 면직시키지 않으면 안 된다는 점을 아우구스부르크 신앙고백서 7장 48절에서 밝히고 있다.[17] 같은 논리로 잘못된 통치자를 물러나게 하는 것은 정당한 것으로 주장되고 있다. 그러나 지배의 직무를 가진 자와 단순한 사인(私人, homo privatus)은 구분되어, 폭군에게 저항할 수 있는 권한이 사인에게는 주어지지 않고 있다. 자연인 개인은 단지 자연권으로서 정당방위(difensio naturalis)만이 가능할 뿐이다.[18] 이렇게 볼 때 루터주의에서는 저항보다도 '참고 지냄'(忍從)이 중시된다고 할 수 있다. 다시 말하면 루터주의의 저항권 사상은 이론상으로는 성립 되었지만 실질상으로는 성립 되지 못한 것으로 보는 것이 일반적 견해이다.[19] 루터가 1523년 이후 프로테스탄트를 지지하는 제후들에게 호소하여 슈말칼텐 동맹(Schmalkaldischen Bund)을 맺어 독일 황제의 권력에 대항하고자 한 것은 저항권 사상의 발현으로 볼 수도 있을 것이다.[20] 우리는 그러나 루터의 이런 입장은 더 이상 진전하지 못했다.

그러나 칼빈의 개혁교회 전통은 그렇지 않다. 칼빈의 사후 프랑스 개혁파 교회에서는 보다 적극적인 저항권 사상이 전개되었다. 이러한 논리를 주장하는 이들을 '모나르코마키'(monarchomachi), 곧 '군주와 싸우는 자'라고 불렀는데 모두가 프로테스탄트라고 말할 수는 없지만, 대표적인 인물은 칼빈파 인물들이었다. 프랑스 개혁파의 정치적 견해가 당시 이러한 형태로 표출되었다.[21] 이것이 칼빈의 입장을 계승한 것인가 아니면, 이탈한 것인가에 대해서는 다양한 해석이 있지만, 이것이 칼빈의 계승으로 생각하는 이들이 주류를 이룬다.

다시 말하면 칼빈의 저항권 사상이 변화된 정치적 상황 가운데서 새롭게 전개된 것이다. 그 정치적 상황이 바로 1572년 8월 24일에 발생한 성 바르톨로메오(Massacre de la Saint-Barthelemy) 날의 대학살이었다. 그러한 상황에서 칼빈의 저항권 이론을 적극적으로 전개한 이가 칼빈의 후계자였던 베자(Theodor de Beze, 1519-1605)였다.

베자는 익명으로 출판한 『위정자의 신민에 대한 권리와, 시민의 위정자에 대한 의무에 관하여』(*De jure magistratutm in subditos et officio subditorum erga magistratus*. 프랑스어 판 1574년, 라틴어 판은 1576년에 출판되었다)에서 부당한 국가 권력에 대한 저항은 정당한 것으로 주장했다. 이 책은 바르톨로메오 날의 대학살을 경험한 이후 저술된 책인데, 이 책이 가져 올 충격을 고려하여 익명으로 출판했다. 이 책을 제네바에서 출판하지 않는 것은 제네바에 부담을 주지 않기 위한 조처였을 것이다. 베자는 이 책에서 어디까지 복종하고 어디서 저항할 것인가는 각자 그리스도인의 '양심'이란 저울에 달아 보아야 한다고 말하고 있다. 즉 베자는 국가에 대한 복종과 저항의 규범을 '양심'에 두었다는 점이다. 베자는 칼빈을 계승하면서도 칼빈보다 진일보하여 저항권을 보다 적극적으로 주창하였다.

그 이후 프랑스에서는 1570년 이후 저항권 사상은 현저한 진전을 보이는데, 스코틀랜드인 조지 부케넌(J. Bucanan), 칼빈의 문하생인 존 낙스(John Knox), 모나르코마키(Monarchomachi)들과 교섭이 있었던 스코틀랜드인으로 프랑스에서 교사로도 활동했던 존 메이저(John Major 1470-1550) 등이 대표적인 인물이다. 존 메이저의 사상은 위그노의 정치 이론에 영향을 준 것으로 알려져 있다. 또 메이저는 칼빈과 깊은 교류를 한 것으로 추정 된다.[22] 이렇게 볼 때 칼빈은 저항권 사상의 원류라고 볼 수 있다. 그의 저항권 사상은 스코틀랜드를 거쳐 장로교 전통에서 수용되는데, 그것은 17세기 스코틀랜드의 언약도들(Covenanters)의 경험이 영향을 주었기 때문이다. 장로교 신앙을 지키려는 이들이 국가 권력으로부터 심한 탄압을 받고 신교(信敎)의 자유를 유린당했을 때 국가 권력에 대한 저항의 정당성을 숙고한 일은 자연스러운 일이었을 것이다.

여기서 베자의 『위정자의 신민에 대한 권리와 신민의 위정자에 대한 의무에 관하여』에 대해 살펴보고자 한다. 베자는 그의 작품을 열개의 질문으로 구성하여, 질문에 답하는 형식과, 그리고 이론(objectis)을 제기하고 그 이론에 답하는 순서로 기술했다. 베자는 성경 특히 구약을 많이 인용하고, 성경을 기초로 그의 입장을 전개하고 있다. 이런 점에서 베자의 책은 저항법에 관한 신학적 사색이라고 할 수 있다. 칼빈이 하나님의 권리(jus)를 중심으로 군주의 권리를 제한하는 것을 생각한 반면, 베자는 그 생각의 연장선상에서 백성의 권리를 생각하고 있다는 점이 칼빈과 다른 점이라고 할 수 있다. "백성을 위해서 관헌이 만들어 진 것이지, 백성에 반하여 관헌을 위해서 그것이 만들어진 것이 아니다."(propter populum magistratum creatos, non contra populum propter magistratum)라고 그는 말한다.[23] 또 베자는 법제사(法制史)로부터의 풍부한 예를 제시하는데, 예를 들면 질문 제6항 "상급 권위가 타락하여 폭군이 된 것에 대한 신하의 의무는 무엇인가"에 관하여 30여 개국으로부터 얻는 사례를 인용하고 있다. 베자가 제시한 열개의 질문은 다음과 같다.

1. 오직 하나님께만 예외 없이 복종해야 하는데, 그와 같이 관헌에서도 복종하지 않으면 안 되는가?
2. 신하는 명령 받은 것에 관하여 어느 정도까지 정당한 것으로 받아들일 수 있는가?
3. 사악하고 불경건한 명령은 어디까지 따르거나 거부해야 하는가?
4. 관헌의 악에 대해 인내하는 신하는 어떻게 관헌에 대하여 자신을 지킬 수 있는가?
5. 폭군에 의해 명백하게 억압받고 있는 신하에게는 기도와 인내 이외의 다른 구제 수단이 하나님으로부터 허락되지 않았는가?
6. 상급 권위가 타락하여 폭군이 된 것에 대한 신하의 의무는 무엇인가?
7. 폭군의 폭정을 저지 또는 제한하기 위해 중앙 삼부회 아니면, 지방 삼부회를 소집할 수 없을 경우에는 무엇을 해야 하는가? (여기서 네 가지의 예가 기술되고 있다).
8. 부패한 세무관(徵稅官)에 대하여 무엇을 해야 하는가?
9. 신하와 군주는 계약을 맺을 수 있는가?
10. 종교 때문에 박해를 받고 있는 자가 양심을 속이지 않고 폭군에 대항 할 수 있는가? (여기서도 구약의 역사 및 일반사로부터 많은 예를 들고 있다).

필립 듀 플렛시-모르네이(P. Du Plessis-Mornay) 및 유베르 랑규에(H. Languet)

의해 저술된 것으로 알려진 『폭군에 대한 권리요구』(1579년)는 베자의 책과 많은 점에서 유사하다. 이 책에서 저항권이 보다 명확하게 언급되고 있다. 그 근거는 하나님과 백성(시민)과의 계약에 기초하여, 백성과 왕과의 계약이 맺혀졌기 때문이며, 또 왕을 만든 것은 백성이기 때문이라고 기록하고 있다.[24]

맺음말

이상에서 우리는 중세 이후 교회와 국가가 제휴, 타협 갈등 대립하게 된 역사적 연원을 추적하고, 16세기 이후 이 문제가 개혁주의 개혁교회 전통에서 어떻게 논의되었던가를 고찰하였다. 앞에서 논구한 바처럼 칼빈에서 웨스트민스터 신앙고백서로 이어지는 개혁교회-장로교 전통에서는 교회와 국가 간의 바른 관계에 대해 고찰하였다.

즉 하나님에 의해 세워진 교회와 국가는 각기 독립된 영역이며, 국가가 교회를 지배하는 것도 옳지 않고, 반대로 교회가 국가를 지배하는 것도 옳지 못하다. 국가는 국가로서의 기능을 지니고 있고 교회는 교회로서의 기능을 지니고 있다. 그래서 국가와 교회를 구분한다. 그러면서도 국가와 교회는 각기 다른 사명을 가지고 하나님의 법을 수행하는 기구라고 이해했다. 칼빈과 개혁교회 전통에서는 국가나 국가 기관의 교회 지배를 원천적으로 막기 위해 회중의 대표로 장로를 선출하고, 교회 기구(당회)가 교회 문제를 처리케 함으로써 국가 권력의 교회 간섭을 배제했다. 이것이 장로교 제도의 정치적 의미이다. 이것은 국가와 교회의 바른 관계가 어떠해야 하는가를 보여 주는 동시에 근원적으로 교회의 자율과 독립을 지켜 주는 제도인 것이다.

이 글 말미에서는 하나님이 세우신 위정자들에 대해 그리스도인은 복종해야 하지만 명백하게 하나님의 말씀에 위배되는 요구를 할 경우에는 저항할 수 있다는 저항권 사상의 역사적 전개에 대해서도 간명하게 정리했다. 이런 점들이 한국 교회만이 아니라, 국기(國旗)에 대한 경례와 국가(國歌)제창을 의무화하고, 헌법 9조를 개정하는 등 일본의 변화에 대처하려는 일본 개혁파 교회의 신학적 대응에 있어서도 교회사를 통한 성찰로써 다소나마 도움이 되기를 바란다.

4장 / 개혁교회 전통에서 본 교회와 국가

※ 이 원고는 일본 개혁파 교회 중부노회 목사회에서 행한 세 번째 강연(2007. 2. 20)을 정리한 것으로서 김차생 장로기념 문집, 『애굽에서 약속의 땅 가나안까지』(용인: 웨스트민스터출판부, 2007), 563-89에 수록된 바 있으나 일부 수정하였다.

1 이상규, "테르툴리아누스의 평화이해," 『헤르메네이아 투데이』 31(2005. 여름호): 43-51; 이상규, "초기 기독교의 평화주의 전통," 『역사신학 논총』 11(2006. 6): 8-28.

2 *An Introductory History of France*(Murry, 1918): 5.

3 필립 샤프에 의하면 그의 정복 전쟁은 53회가 넘었다고 한다. P. Schaff, *History of the Christian Church*, vol. IV(Grand Rapids: Eerdmans, 1979), 239 참고.

4 이때의 결정 사항은 다음과 같다. ① 감독으로서 영지를 받게 될 때는 황제가 영주의 자격으로 홀을 주어서 이를 임명하고 감독의 자격으로는 교황이 반지를 주어서 임명하도록 하였다. 전에는 황제가 반지를 주어서 마음대로 감독을 임명할 수 있었는데 이제는 그 권한이 교회로 옮겨가게 되었던 것이다. ② 그러나 감독을 선택하여 임명할 때는 황제 또는 그 대리자가 임석해야 하며 임직식을 거행할 때는 황제가 앞서고 교황이 그 뒤를 따르는 순서로 되었다. 그러므로 인물 선택의 권한은 교회에 있더라도 황제가 제후의 권세로 그의 임직을 거부할 때는 감독으로 세워질 수 없었고 영토도 받을 수 없었다. 따라서 표면적으로는 황제의 권한이 줄어든 것처럼 보이지만 사실은 그렇지 않았다.

5 R. Boethner, *Roman Catholicism*(Philadelphia: P&R, 1972), 427ff.

6 교황 무오론, 혹은 교황 지상주의를 큐리얼리즘(Curialism)이라 하고 이에 대한 대체 주장을 콘질리아주의라고 말한다. 즉 교황 한 사람보다는 여러 사람의 의견을 수렴하는 것이 보다 합리적이므로 큐리얼리즘은 콘질리아리즘으로 대치되어야 한다고 보았던 것이다. 콘질리아 운동은 파리의 존(John of Paris)에 의해 시작되었고, 파두아의 마르실리오(Marsilio of Padua), 윌리엄 오캄(William Occam)에 의해 발전되었다.

7 에라스투스는 스위스에서 태어나 바젤에서 신학을, 볼료냐와 파두아에서 의학과 철학을 공부했다. 1558년에는 의사이자 하이델바르그 대학 의학교수가 되었다. 당시 하이델베르크에는 카스퍼 올리비아누스의 영향으로 강력한 칼빈주의적 정치 체계가 권장되고 있었다. 신학적으로 츠빙글리적이었던 에라스투스는 이런 견해를 반대하여 하이델베르크를 떠나지 않을 수 없었다. 6년 후 에라스투스는 죽고 에라스투스의 미망인과 결혼한 G. Castelvetro는 에라스투스의 유작을 *Explicatio gravissimae quaestionis utrum excommunicatio*라는 제목으로 출판했다. 이 글에서 에라스투스는 교황에 의해 시행되는 출교를 반대하고 교회 문제에 대한 국가의 지배권을 주장했다. 이 책의 영어 역본은 1659년 *The Nullity of Church Censures* 라는 제목으로 출간되었다. 이런 견해는 영국에서 새로운 주장이 아니었다. 이미 후커(Richard Hooker)

는 세속 권력의 절대권을 그의 *Ecclesistical Polity*(1954)에서 주창한 바 있다. 그 외에도 영국의 장기 국회의원 중에서 그리고 심지어는 웨스트민스터 회의 대표(divines) 중에서 예컨대, Selden, Lightfoot, Coleman 등은 넓은 의미에서 국가 권력의 교회 지배권을 말한 이들이 있었다. 영국 교회(성공회)는 감독이 왕에 의해 임명되고, 주요 예배 의식이 의회를 통과해야 한다는 점에서 에라스티안주의를 지향한다고 말한다.

8 이에 관해 2부 1장 각주 18번 참고.

9 흔히 장로제의 제3의 특징이라고 일컬어지는 '평등성'은 1646년 12월에 발행된『교회 정치의 신적 제정』(*Jus Divinum Regiminis Ecclesiastici*)에서는 언급이 없다. 도리어 그것은 스코틀랜드의 맥퍼슨과 미국의 찰스 하지가 주창했다.

10 이런 모순은 웨스트민스터 신앙고백서만이 아니라 벨직 신앙고백서 36항에도 나타난다. G. I. Williams,『웨스트민스터 신앙고백서 강해』, 나용화 역 (고양: 크리스천, 2009), 393.

11 김영재,『교회와 신앙 고백』 (서울: 성광문화서, 1991), 176.

12 김영재,『교회와 신앙 고백』, 176.

13 한스 숄,『종교 개혁과 정치』, 황정욱 역 (서울: 기독교문사, 1993), 129.

14 A. A. 하지,『웨스트민스터 신앙고백해설』, 김종흡 역 (서울: 크리스천다이제스트, 1998). 393.

15 하지,『웨스트민스터 신앙고백해설』, 389.

16 하지,『웨스트민스터 신앙고백해설』, 389.

17 *Die Bekenntnisschriften der evangelisch-lutherischen Kirche*. hrsg. im Gedenkjahr der Augsburgischen Konfession(1930. 2), 246; Edmund Schlink, *Theologie der lutherischen Bekenntnisschriften*(1948), 357.

18 Walter Künneth, *Politik zwischen Dämon und Gott. Eine christliche Ethik des Politischen*(1954), 297.

19 渡辺信夫,『カルヴァンの 教會論』(改革社, 1976), 20장 참고.

20 이런 관점에서의 논의가 주목을 받았다. Heinz Scheible (hrsg), *Das Widerstandsrecht als Problem der deutschen Protestanten* 1523-1546 (1969)는 이 견해를 반영한 자료집이다.

21 이와 유관된 인물과 저작은 다음과 같다. Theodore de Bèze(1519-1605), *De jure magistratuum in subditos et officio subditorum erga magistratus*, (1574), Hubert Languet(1518-1581) et Philippe Du Plessis-Mornay(1549-1623), *Vindiciae contra tyrannos*(1579), Francois Hotman(1524-1590), *Franco gallia*(1573). Lambert Daneau(1530-1595), *Politices Christianae libri* Ⅶ. (1595). 프랑스인 외에도, 스코틀랜드인 George Buchanan(1506-1582)의 *De jure Regni aqud Scotos dialogus*(1579)가 있다. George Buchanan은 주로 프랑스에서 연구 활동을 했다. 가톨릭에서의 경우 Guillelmus

Rossaeus(Rose), *De justa Reipublicae Christianae in Reges impios et haereticos authoritate* (1590), Juan Mariana(1537-1624), *De rege et regis institutione*(1599) 등이 있다. 渡辺信夫, 제20장에서 부분적으로 인용함.

22 Francois Wendel, *Calvin. sources et évolution de sa pensée religieuse*(Paris: Presses Universitaires de France, 1950), 6.

23 Sturum, 46. 이 말은 당시 광범위하게 회자되던 일반개념이라고 한다.

24 Beza, Brutus, Hotman, 87, 114.

5장 / 개혁교회의 사회적 책임 ※

시작하면서

　대한예수교장로회 총회 설립 100주년을 기념하는 신학 정체성 포럼에 참여하게 된 것을 기쁘게 생각하며 과분한 영예로 생각한다. 필자에게 주어진 '개혁교회의 사회적 책임'이 무엇인가에 대한 논의를 다음의 몇 가지 순서로 전개하고자 한다. 우선, 교회의 사명은 일반적으로 예배, 증거, 교육, 봉사 등으로 설명하는데, 봉사의 개념은 하나님 사랑의 외적 실천으로서의 이웃 사랑뿐만 아니라 사회적 책무까지 포함된다는 점을 지적하고, 개혁교회 전통에서 사회적 책임이 중시되어 왔다는 점을 지적하였다. 2항에서는 이런 역사적 사례를 근거로 중간 시대를 살아가는 우리 그리스도인들에게 주어진 두 가지 사명, 곧 전도의 사명과 문화적 사명(사회적 책임)을 어떻게 수행할 것인가에 대해 고찰하였다. 특히 이 점을 아브라함 카이퍼, 끌라스 스킬더, 요켐 다우마, 폴 마샬, 그리고 로잔 언약의 경우를 비교하여 전도 명령과 문화 명령, 이 양자를 어떻게 효과적으로 수행할 것인가에 대한 교회의 논의를 소개하였다. 3항에서는 이를 토대로 오늘 우리는 사회적 책임을 구체적으로 어떻게 수행할 수 있을 것인가에 대한 소견을 기술하였다. 이 글이 '개혁교회'의 사회적 책임에 대해 논의하지만 반드시 개혁교회에만 국한하지 않고 개혁교회 전통을 중시하면서도 범복음주의적인 입장에서 고려하였다.

가. 교회의 사회적 책임에 대한 교회의 이해

　1) 교회의 사명과 사회적 관심

　　교회의 가장 중요한 일차적인 과제는 교회의 '본질'을 지키며, 교회에 주어진 '사명'을 수행하는 일이다. 교회의 본질과 사명은 상호 결연 된 동전의 양면과 같은 것으로서 개혁교회 전통에서는 이를 흔히 4가지로 설명되어 왔다. 그것이 예배, 증거(전도, 선교), 교육, 봉사였다.[1]

예배(라트레이아)는 하나님께 영광을 돌려 드리는 가장 분명한 방법으로서, 예배에서 말씀의 선포(설교)는 살아 계신 하나님의 음성을 들으며 헌신과 봉사로 우리 자신을 하나님께 드리는 가장 중요한 행위이다.

증거(마르투리아), 곧 복음 증거의 사명은 전도와 선교를 의미하는데, "예루살렘과 온 유대와 사마리아와 땅 끝까지 이르러 내 증인이 되라."는 명령에 대한 응답이다(행 1:8). 증거의 사명은 예수님의 마지막 교훈이자 지상명령(great commission)이었고, 이것은 그리스도를 통한 구원의 선포였다.[2]

교육(파이데이아) 또한 교회가 행해야 하는 중요한 사명으로 간주되어 왔다. 설교라는 것은 교회가 초기부터 시행해 온 일종의 신앙 교육의 수단이었다. 바울은 믿음 안에서의 성장을 강조했고, 신앙 교육의 필요성을 강조한 바 있다(엡 4:13-15). 개혁교회 전통에서 생산된 신앙고백서(Confessions)나 교리문답서(Catechism)는 바로 이런 교육적 목적에서 제정된 문서들이었다.

봉사(디아코니아)는 하나님의 백성인 교회의 이웃사랑의 정신을 실천하는 것을 의미한다. 성경이 가르치는 삶의 방식은 이타적인 삶이고, 예수님은 분명히 궁핍한 자들과 고통 받는 자들의 문제에 깊은 관심을 가지셨다.[3] 초대 교회 또한 이웃을 섬기며, 봉사하는 일에 헌신적이었다. 사랑과 배려, 배품과 나눔은 하나님께 영광을 돌리는 수단이었다(벧전 2:12). 그리스도인의 삶의 방식은 섬기는 생활이며, 이웃을 섬기는 봉사는 교회가 수행해야 하는 사명이다(막 10:45). 교회는 봉사와 섬김을 통해서도 하나님께 영광을 돌려야 하기 때문이다.

교회는 이 4가지 사명 완수를 위해 때로는 박해를 받기도 했고, 고난과 수난의 여정을 기꺼이 감내해 왔다. 교회가 비록 사회로부터 비난과 조롱을 받는다 할지라도 그것이 교회의 본질과 사명 완수를 위한 것이라면 고난과 박해만이 아니라 비난과 조롱도 감내할 수밖에 없을 것이다.

그런데 교회와 교회에 속한 그리스도인은 이 세상과 절연된 고도(孤島)나 고립무원의 세계에 살지 않고 이 세상 한가운데 살고 있다. 예수님께서 "너희는 이 세상의 빛이요 소금이라"고 말했을 때 이 말은 그리스도인과 교회가 이 세상 한가운데에서 살고 있다는 사실을 전제로 하는 말이다. 반틸(Conelius van Til)은 우리의 시민권은 하늘에 있지만 이 세상에 살고 있다는 사실도 중시했다. 따라서 교회는 이 사회와 무관한 집단일 수 없고 이 사회에 대하여, 이 사회 성원의 일원으로 이 세상에 대한 책임을 지니고 있다. 이를 우리는 '문화적 사명'(cultural mandate)이라고 일컬어 왔다.

일반적으로 기독교회는 교회에 주어진 사명 중 '봉사'의 사명을 일차적으로는 이웃에 대한 사랑과 선행, 섬김과 베풂 등 형제와 이웃에 대한 책임만이 아니라 역사에 대한 책임성을 포함하는 것으로 이해한다. 말하자면 도덕의 증진, 의의 추구, 정의의 실현, 혹은 평화에의 도모도 봉사의 영역으로 간주한다.[4]

물론 이 사회에서의 그리스도인의 현존(現存)을 어떤 방식으로 이해하는가에 대해서는 상이한 견해가 있을 수 있다. 그리스도인은 세상에 속하지 아니하였으므로 모든 세속적인 활동에서 벗어나 세상과 분리되어 은둔자의 삶을 살아가야 하는가? 아니면 '성'(聖)과 '속'(俗), 곧 교회와 세상에 각기 달리 적용될 수 있는 이중적 가치관을 가지고 살아야 하는가? 그렇지 않으면 이 양극단을 거부하고 기독교적 가치관과 표준을 가지고 살면서 이 세상과 문화를 변혁시키는 문화적 사명을 감당해야 하는가?

리처드 니버(Richard Niebuhr)는 『그리스도와 문화』(*Christ and Culture*,

1951)에서 그리스도인과 이 사회(문화)와의 관계를 다섯 가지 유형으로 구분한 바 있지만, 로버트 웨버(Robert Webber)는 이를 단순화하여 역사적 측면에서 3가지로 구분한 바 있다.[5] 곧, 이 사회 구조에 참여하거나 창조적인 문화 활동을 무의미하게 여기는 분리 모델(separational model),[6] 기독교와 문화 간의 분리의 벽을 제거하고 세속 사회와 기독교 신앙 사이의 긴장을 인정하지 않는 동일시 모델(identificational model), 그리고 사회적 책임을 인지하고 적극적 자세로 문화 변혁적 책임을 수행해야 한다는 변혁 모델(transformational model)이 그것이다. 그렇다면 개혁교회가 추구하는 모델은 무엇인가?

2) 개혁교회 전통에서의 사회적 책임

개혁교회 전통에서 볼 때, 문화적 사명을 중시하는 변혁 모델이 보다 이상적인 형태로 인식되어 왔다. 우리가 개혁교회 전통(Reformed tradition)이라고 말할 때, 이 말은 16세기 종교 개혁, 특히 칼빈의 신학을 계승하되 웨스트민스터 신앙고백서에 나타난 신학 체계와 영미에서 발전된 장로교 전통을 통괄하는 의미로 볼 수 있는데,[7] 개혁교회의 신학은 몇 가지 특징을 지닌다. 가장 중시되는 사상은 하나님 주권 사상이다. 하나님은 창조주이시며 통치자이시며 자연과 역사의 주이시다. 하나님의 간섭과 통치 가운데서 자신의 택한 백성을 부르시고 구원의 역사를 이루어 가신다는 믿음이다. 하나님의 영광에의 추구 또한 개혁신학이 지향하는 중요한 가치라고 할 수 있다. 사람의 제일 되는 목적은 하나님을 영화롭게 하고 영원토록 그를 즐거워하는 것이라고 믿는다. 이것이 성화적 삶의 궁극적 목표이다.

개혁교회는 인간의 죄와 무능력에 대해서도 깊은 성찰을 요구한다. 개혁교회는 하나님과 인간의 근본적인 차이를 인식하고 있다. 인간의 무능함을 깊이 인식하고 하나님의 은총 가운데 구원이 있음을 강조한다. 인간의 죄성에 대한 인식은 개혁교회 전통에서 면면히 이어온 중요한 특징이다. 개혁교회 전통에서 중시되어 온 또 한 가지 사상은 문화 변혁 사상이다. 개혁교회는 은둔주의를 지향하지 않으며 역사에 대한 책임을 강조해 왔다. 이런 점에서 개혁교회는 사회적 책임을 경시하지 않았다.

실제로 초기 기독교회에서부터 그리스도인들은 사회적 책임을 경시하지 않았고, 이 점은 교회사 전통에서 면면히 이어져 왔다.[8] 예컨대 초기 그리스도인들은 비록 그 사회로부터의 심리적 이민자들이었지만 일상의 삶을 통해 자신들이 속한 사회의 시혜자(施惠者)이고자 했다. 그것을 그리스도인의 사회적 책임으로 인식했다.

비록 그들이 로마 제국의 압제하에서 사회에 소요를 일으키고, 소동케 하는 반(反)사회적 집단으로 곡해되어 비난받기도 했으나, 진정한 의미에서 이들은 사회의 평안과 평화를 추구했다. 예레미야가 바벨론에 포로로 잡혀 갔던 백성들에게 말했던 "너희는 내가 사로잡혀 가게 한 그 성읍의 평안하기를 힘쓰고, 위하여 여호와께 기도하라."(렘 29:7)는 가르침은 초기 그리스도인들의 사회적 삶의 양식으로 이해되었다. '공동의 유익'(public good, usui publico)은 그리스도인들이 헬라 로마 사회에서 실행하고자 했던 일상의 양식을 결정했다. '그 도시의 유익을 구하라'는 기독교 전통의 사회관은 초기 로마-헬라 사회에서 잘 알려진 것이었다.[9] 그리스어 폴리테이아($\pi o \lambda \iota \tau \varepsilon i \alpha$)는 흔히 '정치학'(politics)으로 번역되지만 1세기 당시의 이 말의 의미는 현재의 의미보다 훨씬 포괄적이었다. 이 말은 '공공 생활'(public life)로 번역될 수 있다. 그것은 집안에서의 사적 생활과 반대되는 의미, 곧 한 사회의 공적 생활의 전부(the whole of life)를 포괄하는 그런 의미를 지니는데,[10] 그리스도인들은 이런 사회적 삶으로부터 결코 자신을 분리하지 않았다. 도리어 그런 사회적 삶을 통해 그 사회에 유익을 주고자 했다. 이것이 초기 그리스도인들의 일상이었다.[11]

이런 삶의 방식은 교회와 국가가 일체화 되는 중세 시대에는 선명하게 드러나지 못했다. 특히 국가 권력과 국가 권력에 대한 교회의 의무와 책임에 대해서는 어두운 흑암의 질곡에서 방황했다. 그러다가 16세기 종교 개혁 이후 교회의 사회적 책임이 새롭게 조명되기 시작했다. 특히 개혁교회 전통에서 그러했다. 영방 교회적 성격의 루터파 교회의 경우 여전히 국가 교회적 성격이 강했고, 국가, 국가 권력과의 바른 관계를 정립하지 못했다. 그러나 칼빈의 가르침(主意)을 따르는 개혁교회 전통에서는 이 점을 분명히 해명하여 왔다.

 이 점을 구체적으로 지적한 인물이 존 브랏이었다. 존 브랏(John Bratt)은 칼빈과 그의 개혁 운동이 가져온 5가지 공헌을 지적했는데,[12] 성경에 대한 강조를 통해 성경의 권위와 충족성을 확신했고, 성경만이 신학의 유일한 원천이자 신앙과 삶의 표준임을 보여 주었다고 지적했다. '장로교 정치 제도'를 확립한 것도 칼빈의 공헌이었다. 성경은 어떤 특정한 교회 정치 제도를 명시적으로 제시하고 있지는 않지만 칼빈은 사도 시대에 장로교적 교회 정치 제도가 이미 시행되고 있었다고 확신했다. 칼빈에게 있어서 교회 정치 문제는 두 가지 점에서 중요한 관심사였다. 첫째는 국가 권력과의 관계에서 교회의 독립성을 확보하는 일이었고, 다른 하나는 교회 내의 질서를 유지하고 바른 교회 건설을 위해 필요한 일이었다. 당시 국가나 시의회 등 국가 기구는 교회 문제에 개입하고자 했고, 교회는 국가 기관으로부터 독립을 유지해야 했다.[13] 이러한 상황에서 교회 정치 제도는 중요한 관심사였다. 칼빈이 1541년 제네바에서 작성한 교회 헌법(*Ecclesiastical Ordinances*)은 이런 관심의 반영이었다. 국가와 교회와의 관계에서 교회가 국가보다 우선하고 교회는 국가에 대한 지배권을 갖는다는 주장도 옳지 않지만, 국가가 교회보다 우선한다는 에라스티안주의(Erastianism)나 황제-교황주의(Caesar-Papism)도 옳지 않다. 로마 가톨릭은 교회의 세속 지배를 정당화 했고, 성공회는 국왕이 교회의 수장임을 인정했다. 루터교는 국가의 교회 간섭을 완전히 배제하지 못했기 때문에 영방(領邦)교회로 발전하였다. 이런 상황에서 칼빈은 어떤 정치 제도가 성경에 부합되는 제도인가에 대해 고심했다. 그는 국가와 교회는 각각의 고유한 기능이 있고, 국가가 교회 문제를 간섭하거나 교회가 국가의 기능을 대치해서는 안 된다고 보았다. 교회와 국가 간의 바른 관계의 정립은 국가에 대한 교회의 책임을 확인하는 계기가 된 것이다.

기독교적 가치에 기초한 사회 전반에 대한 개혁은 기독교의 사회적 책임을 보다 선명하게 보여준 것이었다. 칼빈은 '교회의 개혁자'였으나 그의 개혁은 교회 내적인 문제에만 국한되지 않았다. 그의 교회 개혁의 이상은 사회 개혁으로 외연되었는데, 그것은 교회 개혁의 자연스런 결과였다. 사회 변화에 있어서 루터보다 칼빈의 기여가 컸다. 루터는 근본적으로 보수주의자로서 사회 변화에 대해 역동적이지 못했다. 루터의 신학이 그리스도 중심적이라고 한다면, 칼빈은 하나님 중심적(Theocentric)이었는데, 그의 신관은 인간관 사회관 등 신학 전반에 영향을 주었다. 이 점에 대해 트뢸취(Emest Troeltsch, 1865-1923)는 이렇게 말한 바 있다. 칼빈주의자들은 "어느 곳에서나 사회 전체의 삶을 계획적으로 구축하고자 하는 노력과 일종의 '기독교 사회주의'에 대한 시도가 있었다. … 칼빈주의는 교회가 삶의 모든 부분에 관심을 가져야 한다는 원칙을 세워 놓았고, 루터교처럼 종교적인 요소와 비종교적인 요소를 분리하지 않았을 뿐만 아니라 로마 가톨릭처럼 몇몇 기관을 세워 두고 간접적으로 참여하는 방식을 취하지도 않았다."

칼빈은 사회를 성속(聖俗) 이원론에 따라 분리하지 않았고, 사회와 그 제도를 불변의 절대적인 구조로 보지도 않았다. 하나님은 인간의 역사 속에 모든 제도, 조직, 직업, 직위 등 질서를 설정하였으며, 이 모든 조직과 제도는 하나님의 통치하에서 그의 뜻을 성취하기 위한 예속된 수종자(servants)로 표현된다. 세상에서 절대적인 것은 하나님의 말씀 외에는 아무것도 없다. 사회를 절대 불변의 구조로 보지 않는다는 말은 사회는 타락했고, 타락할 수 있다는 인식에 바탕을 두고 있다. 그래서 그 사회는 개혁될 수 있다는 점도 암시한다. 여기에 교회의 사회적 책임이 있다.

칼빈은 제네바 시를 성경에 부합하는 도시로 만들려는 성경적 정치(Biblocracy)에 대한 이상을 지니고 있었고, 이런 이상을 실현하기 위해 치리와 질서를 강조하였다.[14] 그가 주 1회 성찬식의 시행을 주장하고 권징을 강조했던 것은 도덕과 윤리적 삶을 고양함으로 성화의 삶을 살게 하기 위한 것이었고, 궁극적으로는 사회 개혁을 위한 것이었다. 칼빈이 구빈원을 설치하고, 결혼법을 제정하는 등의 일은 기독교적 가치를 근거로 사회를 변화시키고자 하는 동기에서 출발했다. 몽테르는 "제네바 역사에 있어서 모든 길은 결국 칼빈에게로 통한다."[15]고 했는데, 이것은 사회 전반에 대한 칼빈의 개혁을 지적하고 있다. 칼빈은 교회와 그리스도인의 사회적 책임을 중시했음을 알 수 있다.

존 브랏이 지적한 바처럼 칼빈은 도덕의 함양, 윤리적 생활을 통해 기독교적 삶을 강조했다. 참된 의와 경건은 칼빈이 추구한 목표였다.[16] 그렇다고 해서 그가 청교도적 엄격성이나 율법주의적 준수를 이상으로 여긴 것은 아니다. 칼빈에게 있어서 지속적인 윤리적 행위에 의해 드러나는 경건한 삶은 구원받은 자의 생활 속에 자연스럽게 나타나는 결과였다. 동시에 그것은 하나님의 값없이 주신 구원에 대한 감사의 표시였다. 칼빈이 경건한 삶을 그처럼 강조했던 것은 도덕적이지 못하고 윤리적이지 못한 제네바의 사회상에 대한 반응이었다. 프레드 그래함(Fred Graham)은 "칼빈의 제네바는 그 시대의 모든 문제를 안고 있던 도시"라고 말했을 정도로 다양한 문제를 안고 있었다.[17] 암울한 중세 말기에 회자되던 "성직자의 삶은 평신도의 복음이다(Vita clerici est evangelium laice)."는 말은 당시에도 여전히 유효했다. 중세 로마 가톨릭의 문제는 교리적인 타락과 함께 성직자들의 윤리적인 부패였다. 루터파는 로마 가톨릭 성직자들의 도덕적 타락을 비판하면서도 도덕적 변화나 윤리적 삶을 정당하게 강조하지 못했다. 실제로 루터의 제자들, 특히 평신도 가운데서 윤리적이지 못한 이들이 적지 않았다.[18] 대표적 인물이 루터의 후원자로서 막

강한 권력을 행사했던 헤세의 필립(Philip of Hesse)이었다. 루터와 그의 동료 개혁자들은 그가 중혼(重婚)을 하도록 허용하여 방종한 삶을 살도록 묵인해 주었다.

그러나 칼빈은 이런 점에 있어서 분명했다. 그는 엄격한 치리를 강조하고 이를 실행했다. 이것은 복음에 의한 사회 개혁이었다. 이런 그의 원칙이 제2차 제네바 사역기 첫 10년간을 어렵게 만들었던 요인이었다. 윌리엄 에스텝(William Estep)이 지적한 '고투의 첫 10년'은 엄격한 치리의 실행이 빚은 불가피한 결과였다.[19]

사실 제네바에서의 개혁 추진에는 정치적인 동기가 없지 않았고, 도덕적 상태는 심각했다. 존 브랏에 의하면 파렐은 공권력을 발휘해서라도 시민들의 도덕의식을 고양하려고 생각했다. 그러나 이러한 시도가 효과적이지 못했고, 개선의 징조가 보이지 않게 되어 칼빈의 제네바 정착을 강력히 요구했고, 이러한 상태를 타개해 주도록 요청했다고 한다.[20] 사실 칼빈은 로마 가톨릭 신자들은 물론 루터교 추종자들, 그리고 시민들의 도덕성이 크게 결여되어 있음을 발견하고 경건한 삶에 대해 강조했다. 이것은 제네바 교회가 시행해야 하는 사회적 책임으로 이해한 것이다. 그에게 있어서 죄는 어떤 것에 대한 결핍이나, 은혜에 대한 반대 개념이 아니라 하나님과 우리 인생을 향하신 그의 거룩한 뜻에 대한 반역이라고 보았다. 그래서 그는 인간이 하늘에 계신 아버지의 택함 받은 자로서 성령 충만한 삶을 살며, 그리스도 중심적인 삶을 살아야 하는 또 다른 책임에 대해 주의를 환기시켰다. 그에게 있어서 경건한 삶에의 요구는 구원받은 성도들의 당연한 삶의 방식이었다.[21] 그런 점에서 칼빈은 성화의 신학자였다.

교회의 사회적 책임은 18세기 영국의 복음주의 운동(the Evanzelical Revival)에서도 강조되었다. 브레디(J. W. Bready)는 복음주의 신앙 부흥 운동이 "영국 역사를 기록하고 있는 다른 어떤 운동보다도 일반 대중의 도덕성을 더욱 많이 변화시켜 놓았다."고 지적했다.[22] 웨슬리나 휫필드 등이 복음 전도자이자 사회 정의를 외친 인물이었기 때문이다. 영국의 신앙 부흥 운동은 사회 개혁, 노예 제도의 폐지, 감옥 환경의 개선, 노동 환경의 변화, 노동조합의 결성, 심지어는 유흥을 위한 동물 학대의 폐지 등에도 영향을 끼쳤다. 복음주의 운동이라는 신앙 운동은 사회 전반에 영향을 끼쳤다. 그 결과 그 다음 시대 복음주의 지도자들도 복음 전파와 사회 활동에 동일한 정열을 쏟았다. 그 대표적인 인물이 그랜빌 샤프(Granville Sharp), 토마스 클락슨(Thomas Clarkson), 제임스 스테펀(James Stephen), 찰스 그랜드 (Charles Grand), 토마스 베빙톤(Thomas Babington), 그리고 윌리엄 윌버포스 (William Wilberforce) 등이다.[23] 씨에라리온의 자유 노예 정착(1787), 노예 매매 금지(1807), 노예 해방(1833) 등은 윌리엄 윌버포스와 그 동료들에 의해 이룩한 사회책임의 결실이었음은 널리 알려져 있다. 복음주의자들이 사회적 책임을 인식하고 이를 실행한 것은 미국에서도 동일했다.

나. 사회적 책임, 어떻게 감당할 것인가?

이상에서 그리스도인의 사회적 책임은 초기 기독교에서 강조되었고, 16세기 종교 개혁 이후 개혁교회 전통에서 중시되어 왔다는 점을 지적했다. 그렇다면 교회는 사회적 책임을 어떻게 감당할 수 있을까? 먼저 그리스도인이 감당해야 할 두 가지 책임에 대해 언급한 후, 어떻게 이 책임을 완수할 것인가에 대한 몇 가지 견해에 대해 소개하고자 한다.

1) 복음 전도와 사회 책임 : 전도 명령과 문화 명령

그리스도인들은 두 가지 명령을 수행하도록 부름 받고 있다. 한 가지는 "생육하고 번성하여 땅에 충만하라 땅을 정복하라"(창 1:28)는 '문화 명령'이고, 다른 한 가지는 "너희는 가서 모든 민족을 제자로 삼아 아버지와 아들과 성령의 이름으로 세례를 주고 내가 너희에게 분부한 모든 것을 가르쳐 지키게 ㅎ 라"(마 28:19, 20)는 '전도 명령'이다. 오늘 우리에게 주어진 문제는 우리가 부여받은 이 두 가지 사명을 어떻게 효과적으로 수행할 것인가의 문제이다.

'문화'(culture)란 인간의 정신적 활동과 삶과 행위의 총체적 결과(C. Dawson)라고 할 수 있는데, 광의로 보아 그리스도인의 사회적 책임은 문화적 사명에 포함된다고 볼 수 있다. 그런데, 그 동안 그리스도인들은 문화 명령에 대해서는 정당한 관심을 표명하지 못했다. 보수적인 신자들에게는 더욱 그러했다. 그것은 문화 명령은 인간이 타락하기 전에 주어진 명령이기 때문에 인간이 타락한 이후의 상황에서는 전도 명령만큼 중요하지 않다고 인식했기 때문이었을 것이다. 그래서 문화 명령은 종종 전도 명령에 종속되는 부수적인 것으로 이해되기도 한다.

우리에게 부여된 문화 명령, 곧 '사회적 책임'과 '전도 명령'을 어떻게 수행할 것인가? 양자는 상호 배치되는 독립된 두 개의 명령인가, 아니면 어느 하나로 통합할 수 있는 것인가? 아니면 이 두 명령을 동일한 두 측면으로 보아야 하는가? 이것도 아니라면 어느 하나는 다른 하나보다 우선하고 시급한 명령인가? 우리는 이 두 명령의 관계와 그 명령 수행에 대한 이해를 3가지 유형으로 구분할 수 있다. 첫째, 두 가지 명령 중 어느 하나가 다른 하나를 포함하는 것으로 이해하는 입장, 둘째, 두 가지 명령을 동일한 것의 두 측면으로 이해하려는 입장이 그것이다. 셋째, 문화 명령(사회적 책임)과 전도 명령 중 어느 하나를 특별히 강조하는 입장이 그것이다. 이 점에 대해 순차적으로 고찰해 보고자 한다.

2) 아브라함 카이퍼, 끌라스 스킬더

하나님께서 그리스도인과 교회에 주신 두 가지 명령을 어떻게 수행할 것인가에 대해 화란 개혁파 교회는 심각하게 논의한 바 있다. '문화론'은 19세기 화란 개혁교회의 중요한 논점이기도 했고, 이것이 교회 분열의 한 가지 원인이 되기도 했다. 아브라함 카이퍼(Abraham Kuyper, 1837-1920)는 이런 토론의 선구적 인물이다. 아브라함 카이퍼는 자신의 문화에 대한 이해를 1895년 9월 1일부터 1901년 7월 14일까지 신학 잡지 「드 헤라우트」(De Heraut)에 연재했는데, 후일 『일반 은총』이란 제목의 3권의 책으로 출판되었다.[24]

이 글에서 카이퍼는 우리가 구원받고 하나님의 백성이 되는 것만이 아니라 문화, 곧 사회적 책임 완수를 통해서도 하나님께 영광을 돌릴 수 있다고 보았다. 인간이 타락한 이후에도 하나님이 베풀어 주시는 일반 은총이 그의 문화관의 출발점이다. 카이퍼는 개혁신학자들이 주로 '특별 은총'에만 큰 관심을 가졌다는 점을 비판하면서 자신은 '일반 은총'(De Gemeene Gratie)에 많은 관심을 기울였다. 하나님은 인간을 창조하신 후 그들에게 문화적 사명을 주셨는데, 비록 인간이 타락하였지만 문화 명령을 무효화 시키지는 않았다고 보았다. 그래서 인간은 발전된 문화를 통하여 하나님께 영광을 돌릴 수 있다고 본 것이다. 하나님은 아담과 하와에게 문화 발전의 '씨'를 부여하였는데 이 씨는 때가 되면 싹이 나고 자라 열매를 맺는다고 보았다. 이렇게 개발되고 발전된 문화는 종말 때까지 소멸되지 않는 '영원한 소득'(blijvende winste)이 된다고 했다.[25] 이처럼 삶의 모든 영역에서 개발되고 발전된 문화를 통해 하나님의 영광을 드러내야 한다는 카이퍼의 문화관은 이 세상에서의 그리스도인의 문화 활동을 크게 고무하였다.

그런데 끌라스 스킬더(Klaas Schilder)는 1947년 『그리스도와 문화』(Christus en cultuur)라는 책을 써서 아브라함 카이퍼의 일반 은총론(gemene gratie)을 비판했다. 그는 이 책에서 문화적 사명을 '일반 은총'의 영역에서 이해하는 카이퍼를 비판하였다. '은총'이란 '호의'(好意), 혹은 '허락되는 것'을 의미하는 것으로, 이것은 해도 좋고, 하지 않아도 되는 그런 의미를 내포할 수 있는데, 사명이라 하면 하나님의 명령, 꼭 해야 하는(moeten) 것이므로 카이퍼의 일반 은총론은 잘못이라고 주장했다. 스킬더는 카이퍼처럼 '일반 은총'이라고 부르기 보다는 '일반 사명'(gemene maudaet), '일반 명령'(gemene bevel) 혹은 '일반 소명'(gemene roeping)이라고 부르는 것이 옳다고 주장했다. 또 스킬더는 카이퍼의 문화관은 지나치게 낙관적이라고 보아 사명감보다는 자기만족이 빠질 위험이 크다고 지적했다.[26] 특히 스킬더는 그리스도인들이 문화적 사명을 감당하기 위해서는 위에서 오는 힘을 얻어야 하는데, 그 힘을 공급하는 곳이 교회라고 보았다. 즉 교회가 신자의 문화적 사명 완수의 용광로(vuurhaard) 역할을 해야 한다고 보았다.[27]

정리하면, 교회는 하나님의 명령을 따라 참된 문화 명령을 수행하도록 세상에 파송된 것이라고 하여 문화 명령 수행과 교회와의 관계를 불가분의 관계로 이해했다. 그러므로 문화 명령, 곧 사회 책임을 일반 은총의 관점에서가 아니라 특수 은총의 관점에서 이해해야 한다는 것이다. 이것이 스킬더가 카이퍼와 다른 점이었다. 그러나 따지고 보면 카이퍼와 스킬더의 문화관은 후에 언급할 다우마(J. Douma)의 지적처럼 근본적으로 다르지 않다.[28] 말하자면 카이퍼나 스킬더는 문화적 사명을 강조하여 이 일을 통해 전도의 사명을 감당할 수 있다는 입장이었다.

우리가 전도의 사명이라 하여 꼭 전도지를 돌리고 가가호호 방문하는 전도 활동을 통해서만이 아니라 문화적 사명을 감당하면 전도의 사명이 이루어진다는 입장이었다. 즉 이들은 문화 명령, 곧 그리스도인의 사회적 책임 완수 속에 전도 명령이 포함되는 것으로 이해한 것이다. 기독 신자로서 빛과 소금의 사명, 이웃과 사회, 국가에 대한 문화적 사명 곧 사회적 책임을 감당하면 자연스럽게 전도의 사명이 성취된다는 입장이었다. 그래서 문화 명령은 전도 명령을 포함한다고 보았다.

3) 요켐 다우마

반면에 고신대 이보민 박사의 지도 교수이기도 한 요켐 다우마(Jochem Douma)는 1966년 12월의 『일반 은총론』(Algemene Genade)이라는 박사논문에서 카이퍼와 스킬더의 입장을 비판하고, '문화와 나그네'(Cultuur Vreendelingschap)라는 항에서는 자신의 입장을 천명하였다. 다우마는 창세기 1:28을 특별한 사명으로 이해하지 않고 하나님께서 창조 시에 주신 것을 누릴 때에 자연스럽게 따라오는 부수적인 것으로 보았다. 즉 문화는 '먹고 마실 수 있는(누리는) 결과'(gevolg)라고 보았다. 그래서 성경에서 문화적 사명이니 문화적 책임이니 하는 이들, 곧 카이퍼, 스킬더, 혹은 도이예베르트(H. Dooyeweerd) 등을 반대한다. 도리어 그는 그리스도의 사명을 전도 명령, 곧 복음 전파에 두었다. 즉 그는 복음 전파에 그리스도인의 생의 의미를 두고 있다. 다우마는 그리스도인은 이 세상에서는 '외국인과 나그네'로 살고 있다는 점을 강조하면서(히 11:13) 우리는 이 땅에서 외국인 혹은 임시 거주자로 살아갈 뿐이라고 말한다. 우리가 문화적 사명, 곧 사회적 책임 등을 말하면서 이 세상의 문화 세계를 정복하려는 이상, 곧 문화 활동에 지나친 관심을 두는 것은 옳지 않다고 주장한다. 다우마는 세상에 대한 우리의 소명을 보다 적극적으로 드러내야 한다고 말하면서, 그것은 복음 전도의 사명이라고 말한다. 즉 다우마는 복음이 받아들여지는 곳에는 자연스럽게 정치, 경제, 사회, 문화 모든 영역에서 변혁을 가져오게 된다고 말한다. 우리의 삶은 거주하는 나그네의 삶이라고 이해한다.[29] 그런데 우리가 문화적 영역에 우선순위를 둘 때 이런 노력은 성취될 수 없고, 도리어 신자가 이 세상 문화에 정복당하는 결과가 되고 만다고 말한다.

다시 말하면 다우마는 스킬더와는 달리 복음 전도 명령을 성실히 수행하면 자연스럽게 문화 명령, 곧 사회적 책임을 다하게 된다고 보아, 문화 명령은 전도 명령 속에 내포된다고 본 것이다. 따라서 사회적 책임이라는 것은 별도의 그 무엇이 아니라 복음 전도의 사명을 잘 감당하면 사회적 책임은 자연스럽게 달성된다고 본 것이다.

전도 명령이 문화 명령을 포함한다는 입장은, 신앙 혹은 신앙 행위(신앙, 전도, 신앙적 삶 등)의 개념을 확대시켜 해석함으로써 문화 활동도 전도 사명에 포함된다고 이해하는 입장이다. 예를 들면, 신앙 행위란 무엇인가라고 할 때 신앙은 주일날 예배드리고 성경 읽고, 기도하는 것만이 아니라 우리 크리스천이 행하는 모든 것, 신앙적 삶의 모든 행위가 곧 신앙적 표현이라는 것이다. 즉 신앙 행위를 광의적 개념으로 봄으로써 문화를 신앙의 범주에 포함하는 입장이다. 이들은 마태복음 28:20의 전도 명령 자체가 문화 명령을 포함한다고 하였다. 즉 "내가 분부한 모든 것을 가르쳐 지키게 하라"고 할 때, '모든 것'이란 신·구약 성경 전체를 뜻하는 것으로 볼 수 있고, 따라서 전도란 창세기 1장의 문화 소명을 포함하는 것이라고 주장한다.

정리하면, 스킬더는 인간이 타락하기 전 낙원에 처해 있었던 상태를 강조하였다. 그는 인간이 하나님의 형상으로 피조 되었음을 강조하여 문화적 사명을 강조하였다. 이것은 일반 은총 보다는 당연히 해야 하는 일반 명령이고 원 명령(原命令, Oermandaat)이라고 하였다. 반면에 다우마는 신자의 '나그네성'(性)을 강조하여 문화적 사명은 성경에서 찾아볼 수 없다고 말한다. 그리고 신약에서는 그리스도의 사역을 문화적 사명 수행자로 묘사하지 않고 복음 전파자로 말하고 있다고 주장하였다. 다우마는 전도 명령에 진력할 때 결과적으로 문화의 소산도 얻는다고 하였다. 다우마는 전도의 사명을 잘 감당하는 그것이 곧 사회적 책임을 다하는 것이라고 이해한 것이다.

4) 폴 마샬

문화 명령과 전도 명령의 관계에 관한 또 한 가지 견해는 두 명령을 동일한 것의 두 측면으로 이해함으로써 이원론을 극복해야 한다는 입장이다. 즉 문화 명령이나 전도 명령은 대체적인 것으로 보아 양자택일해야 하는 것으로 보지 않고 어느 한 명령을 다른 것에 덧붙여야 한다고도 보지 않는다. 도리어 두 명령을 동일한 명령의 두 측면으로 보려고 한다.[30] 이러한 견해를 대표하는 인물이 폴 마샬(Paul Marshall)과 알 월터스(Al Wolters)이다. 폴 마샬은 복음 전도(전도 사명)와 사회적 책임(문화 사명)은 "'이것이냐, 저것이냐'의 양자택일도 아니고 또 '이것, 저것, 모두'도 아니다."라고 말한다. 도리어 복음 전도와 사회적 책임을 동일한 명령으로 이해한다. 그는 양자의 관계를 다음과 같이 설명했다.

> "참된 기독교적 사회 활동은 항상 전도 사역의 역할을 한다. 왜냐하면 '중립적인' 즉 죄의 결과와 구속의 영향으로부터 벗어나는 삶의 영역은 없기 때문이다. … 반대로 참된 기독교 복음 전도는 언제나 사회 활동의 역할을 한다. 왜냐하면 그 복음 전도는 삶의 모든 영역에 걸쳐 좋은 소식을 실제로 구현시킴 또 선포하는 것이기 때문이다."[31]

5) 로잔 언약(Lausanne Covenant)

로잔 언약은, 앞에서 지적한 세 번째 유형인 문화 명령(사회적 책임)과 전도 명령 중 어느 하나, 곧 전도 명령을 특별히 강조하는 입장이다. 1974년 7월16일부터 25일까지 스위스 로잔에서 모인 '세계 복음화를 위한 로잔 대회'에서는 성경의 권위, 예수 그리스도의 유일성, 복음 전도 등과 같은 복음주의자들에게 소중한 주제들과 함께 사회적 책임을 그리스도인의 의무로 인정한 것은 커다란 변화였다. 로잔 대회에서는 '복음 전도'와 '사회적 책임'(문화적 사명)은 동등한 명령이지만 별개로서 양자가 함께 교회의 선교를 구성한다고 하는 '로잔 언약'이 발표되었다. 그러나 로잔 언약 4항에서는 '복음 전도의 본질'이, 5항에서는 '기독교의 사회적 책임'이라는 제목이 붙여졌고, 6항에서는 "희생적 봉사라는 교회의 선교 가운데 복음 전도가 첫째가 된다."라는 언급 외에는 복음 전도와 사회적 책임 상호 관계에 대한 명백한 설명없이 두 가지 의무를 나란히 제시하고 있다.[32] 그래서 로잔 대회 이후 복음주의자들은 이 양자의 관계를 규명하기 위해 고심해 왔다.

그러나 1982년 6월 미국 그랜드 래피즈(Grand Rapids)에서 모인 '세계 복음화를 위한 로잔 위원회'와 '세계 복음주의 협의회'가 공동 후원한 복음 전도와 '사회적 책임' 간의 관계에 대한 협의회에서도 분명한 관계 설정을 하지 못한 채 모호한 상태에 머물러 있었다.

로잔 언약에서는 '전도'를 좋은 소식을 온 세상이 널리 전하는 것으로서 전도의 결과 예수 그리스도께 순복하게 되고 따라서 당연히 교회와 사회에 책임을 가지게 하는 것이라고 정의하고 있다.[33] 사회적 책임에 대해서는, 하나님은 창조주이자 심판주로서 그가 인간사회에 대해 가지고 있는 정의와 화해에 대한 관심, 그리고 모든 압제로부터의 해방에 대한 관심을 우리와 함께 나누는 것이라고 정의하고 있다. 이어서 "사회적 관심에 대해 등한시한 점에 대해 그리고 복음 전도와 사회적 책임을 상호 배타적인 것으로 간주해 온 점에 대해 참회 한다."고 말하고 있다.[34] 그러면서, "인간과의 화해가 하나님과의 화해는 아니며 사회 활동이 복음 전도는 아니며, 정치적 해방이 구원은 아니지만, 그럼에도 불구하고 복음 전도와 사회 정치적 참여와 책임이 우리 그리스도인의 의무의 두 가지 측면임을 주장한다."[35]고 하여 교회의 전도 사명과 사회적 책임을 분리할 수 없다는 점을 말하고 있다.

로잔 언약에서는 전도와 사회적 책임 사이에는 3가지 관련성이 있다고 말한다. 첫째는 사회적 활동은 전도의 결과라는 점이다. 둘째, 사회적 활동은 전도의 다리가 될 수 있다. 셋째 사회적 활동은 전도의 결과와 목표로서 전도의 파트너 역할을 감당한다. 그러면서도 앞에서 언급했듯이 전도가 우선되어야 한다고 지적하고 있다. 이것은 사회적 책임에 대해 무관심했던 복음주의 교회에 사회적 책임 의식을 고취하는 한편 사회 복음주의에 대항하는 듯한 해석이라고 할 수 있다. 그래서 로잔 언약은 전도와 사회적 책임을 이분화하는 듯한 경향을 보이고 있다.

로잔 언약을 기초할 때부터 사회적 책임에 대한 언급은 중요한 관심사였다. '사회적 책임'을 어떤 용어로 확정할 것인가에서부터 논란이 일기도 했다. 이를 위해 Social ministries, Social responsibility, Social assistance, social service, Social action, Social justice 등의 용어가 검토되었으나 결국 '사회정치적 활동'(Socio-political activity)이라는 용어를 채택했다.[36] 로잔 언약은 '사회봉사'(social service)와 '사회적 행동'(social action)을 구분했는데, 사회봉사는 인간의 필요를 채워 주고 개인과 가족을 위한 자선과 박애주의적인 봉사를 의미하는 한편, 사회적 행동은 인간의 필요의 원인을 제거하고 정치적 경제적 활동을 통해 사회 구조를 변혁하고 정의를 추구하는 활동으로 보았다. 이런 구분은 사회적 책임을 전도와 구분하고, 전도가 우선이며 사회적 책임은 차선의 것임을 보여 준다. 즉 교회의 사회적 책임은 교회의 본질적인 사역이 아니라 선택적 사역임을 보여 주고 있다. 이것은 앞에서 언급한 전도와 문화 명령에 대한 3가지 유형 중 첫 번째 유형, 곧 문화 명령과 전도 명령 중 어느 하나를 특별히 강조하는 입장이라고 볼 수 있다.

이상에서 살펴본 바처럼, 교회의 사회적 책임을 어떻게 감당할 것인가에 대해서는 3가지 유형의 이견이 있으나, 그리스도인이나 교회가 감당해야 할 사회적 책임을 지적한 점에서는 의견을 같이 하고 있다. 개혁교회 전통에서 어느 한 유형이 절대적으로 옳다고 말할 수는 없으나 사회적 책임 또한 교회의 사명이라는 점을 적시한 점을 간과해서는 안 된다.

다. 교회의 사회적 책임

교회에 주어진 사회적 책임을 어떻게 감당할 것인가에 대한 세 가지 견해를 소개했는데, 그렇다면 교회가 감당해야 할 사회적 책임이란 무엇인가? 이것은 기본적으로 1) 교회의 구성원인 그리스도인들이 기독교 정신을 가지고 이웃과 공동체를 위해 봉사하고, 2) 교회 구성원들이 기독교 정신을 가지고 도덕적 의무와 역할을 수행하고, 3) 교회가 그 구성원들에게 도덕적 원칙에 대한 체계적인 표명을 통해 앞의 두 가지 사항을 수행하도록 도움을 주는 것 등을 포함한다. 이를 다음의 3개 항에서 제시해 보고자 한다.

1) 도덕적 의무 : 사랑과 선행

그리스도인과 교회가 감당해야 하는 가장 기본적인 사회적 책임은 그리스도인이 속한 사회에서 사랑을 실천하는 일일 것이다. 형제 사랑과 이웃사랑은 율법과 선지자의 강령으로 교회가 실천해야 할 가장 중요한 사회적 책임이자 기독교가 가르친 가장 중요한 가치라고 할 수 있다. 그래서 성경은 사랑과 자비, 약자에 대한 배려, 궁핍한 자에 대한 베풂 등 이타적 삶의 방식을 교훈하셨다. 사랑의 실천은 하나님 사랑의 구체적인 표현이었다. 그래서 초기 기독교회에서부터 이런 가르침을 실천해 왔다.

예컨대, 테르툴리아누스는 "우리들이 많은 대적들에게 감동을 주는 것은 바로 위난자들에 대한 우리의 보살핌(care for the helpless)이며 우리의 자애의 실천이다."[37]라고 했고, 180년 『페레기너스의 죽음』이란 책을 써서 기독교를 비방했던 터키의 사모사타 출신의 루치아노(Lucian of Samosata, c. 120-?) 마저도 기독교인들을 가리켜, "그들 본래의 율법 수여자는 그들은 서로 형제들이며, 서로가 서로를 사랑하라고 가르쳤다. 그 형제들에게 도움을 줄 일이 발생하면 그들은 즉각적으로 도움을 베풀기를 주저하지 않았다. 이런 경우에 그들은 형제에 대한 배려를 아까워하지 않았다."[38]라고 했다. 이런 사랑의 실천에 대해 말하면서, 『디다케』에서는 '조건 없는 베풂'(unconditional giving)을 강조하고 있고,[39] 3세기 이전의 교부들의 문서에서 빈번하게 나오는 공통된 경구는 "'이것들은 다 네 것이라'고 말하지 말지니라."(οὐκ ἐρεῖς ἴδια εἶναι)는 경구였다.[40] 말하자면 초기 그리스도인들이 가난하고 핍절된 이웃에게 구제하고, 병들고 고통당하는 이들에게 사랑과 자비를 베풀고, 옥에 갇힌 자들을 보살펴 주는 간호 행위는 복음에 대한 확신, 구원에 대한 감사의 표현이었다.[41] 말하자면 사랑과 자비, 선행과 봉사는 기독교 공동체가 추구했던 일상의 가치이자 삶의 방식이었다.

초기 기독교가 이런 희생적인 사랑을 베풀었던 사실은 파라볼라노이(παρα-βολάνοι)[42]라는 호칭 속에 드러나 있다. '위험을 무릅 쓰는 자'라는 뜻의 이 말은 251년 전염병이 창궐했을 때 위험을 감수하고 환자들과 위난자들을 돌보았던 그리스도인들에게 붙여진 칭호였다. 선교에 대한 저명한 연구가인 노버트 브록스(Norbert Brox)는 초대 교회에 선교 명령에 대한 반응이 없었다는 것은 대단히 놀랄 만한 일이라고까지 말했다.[43] 즉 초기 기독교 교부들의 문헌 속에는 전도에 대한 목회적 권고가 없었다는 점이다. 그럼에도 불구하고 기독교가 넓은 지역으로 확산될 수 있었던 것은 사랑의 실천이 가져온 결실이었다. 그리스도인들의 순정(純正)한 사랑과 실천은 사람들에게 감동을 불러일으켰다. 이런 정신의 계승이 오늘 우리 시대 교회가 감당해야 할 사회적 책임일 것이다.

초기 교회 공동체에 속한 그리스도인들은 이 세상과 절연하고 살지 않았고, 타계주의적 삶을 지향하지도 않았다. 도리어 사회적 일상을 중시하고 사랑의 시혜자로 살았다. 오늘의 한국 교회가 새로워지는 것은 부와 권력과 명예로부터 자유하고, 나눔과 섬김과 사랑의 실천을 통해 이웃과 사회에 감동을 주는 일일 것이다. 즉 세속적 가치에는 무관심하되, 기독교적 가치에는 적극적일 때 기독교는 이 세상과는 분리되어(beyond) 있으면서 이 세상을 변화시킬 수(transform) 있을 것이다. 우리의 일상의 삶에서 기독자적 자애의 실천은 한국 교회를 쇄신하는 길일 것이다.

2) 하나님 나라의 윤리 : 기독교적 가치의 구현

교회와 그리스도인이 감당해야 할 또 한 가지 사회적 책임은 포괄적으로 기독교적 가치를 제시하고, 이를 구현하는 일일 것이다. 인간 사회에는 어느 시대나 사랑과 자비가 없고, 공평과 정의가 없으며, 자연도 인간의 타락으로 신음하고 있다. 이런 현실에서 그리스도인들이 기독교 정신을 가지고 이웃과 공동체에 대해 도덕적 의무와 역할을 수행할 때 자연스럽게 변화가 이루어질 것이다. 그리스도인들도 한 사회의 성원으로서 시민적 의무와 권리를 수행하되 하나님 나라의 윤리에 근거할 때 기독교적 가치를 구현하게 되고 이를 통해 사회적 책임을 감당하게 된다. 예를 들면 노예 무역과 노예 제도의 폐지는 윌리엄 윌버포스(William Wilberforce, 1759-1833)와 그 동료 정치인들에 의해 수행되었지만 이것은 인간과 사회에 대한 기독교 가치를 보여줌으로서 이루어진 것이다. 기독교가 가르치는 인간관, 곧 하나님의 형상으로 피조된 존재로서의 인간에 대한 그리스도인의 호소는 노예 제도 폐지의 정신적 기초가 된 것이다.

서구 사회에서 양차 대전 중간기에 있었던 형사 제도의 광범위한 개혁 또한 기독교 원리에 입각하여 어떻게 사회 공동체가 범법자들을 다루어야 할 것인가에 대한 호소가 가져온 결실이었다.[44] 18세기 영국의 복음주의 운동은 특별한 사회 개혁 프로그램을 갖고 있지 않았다. 이들은 인간의 죄성을 비판하고 영적 각성을 통해 그리스도인의 바른 삶의 원리를 설교했을 뿐이다. 기독교적 가치를 보여 주었을 때 그것은 자연스럽게 사회 개혁 운동으로 외연된 것이다. 그래서 복음주의 운동은 교회의 정체성 확립, 선교 운동, 기독 교육 운동에 영향을 주었을 뿐만 아니라 영국 사회 개량 운동에도 커다란 영향을 끼쳤던 것이다. 기독교적 가치를 구현함으로써 병원, 고아원, 모자원, 구빈원이 설립되었고, 존 하워드(John Howard, 1726-1790) 같은 정치인들의 노력으로 감옥 개선 운동이 일어났다. 영국에서의 복음주의 운동은 영국 교회에만이 아니라 영국 사회를 변화시키는 중요한 변혁의 동인이 된 것이다. 복음주의 운동은 불신과 회의주의, 영적 무기력을 제거했을 뿐만 아니라 사회 개혁의 동기를 제공했다. 그래서 역사가들은 영국이 프랑스에서와 같은 유혈 혁명을 경험하지 않는 것은 바로 이런 복음주의 운동의 영향이라고 말한다.[45]

이렇게 볼 때 기독교적 가치를 구현한다는 것은 기독교회가 그 속한 공동체에서 교육적 혹은 계도적 기능을 행사하는 것을 의미한다. 이렇게 하기 위해서는 교회가 그 시대의 도덕적 혹은 윤리적 권위를 인정받아야 한다. 교회가 이런 권위를 상실할 때 교회는 사회적 책임을 감당할 수 없게 되고 도리어 사회로부터 불신을 받게 된다.

교회가 사회적 책임을 감당해야 한다고 말할 때 다음의 경우도 한 가지 사례가 될 것이다. 우리 시대의 물신 풍조를 몰아내고 경제적인 부정의와 불균형을 해소하기 위해서는 교회가 테르툴리아누스가 말하는 소위 '소유권의 형제애'를 보여 주어야 한다. 물질에 대한 탐욕을 제거하는 방식은 가난한 이웃에 대해서는 너그러운 마음을, 자기 자신에 대해서는 자족하는 삶의 방식을 개발하는 것이다. 이 점을 존 스토트는 "가난과 부, 그리고 소박한 삶"(Poverty, Wealth and Simplicity)이란 글[46]에서 부한 그리스도인들을 위한 대안으로 제시한 바 있다. 그리스도인들이 이런 삶의 가치를 실천함으로써 우리 사회에 기독교적인 물질관에 대한 계도적 기능을 감당할 수 있을 것이다. 기독교적 가치 구현 그 자체가 사회적 책임 수행을 의미하는 것이다.

한 때 마르크스주의자였던 폴란드 출신의 망명 철학자 레젝 콜라콥스키(Leszek Kolakowski)는 오늘의 서구 사회의 세속화는 기독교가 너무 쉽게 그 고유한 가치를 포기해 버린 결과라고 지적한 바가 있다. 기독 신자로서의 정체성을 지켜 가며, 그 가치의 실현을 위해 노력하는 일이 사회적 책임을 감당하는 방식이 될 것이다.

그리스도인과 교회가 구체적으로 어떤 방식으로 사회적 책임을 수행할 것인가에 대해서는 더 많은 토론이 필요하다. 그러나 분명한 사실은 혁명이나 폭력은 기독교적 방식이라고 할 수 없을 것이다.

3) 교회와 국가

개혁교회 전통에서 볼 때, 교회와 국가 간의 바른 관계, 그리고 국가 권력의 범위와 한계에 대한 바른 설정을 교회의 중요한 책무로 인식해 왔다. 그래서 16세기 개혁자들은 국가와 교회에 대한 바른 관계를 규정하고자 했다. 그것은 교회를 위해서도 필요한 일이지만 국가를 위해서도 필요한 일이라고 보았다. 이런 인식은 교회와 국가의 완전한 분리나, 중세 교회의 경우와 같은 국가와 교회의 일원화도 바람직하지 않다는 인식에 근거했다. 또 국가가 교회를 지배하거나 반대로 교회가 국가를 지배하는 형태도 이상적이 아니라고 보았다. 이런 인식에서 국가와 교회 간의 바른 관계는 어떠해야 하는 가는 중요한 논점이 되었다.

제네바의 칼빈에게 있어서 국가 혹은 국가 권력으로부터의 교회의 독립성을 확보하는 일은 시급한 과제였다. 시의회 등 국가 권력 기구가 교회 문제에 개입하고자 했기 때문이다. 그 단적인 예가 치리권(治理權)의 행사와 관련하여 제네바에서의 시의회와 칼빈과의 대립이었다. 칼빈이 1541년 제네바에서 작성한 교회 헌법(*Ecclesiastical Ordinances*)은 이런 관심의 반영이었다. 칼빈은 영적 질서인 교회와 함께 국가도 하나님이 세우신 정당한 질서라고 보았다(롬 13:1이하). 단지 국가라는 질서는 결혼 제도와 같은 창조 질서가 아니라 인간의 죄 때문에 인간의 타락을 억제하기 위해서 하나님께서 세우신 '일반 은총'의 제도라고 보았다.

그러면 교회와 국가는 어떤 관계에 있어야 하는가? 로마 가톨릭은 교회의 세속 지배를 정당화하려 했고, 성공회는 왕이 교회의 수장임을 인정했다. 루터교는 국가의 교회 간섭을 완전히 배제하지 못했기 때문에 영방(領邦)교회로 발전하였다. 칼빈은 루터와 마찬가지로 교회와 국가의 구별을 따르면서도 진일보하여 양자는 완전한 독립을 유지하고 양자는 유기적으로 관계되어야 한다고 보았다. 이렇게 봄으로서 국가의 교회 지배나, 교회의 국가 지배, 그리고 교회와 국가 간의 완전한 분리를 이상으로 간주하였던 재세례파의 견해를 반대한 것이다.

이런 상황에서 칼빈은 국가와 교회는 각각의 고유한 기능이 있고, 국가가 교회 문제를 간섭하거나 교회가 국가의 기능을 대치해서는 안 된다는 점을 인식하고 장로교 제도(Presbyterianism)가 가장 성경적인 제도라는 사실을 확신했던 것이다.[47]

국가와 교회와의 관계에 대해서는 웨스트민스터 신앙고백서 제23장도 분명하게 가르치고 있다. 4항으로 구성된 웨스트민스터 신앙고백서 23장은 로마서 13:11-7의 가르침을 반영한 것으로 볼 수 있다.[48] 웨스트민스터 신앙고백서 23장은 교회와 국가는 다 같이 하나님이 정하신 제도이며, 그 목적과 행동 영역, 그리고 치리 체제와 역원은 서로 다르며, 상호 호의를 가지지만 상호 독립해 있다는 점을 말하고 있다. 즉 23장은 교황 지상주의(황제 교황주의)나 에라스티안주의 양자를 배격하고 있고, 국가가 개인의 양심에 따라 하나님을 경배할 권리를 제한할 수 없다는 점을 말하고 있다. 위정자는 교회와 교회 기관들이 평화롭게 행사할 수 있도록 보호할 의무는 있지만 교회 일에 대한 공식적인 지배권은 허락되지 않는다.

그럼에도 불구하고 국가가 권력을 남용하거나 부당하게 행사할 때 저항 할 수 있는데 이 '저항권'을 교회의 권리로 간주하고 있다는 점이다. 하나님이 세우신 모든 권세는 하나님의 법 아래 있다. 국가 위정자는 "선한 일을 위하여," 하나님의 종(사역자)으로 하나님에 의해 세워졌다. 세속 정부가 악이나 폭력을 제거하고 선한 자를 보호하고 악한 자를 징벌하는 한 기독교인은 지배자에게 순종하고 기도해야 한다. 세상 정부를 위한 기도는 제네바의 주일 예배 기도에서 가장 중요한 순서이기도 했다.[49] 그러나 의인을 벌하고 악인에게 상을 주며 명백하게 하나님의 법을 파괴할 때는 항거할 수 있다. 하나님을 순종하는 것과 사람에게 순종하는 것이 충돌이 생길 경우 하나님께 순종해야 하는 것은 당연하기 때문이다(행 5:29). 다시 말하면 하나님의 권위에 반대되는 명령을 하게 될 경우 순종의 한계가 생긴다.[50] 그러나 어느 정도까지 어떤 방식으로 세속 정부에 항거할 것인가를 결정하는 일은 매우 어려운 일이다.

저항권 사상은 칼빈 사후인 1570년 이후 프랑스 개혁파 교회에서 보다 적극적으로 전개되었다. 저항권 사상은 스코틀랜드를 거쳐 장로교 전통에서 수용되는데, 그것은 17세기 스코틀랜드의 언약도들(Covenanters)의 경험이 영향을 주었기 때문이다. 장로교 신앙을 지키려는 이들이 국가 권력으로부터 심한 탄압을 받고 신교(信敎)의 자유를 유린당했을 때 국가 권력에 대한 저항의 정당성을 숙고한 일은 자연스러운 일이었을 것이다.

국가 권력의 한계를 적시하고 교회의 독립과 신교의 자유를 확보하는 일도 교회의 사회적 책임이라고 할 수 있다. 다시 말하면 국가 권력이 부당하게 권력을 행사하지 않도록 제어하는 것은 교회의 사회적 책임에 속한다고 할 수 있다.

맺음말

이상에서 교회가 사회적 책임을 어떻게 인식하고, 어떤 방식으로 이를 수행할 것인가에 대한 이견을 소개하고, 교회의 사회적 책임이 어떤 것인가를 제시했다. 비록 관견(管見)에 불과하지만 이런 문제를 더 깊이 논의하는 계기가 되었으면 한다. 일반적으로 보수적 교회는 교회의 사명을 하나님과의 수직적 차원에서 이해하는 경향이 있어 수평적 차원의 대 사회 활동이나 사회적 책임을 등한시하는 경향이 있다. 반면에, 진보적 교회는 교회의 사명을 수평적 차원에서 이해하여 이웃에 대한 책임만이 아니라 역사에 대한 책임성을 중시하여 과도한 사회 운동을 전개하기도 한다. 그래서 사회 개혁, 정치적 해방, 구조적 개혁 등을 교회의 사회적 책임으로 인식하여 마치 NGO 단체처럼 활동하기도 한다. 이런 현실에서 개혁교회 전통을 따르는 우리 교회가 앞으로 어떤 방식으로 하나님 사랑과 이웃 사랑의 정신을 실천하고, 기독교적 가치를 제시하고 이를 구현해 갈 수 있을 것인가를 숙고해야 할 것이다.

이 글을 정리하면서 개혁교회 전통을 추수한다고 말하는 한국의 보수적인 혹은 복음적인 교회가 왜 사회적 책임에 대해 둔감하거나 그 책임을 다하지 못해 왔는가에 대해 지적해 두고자 한다. 가장 중요한 이유는 교회 지도자들의 도덕적 윤리적 신뢰의 상실이다. 교회가 사회적 책임을 말할 수 있는 기본적인 권위를 인정받지 못했기 때문일 것이다. 권위는 신뢰에 기초한다. 한국 교회가 선지자적 권위를 지닐 때 선포하는 메시지도 능력을 지니게 되고 한국 사회를 선도하고 우리 사회에 대한 책임과 역할을 수행할 수 있을 것이다.

한국 교회가 중산층 이상의 기독교로 화하여 한국 사회 저변의 현실과 고뇌를 충분히 인식하지 못하는 점도 교회의 사회적 책임 의식을 저해하는 요인으로 보인다. 신학적 반성은 그리스도인이 서 있는 역사 현실에 대한 인식에서 비롯되는데, 보수적인 혹은 복음적인 교회는 이런 사회 인식이 부족한 것으로 보인다.

그동안 한국 교회가 교회 성장을 제일의적 과제로 추구해 왔던 점도 교회의 대사회적 책임을 다하지 못한 요인이라고 생각된다. 그동안 한국 교회는 성장 제일주의에 매몰되어 성장 아닌 다른 가치들에 대해서는 비교적 무관심했다. 따라서 교회의 대 사회적 책임은 교회의 우선순위에 들지 못했다. 이런 점에서 그리스도인과 교회의 정체성을 재정립하는 일이 중요한 과제가 되었다. 흔히 교회는 이 세상의 조직과 질서, 불의한 구조에 대한 '대안적 사회'(alternative society)로, 그리고 우리 사회의 복지와 평안을 도모하는 '변형의 본보기'(transformative example)

로 설명되고 있다. 이런 점에서 볼 때 그리스도인과 교회의 정체성 확립은 교회의 사회적 책임 수행과 무관하지 않다.

5장 / 개혁교회의 사회적 책임

※ 이 원고는 대한예수교장로회 총회(합동)가 주최한 '총회 설립100주년 기념 신학 정체성 포럼'(2012. 5. 3)에서 행한 강연 원고로서 『갱신과 부흥』 10(2012. 7), 177-205에 수록되었음.

1 이 점에 대한 더 자세한 논의는 Edmund P. Clowney, "Toward a Biblical Doctrine of the Church," *Westminster Theological Journal* 31, no. 1(Nov., 1968): 71ff.

2 존 스토트(John Stott)는 증거의 개념을 광의적으로 해석하여, "교회가 세상에 보냄을 받아 행해야 할 모든 것"으로 해석했다.

3 Sherwood Wirt, *The Social Conscience of the Evangelical* (NY: Harper and Row, 1968), 19-26.

4 유해무는 교회는 하나님 나라의 일부이며 교회 안에 하나님 나라는 현존한다는 점에서, 교회는 "하나님의 나라를 지향하는 소망 공동체로서, 교회는 존재와 선포를 통해 하나님의 나라를 전하고 시위해야 한다. 이 사명을 감당하기 위해서는 죄에 대한 항거와 투쟁만이 아니라 때로는 사회 비판도 불가피하다. 동시에 하나님 나라의 다른 형태들인 가정, 학교, 정당이나 정치 조직, 국가나 권력 기구에 대해서도 말씀으로 촉구하며 하나님 나라 건설을 독려해야 한다."고 말하고, 그 방법은 은혜의 방편인 하나님의 말씀을 가지고 행해야 한다고 말한다. 유해무, 『우리는 무엇을 믿는가』(서울: 도서출판 영문, 2003), 168-9.

5 로버트 웨버, 『기독교 문화관』, 이승구 역(서울: 엠마오, 1984), 75-170.

6 로버트 웨버, 15-6. 리처드 니버나 로버트 웨버는 3세기 이전의 초기 기독교나 테르툴리아누스(Tertullianus, 150-220), 혹은 16세기에 국가교회(State Church)로부터 이탈했던 재세례파(Anabaptists)를 분리주의적 모델로 제시하고 있지만 이런 주장은 전적으로 교회와 국가 간의 관계에서만 적용될 수 있다. 4세기 이전의 초기 그리스도인들은 이 땅에서의 삶을 잠정적인 것으로 이해하고, 국가 권력의 교회 지배나 신교의 자유를 억압하는 일에 대하여 저항하였기에 국가에 대한 분리주의적 견해를 가진 것은 사실이지만 이들이 문화 활동에의 창조적인 노력마저도 기피한 것은 아니었다. 도리어 이들은 일상의 삶의 현장에서 독자적인 문화 활동을 전개했고, 그것마저도 분리주의적이라고 말하는 것은 옳지 않다. 이 점에 대해서는 Robert H. Grant, *Early Christianity and Society* (NY: Harper, 1977), 1장, 7장 등을 참고할 것.

7 물론 개혁교회 전통이 무엇인가에 대해서도 상이한 견해가 있다. 예컨대 John H. K. Leith 는 *Introduction to the Reformed Tradition*에서 개혁주의 전통을 16세기 종교 개혁 전통을 계승하되 윌리엄 에임스, 프란시스 튜레틴, 찰스 하지에 이어 칼 바르트, 라인홀드 니버 등을 포함하는 보다 광의의 개념으로 이해하고 있다.

8 존 스토트는 전도(증거)와 사회 참여(책임)는 전체 교회 역사에서 밀접한 관계를 지녀 왔다

고 지적하고 그리스도인들은 "그들이 무엇을 하고 있으며, 왜 그것을 하고 있는지에 대한 어떤 정의를 내릴 필요도 없이 무의식 적으로 이 두 가지 활동에 참여해 왔다"고 지적했다. 존 스토트, 『현대사회 문제와 기독교적 답변』, 박영호 역 (서울: CLC, 1989), 15.

9 그래서 2세기 아시아의 총독은 에베소에 있는 제빵 업자들이 노동 쟁의를 벌였을 때 그들을 책망하면서 '그 도시의 복지'(τὸ τῇ πόλει συμφέρον)에 무관심하다고 말했을 정도였다. 켐브릿지 대학교 틴델 하우스를 거쳐 호주 브리즈번의 퀸즈랜드 칼리지에서 일하고 있는 부르스 윈터(Bruce Winter)는 자신의 *Seek the Welfare of the City*(Grand Rapids: Eerdmans, 1994)를 통해 사회의 시혜자(施惠者)로서 그리스도인들(Christians as benefactors)에 대한 광범위한 연구를 했고, 이를 통해 초기 그리스도인들이 그 사회에 어떻게 참여하고, 사회적 책임을 인식해 왔는가에 대해 제시한 바 있다.

10 C. Meier, *The Greek Discovery of Politics*(Cambridge: Harvard University Press, 1990), 13ff.

11 E. A. Judge, *The Social Pattern of Christian Groups in the First Century*(London: The Tyndale Press, 1960), 제2장 참고.

12 그가 칼빈이 남긴 공헌이라고 제시한 5가지는, 성경 중심주의(Biblicism), 장로교 정치 제도(Presbyterian form of Government), 시민 사회 이론(Theory of civil society), 도덕의 함양(Moralism), 그리고 신학적 체계(a system of Theology)였다. John Bratt, *The Rise and Development of Calvinism*(Grand Rapids: Eerdmans, 1963), 29-33.

13 이에 관해 2부 1장 각주 18번 참고.

14 이상규, 『교회 개혁사』(서울: 성광문화사, 2002), 171-2.

15 William Monter, *Studies in Genevan Government*, 1536-1605(Geneva: Droz, 1964), 118.

16 Bratt, *The Rise and Development of Calvinism*, 31.

17 W. Fred Graham, *The Constructive Revolutionary : John Calvin and His Socio-Economic Impact*(Atlanta: John Knox, 1971), 157. 칼빈 당시의 제네바의 도덕적, 윤리적 상태에 대해서는 이 책 157-73, 235-7을 참고할 것.

18 Bratt, *The Rise and Development of Calvinism*, 31.

19 William R. Estep, *Renaissance and Reformation*(Grand Rapids: Eerdmans, 1986), 240-41.

20 Bratt, *The Rise and Development of Calvinism*, 32.

21 John H. Leith, *John Calvin's Doctrine of the Christian Life*(Atlanta: John Knox Press, 1989), 15, 19. 24. 26.

22 J. W. Bready, *England : Before and After Wesley*(Hodder & Stoughton, 1939), 11, 14, 스토트, 『현대사회 문제와 기독교적 답변』, 16에서 재인용.

23 스토트, 『현대사회 문제와 기독교적 답변』, 17.

24 Abraham Kuyper, *De Gemeene Gratie*(Leiden: D. Donner), 1(1902), 2(1903), 3(1904), 변종길, "고신교회와 개혁주의 문화관," 『개혁 신학과 교회』 19(2006): 63에서 재인용.

25 변종길, "고신교회와 개혁주의 문화관," 66.

26 변종길, "고신교회와 개혁주의 문화관," 67.

27 박종칠, "중간 시대를 사는 기독 신자의 생의 의미," 『고려신학보』 4호(1982. 9): 9.

28 화란 깜뻔의 다우마(J. Douma)는 1966년 제출한 일반 은총론(*Algemene Genade*)이라는 박사논문에서 카이퍼와 스킬더, 칼빈의 일반 은총론을 비교 분석하였다. 변종길, "고신교회와 개혁주의 문화관," 68; 박종칠, "중간 시대를 사는 기독 신자의 생의 의미," 9.

29 박종칠, "중간 시대를 사는 기독 신자의 생의 의미," 11.

30 폴 마샬, 『기독교 세계관과 정치』, 한화룡 역 (서울: IVP, 1989), 32.

31 폴 마샬, 『기독교 세계관과 정치』, 57.

32 존 스토트 편, 『그랜드 래피즈 보고서, 복음 전도와 사회적 책임』, 한화룡 역 (서울: 두란노, 1986), 15.

33 스토트 편, 『그랜드 래피즈 보고서, 복음 전도와 사회적 책임』, 21.

34 스토트 편, 『그랜드 래피즈 보고서, 복음 전도와 사회적 책임』, 25.

35 스토트 편, 『그랜드 래피즈 보고서, 복음 전도와 사회적 책임』, 25.

36 김홍덕, "교회의 사회적 책임," 『기독교의 사회적 책임』(서울: CLC, 2005), 239.

37 Tertullianus, *Apology*, xxxix. 그리스도인들의 사랑과 자애에 대한 비슷한 내용이 Caecilius, *Minuc. Felix*, ix에도 나온다.

38 Adolf von Harnack, *The Mission and Expansion of Christianity in the First Three Centuries*(Harper & Brothers, 1961), 188.

39 *Didache*, I. 5f.

40 Harnack, 151. "thou shall not say these things are thine own."

41 Harnack, 153ff. 하르나크는 교회는 고아와 과부를 보살폈고, 유약한 자와 병든 자와 장애인을 도와주고 간호(care)하여 주었으며, 옥에 갇힌 자와 탄광촌의 고달픈 이들을 돌보고, 가난한 이들을 돕고, 죽은 자를 매장해 주었고, 노예들을 보살폈으며, 재난을 당한 이들을 돌보고

여행자들을 선대했다고 지적하고, 각각의 경우를 초기 문헌에 근거하여 자세하고 기술했다

42 F. L. Cross and E. A. Livingstone, *The Oxford Dictionary of the Christian Church* (Oxfrod: Oxford Univ. Press, 1977), 1029-30.

43 알렌 클라이더, 『초대 교회의 예배와 전도』, 허현 역(서울: KAP, 1995), 21.

44 윌리엄 템플, 『기독 시민의 사회적 책임』, 김형식 역(서울: KUIS Press, 2010), 46.

45 스토트 편, 『그랜드 래피즈 보고서, 복음 전도와 사회적 책임』, 16.

46 J. Stott, *Issues Facing Christians Today*(Basingstoke: Marshalls, 1984), 212-33.

47 칼빈의 장로교 정치 제도는 부서로부터 영향을 받았음을 2부 2장에서 다루었다. cf. 황대우, "칼빈과 부써," 『칼빈과 종교 개혁가들』(부산: 개혁주의 학술원, 2012), 44-46.

48 물론 문제가 없는 것은 아니다. 23장 3항에는 조화될 수 없는 점이 있다는 점이 지적되어 왔다. "위정자는 말씀과 성례를 집행하는 일이나 천국 열쇠의 권세를 떠맡아서는 안 된다"고 말하는가 하면 다른 한편에서는 "위정자는 교회 안의 질서와 평화가 보전되며 하나님의 진리가 보존되도록 하고 불경건한 것들이나 이단들이 억제되고 하나님의 모든 규례들이 정당하게 집행되도록 명령을 발할 수 있다"고 말하고 있다. 심지어는 "이를 위해서는 종교 회의를 소집하고 거기에 참석하며 무엇이든지 처리되는 것이 하나님의 뜻에 따라 처리되도록 주선하는 권한이 위정자에게 있다"라고 말하고 있다. 같은 내용이지만 또 30장 1항에서는 예수 그리스도가 "교회의 왕이요 머리"로서 "위정자와는 구별된 교회 임원들의 손에 의해 교회 정치가 이루어지도록 정해 두셨다"고 말하고 있지만 제31장 2항에서는, "위정자들이 목사들과 또 이에 적당한 인물들과 함께 회의를 소집하여 종교 문제를 상의하고 충고할 수 있다"고 말하고 있다. 반대로 위정자들이 교회에 대하여 적대 행위를 할 때는 "그리스도의 사역자들은 자신들만으로 그들의 직책을 따라 교회에서 파견된 다른 적합한 이들과 더불어 그 같은 회의를 소집할 수 있다"고 말하고 있다. 여기에 모순점이 있다. 위정자들은 교회 일에 관여할 수 없다는 점을 말하고 있는가 하면 종교 문제에 관여하고 교회 회의를 소집할 수 있다고까지 말하기도 한다. 이런 모순은 웨스트민스터 신앙고백서만이 아니라 벨직 신앙고백서 36항에도 나타난다. G. I. Williams, 『웨스트민스터 신앙고백서 강해』, 나용화 역(고양: 크리스천, 2009), 393.

49 한스 숄, 『종교 개혁과 정치』, 황정욱 역(서울: 기독교문사, 1993), 129.

50 A. A. Hodge, 『웨스트민스터 신앙고백해설』, 김종흡 역(서울: 크리스천다이제스트, 1998). 393.

제3부

기독교와 현대사회

1장   교회사에서 본 사형 제도
2장   동성애 금지에 대한 교회사적 고찰
3장   '열린 예배' 어떻게 볼 것인가?
4장   교회사에서 본 장례법, 화장과 매장
5장   추모 의식에 대한 역사적 고찰
6장   교회사에서 본 섬김과 봉사
7장   케직 사경회의 기원과 발전

1장 / 교회사에서 본 사형 제도 ※
기독교회는 사형 제도를 어떻게 인식해 왔을까?

시작하면서

현재 한국에서도 사형 제도 존폐론은 중요한 관심사가 되었다. 다수의 여야 국회의원은 폐지를 주장하고 있고, 한국 가톨릭교회는 이를 적극적으로 지지하고 있다. 1960년대 윤형중(尹亨重) 신부는 현직 판사와의 논쟁을 통해 사형제 존치론을 강력하게 주창한 바 있다. 즉 윤형중 신부는 『동아춘추』에 기고한 글에서 고의적 살인범에 대해서는 응보적 원리와 예방적 차원에서 사형제의 존치가 필요하다고 보았고,[1] 그는 동일한 입장을 『동아춘추』에 다시 개진한 바 있다.[2] 그러나 최근 한국의 가톨릭교회는 사형제 폐지를 전폭적으로 지지하고 폐지 운동을 전개하고 있다.

개신교회의 일관된 입장은 없으나 진보적 교회는 폐지를 선호하고 있다. 개신교에서 사형 제도 폐지 운동은 문장식 목사에 의해 1987년부터 시작되었고, 대한예수교장로회 통합 교단은 1990년 제75회 총회에서 사형 제도 폐지를 결의한 바 있다. 동 교단 총회 사형 제도 폐지 위원회(위원장 이명남 목사)는 1993년 12월 7일 당시 김영삼 대통령에게 사형 제도 폐지 청원서를 제출했는데 이것이 공식적인 폐지 운동의 시작이었다. 동 위원회는 그해 12월 24일에는 사형수 강순철의 감형을 김영삼 대통령에게 요청한 바 있고, 1994년 4월 11일에는 대통령에게 다시 사형 폐지 청원을 한 바 있다.

한국기독교교회협의회(KNCC)는 1993년부터 사형 폐지 운동을 전개해 왔다. 한국교회협의회(KNCC)는 1993년 12월 21일 인권위원회 산하에 사형 폐지 분과 위원회를 창립하고 문장식 목사를 위원장으로 선출했다. 이 위원회는 1994년 4월

4일 김영삼 대통령에게 사형 제도 폐지 탄원서를 보내는 등 폐지 운동에 앞장서 왔다. 특히 2001년 4월 27일 KNCC와 한기총은 한국 교회100주년 기념관에서 사형 폐지 기구인 '사형폐지 한국기독교 연합회'(이하 연합회)를 발족하고 두 기관이 연합하여 폐지 운동을 추진해 가기로 합의한 일이 있다. 지난 3월 29일 국가 인권 위원회는 국회에 사형제 폐지 의견을 표명키로 결의한 바 있고, KNCC는 4월 8일자 성명을 통해 이를 전폭적으로 지지한다고 발표한 바 있다. 그러나 보수적 교회 지도자들이나 한국인 다수는 사형제 폐지를 반대하는 것으로 조사되었다.

그래서 사형 제도 존폐론은 우리 시대의 논쟁적 주제가 되고 있다.[3] 사형 제도에 대한 존치론[4]과 폐지론[5]은 나름대로의 타당성을 지니고 있고, 각각 성경적 근거를 제시하기도 한다.

이런 오늘의 현실에서 기독교회는 사형제에 대해 어떻게 인식해 왔는가를 역사적으로 검토해 보는 일이 필요하다고 생각된다. 그동안 성경적 혹은 윤리적 측면에서 사형 제도를 논한 경우는 많았으나 교회사적으로 연구된 경우는 거의 없었다. 이런 점에서 이 글이 사형 제도에 대한 교회사적 이해를 확인하는데 도움이 되었으면 한다. 이 글에서는 교회가 사형제를 인정해 왔던가 아닌가에 대해 초점을 맞추어 중요 인물들을 중심으로 고찰해 보고자 한다.

가. 역사적으로 본 사형 제도 : 국가 권력과 사형 제도

교회사적으로 사형 제도가 어떻게 이해되어 왔는가를 고찰하기 전에 국가 권력과 사형 제도가 어떤 연관하에서 전개되었는가를 정리해 두고자 한다. 이것은 이후에 논의할 기독교 전통에서의 사형 제도를 이해하는 전제 혹은 배경이 될 것이다.

사형 제도의 역사는 형법의 역사만큼이나 긴 역사를 지니고 있다. 사형 제도는 고대 사회로부터 있어 왔고, 자유형이나 벌금형이 있기 이전부터 존재했다. 최초의 원시 사회에서 형벌은 추방이나 사형밖에 없었다. 소속 사회로부터 추방도 사실상 사형 판결과 같은 것이었다.[6]

고대 사회에서부터 사형은 통치 수단으로 이용되었는데, 권력이 위협받을 때일수록 사형 건수는 확대되었다. 로마 시대는 노예들 외에 로마 시민들에게 사형이 집행된 경우는 흔치 않았다. 특히 카르타고의 멸망 이후 비교적 평화를 누렸다. 프랑크 왕들이 지배하던 시대나 동 로마 제국에도 사형 집행은 흔치 않았다.[7]

중세 전성기 유럽에서 도시 집중화 현상이 일어나고 인구가 증가하게 되자 다양한 사회적인 문제가 발생하고 범죄도 증가하게 된다. 이런 사회 현상과 함께 사형 건수도 많아지게 된다. 중세 시대는 사형 집행은 아주 빈번하여 불행한 전성시대를 구가했다. 이 시대는 절대 왕권을 보호해야 할 필요성에서, 그리고 봉건 세력은 최후의 통치 수단으로 사형 제도를 이용했다. 예컨대, 14세기 말경 인구가 1만 명 정도에 지나지 않았던 아우구스부르크에서는 평균 한 달에 1건 정도의 처형이 있었다고 한다. 뉘른베르크의 프란츠 슈미트는 자신의 일기에서 42년 동안 360건의 처형이 있었다고 썼는데, 거의 한 달에 1건씩의 처형이 있었음을 보여 준다.[8] 비슷한 시기 취리히에는 6-7천 명밖에 살지 않았으나 한 달에 8건의 처형이 있었다고 한다.

영국의 경우 헨리 8세 치하(1509-1547)에서 약 7만 2천 건의 처형이 있었는데 이것은 연 2천 명씩 처형된 셈이다. 그가 로마교와의 분리를 선언하고 영국 교회로 발전한 시기임을 감안할 때 종교적 박해가 절대 다수였을 것이다. 이 당시 대법관이었던 토마스 모어는 사형 제도의 폐지를 주장했으나 그도 헨리 8세의 수장권을 거부한 이유로 처형되었다.

헨리 8세의 딸 엘리자베스 1세가 통치하던 45년간(1558-1603)은 8만 9천 건의 처형이 있었다고 한다.[9] 이것은 그가 통치하는 기간 동안 매월 165명이 처형된 셈이고 매일 5.5명을 처형한 셈이다. 독일에서 종교 간의 대립으로 30년 전쟁이 발발하였고, 많은 희생자가 생겨났다. 전쟁이 종식되고 평온을 되찾게 되자 인명을 중시하는 새로운 사조가 나타났고, 계몽주의 시대는 이런 인간의 가치에 대한 새로운 이해를 전파하였다.

이런 시대정신에 발맞추어 사형 폐지론이 대두하게 된다. 이의 폐지를 최초로 주창한 인물은 1764년 『범죄와 형벌』(*Die de litti et delle pene*)이라는 책을 통해 앙시앵 레짐(Ancien Regime)의 잔혹한 형벌을 비난하고 사형의 폐지를 강력하게 주장했던 이탈리아의 형법 학자 베카리아(Cesare Beccaria, 1738-1794)였다. 그는 고문과 비밀 재판, 하급 법관의 부패, 잔인하고 과도한 형벌을 비난하고, 형벌 제도는 안전과 질서를 유지하는 선에서 형벌을 부과하는 데 그 목적이 있으며, 그 한계를 넘는 것은 법률의 횡포라고 주장했다. 그는 또 "개인은 자살할 권리가 없으며, 따라서 자기의 생명을 박탈할 권리는 타인에게 양도할 수도 없으며, 살인을 금하고 있는 법률 자체가 살인을 인정하는 것은 모순이라."고 주장했다. 이런 점에서 베카리아는 사형 제도의 완전한 폐지를 주장한 대표적인 인물이라고 할 수 있다. 베카리아가 자신의 저서에서 사형 문제를 다룬 것은 10여 페이지에 불과했으나 유럽 전역에서 형법 개정에 심대한 영향을 미쳤다. 계몽 사상가들은 왜 국가가 형벌을 과해야 하고 국민들이 그 형벌에 복종해야 하는가를 묻기 시작했다. 빅토르 위고(Victor-Marie Hugo, 1802-1885), 톨스토이(Lev Nikolayevich Tolstoy, 1828-1910) 등은 베카리아의 견해를 지지하고 사형제의 폐지를 주장했다.

그러나 존 로크, 루소, 블랙스톤(Blackstone), 칸트, 헤겔 등은 사형 제도를 지지했다. 이들은 모든 사람은 출생과 함께 생명권을 지니고 있으나 살인자는 그 권리를 침해한 자이며, 따라서 범죄에 의하여 자신의 생명권을 상실당한 살인자를 처형하는 것은 당연하다고 보았다. 특히 칸트는 베카리아의 사형제 폐지 주장은 궤변이라고 비판하고, 범죄는 자유의사를 가진 자의 도덕률에 반한 행위이기 때문에 이에 상응하는 형벌은 필연적인 응보라고 보았다. 헤겔도 범죄에 대한 응보론의 입장에서 사형제를 인정했다. 그는 자신의 변증법적 논리에 따라 법은 정(these)이며, 범죄는 반(antithese)이며 형벌은 합(synthese)이라고 하고, 범죄는 법률의 부정이므로 형벌이 법률의 부정인 범죄를 다시 부정함으로써 법을 회복하는 것은 필연적이라고 보았다.

유럽에서 최초로 사형을 폐지한 나라는 1865년 이를 단행한 루마니아였다. 이어 포르투갈(1867), 네덜란드(1870), 노르웨이(1905), 오스트리아(1919), 스웨덴(1921), 그리고 덴마크(1930)가 뒤 따랐다. 그러나 루마니아는 1939년 사형 제도를 부활시켰고, 그리고 위에서 열거한 나라 중에서도 몇 나라는 내란죄와 전시 범죄 행위, 그리고 유사한 정치범에 대해 사형 제도를 부활시켰다.[10]

이제 사형 제도를 기독교회와 관련하여 살펴보고자 한다. 로마 제국이 기독교를 공인하기 이전 시기의 초기 그리스도인들은 국가 권력, 곧 로마 제국을 이교적 우상 숭배 집단으로 이해했다. 그래서 케둑스(Cadoux)가 말했던 것처럼 초기 그리스도인들은 국가 권력에 대해 부정적이었고, 첫 1세기 동안 그리스도인들은 국가 기관이나 정치권력에 참여하거나 야심을 가진 흔적을 찾아 볼 수 없다. 2세기 초엽의 테르툴리아누스는, 그리스도인은 군인이 되거나 공무원이 되어서는 안 된다고 권고한 바 있다. 이것은 이교적 로마 제국의 구조 속에서 우상 숭배의 위험성과 가능성으로부터 벗어나려는 종교적 동기를 지닌 것이었다. 그래서 초기 그리스도인들은 사형 제도와 무관했고, 그 제도를 옹호하거나 반대하지 않았다. 그리스도인들이 순교를 당하고 처형을 당해도 그것은 신앙을 지키기 위한 불가피한 희생으로 이해했다. 그러면서 사형 제도 그 자체의 존폐에 대해 관심을 표명하지 않았다. 그리스도인들은 그 땅에 살았으나 심리적으로 그 땅으로부터 이민을 떠난 이들이었기 때문이다. 말하자면 국가 권력과는 무관한 분리된 자들이었다.

그러나 313년 기독교가 로마 제국의 공인을 얻게 되자 국가, 혹은 국가 권력에 대한 새로운 시각을 갖게 된다. 콘스탄티누스가 기독교를 공인한 이래로 국가는 더 이상 우상 숭배 집단도 아니며 반기독교적인 집단도 아니었다. 이것이 국가 권력에 대한 인식의 전환을 가져오게 된다. 동시에 주류의 기독교회가 국가 권력에 의한 사형 집행을 정당한 것으로 받아들이는 계기가 된다. 국가는 악마의 창작물이 아니라 범죄를 제거하며 악을 제어하기 위해 하나님이 세우신 기구였다.[11]

이제 황제(위정자)에게는 참된 종교를 보호해야 할 책임이 주어졌고, 교회는 황제를 위해 기도했다. 313년 이전에는 세속 정치에 대해서 방관자적 입장이었으나 이제 위정에 참여하며 국가의 형 집행, 곧 사형 제도를 받아들이게 된다. 교회는 국가 권력의 공권력을 지지했고, 국가는 교회가 하나님에 대하여 불경한 자, 이교 숭배자, 이단자, 잡신 숭배자 등을 처벌할 수 있는 권한을 교회에 양도했다. 악의 세력은 국가적 강제력에 의해 제어 될 수 있다고 본 것이다. 이것은 중요한 변화로서 이 점이 아우구스티누스, 아퀴나스 등이 사형 제도를 수용했던 배경이 된다. 또 루터나 칼빈도 이런 배경에서 국가 권력의 통치권을 이해했던 것이다.

특히 중세는 십자군 이념이 지배적 이데올로기였다. 십자군 이념은 의로운 전쟁론(Just war)과는 달리 신의 이름으로 수행되는 전쟁, 곧 성전(the holy war)이었다. 그래서 십자군 이념이란 인간이 신적 의지의 대리인으로 신의 뜻을 이 땅에서 수행하고자 하는 신정론(神正論)을 그 배경으로 하고 있었다. 따라서 십자군 이념은 절대적 힘이었고, 신적 의지의 수행이라는 차원에서 처형은 정당한 것이었다. 바로 이런 이유 때문에 중세 이단에 대한 탄압은 관용의 여지를 차단했다. 교회로부터의 파문은 세속법의 효력을 지니게 되고 이들은 시민권과 법적 제한을 받게 되었다. 그 구체적인 경우가 12세기 카타리파와 발도파의 경우였다. 당시 교황 루치우스 3세(Lucius III, 1181-1185)와 황제 프레드리히 1세(Fredrich I, 1152-1190)

는 공동으로 이단을 처벌하기 시작했다. 교황 인노센트 3세(Innocent III)는 발도파에 대한 탄압과 관련하여 "세속적인 공권력은 ... 사형을 집행할 수 있는 권한이 있음을 인정한다."고 선언했다. 프레드리히 2세는 1220년 황제에 취임하면서 이단자 처벌을 위해 교회가 세속 권력을 사용하는 것을 허용하였다. 이런 과정을 거쳐 교회는 국가 권력의 힘을 빌려 합법적으로 이단자들을 처벌하는 종교재판 제도가 생겨나게 되고 처형을 정당화 하게 된다.

그래서 중세에서부터 종교 전쟁기라고 불리는 17세기까지는 특히 종교 문제와 관련하여 이단 척결이라는 이름으로 수많은 처형이 이루어졌다. 특히 중세에서 이단으로 지목된 알비젠스, 왈도파, 롤랄드파, 후스파에 대한 처형은 이런 점에서 극단적이었고 잔인했다. 전쟁이나 형벌이 신의 이름으로 행해질 때 훨씬 더 야만적인 성격을 띠게 된다. 1572년 8월 24일 프랑스에서 자행된 개신교도 학살 사건인 '성 바르톨로메오 날의 대학살'은 인류 역사에 유래가 없는 잔인한 대량 학살이었다.

이것이 16세기 상황이었다. 종교 개혁 시대 '유스티니아누스 법전'[12]이 부활하였고, 사형 제도는 당연하고도 정당한 법 집행으로 이해되었다. 이런 상황에서 종교 개혁자들은 중세적 관행을 자연스럽게 수용했다. 17세기는 종교 전쟁기라고 할 만큼 신구교 간의 대립이 심각했으나 30년 전쟁을 경험한 후 인간의 가치와 존엄성에 대한 새로운 각성이 일어나고, 자유, 평등, 박애를 지향하는 이성의 시대를 열어 가게 된다. 계몽주의 운동은 인간에 대한 새로운 인식이었다. 18세기 이전까지는 사형 제도 존폐에 대한 논의가 거의 없었으나 18기 이래로 계몽주의 사상가들에 의해 사형 폐지론이 대두되기 시작하였다.

나. 교회사에서 본 사형

일반적으로 말해서 20세기 전반기까지 정당 전쟁(Just war)을 지지하는 신학 전통에 있는 교회와 신학자들, 그리고 칼빈주의 전통을 따른 교회들은 사형 제도를 인정해 왔다.[13] 20세기 후반기에 와서는 주류의 개신교회들이나 칼빈주의 전통의 교회들도 사형 제도 폐지를 주장하게 되는데 이것은 이 시대의 사형 제도 폐지론의 영향이라고 보여 진다.

1) 초기 교부들

일반적으로 말해서 초기 교부들은 폭력과 전쟁을 반대한 평화주의적 입장에서 사형 제도에 대해 부정적인 입장을 견지했다고 볼 수 있다. 그렇다고 해서 초기 교부들이 사형 제도에 대한 구체적인 기록을 남겨 주고 있지도 않으며,[14] 또 그들의 견해가 일치했던 것도 아니다. 사형제 존폐론이 제기 되기 이전 시기에 활동했던 초기 교부들에게 있어서 이 제도와 관련한 논의가 구체적으로 전개되지는 못했던 것은 당연하다. 그러나 전쟁에 대해 반대했던 이들은 살인이나 살해(사형 집행)에 대해서도 동일하게 반대했다. 이들은 사형은 사랑의 계명에 위배되는 것으로 이해했기 때문이다. 이런 견해를 보여 주는 대표적인 인물은 테르툴리아누스(Tertullianusus), 펠릭스(Minicius Felix), 히폴리투스(Hippolytus), 락탄티우스(Lactantius) 등이다. 테르툴리아누스는 비폭력 평화주의적 관점에서 군 복무를 반대하면서 사형(집행)이 부당하다는 점을 암시하고 있다.

> 이제 믿는 자가 군 복무에 참여할 수 있는가? 그리고 군대를 신앙적으로 받아 드릴 수 있는가 하는 문제가 제기된다. 비록 희생 제물을 드리거나 극형을 집행할 필요가 없는 사병과 하위 계급자들이라고 하더라도 말이다. 신성한 서약과 인간적인 서약 사이에, 그리스도의 기준과 악마의 기준 사이에, 빛의 군영(軍營)과 어둠의 군영 사이에 어떠한 일치점도 없다. … 베드로를 무장 해제 시키시는 주님은 그 이후의 모든 병사들의 무장도 해제시키셨다.[15]

테르툴리아누스가 군 복무를 반대한 것은 두 가지 이유, 곧 우상 숭배와 살인을 피할 수 없다는 이유 때문이었다. 락탄티우스(c. 240-320)는 4세기 초 반기독교적인 비난에 대한 철학적 반론으로 기록한 『신의 교훈』(Divinae institutiones)에서 사형에 대해 보다 구체적으로 말하고 있다.

> "하나님이 우리에게 사람을 죽이지 말라고 한 것은 국가법으로 요구되는 것은 아니지만 단지 약탈 행위 등으로 인한 범죄자를 죽이지 말라는 것뿐만 아니라 우리 마음속에 머물고 있는 사람을 죽이려는 마음까지도 금하는 것을 의미한다. 그렇기 때문에 법관 뿐만 아니라 아무도 범죄 때문에 사형에 처하도록 고소해서는 안 된다. 왜냐하면 사람을 무기로 죽이든 혹은 말로서 살인하던 동일한 사건이기 때문이다. 그러므로 이런 살인은 금지되어야 한다. 사람을 죽이지 말라는 계명에 예외가 있어서는 안 된다. 사람을 죽이는 것은 부당한 것이며 이 생명은 하나님의 뜻을 따라 불가침적인 것이다."[16]

이 진술은 살인하지 말라는 일반적 원칙을 말하면서도 동시에 사형을 반대하고 있다. 여기서 락탄티우스는 로마의 정의는 '평등'(平等 aequitas)이라는 개념에 기초하기보다는 그리스도의 중보를 통한 보편적 형제애에 기초 할 때 더 완전해질 수 있다는 점을 지적하면서, 기독교적 사랑이라는 관점에서 살인을 금지하고 있다. 락탄티우스는 '그리스도교의 키케로'(Christian Cicero)라고 불렸던 인물로서, 이 책은 라틴 교부들의 저작 가운데 가장 많이 중판(重版)된 책이라는 점에서 그의 주장은 의의를 지닌다고 할 수 있다.

김정우 신부는 락탄티우스와 달리 알렉산드리아의 클레멘트는 사형을 지지했던 인물이라고 분류하고 있으나[17] 이점에 대해서는 좀 더 포괄적인 검토가 필요할 것이다.

대체적으로, 학자들은 3세기 이전의 교부들은 로마 제국의 우상 숭배, 이교적 가치, 전쟁 정책과 더불어 처형 등과 같은 물리적 폭력에 반대했던 평화주의적 인물로 간주하고 있다.

2) 아우구스티누스

아우구스티누스(Aurelius Augustinus Hipponensis, 354-430)는 사형 제도에 대해 반대했다는 해석도 없지는 않지만 그가 사형제 폐지를 분명하게 말하지 않았다는 점에서 당시의 사형 제도를 인정했다고 볼 수 있다. 그의 대표적인 저작인 『신국론』(De Civitate Dei)은 방대한 책이지만, 크게 두 부분, 5개 단원, 22권으로 구성되어 있다. 전반부(1-10권)는 호교론적 논쟁 부분으로서 이교도들에게 저들 종교의 불완전성을 노출시키는 부분이며, 후반부(11-22권)는 서술 부분으로 역사를 구원의 역사로 관조하면서 기독교 사상을 제시하고 옹호하고 있다. 전반부는 2개 단원으로 구성되어 있는데, 첫째 단원(1-5권)에서는 다신교 신앙은 사회 문제 해결에 적절치 못함을, 둘째 단원(6-10권)은 다신교 신앙은 정신적 차원에서 사회 질서 확립에 실패했다는 점을 지적하고 있다. 후반부는 3개 단원으로 구분될 수 있는데, 하나님 나라의 역사적 기원(11-14권), 역사적 전개(15-18권), 종말론적 목표(19-22권)가 그것이다.[18] 이상에서 적요한 바와 같이 이 책은 사회적 문제를 취급하거나 윤리적 논쟁점에 대해 해답하려 하지 않는다. 따라서 이 책에서 사형 문제나 그 주변의 문제를 하나의 독립된 주제로 말하거나 특별한 관심을 보이지 않고 있다. 이런 점에서 그는 당시의 사형을 당연한 형벌로 인식하고 있다고 볼 수 있다.

『신국론』 제19권은 "선의 목적은 하나님 안에서의 평화"(Bonorum Finis est Pax in Deo)라는 제목을 취하고 있으나 신학적이고 철학적인 진술이며, 지상에서의 평화에 대한 문제를 구체적으로 논구하지 않고 있다. 비록 전쟁의 비참함에 대해서 말하지만 인간 생명의 살상이나 처형 등 전쟁과 수반되는 문제에 대해 주의를 기울이지 않는다. 또 평화주의(pacifism)를 주창하지 않았고, 도리어 정당 전쟁론을 수용하고 있다.

> … 그 전쟁들로 인해 인류는 더욱 가련하게 타격을 받았고, … (전쟁으로 인한) 지독하고도 끔찍한 필요악들을 필설로 형언하는 일이 가당하다면 나도 하고 싶지만 해낼 재간이 없다. … 의로운 전쟁이 아니라면 현자는 그 전쟁을 수행해서는 안 되고, 따라서 현자는 어떤 전쟁도 수행해서는 안 될 것이다. 현자로 하여금 의로운 전쟁이라는 전쟁을 수행하지 않을 수 없게 하는 것은 상대편의 불의일 것이다.[19]

아우구스티누스가 국가 권력의 강제력을 어떻게 이해했는가를 통해서 그가 근본적으로 사형 제도를 인정했다는 점을 확인할 수 있다. 아우구스티누스는 이단 투쟁에 있어서 국가 권력의 구속력과 강제력을 교회에 적용할 수 있다고 보았다. 즉 그는 '정의에 근거한 경우에' 국가 권력을 통해 이단을 억제할 수 있다고 보고 이단 박멸에 있어서 국가 권력의 무력행사를 정당화한 이론을 주창했는데, 이것을 Compelle intrare 라고 말한다. 그는 누가복음 14:23 "주인이 종에게 이르되 길과 산울가로 나가서 사람을 강권하여 데려다가 내 집을 채우라."에 근거하여 이 '강제권'을 주창하였다.[20] 그가 국가 권력의 무력행사라고 말할 때 그것은 사형을 배제하지 않았다. 그의 이 주장은 중세기에 잘못 적용되어 이단자 색출과 종교 재판의 이론적 근거가 되었다. 이 근거에서 후일 루터는 농민 전쟁 당시 농민들에 대한 탄압을 강조하였고, 칼빈도 이 근거에서 세르베투스 처형을 지지하였다.

아우구스티누스가 구체적으로 사형 제도를 두고 한 말이라 볼 수 없지만, 그는 『신국론』에서 로마서 13:1-7에 대해 논하면서 사회 질서를 유지하기 위해서는 국가의 권위에 복종해야 한다고 말함으로써 국가 권력에 의한 정당한 형 집행을 정당한 것으로 받아들였고, 여기서 사형 제도를 배제했다고 볼 수 없다. 말하자면 아우구스티누스는 사형 제도를 반대하지 않았다고 해석할 수 있다.

아우구스티누스는 생명을 빼앗는 사형보다는 개선의 형벌이 범법자에게 개선의 기회를 준다는 점에서 보다 더 윤리적으로 정당하다고 보았다. 그러나 범법자가 교회의 요청으로 얻은 자유를 남용하여 계속하여 살인을 자행하거나 공동체를 파괴하는 경우 최종적 형벌은 불가피한 것으로 간주했다. 결국 아우구스티누스도 국가 권력의 사형 집행권을 인정했다.[21] 단지 그는 죄인을 처벌할 때 그 동기는 분노가 아닌 사랑이여야 한다고 주장했다.

3) 토마스 아퀴나스

조철현 신부나 김정우 신부 등 아퀴나스의 사형관에 대해 논구한 이들은 아퀴나스(Thomas aquinas, 1225-1274)도 사형 제도의 지지자였다고 주장한다.[22] 아퀴나스는 "만일 어떤 사람이 공동체에 위해(危害)한 자이고 죄 때문에 부패한 사람이라면 전체 공동체의 공동의 선과 생명을 보전하기 위하여 죽임을 받아야 마땅하다"[23]고 했고, "공동체의 보호는 공적 권한을 소유한 통치자들에게 위탁되어 있다. 그러므로 그들은 사적으로는 불가하지만 공적으로 죄인을 사형하는 것은 온당하다."[24]고 말한 점들을 고려해 볼 때 그도 국가 권력의 사형을 포함한 정당한 법 집행을 온당한 것으로 이해했다고 해석할 수 있다.

그는 마태복음 13:29 이하의 가라지 비유를 통해 악인을 처형하는 것이 선인들에게 해를 끼치지 않을 뿐 아니라 오히려 안녕과 안전을 보장하는 것이라면 악인들을 처형할 수 있다고 보았다. 아퀴나스는 인간은 그 시조인 아담과 하와로부터 이미 죄를 물러 받았기 때문에 그 사람이 죄인이건 선한 인간이든 상관없이 이미 죄의 사슬에 매여 있으며 하나님의 법에 의한 형벌은 불가피하다는 것을 말한다. 그런데 하나님은 이 형벌권을 이 세상 통치자에게 위임했다고 한다. 이런 점에서 국가가 신율의 복구와 신의 형벌권에 참여하는 권리는 하나님 안에 근거하고 있다는 것이다. 그러므로 국가의 형벌은 하나님의 벌의 모상(模像)이며, 정의의 균형을 위한 것이므로 국가의 형벌은 곧 신의 형벌권에 대한 대리자의 권리로 이해할 수 있다는 것이다.[25] 즉 아퀴나스는 국가의 사형 집행권을 인정했다는 점이다.

아퀴나스는 사회를 인간의 신체 모형으로 설명했는데, 신체의 어느 한 부분이 아프게 되면 그 원인을 찾아 치료해야 한다. 그러나 그곳을 더 이상 치료할 수 없을 때는 다른 부분마저도 썩게 될 것이므로 문제의 부분을 제거해야 한다. 이처럼 범죄자가 더 이상 개선의 여지가 없을 때는 그에 대한 사형은 공동선을 위한 불가피한 것이라고 주장한다.

정리하면 아퀴나스는 불가피한 전쟁의 경우에서와 마찬가지로, 두 가지 경우에 있어서 사형은 가능하다고 본 것이다. 첫째, 통치권자가 공익을 보호하고 공동의 선을 위하여, 둘째, 범죄자의 개선 가능성이 없을 때 또는 범죄자의 잔혹한 행위로 인간성이 상실되었을 경우 공정한 공권력으로 사형에 처할 수 있다고 본 것이다.[26]

4) 루터

루터(Martin Luther)나 츠빙글리, 칼빈 등은 국가 권력의 정당한 형 집행을 인정했다. 이들은 공권력의 권위는 하나님께서 위임하신 것으로 보았고, 사형 제도에 대해서도 문제의식을 갖지 않았다. 따라서 이 제도의 존폐에 대한 관심을 드러내지 않았다. 이들은 일반적으로 아우구스티누스의 '강제권'(Compelle Intrare) 이론을 계승했다.

루터는 디모데전서 1:9, "… 알 것은 이것이니 법은 옳은 사람을 위하여 세운 것이 아니요 오직 불법한 자와 복종치 아니하는 자며 경건치 아니한 자와 죄인이며 거룩하지 아니한 자와 망령된 자며 아비를 치는 자와 어미를 치는 자며 살인하는 자며…"를 근거로 세속 국가는 칼과 정의의 힘으로 세상을 다스려야 한다고 했다. 루터는 통치자의 칼은 하나님에 의해 주어진 것으로 보았고, 루터에게 있어서 세속 권력은 '왼손 왕국'이었다. 그는 국가 권력의 법 집행을 인정했고 그것을 반대할 수 없다고 보았다. 따라서 사형은 정당한 법 집행으로 이해했다.

루터의 이런 관점은 농민 전쟁에 대한 태도에서 드러나 있다. 1524년 6월 지방 영주들에 대한 잦은 반란을 계기로 일어난 농민 전쟁은 1525년 2월에는 독일의 서부, 남부 지역으로 확산되었고, 역사상 보기 드문 대규모의 전쟁으로 발전하였다. 이 기간 중 루터는 농민 전쟁과 관련하여 몇 편의 작품을 남겼는데, 특히 루터의 '평화에의 권고'(1524. 4)에도 불구하고 농민들의 약탈과 방화 등 폭력이 뒤 따르게 되자 1525년 5월 루터는 『강도와 살인을 일삼는 농민에 반대하여』(*Against the Robbing and Murdering Hordes of Peasants*) 라는 글을 발표했다. 이 글에서 루터는 제후들의 학정을 비난하면서도 악을 제거하기 위해 하나님이 세우신 정치 질서를 파괴하는 폭동은 용납될 수 없다며 칼로서 폭도(농민)들을 진압할 것을 호소하였다. 어떤 조직이나 훈련이 없이 싸웠던 농민들은 숙명적으로 붕괴될 수밖에 없었고, 프랑켄하우젠에서는 약 1만 명의 농민들이 정부 연합군에 의해 진압되었다. 5천 명 정도가 들판에서 죽었고, 법정에서 처형(참수형)된 자가 300여명에 달했다.[27] 루터는 사형은 국가 권력의 정당한 법 집행으로 이해했다.

이런 루터의 견해는 그와 멜란히톤(Philipp Melanchthon)이 작성한 아우구스부르크 신앙고백서(Augsburg Confession, 1530)에 잘 드러나 있다. 이 신앙고백서 16조 "공민 생활에 관하여"에서는 이렇게 말하고 있다.

"공민 생활에 관한 합법적인 규정들은 하나님의 선하신 업적이다. 그리고 그리스도인이 공직을 가지고 재판장이 되거나 국법이나 다른 현행 법령에 따라 사건을 판결하고, 정당한 벌을 주고 정당한 전쟁에 참여하고 군인으로 봉사하고, 법적인 계약을 체결하고 재산을 소유하고 재판관이 요구할 때에 서약을 하고 결혼을 하고, 또 자녀들을 혼인케 하는 일 등은 모두 정당하다. 우리 교회는 그리스도인에게 이런 공직 취임을 금하는 재세례파를 배격한다. 그리고 우리 교회는 역시 복음의 완성을 하나님에 대한 두려움과 믿음에 두지 않고 공민의 의무를 저버리는데 두는 사람들도 배격한다. 왜냐하면 복음이 마음의 영원한 의를 가르치기 때문이다. 그리고 복음은 국가나 가정을 파괴하지 않고 오히려 하나님의 제도로서 보존하며 이런 제도 안에서 사랑을 실천할 것을 강력히 요구한다. 그러므로 그리스도인들은 죄를 범하도록 강요할 때를 제외하고는 반드시 그들의 위정자와 법률에 복종하여야 한다. 물론 죄를 범하도록 강요하는 경우에 있어서는 사람보다 하나님에게 복종하여야 할 것이다(행 5:29)."

5) 칼빈

칼빈(John Calvin)은 근본적으로 사형 제도를 부인하지 않았다. 그도 그 시대의 형법 제도를 자연스런 현실로 받아 드렸다. 그는 교회와 국가의 독자성을 인정하면서도 로마서 13장에 나타난 바에 따라 위정자는 하나님으로부터 세움을 받은 자이며 하나님의 심부름꾼이라는 점을 인정했다. 국가는 하나님의 특별한 선물이었다.[28] 동시에 칼빈은 교회는 국가를 위해 기도해야 한다고 보아 세속 정부에 대한 대도(代禱)는 제네바 주일 예배 기도에서 가장 중요한 순서였다. "우리는 칼의 권세를 가진 모든 왕, 제후, 군주를 위해 그들의 통치가 탐욕, 잔인함, 나쁜 충동이 아니라 좋은 법과 정의에서 존립하기를 기도한다."[29]고 했다. 국가에게 주어진 신적 의무를 성취하도록 기도했던 것이다. 칼빈은 도움을 필요로 하는 가난한 자들의 약함 때문에 왕은 칼로 무장하고 불의한 압박에서 그들을 보호해야 하다고 생각한 것이다.[30] 말하자면 정부를 위한 대도는 압박받는 국민의 권리를 위한 것이었다. 이것을 통해 교회는 정치 사회적 책임을 감당하는 것이었다.

근본적으로 국가 권력의 정당한 법 집행은 정당한 행위로 간주하였다. 그는 위정자 혹은 통치자의 직위는 하나님이 세우신 것으로 이해했고,[31] 심지어 통치자는 하나님의 대리인이라고 말했다.[32] 따라서 통치행위로 나타나는 정당한 법 집행에서 사형 제도가 배제되지 않았다.

특히 칼빈은 『기독교강요』 제4권 20장 10항 "위정자의 무력 사용의 정당성"(The magistrates' exercise of force is compatible with piety)이라는 항목에서 국가 권력의 지배권 혹은 통치권을 말하면서 무력 사용의 정당성을 강하게 주장하고 있다. 이 시기는 사형 제도의 존폐론이 사회적 이슈로 제기되기 이전이지만 칼빈은 무력 사용의 정당성, 특히 사형의 정당성을 강하게 변증하고 있다는 점은 흥미로운 일이 아닐 수 없다.

> 여기서 매우 난해한 한 가지 의문에 제기된다. 그것은 만일 하나님의 법이 모든 그리스도인들에게 살인을 금하고 있고(출 20:13, 신 5:17, 마 5:21), 예언자가 하나님의 거룩한 산(교회)에 대하여 예언하면서 거기에는 사람들의 해됨도 상함도 없을 것이라고 예언했다면(사 11:9, 65:25), 어떻게 위정자들이 경건한 사람이면서 동시에 피를 흘릴 수 있겠는가?
> 그러나 위정자가 형벌을 시행할 때 자기 임의로 하는 것이 아니라 하나님의 심판 그 자체를 수행하는 것이라는 사실을 이해한다면, 이런 가책으로 방해받지 않을 것이다. 하나님의 법은 살인을 금한다. 그러나 살인자가 형벌을 받지 않고 그냥 지나가는 일이 없도록 입법자 되신 하나님께서 친히 그의 사역자들의 손에 칼을 두셔서 모든 살인자들을 처단하게 하시는 것이다. 이것은 경건한 자들이 남에게 해를 주고 상처를 입히는 것이 아니다. 도리어 여호와의 명령을 받아 경건한 자들에게 입힌 상처에 대해 복수한다면 그것은 상처를 주고 해를 끼치는 것이 아닌 것이다.[33]

근본적으로 칼빈은 범죄자에 대한 형벌은 인과보응적인 것으로 이해하고 있고, 사형 집행을 포함한 형벌 집행은 통치자의 경건과 병립할 수 없는 불경건한 조치가 아님을 말하고 있다. 말하자면 칼빈은 응보적 정의론(retributive)을 피력하고 있는 것이다. 칼빈은 비록 구체적으로 '사형'이라는 용어는 사용하고 있지 않지만 형벌은 범법자에 대한 응보적 정의를 만족시키기 위해 필요한 조치로 인식함으로써, 사형까지도 금지하지 않고 있음을 알 수 있다. 다시 말하면 범법자에 대한 응보적 형벌은 살인을 금하는 하나님의 말씀에 위배되지 않고, 도리어 이것은 하나님의 공의로운 심판이라고 주장한다. 칼빈은 바울의 가르침을 인용하면서, "그들(위정자)은 하나님의 사역자로서 공연히 칼을 가진 것이 아니며 악을 행하는 자에게 진노하심에 따라 보응하는 자(롬 13:4)라"고 했다.[34]

이런 점에 대해서는 칸트도 동일한 입장을 보이고 있다. 칸트는 모든 인간은 각자가 행한 행동의 결과가 각자에게 돌아가야 한다고 보았다. 이것은 인과율에 따른 당연한 것이라고 인식했다. 응보 사상에 기초하여 형벌 이론을 전개한 점에 있어서는 헤겔도 동일했다.[35]

칼빈은 신학과 교회 문제만이 아니라 국가와 사회, 경제 등 모든 전반에 지대한 관심을 가지고 변화와 쇄신을 추구했고, 경제 활동, 이자, 고리대금업, 사치 금지법, 결혼법 등과 심지어는 제네바의 하수도 처리 문제에 대해서까지 관심을 보였으나 사형 제도 폐지에 대해서는 아무런 관심을 기울이지 않았다. 칼빈의 방대한 저서 목록에서도 직접적으로 사형 제도에 대한 주제의 글을 발견할 수 없다.[36] 즉 칼빈은 사형 제도는 성경적 지지를 받는 법의 구현과 정의의 버팀목으로 이해했던 것이다.

칼빈이 사형 제도를 정당한 것으로 이해했다는 점은 사형 제도 존폐 논쟁과 관련하여 가장 논쟁적인 성경 구절인 창세기 9:6 주석을 통해서도 확인할 수 있다. "무릇 사람의 피를 흘리면 사람이 그 피를 흘릴 것이니 이는 하나님이 자기 형상대로 사람을 지었음이라."[37] 이 본문은 구약 성경에서의 사형 제도 존치론을 주장하는 중요한 본문으로 인용되고 있는데, 고든 웬함(Gordon J. Wenham) 등 대부분의 학자들은 이 본문은 범죄자에 대한 동해복수법(principle of talion, lex talionis)에 대한 집약적 표현으로 이해하고 있다.³⁸ 이 본문은 문장 구조상 교차 대구법(chiastic formulation), 곧 앞 절(האדם דם שפך)의 '흘림'(shed), '피'(blood), '사람'(man)이 뒷 절에서는 역순(ישפך דמו באדם)으로 '사람', '피', '흘림'으로 반복되고 있는데, 이런 구조는 범법자의 범법 행위에 상응하는 형벌을 강조하는 것이라고 해석한다. 이 본문에서 "이는 하나님이 자기 형상대로 사람을 지었음이라"는 인간 존재의 독특성을 강조하는 것으로서 왜 인간의 생명이 특별히 보호되어야 하는가를 말하고 있다. 그래서 웬함은 이 본문은 고의로 살인자에 대해서는 사형을 주장하는 본문으로 해석하고 있다.³⁹

물론 이 본문에 대한 해석에 대해서는 논란이 없지 않다. 살인자에 대한 상응하는 응징(sanctions for murder)은 하나님이 하시는 일인가 아니면 다른 사람이 하는 일인가도 그중의 하나이다. "사람이 그 피를 흘릴 것이니"라고 할 때 '사람이'의 באדם을 '사람에 의해서'(by man)로 보아야 한다는 것이 대부분의 해석이다. 그래서 이 본문은 사형 제도를 인정하고 있고, 이 본문은 '동해복수법'을 말하는 것으로 읽고 있다. 그러나 어떤 이들은 באדם을 '사람에 의해서'(by man)로 읽지 않고, '그 사람에게'(for that man)라고 읽음으로서("for that man his blood shall be shed) '사람'을 사형 집행자로 말하고 있지 않다고 주장하기도 한다.⁴⁰ 다시 말하면 이 본문을 사람의 피를 흘린 자에게는 하나님께서 형벌을 내리신다는 의미로 해석한다. 이런 입장을 대표하는 경우가 NEB인데, "for that man his blood shall be shed"로 되어 있다. 또 이 본문이 노아 가계에 주신 한시적인 명령으로 이해하는 이도 없지 않지만 이 본문은 노아로 대표되는 모든 인류에게 주신 보편적인 명령으로 보아야 할 것이다.

문제는 이 본문에 대해 칼빈은 어떻게 이해하고 있는가 하는 점은 우리의 관심을 끌고 있다. 칼빈은 창세기 주석에서 이 본문은 고의적 살인자에 대한 상응하는 형벌을 말하는 본문으로 이해하고 있고, 하나님은 재판관에게 칼로 무장시키고 형벌케 하신다고 보고 있다. 말하자면 칼빈은 자신의 『창세기 주석』에서 고의적 살인에 대해서는 응보적 형벌을 당연하게 여기고 있음을 알 수 있다.

> 누구든지 사람을 죽이는 자는 자기 형제의 피와 생명을 자기 자신에게 끼얹는 것이다. … 성경의 다른 곳에서도 기록된 바이지만 "피를 흘리게 하며 속이는 자들은 저희 날의 반도 살지 못할 것이다."(시 55:23)라고 되어 있다. … 진실로 나는 법이 정하고 재판관이 판단한 형벌을 부인하지 않는다. … 그러므로 재판관들은 범죄자들을 눈감아 줄 수 있을지 몰라도 하나님께서는 다른 집행자들을 보내 주시니 그들은 피를 흘리게 한 자들에게는 그들이 받을 보복을 내려 줄 것이다. 하나님은 살인자에 대해 보복을 하기 위해서 순회 재판관에게 칼로 무장시키고 사람의 피 흘림이 형벌을 받지 않고 지나가지 하지 않을 것이다.[41]

칼빈이 사형 제도에 대해 특별한 문제의식을 갖지 않았다는 사실은 프랑스에서 시행된 사형 집행에서 드러난다. 소위 벽보 사건(1534)으로 칼빈의 친구 안티엔느(Etienne de la Forge)를 포함하여 35명이 처형을 당했고, 특별히 칼빈의 친형제 중 한 사람이 이 때 처형되기까지 했으나 칼빈은 사형 제도 폐지에 대한 특별한 견해를 표명하지 않았다. 1535년 8월에 완성하고 이듬해 곧 1536년 3월에 출판된 그의 『기독교강요』는 벽보 사건 이후 박해받던 프랑스의 개신교도들을 변호할 목적에서 기술되었으나 이 책에서 사형 제도 그 자체를 문제 삼지 않았다. 프랑스 왕 프랑소와 1세에게 헌정한 이 책에서 프로테스탄트의 교리적 입장을 변호하고 개신교도들은 정치적 반정부 집단이 아니라는 입장만이 강조되고 있을 뿐이다.

이런 그의 입장과 관련하여 검토할 수 있는 또 한 가지 사례는 세르베투스 처형이다.

스페인의 나바르 출신으로서 의사이기도 했던 세르베투스(Michael Servetus, 1511-1553)는 삼위일체가 비성경적임을 주장했던 인물이다. 그는 1531년 6월 『삼위일체의 오류』(De Trinitatis crroribus libri septem)라는 책을 써 삼위일체 교리를 비판했다. 이 일로 그는 신교와 구교 양측으로부터 이단으로 지목되었고, 가톨릭교회의 체포를 피해 잠적하고 빌르뇌브(Villeneuve)라는 가명으로 활동하기도 했다. 1553년에는 『기독교의 회복』(Christianismi Restitutio)을 출판하고, 콘스탄티누스의 회심으로 시작된 교회와 국가 간의 유착이야말로 교회의 가장 큰 비극이며 배교 행위였음을 지적하고 삼위일체 교리를 확정하였던 325년의 니케아 회의는 하나님의 뜻에 배치되는 것이라고 주장하였다. 많은 부분이 이전에 출판된 그의 『삼위일체의 오류』를 반복한 것이지만 삼위일체 교리라는 궤변을 받아들임으로써 교회는 본래의 순수성에서 떠나 타락하였다고 주장하였다. 특히 이 책에서 칼빈의 『기독교강요』를 공격하면서 삼위일체론은 "대가리가 셋인 지옥의 개"와 같은 것이라고 악담하기도 했다. 온건한 성격의 개혁자였던 부써(M. Bucer)같은 이도 이 책을 보고, "이런 책을 쓴 사람은 몸뚱이를 잘라 여덟 조각으로 낸다 해도 부족하다"고 말했던 것을 보면 적지 않는 충격을 받은 것이 분명하다.

그의 이단적 주장으로 21년간이나 가명으로 지내 왔던 세르베투스는 1553년 4월 4일에는 리용의 종교 재판소에 의해 체포되었다. 그는 이단 혐의로 재판을 받았으나 3일 후에 탈출하였고, 궐석 재판에서 사형을 선고받았다. 잠적했던 그는 1553년 7월 중순경 제네바로 왔다가 8월 13일 다시 체포되었다. 심리는 8월 15일부터 시작되었다. 제네바 시정부는 그의 이단 사상에 대한 유죄를 인정하고 1553년 10월 26일 화형에 처할 것을 선고하였다. 이것은 유스티니아누스 법전(code of Justinian)에 근거한 것이었다.

1553년 10월 27일 세르베투스는 제네바 시 북방 샴펠(Champel)의 언덕에서 화형에 처해졌다. 이 일에 대하여 칼빈이 무관하지 않다. 칼빈은 8월 17일, 21일 등 몇 차례 법정에 섰고, 세르베투스와 논쟁을 벌이기도 했다. 칼빈은 법원의 요청으로 38개항에 이르는 세르베투스의 사상의 문제점을 제출한 일도 있다. 이런 점에서 볼 때 칼빈은 사형 제도 그 자체를 반대하지 않았음을 알 수 있다. 단지 칼빈은 파렐과 마찬가지로 화형보다는 덜 고통스러운 참수형을 요청했을 뿐이다.

세르베투스 사건과 관련하여 칼빈 이외의 다른 개혁자들도 사형 제도 자체에 대해 반대하지 않았다. 파렐(Farel), 멜란히톤(Melanchiton), 불링거(Bullinger), 베자(Beza) 등은 세르베투스의 처형을 불가피한 선택으로 받아 들였고, 사형 집행 자체에 대해 문제를 제기하지 않았다. 예컨대, 베자는 세르베투스 처형이 다소 가혹했다는 점을 인정했고, 이 일로 로마 가톨릭의 이단 심문과 재판을 비난할 근거를 상실할 수 있다는 점을 염려했으나 사형 제도 자체를 반대하지는 않았다. 불링거는 세르베투스 처형에 따른 비난을 변호하기 위해 칼빈에게 책을 집필하도록 권면했으나 사형 제도 자체를 문제시하지는 않았다. 칼빈이 불링거의 권면을 받아들이고 쓴 책이『세르베투스 오류에 대한 삼위일체론에 관한 정통 신앙의 변호』(Defensio orthodoxae fidei)였다. 이 책은 불어 및 라틴어로 기술되었는데 전자는 350쪽, 후자는 250쪽의 책으로 1554년 출판되었다. 이 책에서 제네바의 목회자 15명이 연대 서명하여 세르베투스 처형의 정당성을 인정했다. 제네바의 개혁자들도 사형 제도를 받아들였던 것이다.

칼빈은 이 책에서, "세르베투스의 체포를 종용하고 고소인을 정하여 고소한 일은 인정하지만 그가 이단으로 판결되고 난 후 나는 그를 사형에 처하고자 하는 일에 동의한 일이 없다는 것은 온 세상이 다 안다"고 말했으나 당시 독자들의 심증은 칼빈의 주장과는 거리가 멀었다고 일본의 칼빈 학자 구로사끼고 기찌(黑崎)는 평가했다.[42]

칼빈 역시 국가 권력의 힘을 통해 이단을 척결할 수 있다고 보았다. 다시 말하면 바른 신앙의 보지(保持)를 위해서는 국가 권력의 강제력을 인정하고 있다는 점이다. 칼빈은 『세르베투스 오류에 대한 삼위일체론에 관한 정통 신앙의 변호』에서 "국가 기관이 이단을 처벌하는 것이 합법적인가?"라는 문제를 제기하고[43] 다음과 같이 말하고 있다.

> "시민 정부의 목적은 인간사회를 위해 존재할 때 그 안에 모든 것이 포함되겠지만 인간들이 호흡하고 먹고 마시고 몸을 따뜻하게 할 수 있도록 해 주는 데 있을 뿐만 아니라 우상 숭배, 하나님의 이름에 대한 모독, 그의 진리에 대한 경멸, 그 외 종교에 대한 공공연한 범죄 등이 나타나지 않고 유포되지 않도록 하는 데 있다. … 마지막으로 그리스도인들 가운데서는 종교의 공적인 면모가 존재하도록 하고 인간들 가운데서는 인간성이 드러나도록 하는데 그 목적이 있는 것이다."[44]

라고 말하고 있다. 칼빈은 육체를 죽이는 살인자를 처벌하는 것과 마찬가지로 영혼을 헤치는 이단자를 사형에 처하는 것이 기독교 통치자의 의무라고 확신했다. 이 점에 대해서는 멜란히톤의 견해도 동일했다. 멜란히톤은 1554년 10월 14일자로 칼빈에게 보낸 편지에서 이 점을 드러내고 있다.

> 귀하가 세르베투스의 혐오할 만한 불경스러움을 논박한 글을 읽으면서 귀하의 투쟁의 중재자가 되셨던 하나님의 아들께 다시 한 번 감사를 드리게 되었습니다. 뿐만 아니라 교회 역시 현재와 미래에서도 귀하에게 감사의 빚을 지고 있습니다. 저는 귀하의 판단에 전적으로 찬성합니다. 정상적인 재판 후에 귀하의 시 당국이 그 이단자를 사형에 처한 것이 정당한 판결임을 인정합니다.[45]

즉 칼빈은 국가의 임무는 바른 종교를 지켜 가는 것이라고 말함으로써 국가 권력이 이단을 처벌할 수 있다고 주장하고 있다.46 이런 점에서 칼빈은 여전히 중세적 이라고 할 수 있다. 칼빈이 사형 제도 지지자였다는 점은 분명하다.47

6) 재세례파

재세례파는 16세기 기독교 집단 중 사형 제도를 반대했던 유일한 집단이었다. 초기 기독교회에로의 복귀(Restoration) 혹은 회복(Restitution)을 가장 철저하게 추구했던 재세례파는 콘스탄티누스 이전의 교회 곧 313년 이전의 교회를 이상화 했고, 그 시대의 교회를 참된 교회로 인식했다. 그들은 4세기 이전의 교회는 오직 진실한 신자들로 구성된 교회였고 국가로부터 박해당하고 멸시받고 거부된 교회 였다는 점에서 참된 교회로 보았다. 참된 교회가 무엇인가 하는 문제로 고심했던 이들에게 있어서 교회는 그 지역 사회의 교회가 아니라 그 지역 사회로부터 분리된 자발적으로 모인 공동체(gathered society)였다.

이들은 국가에 대해 부정적이었다. 국가 권력과 국가 권력과 관련된 교회, 곧 가톨릭으로부터는 화형을 당하고, 프로테스탄트들로부터는 익사형을 당했던 이들은 이 세상에서는 희망을 갖지 않았다. 말하자면 재세례파는 세상에 대한 비관주의와 교회에 대한 낙관주의에 기초하고 있었다.

이들을 재세례파라고 말하는 것은 유아 세례를 부정했기 때문이지만, 유아 세례도 교회와 국가가 결합된 데서 온 산물로 보아 이를 부인했고, 성인이 된 후 스스로의 고백에 의해 받는 세례, 곧 성인 세례(believers' baptism)를 주장했다. 교회는 그 지역 사회에 동일시 될 수 없었다. 이처럼 이들은 세상의 왕국과 그리스도의 왕국을 날카롭게 대립시켰던 것이다.

국가로부터의 완전한 분리를 주장했던 재세례파는 종교 문제에 있어서 국가 권력의 물리적 힘을 의존해서는 안 된다고 보았다. 이들은 그리스도의 왕국과 세상

나라가 혼합되고, 제국의 칼이 이단들을 협박한 콘스탄티누스 시대부터 교회의 가장 큰 타락이 시작되었다고 보았기 때문에[48] 국가 권력이 종교적 신념의 문제에 공권력을 행사할 수 없다고 본 것이다. 이것은 당시로는 획기적인 주장으로서 종교의 자유는 이들의 신조가 되었고, 이를 신조로 삼은 최초의 교회가 되었다. 교회의 치리와 그리스도의 모범을 따르지 않으려는 이들은 추방함으로써 교회의 순수성을 유지해야 한다고 보았다. 즉 교회가 할 수 있는 가장 큰 형벌은 파문이었다.

물론 재세례파 가운데서 무력이나 폭력을 용인한 소수의 집단이 없지 않았지만 대부분의 재세례파는 평화주의적이었고, 전쟁과 사형을 거부했다.[49] 이들은 어떤 상황에서도 폭력을 거부하고 법에도 호소하려 하지 않았다. 이들은 칼을 쳐서 보습을 만들어야 한다고 보았고, 원수까지도 사랑해야 한다고 믿었다. 산상수훈을 문자적으로 지키려고 했던 이들은 사형 제도는 수용할 수 없었다. 흔히 '역사적 평화교회'(historic peace church)로 불리는 메노나이트(Mennonite)는 이 점에 더 철저했다.

재세례파가 사형 제도에 대해 부정적이었던 것은 이들은 구약보다는 신약을 점진된 계시로 중시하였고, 구약 성경의 윤리는 그리스도에 의해서 폐지되었다고 보아 이를 거부했기 때문이다.[50] 재세례파는 그리스도의 왕국은 산상수훈에 근거해야 한다고 보았기 때문에 전쟁, 살인, 맹세 등을 거부했다. 순종, 제자직, 그리스도를 따름은 이들의 중요한 개념인데, 이들은 비폭력(non-violence), 화해(reconciliation), 앙갚음하지 않음(un-retaliation), 기독교적 사랑(Christian love)을 중시하여 설사 살인의 악을 행한 자라 할지라도 살인해서는 안 된다는 입장이었다.

이들은 사형 제도를 거부했지만 이의 폐지를 위해 투쟁하지는 않았다는 점에서 소극적 사형 폐지론자들이었다고 할 수 있다. 앞서 지적한 바처럼 이들은 교회와 국가를 엄격하게 구별했고, 국가는 세속적 영역으로 보아 세속 사회의 변혁 의지를 갖지 못했다. 따라서 사형 제도를 반대하면서 이에 대해 소극적인 반응을 보였던 것이다. 그것은 '타락한 세상사'에 지나지 않았던 것이다. 이들은 불과 물과 칼에 의해 죽임을 당했지만 그 제도의 폐지를 위해 싸우지는 않았던 것이다. 그것은 그리스도와 상관없는 세속의 일이라고 보았기 때문이다.

7) 웨스트민스터 신앙고백서

웨스트민스터 신앙고백서는 하나님께서 선한 자를 보호하시고 악한 자를 처벌하도록 하는 권세를 위정자에게 맡겼다는 점을 지적하면서 사형 제도를 암시적으로 인정하고 있다. 즉 웨스트민스터 신앙고백서 제23장 "국가 위정자에 대하여(On the civil magistrate) 1항에서 위정자는 하나님께서 세우셨다는 점, 하나님의 영광과 공익을 위하여 백성을 다스리게 하셨다는 점, 그리고 선한 자를 보호하시고 악인을 처벌하기 위하여 무력 사용을 허락하셨다는 점을 말하고 있다.

> "온 세계의 주가 되시고 왕이신 하나님께서는 자기의 영광과 백성들의 유익을 위하여 위정자들을 자기 밑에 세우사 백성들을 다스리도록 하셨다. 그리고 이 목적을 이루시기 위해 칼의 힘으로 그들을 무장시키셔서 선한 자들을 보호하고 격려하며 행악 자들을 처벌하도록 하셨다."[51]

즉 웨스트민스터 신앙고백서는 그리스도인들은 세속 정부와 그 통치를 인정하고 복종해야 할 것을 말하고 있다. 이 조항에서 비록 직접적으로 사형, 혹은 사형 제도를 말하고 있지는 않으나, "위정자들에게 무력을 허용하셨다"(hath armed them with the power of the sword)고 말함으로써 이를 암시적으로 승인하고 있다. 역사적으로 볼 때 사형, 전쟁, 세금, 교회와 국가 간의 관계 등은 국가 기관에 대한 교회의 견해와 깊이 관련되어 있고, 국가 기관의 통치권을 인정하는 경우에는 사형 제도, 정당한 전쟁, 세금 징수 등을 정당한 것으로 수용하였다. 근본적으로 웨스트민스터 신앙고백서는 이 조항에 대한 참조 성경 본문으로 제시되는 로마서 13:1-7의 가르침에 근거하여 세속 정부의 통치권과 제재권을 인정하고 있다. 또 세속 국가는 하나님으로부터 기원했다는 점과 그 통치권은 피지배자의 동의 여부와 관계없이 하나님의 뜻으로 말미암는다는 사실을 말하고 있다. 이 같은 점은 그리스도인이 그가 거주하는 나라의 사실상의 정부(the de facto government)를 합법적인(de jure) 정부로 인정해야 한다는 점이 함의되어 있다고 윌리엄슨은 해설하고 있다.[52]

일반적으로 웨스트민스터 신앙고백서 23장 1항은 사형을 허용하는 것으로 해석되어 왔다.[53] 윌리엄슨은 "하나님의 공의는 구약 성경에서와 마찬가지로 신약 성경에서도 '인도주의적인' 것이 아니며 하나님께서 세속 정부를 세우신 것은 신약 성경을 가르치려는데 있지 않고, 죄악을 벌하고 선을 행하는 자들을 보호하려는데 있다."고 말하면서 사형 제도 폐지론을 반대하고 있고, 그것이 웨스트민스터 신앙고백서의 가르침이라고 보고 있다.[54] 이점은 웨스트민스터 대요리 문답 136문에서 보다 선명하게 정리되고 있다.

즉 웨스트민스터 대요리 문답 136문은 "제6계명에서 금지된 죄는 무엇인가?"라고 묻고, "제6계명에서 금지된 죄는 공식 재판이나 합법적인 전쟁 혹은 정당방위 외에 우리 자신이나 다른 사람들의 생명을 빼앗은 모든 행동이다."고 명시함으로써 공식 재판이나 합법적인 절차에 따른 살상은 "살인하지 말라"는 6계명을 범하는 것으로 볼 수 없다는 점을 말하고 있다. 웨스트민스터 신앙고백서 23장 2항에서는 그리스도인들이 공직자가 되는 것은 정당하며 필요한 경우 전쟁을 포함한 무력 사용을 허락하셨다고 말하고 있다.

"그리스도인이 관공직에 임명을 받으면 그것을 받아들여 수행하는 것이 합당하다. 그 직분을 수행함에 있어서 그들은 마땅히 국가의 건전한 법률에 따라 특별히 경건과 정의와 평화를 유지하도록 해야 한다. 이 목적을 위해 신약 아래 있는 지금 신자는 정당하고 필요한 경우에 전쟁을 일으키는 것은 적법하다."

즉 웨스트민스터 신앙고백서는 정당 전쟁론을 따르고 있는데 이것은 불가피한 경우 무력 사용의 정당성을 인정하는 것으로서 이 조항은 반전론(反戰論)을 반대하는 것으로 해석될 수 있다.[55] "정당하고 필요한 경우에"(upon just and necessary occasion)라는 단서 조항과 함께 전쟁을 일으키는 것은 적법하다는 것은 행악자들에 대한 응보적 전쟁의 타당성을 말하는데, 이것은 인간 생명의 살상 불가피성을 인정한다. 정당 전쟁론을 따르는 교회는 사형 제도에 대해서 수용적이었음을 고려해 볼 때 웨스트민스터 신앙고백서는 사형을 인정하고 있음을 알 수 있다.

종합적으로 고려해 볼 때 웨스트민스터 신앙고백서는 하나님께서 위정자를 내셨고, 국가 기관에 무력 사용을 허락하셨다고 말하고 있는데, 이것은 응보적 차원에서의 전쟁, 사형을 인정한 것이다.

8) 19세기 이후

19세기 이후 기독교계에는 사형 제도에 대하여 존치론과 폐지론이 공존해 왔다. 그러나 폐지론이 더욱 지지를 받아왔다. 이런 현상은 신학적 성찰에 기초한 것이기 보다는 그 시대의 요구가 더 큰 영향을 끼쳤다고 할 수 있다. 루터파의 알트하우스는 형벌은 죄인을 처벌하는 하나님의 법이라는 측면에서 사형 제도를 하나님의 질서 회복이라는 측면에서 이해하여 이를 지지했으나,[56] 슐라이어마허, 린센만(Linsenmann), 하르나크(Adolf von Harnack), 바르트 등은 사형 제도 폐지에 동의했다. 하르나크는 초기 3세기 동안의 기독교 연구에 열중했지만 자신의 아들 에

른스트 하르나크(Ernst von Harnack)가 나치 정권에 항거한 일로 체포되고 처형 당하게 된 일이 그를 사형 제도 폐지론자가 되게 했을 것이다.[57] 바르트는 『교회교의학』(Die Kirche Dogmatik) 3권 4장에서 사형 문제를 취급했다.[58]

20세기 후반에 들어와서 사형 제도 폐지 운동은 전 세계적으로 확산되었다. WCC는 1990년 3월 25일에서 30일까지 제네바에서 모인 중앙위원회에서 사형 제도의 무조건적인 폐지에 대한 성명서를 만장일치로 채택했다. 한국에서도 10여 년 전부터 이 제도의 폐지가 논의되기 시작하였다. 개인의 인권에 대한 강조와 함께 사형 제도는 반인간적인 제도라는 점에서 많은 나라들이 사형을 폐지하기에 이르렀다. 국제사면위원회(Amnesty)에 따르면 사형 제도를 유지하고 있는 나라는 미국, 일본, 중국 한국, 그리고 북한을 포함한 86개국이지만 이를 폐지한 나라는 109개국에 달하는 것으로 보고되었다. 사형 폐지론자들은 사형의 역사에서 볼 때 살인에 의해 피살된 사람보다 법관에 의해 처형된 사람의 수가 많았다[59]는 점을 지적하면서 인도적 측면에서 이 제도의 폐지를 주장한다. 진보적 지식인들이 이 운동에 앞장서고 있다. 한국 가톨릭은 1960년대의 윤형중 신부와는 달리 사형 폐지를 주장하며 폐지 운동을 전폭적으로 지지하고 있다.

국제적인 추세에 따라 우리나라 국회에서도 1999년과 2000년에 사형 제도 폐지 법안이 제출된 바 있으나 기각된바 있고, 2001년 11월에는 여야 국회의원 155명의 발의로 '사형 폐지에 관한 특별법'안을 정기 국회에 제출한 바 있으나 회기 만료로 폐안되었다. 최근에 와서 사형 폐지론은 당적을 초월하여 지지를 얻고 있고, 여야 국회의원의 공동 발의로 국회에서 논의될 전망이다. 그럼에도 불구하고 우리나라에서는 국민의 3분의 2가 사형제 유지를 선호하는 것으로 조사된 바 있다.[60] 또한 안양 초등학생 납치 살해 사건(2007), 조두순 사건(2008) 등 사회적으로 큰 물의를 빚은 강력 범죄들이 연속적으로 발생하면서 사형 제도의 완전한 폐지에 반대하는 국민 정서가 높아졌다.

맺음말

　이상에서 논의한 바처럼 사형 제도는 고대 사회로부터 있어 왔던 형벌 제도로서 긴 역사를 지니고 있다. 기독교 전통에서 볼 때 사형제에 대해서는 상반된 견해가 있어 왔다. 3세기 이전의 초기 기독교, 소종파형 소수 집단, 그리고 재세례파 집단들은 사형 제도에 반대 입장을 보여 왔는데, 이들은 소위 '평화주의적' 전통을 따르는 소수 신앙 집단이었다.

　초기 기독교는 대체적으로 사형 제도를 반대해 왔으나, 313년 기독교가 로마 제국에서 공인된 후 교회와 국가가 결탁하는 과정에서 국가 권력에 의한 강제력의 행사를 인정하게 되고, 전쟁, 사형제 등을 용인하게 된다. 아우구스티누스의 강제권 이론(Compelle intrare)는 이 점에 대한 분명한 증거였다. 중세 시대는 이단 척결이라는 십자군적 의식으로 사형 제도를 더욱 정당화하였고, 16세기 개혁자들도 로마 가톨릭이 그러했던 것처럼 신앙 고백적 이유에서, 혹은 교회의 거룩과 순결이라는 이름으로 신앙 고백을 달리하는 이들에 대해서도 사형을 용인해 왔다.

　비록 종교 개혁 이후 중세적 국가-교회 관계로부터 떠났다 할지라도 20세기까지 주류의 기독교회는 사형 제도는 정당한 것으로 인정해 왔다. 이전까지는 이런 문제가 신학적으로나 윤리적으로 문제시되지 않았고 한 사회를 유지하는 당연한 사회적 규범으로 인식해 왔다. 주류의 교회는 정당 전쟁론을 수용하는 교회로서 전쟁과 사형제에 대한 견해는 불가분의 관계에 있었다. 즉 전쟁과 사형제에 대해서는 대체로 동일한 입장을 취해 왔다. 정당 전쟁론을 받아들이는 주류의 교회가 사형 제도를 받아들였던 중요한 근거는 구약에서 명한 하나님의 말씀에 근거한 '응보적 정의론'과 '범죄 억지론'이었다.

고든 클락은 18세기 이후 제기된 사형 제도 폐지론은 '인도주의적' 측면을 강조하고, 살인을 단순히 사회에 대한 범죄로만 간주하지만, 성경은 살인을 단순히 사람에 대한 범죄가 아니라 하나님에 대한 범죄로 인식한다고 말하면서 사형 폐지론은 부당하다고 말한다.[61] 사형 존치론자들은 희생자들의 부당한 희생을 고려하지만, 폐지론자들은 범죄자들에게 동정하는 성격이 강하다.

그리스도인인 우리에게 있어서 중요한 문제는 사형제에 대한 성경의 가르침이다. 교회사는 일종의 성경 해석의 역사로서 성경에 대한 반응일 따름이다. 따라서 교회사적 검토가 사형제 존폐론에 참고 자료가 될 수 있을 것이다. 비록 주류의 교회가 사형 존치론의 입장을 보여 주고 있지만 이들을 맹목적 존치론자로 보아서는 안 될 것이다. 말할 것도 없이 이들이 정치적 살인이나 오판의 위험성을 간과하지 않았다. 한 사회의 규범을 지켜 가고 공동의 선을 위해서는 고의적 살인자에 대해서는 정당한 법 절차에 따라 상응하는 형벌이 부과되어야 한다고 보았을 뿐이다. 정치적 악용이나 오판의 위험은 상존하지만, 명백한 고의적 살인의 경우에 있어서 사형 제도는 유지되어야 한다.

1장 / 교회사에서 본 사형 제도

※ 이 글은 한국 기독교 총연합회(한기총) 신학 위원회의 요청으로 사형 제도에 대한 한국 교회의 입장 표명을 위한 '기독교와 사형 제도' 세미나(2005. 8. 19)에서 발표된 논문으로 일부 수정하여 「고신신학」 8(2006.9), 183-225에 게재되었다.

1 윤형중, "처형대의 진실," 『동아춘추』 (1962. 12): 99ff.

2 『동아춘추』 (1963. 2월호): 71ff. 당시 서울 경동교회 목사였던 강원룡은 이 토론에 합세하여 폐지론을 지지했다. 강원룡, 『동아춘추』 (1963. 4) 참고.

3 사형(死刑, death penalty)이란 생명을 박탈하는 것을 내용으로 하는 형벌인데, 생명을 박탈한다는 점에서 생명형이라고 하며, 형법이 규정하고 있는 형벌 가운데서 가장 중한 형벌이라는 점에서 극형(capital punishment)이라고도 한다. 사형은 오랜 역사를 지닌 형벌로서 형벌의 역사는 사형의 역사라고까지 말하기도 한다. 사형제에 대해서는 18세기 이전까지는 논란의 대상이 되지 못했다. 그러다가 계몽 사상기를 거쳐 가면서 폐지론이 대두되기 시작했다.

4 사형 제도 존치론자들은 다음의 3가지 관점에서 이 제도를 옹호하고 있다. 첫째, 사형 제도는 응보적 정의(retributive justice)를 만족시키기 위해 필요하고 주장한다. 사람을 고의로 살해한 사람은 그에 상응하는 형벌을 받아야 하다는 주장인데 그렇지 않을 경우 사회 질서가 파괴될 수 있다고 보고 있다. 둘째, 사형은 범죄 억지 효과(deterrence)가 있다고 주장한다. 형벌이 심하면 심할수록 범죄에 대한 억지력이 높기 때문에 살인과 같은 흉악 범죄를 줄이기 위해 필요하다고 주장한다. 셋째, 예방 효과(prevention)가 있다고 주장한다. 즉 동일한 범죄를 사전에 막는 효과가 있다고 주장한다.

5 사형 제도 폐지론자들은 다음의 4가지로 이유에서 폐지를 주장하고 있다. 첫째, 사형은 야만적이고 잔혹한 형벌이며 인간의 존엄과 가치의 전제가 되는 생명권을 침해하는 형벌이라고 주장한다. 둘째, 사형은 오판의 가능성이 있으며, 형이 집행된 후는 회복이 불가능하다. 셋째, 정치적인 악용의 가능성이 많다. 사형은 정치적으로 악용되었고 앞으로도 그럴 가능성이 있음으로 폐지되어야 한다는 주장이다. 넷째, 사형은 개선의 여지를 박탈한다. 형벌의 목적이 범법자로 하여금 개선과 새로운 삶을 살게 하는 것인데 그런 기회를 원천적으로 박탈하는 것이므로 사형 제도는 정당화될 수 없다고 주장한다. 특히 사형 폐지를 지지하는 신학자들은 인간 생명은 하나님이 주신 것으로서 신성하며 인간이 다른 인간의 생명을 박탈 할 수 없다는 점, "살인하지 말라"는 제6계명을 범하는 것이라는 점, 신정 국법은 신약 시대에 적용될 수 없다는 점, 그리고 하나님은 살인자에게도 자비를 베푸셨다는 점 등에 근거하여 이 제도의 폐지를 주장하고 있다. 이런 점들에 대한 자세한 논의는 신성자, "성경적 관점에서 본 사형," 『신학지남』 261(1999. 겨울호): 205-24를 참고할 것.

6 이런 점들에 대한 보다 자세한 논의는 카를 브루노 레더, 『사형』, 이상혁 역 (하서, 2003),

15ff.를 참고할 것.

7   레더, 『사형』, 310.

8   레더, 『사형』, 310. 비슷한 다른 정보가 있다. 오영근은 "뉘른베르크의 한 판사의 보고에 의하면 1501년에서 1525년까지 관할 지역에서 1,159명이 처형되었다고 하는데, 이것은 일주일에 1명꼴로 처형된 것으로 사형이 일상화되었음을 알 수 있다."고 말하고 있다. 오영근, "사형 존폐 논쟁의 역사적 고찰," 『사형 제도의 이론과 실제』(서울: 까치, 1989), 28.

9   Buchert, *Die Todesstrafe*(1956), 11.

10   레더, 『사형』, 314.

11   Ambrosius, LCC, *Early Latin Theology*(Atlanta: The Westminster Press, 1956), 179.

12   유스티니아누스(Justinian, 527-565)은 동 로마 제국의 황제로서 84세에 사망하기까지 38년간 통치했는데, 그의 치하에서 제국과 기독교회의 법령집이 편찬되었는데 이것이 유스티니아누스 법령집이다. 유스티니아누스는 국가와 교회를 하나로 이해했고, 황제(imperator)는 동시에 대사제(pontifex maximus)라고 보았던 황제 교황주의자였다. 그가 남긴 가장 중요한 공헌이 법령 정비인데, 그는 529년에 유스티니아누스 법령집(Codex Justinianus)을 발행했다. 초판은 소실되었으나 534년에 발행된 제2판은 현존하고 있다. 로마법의 집대성이라고 불리는 이 법전은 동시에 기독교적 문서이기도 하다. 이 문서에서 기독교 국가로서의 이상을 보여 주는데 정통 신앙에 대한 확인과 이단에 대한 엄격한 처벌을 명문화 하고 있다. 유스티니아누스 법령은 중세는 물론 종교 개혁기에도 유효한 법령으로 상당한 영향을 끼쳤다.

13   신원하, "사형 제도 폐지, 어떻게 보아야 할까?" 『목회와 신학』, 135(2000. 9): 207.

14   필자는 로마의 클레멘트, 이그나티우스, 디다케, 디오그네투스에게 보내는 편지, 유스티누스, 이레니우스, 테르툴리아누스, 알렉산드리아의 클레멘트, 오리게네스. 키프리아누스, 그리고 아타나시우스 등의 인물이나 저작에 나타난 기독교 사상, 삶, 교리 등을 분석한 헨리 비텐슨의 『초기 기독교 교부』(*The Early Christian Fathers*)를 검토하였으나 사형 제도에 대한 언급을 발견하지 못했다. 단지 이교나 이교 사상에 대한 반대, 우상 숭배나 군 복무에 대한 반대 등은 있으나 사형 제도에 대한 관심을 보여 주지 않는다. 도리어 고난에 대한 갈망, 순교에서의 인내 등이 강조될 뿐이다.

15   Tertullianusus, *De Idolatria*, 19; 참고, 헨리 비텐슨, 『초기 기독교 교부』, 박경수 역 (서울: 크리스천다이제스트, 1997), 213.

16   *Divinae Institutiones*, VI, 20, 15-17. 김정우, "사형과 인간의 존엄성 2", 11에서 재인용했으나 번역은 약간 달리함.

17   김정우, "사형과 인간의 존엄성 2", 12.

18   아우구스티누스, 『신국론 1-10권』, 성염 역주 (분도출판사, 2004), 83-4 참고.

19 아우구스티누스, 『신국론 19-22권』, 2172-3.

20 파두아의 마르실리우스(Marsilius of Padua, c. 1275-1342)는 콘질리아 운동의 한 인물로서 중세 시대 가장 주목할 만한 저서 중의 하나인 『평화의 수호자』(*Defender of the Peace*)라는 책을 썼는데, 그는 이 책에서 종교적인 문제에 대해 강제권 사용에 대해 부정적인 입장을 취했다.

21 김정우, "사형과 인간의 존엄성 2", 13.

22 조철현, "사형 제도에 대한 논고," 『신학전망』, 64; 김정우, "사형과 인간의 존엄성," 참고.

23 Thomas aquinas, *Summa Theologiae*, II-11 q65a2

24 조철현. "사형 제도에 대한 논고," 『신학전망』 64호.

25 정진우, 55.

26 토마스 아퀴나스의 사형관에 대해서는 김정우, "사형과 인간의 존엄성"에서 상론되었으므로 여기서 상론할 필요는 없을 것이다.

27 이상규, 『교회 개혁사』(서울 : 성광문화사, 2003), 72.

28 *Johannis Calvini Opera quae supersunt omnia*, (이하 C.O.), vol. 31, 665.

29 C.O. 23, 756.

30 한스 숄, 『종교 개혁과 정치』, 황정욱 역(서울 : 기독교문사, 1993), 128.

31 *Inst.* IV, 20. 4.

32 *Inst.* IV, 20, 6.

33 *Inst.* IV. 20. 10.

34 *Inst.* IV. 20. 10.

35 칸트나 헤겔의 형벌 이론에 대한 자세한 논의는 김정우, 『사형과 인간의 존엄성 : 사형 제도 폐지를 위한 신학적 변론』(서울: 효성가톨릭대학교 가톨릭사상연구소, 1998), 131ff.

36 칼빈의 저작 목록에 대한 자료는 W. de Greef, *The Writings of John Calvin*(Grand Rapids: Baker, 1993)과 Michael Bihary ed., *Bibliographia Calviniana*(Prague, 2000)가 있다.

37 원문은 다음과 같다 : שֹׁפֵךְ דַּם הָאָדָם בָּאָדָם דָּמוֹ יִשָּׁפֵךְ כִּי בְּצֶלֶם אֱלֹהִים עָשָׂה אֶת הָאָדָם

38 Gordon J. Wenham, *Genesis 1-15*(Waco: Word Books, 1987), 193. V. P. Hamiliton, *The Book of Genesis*(Grand Rapids: Eerdmans, 1990), 315.

39 Wenham, *Genesis 1-15*, 194. 이 본문에서 쇼페크(שֹׁפֵךְ)는 솨파크의 분사형이므로 "피를 흘리면"(דם שֹׁפֵךְ)은 고의로 피 흘린 경우, 곧 의도적인 살인자를 의미한다.

40 Hamiliton, *The Book of Genesis*, 315.

41 J. Cavin, *Genesis*(Edinburgh : Banner of Truth, 1984), 295.

42 黒崎, 『ジャン カルヴァン』, 144,

43 C.O. 8, 461.

44 *Opera selecta*(Barth and Niesel) 1, 260. T. H. L. Parker, *John Calvin*(Lion Publishing, 1975), 145에서 재인용.

45 프랑수아 방델, 『칼빈 : 그의 신학사상의 근원과 발전』, 김재성 역 (서울: 크리스천다이제스트, 1999), 114.

46 Parker, *John Calvin*, 145.

47 John J. Davis, *Evangelical Ethics*(Philadelphia: P&R, 1985), 195.

48 롤란드 베인튼, 『16세기 종교 개혁』, 홍치모 역 (서울: 크리스천다이제스트, 1997), 211.

49 베인튼, 96.

50 롤란드 베인튼, 『전쟁, 평화, 기독교』, 채수일 역 (서울: 대한기독교서회, 1981), 210.

51 웨스트민스터 신앙고백서, 23장 1항.

52 G. I. Williamson, *The Westminster Confession of the Faith for Study Classes* (Philadelphia: P&R, 1964), 241.

53 G. I. Williamson, 241-2, Gordon H. Clark, *What Do Presbyterian Believe?* (Philadelphia : P&R, 1976), 207-9.

54 Williamson, *The Westminster Confession of the Faith for study Classes*, 242.

55 Williamson, *The Westminster Confession of the Faith for study Classes*, 242.

56 P. Althause, *Die Todesstrafe als Problem der christlichen Ethik*.

57 Helmut Gollwitzer, Reinhold Schneider, Käthe Kune eds., *Dying We Live*(Pantheon Books, 1956), 166.

58 Barth, *Die Kirche Dogmatik*, Bd. 3(Zurich, 1951), 499ff.

59 Arthur Kaufmann, *Schuld und Strafe*, s. 1.

60 『중앙일보』, 제12476호 (2005. 2. 19).

61 Clark, *What Do Presbyterian Believe?*, 210.

2장 / 동성애 금지에 대한 교회사적 고찰 ※

시작하면서 : 문제와 과제

　동성애(同性愛) 문제가 한국 사회의 심각한 현안이 되고 있다. 최근 한국 사회에서도 동성애를 개인적인 성적 지향(orientation) 혹은 성적 전도(inversion)로 보거나 개인의 선택적 삶의 방식(life style)으로 수용하는 관용적 인식이 확산되고 있다. 특히 성 소수자 인권이라는 이름으로 동성애와 동성 결혼 합법화를 위한 여러 노력이 시도되고 있다. 이런 현상은 동성 결혼을 합법화하기 위한 외국의 사례로부터 영향을 받고 있다.

　미국의 경우 2013년 6월 도마법(DOMA: Defence of Marriage Act), 곧 동성 결혼을 금하는 미국 연방법을 위헌이라고 판시한 이후 동성애와 동성혼에 대한 관용적 입장이 급속도로 전파되고 있다. 미국에서는 1996년 도마법을 통해 결혼은 한 남성과 한 여성의 이성 간 결합이라고 규정하고, 동성 결혼 커플에게 연방 정부의 각종 혜택을 제공하지 못하도록 규정한 바 있는데, 이 법이 평등권을 침해했다는 이유로 위헌 결정을 내린 것이다. 이미 상당수의 주 정부가 동성 결혼을 법적으로 허용하는 상황에서 이들의 권리를 제도적으로 보장해야 한다는 판단에서 나온 결정이었다.

　미국 연방 대법원은 2014년 10월 6일에는 동성 결혼을 금지해 달라는 인디애나, 오크라호마, 유타, 버지니아, 그리고 위스칸신 등 5개 주의 상고를 각하하고, 이들 지역에서의 동성 결혼을 허용하도록 한 것이다. 말하자면 위의 5개 주는 동성 결혼을 허용하라는 항소 법원 판결에 불복하여 낸 상고를 심리하지 않겠다고 밝힌 것이다.[1] 이런 결정을 내림으로써 동성 결혼이 위헌이라는 항소 법원 판결이 나온 콜로라도, 와이오밍, 캔자스, 웨스트버지니아, 노스캐롤라이나, 사우스캐롤라이나 주에도 그대로 적용된다. 그래서 미국 내 30개 주와 워싱턴 DC에서 동성 결혼이 합법화된 셈이다. 동성 결혼을 금하는 다른 지역에서도 동성 커플에 의한 소송이 진행되면 2014년 10월의 대법원 결정을 원용해야 함으로 미국은 사실상 동성 결혼을 사실상 완전 허용한 셈이다. 동성 결혼을 허용한 첫 나라가 네덜란드(2001)였고 벨기에(2003)가 두 번째 나라였다. 그 이후 스페인, 캐나다(2005) 등이 합법화하였고, 미국이 동성 결혼을 합법화함으로써 동성 결혼을 허용한 21번째 나라가 되었다.

이런 국제적인 추세에 따라 한국에서도 동성 결혼 합법화를 위한 입법이 추진되고 있다. 2015년 6월 서울 광장에서 개최된 바 있는 퀴어(Queer)[2] 축제는 우리 시대 동성애와 동성혼의 심각성을 환기시켜 주는 사건이었다. 이 축제는 이미 2000년부터 시행되어 왔으나 큰 관심을 끌지 못했다. 그러나 최근에 와서 소수자 인권이라는 이름으로 지지가 확산되고 있다.

문제는 이런 동성혼에 대해 기독교권의 의견이 갈리고 있다는 점이다. 심지어는 동성애와 동성혼을 수용하는 교회가 늘어 가고 있다. 예컨대 미국 장로교(PCUSA) 총회는 2015년 3월 "목사들의 동성 결혼 주례를 허용하고, 결혼의 주체는 '남'과 '여'가 아닌 '사람'과 '사람'이라는 내용으로 총회법을 변경하여 레즈비언, 게이, 양성애자, 트랜스젠더(LGBT)의 결혼을 허용했다. 이로부터 5일 후 두 레즈비언 부부가 목사 안수를 받았다.[3] 미국 장로교 역사상 최초의 일이다. 그런가 하면 가톨릭 주교 회의는 2014년 10월 14일 그동안 죄악시해 왔던 동성애를 종교적으로 인정하겠다는 취지의 시노드 중간 보고서를 발표한 바 있다.[4] 이런 입장은 가톨릭교회가 지향해 왔던 전통적인 입장에서부터의 전향적 입장을 보여 준다. 이런 현상은 소수자 인권이란 이름의 동성애자 혹은 동성혼 인정이라는 세계적 추세에 대한 타협이라고 할 수 있다.

이런 현실에서 동성애 혹은 동성혼에 대해 기독교 전통에서는 어떻게 이해해 왔는가 하는 점은 중요한 관심사가 아닐 수 없다. 그래서 이 글에서는 초기 기독교에서 16세기 칼빈에 이르기까지 기독교 전통에서 동성애가 어떻게 인식되어 왔는가를 역사적으로 고찰하고, 동성애 문제에 대해 신학적으로 검토하고자 한다.[5] 특히 동성애 혹은 동성혼에 대해 관용적인 입장을 견지하는 신학자들, 곧 데릭 베일리(Derrick Bailey), 피터 콜만(Peter Coleman), 존 보스웰(John Boswell), 마이클 베시(Michael Vasey)의 주장,[6] 곧 기독교 전통에서 동성애는 크게 문제시되지 않았다는 주장에 대해 이의를 제기하고자 한다. 이들의 주장과는 달리 기독교 전통에서 동성애가 엄격하게 금지되어 왔고, 이 점이 교회 지도자들의 가르침과 교회 규정에서 제시되어 왔음을 지적하고자 한다.

동성애 문제의 과학적 측면, 즉 생물학적이나 의학적 문제, 그리고 사회적 문제나 그 폐해에 대해서는 이미 많은 연구와 보고가 있으므로 이 글에서는 논외로 한다.[7] 특히 이 글에서는 개혁신학 혹은 복음주의적 관점에서 동성애 문제에 대해 평가하고자 한다. 현재까지 한국에서 동성애 문제를 역사적으로 논구한 사실이 없으므로 이 연구는 동성애 혹은 동성혼의 폐해에 대한 의학적, 사회적 문제만이 아니라, 기독교 전통이라는 역사적 안목에서 동성애 문제를 인식하는데 기여할 것으로 판단한다.

가. 초기 기독교와 교부들

1) 초기 기독교

초기 기독교는 성경의 가르침을 따라 동성애나 동성혼을 강력하게 반대했고, 이런 인식은 교회사 전 시기에서 동일하게 주창되어 왔다. 성경에서 동성애에 대해 직접적으로 언급하는 본문으로는 창세기 19:4-5의 소돔 성에서의 일,[8] 사사기 19장의 기브아, 레위기의 성결 법전(18:22, 20:13), 부정한 이방 사회에 대한 바울의 묘사(롬 1:26-27),[9] 그리고 두 개의 범죄 목록(고전 6:9-10,[10] 딤전 1:10) 등인데, 초기 기독교는 이런 성경의 가르침을 중시했다. 초기 기독교가 처한 헬라, 로마적 상황에서는 양성애와 동성애가 공존했고, 그 결과로 동성 혹은 이성 간에도 항문 성교가 유행했다. 이런 점을 보여 주는 상징적인 사례가 이른바 와렌컵(Warren cup)이라고 불리는 은제 잔에 새겨진 두 남성 동성애자의 항문 삽입 모습이다.[11] 이 은제 잔은 1999년 대영박물관이 180만 파운드로 매입했는데, 1세기 당시 로마 제국에서의 동성애와 성적 방종을 보여 준다.[12] 헬라, 로마 사회에서 때로 동성애는 이성애 보다 더 고상한 것으로 인식되기도 했다. 헬라인들은 동성애를 인간관계의 의미 있는 형태로 인식했고, 그것은 일상에서 용인된 삶의 일부이기도 했다.[13] 심지어 소포클레스나 소크라테스 그리고 헬라의 많은 지식인들이 나이가 많은 황혼기에도 남자 애인을 두고 있었을 정도였다는 주장이 있을 정도이다.[14] 로마인들에게도 동성애는 널리 확산되어 있었다.[15] 고대 로마의 풍자시인 유베날리스(Decimus Iunius Iuvenalis, 55-140)의 두 번째 풍자시에서 남성들 간의 동성애를 통렬하게 비난하는 내용이 포함되어 있다는 점은 이 점을 반영한다.

이런 상황에서 기독교회는 성과 결혼에 대해 분명하게 가르쳐야 할 의무가 있었다. 그래서 사도 바울은 로마서 1장, 고린도전서 6장, 디모데전서 1장 등에서 당시의 난잡한 성의 오남용에 대해 비판하고, 순리에 따른 성, 곧 성의 정당한 사용에 대해 언급하고 있다. 동시에 건실한 가정생활과 성적 윤리를 강조하고 있다.

초기 기독교와 그 이후 기독교 전통에서 "너는 여자와 동침함 같이 남자와 동침하지 말라. 이는 가증한 일이니라"(레 18:22)는 경고와 "누구든지 여인과 동침하듯 남자와 동침하면 둘 다 가증한 일을 행함인즉 반드시 죽일지니 자기의 피가 자기에게로 돌아가리라"(레 20:13)는 가르침은 동성애에 대한 엄격한 금지로 인식했다. 로마서 1:26의 "순리대로 쓸 것을 역리로 쓴 것이다"에서 '순리대로 쓸 것'은 '자연적 사용'을 의미하는데, 창조 질서에 따른 이성 간의 성관계를 의미한다. 또 '역리'(καὶ παρὰ φύσιν)란 '자연을 거스르는 사용'을 의미하는데(롬 1:27), 동성애를 의미했다.

그래서 초기 기독교회는, 동성애는 하나님의 창조 질서에 어긋나는 것일 뿐 아니라 "생육하고 번성하라"는 하나님의 문화 명령에 반하는 것으로 인식한 것이다. 기독교는 처음부터 성(性)은 근본적으로 쾌락을 위해서가 아니라 출산 곧 종족의 재생산을 위한 것으로 이해했다. 이 점에 있어서는 알렉산드리아의 클레멘트(Clement of Alexandria)나 라틴 학파의 히에로니무스(Jerome, Hieronymus, 340-c. 420) 등 헬라 교부나 라틴 교부가 다르지 않았다. 따라서 이성 간의 출산을 위한 성 이외의 성행위는 자연의 질서에 반하는 행위라는 인식은 초기 기독교와 교부들의 가르침에 동일하게 나타난다. 이런 인식에서 볼 때 쾌락을 위한 성행위에 대해서도 부정적이었지만, 동성애는 순리 혹은 자연에 반하는 심각한 범죄로 간주했다.[16]

2) 교부들

초기 교부들 또한 동성애를 '순리대로 쓰지 않는' 행위 곧 자연에 반하는 범죄로 간주했는데, 이런 인식은 기독교회의 오랜 전통이 되었다. 그러나 동성애가 교회가 직면한, 교회 내부의 문제가 아니었으므로 교부들이 이 점에 대해서까지 주의를 기울일 여력이 없었다. 초기 교부들의 교회 건설, 예전, 신학적 정초 작업이 보다 시급한 과제였기 때문이다. 따라서 초기 교부들이 동성애 문제에 대해 직접적으로 언급한 것은 많지 않다. 또 동성애 문제를 언급할 경우 주로 남성끼리의 동성애에 대해 주로 언급하였고, 여성들 간의 동성애(Lesbianism)에 대해서는 거의 언급하지 않았다.[17] 이것은 여성보다는 남성 간의 동성애 행위가 보다 보편화되었기 때문일 것이다.

동성애는 교부 시대에도 기독교 도덕에 반하는 교회의 위협으로 간주되었고, 이들에게는 세례를 주지 않았고, 이런 행위를 완전히 포기할 때 기독교 교훈을 시작했다. 이레니우스의 제자인 히폴리투스(Hippolytus, 170-236)는 215년 『사도적 전통』(*Apostolical Tradition of Hippolytus*) 썼는데, 비록 동성애라는 용어는 사용하지 않았으나 수세 예정자의 성결한 삶을 매우 중시했고 생활 전반에 대한 엄격한 심사 후에 세례를 베풀어야 한다고 주장했다.[18] 4세기 크리소스토무스(John Chrysostom, c. 349-407)는 동성애의 부당함에 대해 분명하게 가르친 대표적인 교부였다. 그는 동성애 문제 자체를 논한 최초의 그리고 유일한 교부로 알려져 있는데,[19] 그 또한 출산을 위한 성행위가 아닌 쾌락을 위한 성생활을 비판했다. 특히 그는 성의 바른 사용을 중시하고 동성애는 하나님의 창조 원리에 반하는 행위라고 비판했다.

그는 고린도전서 6장 주석에서 9절과 관련하여 주석하면서 "불의한 자가 하나님의 나라를 상속할 수 없다"는 점을 상기시키면서 그 불의한 행위로 간음자, 음행하는 자, 남자가 남자들과 음행하는 동성애 행위를 지적하고 있다.[20] 특히 그는 로마서 1:26, 27에 대한 긴 주석에서 성의 부당한 사용, 곧 역리 행위를 창조 질서를 범하는 엄중한 범죄로 규정하고 강력하게 경고하고 있다. 성의 도착은 용납할 수 없는 비열한 행위(vile)로서 남자끼리의 미친 욕망이며, 영혼이 죄 가운데서 고통당하고 무질서하고 병든 육체의 소욕이라고 말한다.[21] 크리소스토무스는 정상적인 성의 즐거움을 거부하는 것은 아니다. 그러면서 그는 진정한 즐거움은 순리를 따름에 있다고 말하고, 반대로 육체의 역리적 남용, 곧 동성애 행위는 사탄적 범죄이며, 육체의 파멸이라고 말한다. 따라서 이에 대한 바울의 경고는 당연하고도 존중되어야 할 훈계라고 말한다.[22] 크리소스토무스는 동성애와 같은 불의한 자를 말하면서 "얼마나 많은 지옥이 있어야 충분할까"라고 묻고 유다서 7절을 인용하면서, 소돔의 불탐(burning of Sodom)을 상기하면서 그것이 얼마나 큰 범죄인가를 말하고 있다.[23]

이와 같은 초기 기독교와 교부들의 가르침은 기독교가 로마 제국의 공인을 받고(313) 국교(380)가 되면서 로마 제국의 법에 분명하게 반영되었다. 로마 제국에서 동성애가 행해지고 있었으나 실제로 3세기까지 로마 제국은 성인들의 동성애를 법률적으로 규제하지 않았다. 그러나 기독교가 로마 제국의 국교가 된 이후 황제는 심각한 고민에 빠졌다. 왜냐하면 로마군의 다수가 미트라교(Mithraism)라는 동방 종교를 신봉하고 있었는데, 이 종교는 동성애를 용인하고 있었기 때문이다.[24] 그래서 동성애를 금지하는 법령을 제정하는 일은 제국을 수호하는 이들과의 대립을 초래하기 때문이었다. 그래서 기독교 공인 이후에도 로마가 법적으로 제재하기 어려운 현실이었다.

그러다가 콘스탄티우스 2세(Constantius, 337-361) 치하인 342년에 와서야 동성애자 처벌법이 처음으로 제정된 바 있다. 기독교를 국교로 인정한 테오도시우스(Flavius Theodosius)는 여전히 남아 있던 이교를 금압하고, 이단들의 발호를 막고, 주일 성수를 명하는 법률을 제정 했는데, 이때 동성애 행위도 엄격하게 금지했다. 보다 구체적으로 이를 금지한 것은 유스티니아누스(Justinian I, 527-565) 황제였다. 유스티니아누스 황제는 로마법과 기독교 도덕을 융합하여 신성 모독과 동성애를 동일하게 불경건한 행위로 간주하여 이를 엄격하게 금지하는 법령을 제정했다. 흔히 로마법의 완성자라고 불리는 유스티니아누스는 지상에서의 하나님의 대리자로 자처하면서 이전보다 더욱 엄격한 반동성애 법을 제정했다.[25] 즉 그는 538년 제정한 법률(Justinian Novella)에서 동성애는 "자연에 반하는 행위'로서 사형에 준하는 범죄로 간주하여 거세(去勢)도 한 가지 처벌 방법이었다. 범법자의 거세

모습은 대중 앞에 공개하게 했다. 이를 엄격하게 처벌하게 했던 내면에는, 동성애를 자연 혹은 순리를 거역하는 행위로 간주하였고, 그것이 천재지변과 자연의 보복을 초래한다고 보았기 때문이다. 곧 기근이나 지진, 혹은 전염병 등은 이런 범죄 행위의 결과, 곧 자연의 순리를 역리로 쓴 것에 대한 자연의 역습이라고 인식한 것이다.[26]

이 반동성애법이 널리 알려지기 전인 541년 실제로 콘스탄티노플에 대역병이 유행하여 그 도시 거주민 3분의 1이 사망했다. 이런 재난은 당시 교회나 황제 모두가 동성애자에 대한 처벌이 정당하다는 점을 확인시켜 주는 계기가 되었다. 이 역병이 물러간 후 유스티니아누스 황제는 동성애를 금하는 새로운 법령(Novella)을 선포했다. 이 법령에서 심각한 동성애자의 경우 극형에 처하도록 했다.

3) 아우구스티누스

동성애에 대한 부정적 입장을 보여준 대표적인 인물이 아우구스티누스(Aurelius Augustinus, 354-430)였다. 기독교 역사상 윤리적 문제에 대해 언급한 교부들이 항상 있어 왔지만 아우구스티누스만큼 구체적인 저술을 발표한 인물도 없었다. 그는 인간의 삶의 현장에서 제기될 수 있는 거의 모든 문제에 대한 의견을 피력했는데, 성과 성생활, 가정 윤리와 출산 등에 대해서도 의견을 피력했다. 심지어는 우리가 사소하게 여기는 거짓말에 대하여도 진지하게 숙고하고 『거짓말에 관하여』(De Mendacio)라는 책을 통해 학문적 접근을 시도했다. 특히 거룩한 혼인(holy matrimony)이라는 가정 윤리의 신성함을 고양하고자 했던 아우구스티누스는 성(性)은 오직 출산을 위한 하나님의 선물이라고 보아 쾌락을 위한 성을 죄악시 했을 정도로 엄격했다. 그는 동성애는 하나님이 정하신 창조 질서를 거스르는 범죄일 뿐 아니라 부당하고(unjust) 불익한(unutile) 행위로 간주했다. 아우구스티누스는 그의 『고백록』 3권 8장 15항에서 다음과 같이 말한다.

"그러므로 본성에 위배되는 행위는 언제 어디서나 미움을 받을 것이며 처벌받아 마땅하다. 가령 소돔 사람들의 범죄가 바로 그런 것이다. 그리고 모든 나라들이 그런 죄를 범한다 해도 이러한 행위를 범하는 자들은 하나님의 법에 따라 모두 똑같은 심판을 받아야 하오니 하나님의 법은 사람들이 저런 식으로 서로 속이도록 지음 받지 않았다. 이는 하나님께서 창조하신 본성이 정욕의 도착으로 말미암아 오염될 때마다 하나님과 우리 사이에 있어야 할 교제가 훼방을 당하기 때문이다."[27]

그가 말하는 본성에 위배되는 죄란 순리에 역행하는 죄(those offences which be contrary to nature)로서 소돔 사람들의 범죄 곧 동성애를 지칭한다. 이를 '정욕의 도착'이라고 말한다. 아우구스티누스는 동성애 행위는 상호 합의에 의하고, 행위 당사자 이외의 다른 이에게 해를 끼치지 않는다고 할지라도 이런 행위는 하나님을 모독하는 행위로 간주했다. 동성애에 대한 아우구스티누스의 가르침은 그 이후 기독교 전통에서 거듭 인용 혹은 원용되었다. 기독교회 전통에서 동성애는 일관되게 하나님의 창조 질서에 역행하는 범죄 행위로 인식했음을 알 수 있다.

나. 중세 기독교

이런 반동성애 교훈은 중세 시대에서도 동일하게 강조되고 있다. 존 보스웰(John Boswell)은 중세 기독교가 동성애에 대해 관대했다고 말하고,[28] 마이클 베이시(Michael Vasey)는 서구 기독교에서 13세기까지 동성애에 대한 기독교의 입장이 관용적이고 수용적이었다고 주장하지만[29] 이는 사실이 아니다. 베이시는 보스웰의 주장을 반복하고 있을 따름이고 기독교회가 동성애 행위를 묵인했다고 하는 확고한 증거를 하나도 제시하지 못했다. 이 항에서는 중세 기독교가 동성애에 대해 어떤 입장을 취했던 가에 대해 살펴보고자 한다.

1) 중세 교회, 교회 편람

중세 교회 또한 동성애를 자연에 반하는 행위이자 하나님의 뜻에 반하는 죄로 분명하게 인식했다. 이 시기의 동성애 인식이 어떠했던 가를 알 수 있는 여러 문헌들이 있는데 한 가지 사례가 567년 제2차 투르 회의(Council of Tours)에서 베네딕트 수도회 규정을 승인한 사실에 나타난다. 이때 승인된 베네딕트 수도회 규정에 의하면 수도승은 두 사람이 한 침대에서 잘 수 없다는 규정이었다. 몇 세기 후에는 동일한 규정이 수녀들에게도 적용되었다.[30] 또 이때 수도원 숙소의 등불은 밤새도록 켜 두어야 한다고 규정했다. 실제로 베네딕트가 저술한 '수도 규칙서'(Regula monachorum) 22장에서는 "수도승들은 어떻게 잠자야 하는가."(quomodo dormiant monachi)를 규정하고 있는데, "각 사람은 각각의 침대에서 잘 것이다. 침구는 수도 생활의 방식에 맞게 자기 아빠스가 분배하는 대로 받을 것이다. ... 등불은 아침까지 계속해서 침실에 밝혀 둘 것이다."라고 규정하고 있다. 수도사들로 하여금 자기 침대에서 자게 하고 밤새도록 불을 끄지 않게 했던 것은 수도사들의 동성애를 방지하기 위한 조처였다.[31]

693년에 모인 톨레도 회의(Council of Toledo)에서는 스페인에서 소도미가 일상화되어 있다는 점을 지적하고, 자연에 반하는 이런 행위를 하는 자가 있다면 감독(bishop), 사제(priest), 부제(deacon)의 교직 등급에 따른 차등 처벌을 부과해야 한다는 점을 결정했다. 처벌 방식은 100대의 매질, 수염 제거, 교직에서의 영구 추방 등이 있었고 이런 교회가 시행하는 처벌에 더하여 세속 권력은 거세를 명했다고 한다.[32]

이런 점들을 보면 동성애 행위에 대하여 중세 교회가 무관하지 않았음을 알 수 있다. 이런 반동성애 규정은 8세기 이후 시기에서도 동일하게 강조되었다. 그 일례가 성 베다(St. Beda, 673-735)의 언급이다. 영국 가톨릭 인물로서 유일하게 교회의 박사(doctor ecclesiae)로 규정된 베다는 '존자'(venerable)라는 칭호를 얻은 학자이자 수도사였고 영문학사에도 큰 자취를 남긴 인물이었다. 그는 '영국 역사의 아버지'로 불리기도 하는데, 교황 레오 13세는 1899년 그를 교회 학자로 선언한 바 있다.

경건한 수도사였던 베다는 남성 간의 성행위자(비역 鼻閾)에 대해서는 4년간 단식을, 여성 간의 성행위(레즈비언)에 대해서는 3년간 속죄 고행을 명했고, 수녀가 동성애를 한 경우에는 7년간 고행하도록 요구했다.[33] 동성애 행위 당사자의 신분, 연령, 행위의 경중에 따라 다른 처벌이 요구되었다.

비슷한 지침이 8세기 문헌에도 나타난다. 교황 그레고리우스 3세(Gregorius III, 731-741) 치하에서 제정된 '속죄 규정'이 그것이다. 이 규정에 보면 여성 동성애 행위(레즈비언)에 대해서는 160일간 벌을 가하고, 남성 동성애 행위는 일 년 미만의 기간 동안 속죄 고행하게 했다.[34]

중세 시대 교회가 동성애에 대해 어떤 입장을 취했는가를 알 수 있는 중요한 문서가 고해 편람(Liber Poenitentialis)인데, 삐에르 페이어(Pierre Payer)는 모든 고해 규정서에서 동성애를 범죄시하는 조항이 일관되게 포함되어 있고, 동성애자들에게 무거운 고행을 부과했다는 점을 지적하고 있다.[35]

중세 시대에 있어서 성과 관련된 범죄 행위에 대해 적극적으로 지적한 인물은 성 피터 다미아니(St. Peter Damiani, 1007-1071)였다. 이탈리아 출신으로 베네딕트 수도회의 수도사이자 후일 추기경이 되는데, 그는 철학, 역사학, 성경학, 교부학을 통달하여 교회 학자로 명성을 얻었다. 다미아니는 11세기 당시의 성적 부패와 타락을 통렬하게 비판했던 대표적인 인물이다. 당시 교회는 규율이 문란해져, 신자들 간에는 말할 것도 없고 수도자, 성직자 계급에서도 성적 문란이 심각했고, 사제들도 동정을 지키지 않는 사례가 빈번했다. 그는 이탈리아, 프랑스, 독일 제국을 순회하며 성적 타락과 오용을 개탄하며 이의 시정을 촉구했다. 그의 지적은 부패 척결과 교회 쇄신 운동의 일환이었다. 이런 이유에서 독신제를 강하게 옹호하며 이의 철저한 시행을 주장하기도 했다. 그는 특히 1048년에서 1054년 어간에 저술한 『고모라서(書)』(*Liber Gomorrhianus*)에서 성적 문란과 이의 대표적인 오용 형태인 동성애를 비판하고, 동성애자, 동성애 성직자를 교회에서 추방할 것을 당시 교황 레오 9세(Leo IX, 1049-1054)에게 요청하였다.[36] 당시 동성애가 성직자들에게까지 퍼져 있었음을 알 수 있다.[37] 그는 동성애에 대해 이렇게 썼다.[38]

> 이 악(동성애)은 모든 악의 크기를 능가한다는 점에서 다른 어떤 악과도 비교되지 않는다. 이 악은 육체를 죽음으로 이끌고 영혼을 파멸시킨다. 그것은 육체를 오염시키고 정신의 빛을 소멸한다. 그것은 사람의 마음의 전(殿)에서 성령을 내어 쫓고 육체의 욕망을 부추기는 마왕을 끌어들인다. ... 그것은 지옥의 문을 열고 천국의 문을 닫아 버린다.

당시 동성애는 심각한 현실이었다. 다미아니는 은밀한 동성애자가 성직자가 되는 것을 막아야 한다고 보았을 뿐만 아니라 동성애자라는 사실이 밝혀지는 경우 성직에서 영구히 추방해야 한다고 믿었다. 동성애는 중세 시대 일관되게 죄악시되었고, 자위, 수음, 구강성교, 항문 성교 등도 동성애의 변형으로 간주하여 죄악시되었다. 이런 것들은 자연의 순리에 반하는 것으로 간주한 것이다. 이런 점을 고려해 볼 때 동성애는 중세 시대에서도 동일하게 자연의 순리를 위배하는 불의한 행위로 파악되었음을 알 수 있다.

2) 라테란 공의회

이런 상황에서 중세 교회는 공식적으로 동성애 행위를 정죄하고 동성애자에 대한 처벌을 규정했다. 1179년 교황 알렉산더 3세(Alexander III, 1159-1181)에 의해 소집된 제3차 라테란 공의회(Lateran Council)는 교황 선출은 추기경단 2/3 이상의 찬성으로 규정하고, 이단으로 지목된 카타리파(혹은 알비파)를 단죄한 회의이기도 한다. 이 공의회는 동성애자에 대해 다음과 같은 선언을 발표했다.

> "자연에 어긋나는 이러한 방탕 행위로 유죄가 인정된 자가 성직자일 경우 환속시키거나 수도원에 가두어 속죄 고행케 해야 한다. 만약 그 사람이 비성직자이면 파문하고 신자 세계에서 추방해야 한다." 39

파리 공의회(1212)와 루앙(Rouen) 공의회(1214)는 이의 철저한 시행을 결의했다. 1215년 개최된 제4차 라테란 공의회는 동성애자에 대한 처벌을 강화했다. 행실이 바르지 못한 모든 성직자들, 특히 동성애자들에게는 교회법에 의한 처벌의 엄수를 명했고, 범죄로 파면된 이후에 감히 성무를 수행하고자 하는 전직 성직자들에게는 종신 파문토록 했다. 이런 조치는 동성애 행위가 기독교 신앙과 교회 생활에 위배된다는 분명한 정리였다.

3) 알베르투스 마그누스와 토마스 아퀴나스

동성애에 대한 거부는 교회의 학자들에 의해서도 분명하게 천명되었다. 도미닉 수도회 출신의 중세의 위대한 신학자로 '보편적 박사'(Doctor universalis)로 불리던 알베르투스 마그누스(St. Albertus Magnus, c. 1200-1280)는 『피조물 대전』(Summa de creaturis)을 썼는데, '소도미'(sodomy)라는 말을 동성 간의 성행위라는 제한된 의미로 사용했다. 몸과 영혼을 이분법적으로 파악하던 헬라 전통을 어느 정도 극복한 아퀴나스에게 있어서 육체도 소중한 가치를 지닌다.40 그래서 그에게 있어서 그리스 전통과는 달리 몸, 곧 육체의 중요성을 피력했다. 따라서 성의 문제에도 무심하지 않았다.

단적으로 말하면, 그는 동성애를 자연에 반하는 가장 사악한 죄로 간주했고 다음의 4가지 이유에서 특별한 처벌을 요구했다.[41] 첫째, 동성애 행위는 자연의 질서를 파괴하는 심각한 광란이라는 점. 둘째, 혐오스럽고 불결한 행위라는 점. 셋째, 동성애 행위는 사악하여 습관적이므로 벗어날 길이 없다는 점. 넷째, 이 행위는 전염병처럼 전염된다는 점이 그것이다. 그래서 동성애는 쾌락을 추구하는 인간의 육체적 타락인 동시에 영혼의 타락에서 기인한 것으로 인식했다.

마그누스의 제자인 아퀴나스(Thomas Aquinas, 1224/25-1274)는 동성애에 대해 더욱 강력하게 비판했다. 그는 『신학대전』(*Summa Theologiae*, 1266-1273)에서 '자연에 어긋나는 죄악'으로 동성애(sodomy)뿐 만 아니라 자위, 수간, 그리고 자연적이지 않는 성행위를 들었다. 그가 말하는 자연적이지 않는 성행위란 체외 사정이나 비정상적인 체위를 의미하는 것으로 보인다.[42] 동성애를 자연에 반하는 사악한 죄악으로 간주한 것이다. 설사 동성애가 상호 동의에 근거하여 타인에게 해를 끼치지 않는 행위라 할지라도 그것은 하나님을 모독하는 것이라는 아우구스티누스의 견해를 그대로 수용했다. 그것은 하나님이 정하신 자연 질서를 거역하는 것이기 때문이다. 이런 점에서 단테는 그의 『신곡』에서 지옥을 9개의 옥 혹은 층(層)으로 나누었는데, 동성애자들을 자살한 자, 신성 모독자, 고리대금업자와 함께 제7옥(第七獄)에 배치했다.

4) 유럽의 국가들

중세 하에서 유럽의 국가들은 동성애자들을 극형으로 다스렸다. 잉글랜드의 에드워드 1세(Edward I, 1272-1307)는 헨리 3세의 아들로서 '다리 긴 왕(Longshanks)'으로 불리기도 하는데, 영국 최초의 국민적인 왕으로 불렸다. 그는 법과 제도를 정비하고 토지 등 부동산의 양도 및 상속에 관한 중요한 법률을 만들어 '영국의 유스티니아누스'라 불리기도 하는데, 동성애자들을 국가적 형벌로 다스려 화형에 처하게 했다. 이 점에 있어서는 프랑스의 국왕 루이 9세(Louis IX, 1214-1270)도 동일했다. 그는 프랑스의 군주 중에서 유일하게 시성(諡聖)된 왕으로서 성왕(聖王), 생 루이(Saint Louis)라고도 불리지만[43] 동성애자에 대해서는 엄격하게 다스려 화형에 처하게 했다. 이런 형벌은 다른 여러 나라에서도 시행되었다. 영국에서 헨리8세 치하인 1533년 동성애자들을 교수형에 처하는 소도미법을 공포하였고, 이 법에 따라 1540년 7월 최초로 월터 허거포드 남작이 교수형에 처해졌다.[44] 이 법은 1861년까지 유지되었다.

다. 16세기 개혁과 칼빈

16세기 개혁자들의 우선적인 과제는 이름 그대로 교회 개혁이었기 때문에 직접적으로 당시의 동성애에 대한 저작을 남기지는 않았다. 그러나 개혁자들의 저술에서도 도덕적 순결과 결혼과 가정 윤리를 중시했음을 알 수 있다. 개혁자들이 동성애를 구체적으로 적시하지는 않았으나 이를 비판하고 금지했다. 칼빈의 경우 비록 '동성애'라는 용어를 사용하지는 않으나, 바울의 가르침에 대해 해설하면서 당시의 성적 타락을 지적하고 짐승들조차도 혐오할 그러한 더러운 짓들이 횡행하는 일에 대하여 개탄하고 있다. 로마서 1:26 주석에서 칼빈은 다음과 같이 말한다.

"하나님의 보응에 관한 주제로 되돌아가면서 먼저 도착된 성적 욕구라는 끔찍한 죄악을 첫 번째 예로 든다. 이것으로부터 분명한 것은 그들은 자연의 질서 전체를 뒤집어 버렸기 때문에 그들 자신을 짐승 같은 정욕에(in beluinas cupiditates) 내 맡겼을 뿐만 아니라, 짐승보다 더 못한(infra bestias) 존재가 되어 버렸다. 다음으로 바울은 모든 시대에 존재하였고, 특히 당시에 도처에서 아무런 제약도 없이 횡행하고 있던 온갖 악들에 관한 긴 목록을 열거한다. … 인류의 전반적인 타락상을 보여 주는 이 목록은 … 짐승들조차 혐오할 그러한 더러운 짓들이 당시에 이렇게 횡행하였을 뿐만 아니라, 심지어 그것들 중 어떤 악들은 일상적으로 행해졌다는 사실은 정말 놀랍다. 그러므로 바울은 여기에서 온 인류가 다 연루되어 있던 악들의 목록을 제시하고 있는 것이다. … 바울은 사람들 보기에도 부끄러울 뿐만 아니라 하나님을 욕되게 하는 그러한 악들을 '부끄러운 욕심들'이라고 부른다."[45]

칼빈은 성적 도착이나 역리, 동성애와 같은 성의 역리 현상은 모든 시대에 존재했던 악이라는 사실을 지적하고, 이런 악은 하나님을 욕되게 하는 정욕이라고 지적한다. 또 로마서 1:28, "합당하지 못한 일"에 대한 주석에서 다음과 같이 말한다.

"바울이 무엇보다도 먼저 그들이 하는 일들을 '합당하지 못한' 일들이라고 말한 것은 그 일들이 다 순리(順理)에 어긋나고 인간의 도리에 맞지 않는 일들이라고 말한 것이다. 그는 사람들이 순리에 비추어서 마땅히 거부되어야 할 그런 악들을 아무런 스스럼없이 일상적으로 저지르는 것을 뒤틀린 마음(상실한 마음)의 증표로 제시한다."[46]

동성애와 같은 비정상적인 색욕에 대한 칼빈의 입장을 알 수 있는 문헌은 동성애 문제와 관련된 본문에 대한 칼빈의 주석인데, 특히 창세기 19:4에 대한 주석이 대표적인 경우이다. 이 본문에서도 칼빈은 '동성애'라는 표현은 쓰고 있지 않으나 이를 '가장 혼돈된 무질서'(plus quam deforme chaos)라고 하면서 이런 행위야말로 창조 질서에 대한 위반이라고 말하고 있다. 그는 다음과 같이 말한다.

"여기 한 가지 범죄 가운데서 모세는 소돔에 대한 생생한 묘사를 우리 앞에 제시하고 있다. 그것은 이 묘사에서 사람들이 가장 가증스런 범죄를 그토록 쉽사리 서슴지 않고 지으려고 공모했으므로 그들이 모든 악한 일들에 얼마나 악마적으로 혼연일체가 되어 행동하고 있는가를 볼 수가 있기 때문이다. 그들의 죄악과 방탕이 막대하다는 사실은 하나의 군대처럼 집합이 되어 적군들처럼 몰려와서 롯의 집을 포위하고 에워 쌌다는 사실에서 분명하게 나타나고 있다. 그들의 정욕이 얼마나 맹목적이며 격렬한 가? 전혀 수치도 모르고 마치 짐승 떼처럼 몰려오고 있지 않은가! 또한 그 뿐인가. 그 거룩한 사람을 책망하듯이 위협하면서 모든 극단적인 방법으로 악한 짓들을 하고 있 으니 이 얼마나 광포하며 잔인한 자들인가! 이 사실에서 우리는 또한 그들이 단지 한 가지 악으로 감염된 것이 아니고 모든 범죄의 격렬한 상태에 완전히 빠져 있어서 그 들에게는 수치감이라는 그림자도 찾아 볼 수가 없다는 사실을 보게 된다. … 또한 바 울이 말하는 것도 똑같은 점을 지적하고 있다. 그는 말하기를 하나님은 사람들이 죄 악을 행하면 그들을 소경의 상태에 던져 버리시고 그들이 그런 상태에서 자기들의 가 증스런 정욕의 노예가 되게 하며 그들의 몸을 치욕스럽게 하심으로 불경건함을 벌하 신다고 한다(롬 1:18). 그러나 수치감이 정복되면 그 다음에는 정욕에 끌려 다니는 신 세가 되고 만다. 그리고 그 다음에는 사악성과 횡포를 부리는 야수성들이 반드시 수 반된다. 그리고 또한 모든 종류의 죄들이 함께 뒤범벅이 되어 결국은 가장 혼동된 무 질서가 야기되는 것이다."[47]

맺음말

이상에서 살펴 본 바처럼 성경과 교회사는 동성애는 명백하게 창조 질서에 어긋 나며, 순리가 아니라 역리이며, 역사적으로 정통 기독교회는 동성애를 반대하고 금 지해 왔음을 알 수 있다. 이렇게 볼 때 데릭 베일리, 피터 콜만, 존 보스웰, 마이클 베 시 등의 주장은 정당하지 않다. 이들은 동성애 행위에 대한 호의적인 전제, 곧 구약 성경 어디에도 소돔이 벌을 받아야 했던 죄의 성질이 동성애와 관련된 것이었다는 암시가 없다는 해석에서 출발하여, 교회사 전통을 자의적으로 해석하고 있다. 이들 의 주장을 따르게 되면 성과 결혼, 가정생활과 개인 윤리의 소중한 가르침은 희석 되고 동성애 문제에 대한 우리들의 관점은 왜곡될 수밖에 없다.[48]

사도 바울은 로마서 1:26 이하에서, 동성 간의 부끄러운 일에 대하여 "상당한 보 응을 이미 받았다"고 말하고 있다. 여기서 말하는 보응에 대한 과거형은 동성애의 결과로 나타난 여러 육체적 의학적 혹은 사회적 폐해를 의미하는 것으로 볼 수 있다. 하나님께서는 사람을 지으시되 남자와 여자로 지으시고, 이 둘이 한 몸을 이루는 이성 간의 혼인 제도를 주셨다. 남자와 여자의 결합으로 이루어지는 일부일처제 가정 제도가 창조 원리이자 기독교가 가르치는 결혼 가정관이다. 정리하면 기독교는 이성 간의 결혼과 순결한 독신만을 정상적인 것으로 인정해 왔다. 따라서 동성애나 동성혼은 기독교적 가치에 부합하지 않고 기독교가 수용할 수 없는 역리라고 할 수 있다. 이 기본적 가치가 훼손되거나 파괴될 때 우리 사회는 무질서 하게 되고 혼란에 빠질 것이다. 이런 점에서 성경은 동성애를 명백하게 거부하고 있다는 점을 지적하면서, 동성애를 이성애와 동일하게 인정하는 교회는 더 이상 하나의 거룩한 보편적 사도적인 교회라고 볼 수 없다는 판넨베르크의 주장은 정당하다.[49] 성 소수자 인권과 동성애 혹은 동성혼을 허용하는 문제는 별개의 사안이다.

2장 / 동성애 금지에 대한 교회사적 고찰

※ 이 글은 한국장로교신학회(2016. 3. 9)에서 발표되었고, 「장로교회와 신학」 13(2017), 203-220에 게재되었음.

1 *The Korean New York Daily*, 2014. 10. 7.

2 동성애를 지칭하는 영어 표현으로 게이(gay) 레즈비언(lesbian)이 사용되어 왔으나 최근에는 '퀴어'(queer)라는 용어가 사용되고 있다. 이런 용어들은 1960-70년대 성 소수자의 정체성 문제가 대두되는 가운데 사용된 용어인데, '게이'라는 용어는 비교적 긍정적인 의미를 내포하지만 '퀴어'는 전반적으로 부정적인 의미가 있다. 그럼에도 불구하고 동성애론자들이 '게이'나 '레즈비언'이라는 용어 대신 '퀴어'라는 용어를 선호하는 것은 사회화, 주체화 과정에서 당연시 되던 이념들을 의식적으로 와해시키려는 의도 때문이라고 해석한다. 이희원 외, 『페미니즘, 차이와 사이』(서울: 문학동네, 2012), 21.

3 김웅신, "동성애, 그것이 알고 싶다" 『만남』, 499(2015. 8) : 12.

4 가톨릭 주교 회의의 중간 보고서에는 "동성애자들도 기독교 공동체에 헌신할 자격과 은사가 있다"고 하여 동성애를 인정했으나, 2014년 10월 18일 발표된 최종 보고서에서는 결혼과 피임에 대해서는 전향적 입장을 보여 주었으나 동성애에 대해서는 중간보고서의 해당 부분을 삭제했다. 동성애에 대해서도 전향적 입장을 보여 주고 있지만 보수파의 반대를 고려하여 잠정적으로 유보한 것으로 보인다. 출처, http://news.naver.com/main/read.nhn?mode=LSD&mid=sec&sid1=103&oid=001&aid=0007194013.

5 기독교회와 동성애 관련 연구로는(발간 연도순), D. S. Bailey, *Homosexuality and the Western Christian Tradition*(Longmans, 1955); R. F. Lovelace, *Homosexuality and the Church*(Revell, 1978); D. J. Atkinson, *Homosexuals in the Christian Fellowship*(Latin House, 1979); John Boswell, *Christianity, Social Tolerance and Homosexuality*(Chicago, 1980); E. R. Moberly, *Homosexuality : A New Christian Ethics*(James Clarke, 1983); Albert Mohler, *Homosexuality and the Bible*(2010) 등이 있다.

6 데릭 베일리[D. S. Bailey, *Homosexuality and the Western Christian Tradition*(Longmans, 1955)], 피터 콜만[Peter Coleman, *Christian Attitude to Homosexuality*(SPCK, 1980)], 존 보스웰[John Boswell, *Christianity, Social Tolerance and Homosexuality*(Chicago, 1980)], 마이클 베시[Michael Vasey, *Strangers and Friends*(Hodder and Stoughton, 1996)] 등은 동성애는 기독교 전통에서 크게 문제시되지 않았다고 주장하면서 기독교가 관용적 태도를 지녀야 한다고 주장한 바 있다. 특히 베일리는 성경에 금지하는 동성애 행위에 대한 전통적인 이해를 재평가한 첫 인물로 알려져 있는데, 소돔의 죄를 동성애의 문제로 볼 수 없다는 그의 주장은 동성애에 대해 호의적인 학자들에 의해 거듭 강조되어 왔다.

7 이와 관련한 문제에 대해서는, 바른 성문화를 위한 국민연합 편, 『동성애에 대한 불편한 진실』(서울: 밝은 세상, 2014), 동성애 문제 대책 위원회, 『동성애와 차별 금지법의 피해와 문제점』(서울: 동성애 문제 대책 위원회, 2015), 『Jesus Army』, 59호.(2015. 6) 등이 있다.

8 소돔 성 남자들이 롯의 손님에게 요구한 '상관하리라'는 의미의 히브리어 '야다'(יָדַע)는 구약에 943회 등장하는데, 성관계를 의미하는 용례로 사용된 경우는 15회에 불과하다[Reay Tanahill, *Sex in History* (London : Book Club Associates, 1980), 154]는 이유로 성관계를 의미하는 것이 아니라 상호 인식(became acquainted with)을 의미한다고 주장하기도 하지만[F. Brown, S. R. Driver, and C. A. Briggs, *A Hebrew and English Lexicon of the Old Testament* (Oxford, 1952)], 본문의 정황, 곧 남자를 '내어 놓으라'는 요구에 롯이 그의 처녀 딸을 '내어 주고'있다는 점과, 창세기 18:20의 빛으로 볼 때 성관계를 요구한 것으로 볼 수 있다.

9 로마서 1:27의, "남자들도 순리대로 여인 쓰기를 버리고 음욕이 불 일 듯 하매 남자가 남자로 더불어 부끄러운 일을 행하여 저희의 그릇됨에 상당한 보응을 그 자신에 받았느니라."는 "강간이나 매춘, 남색이 아니라 상호 합의에 의한 동성 간 성관계를 말하는 것"이라고 Tim Keller는 지적한다.

10 존 보스웰(John Boswell)은 고린도전서 6:9의 "탐색하는 자"(μαλακοι)는 일반적인 도덕적 연약성을, "남색하는 자"(ἀρσενοκίται)는 남성 창부를 가리키는 것이지 동성애자를 뜻하는 것이 아니라고 주장한다. 그러나 다수의 신약 학자들은 전자는 남성 동성애자를, 후자는 동성애자를 칭하는 것으로 보고 있다. 『바른 성경』(한국성경공회, 2008)은 전자를 '남성 동성애자'로 후자를 '동성연애 하는 자'로 번역하고 있다.

11 레이 로렌스, 『로마 제국 쾌락의 역사』, 최기철 역(서울: 미래의 창, 2011), 179.

12 로마인들의 성적 무질서를 보여 주는 한 가지 사례가 성행위 방식에 따른 용어의 다양성이다. 로마인들은 질 삽입 행위와 행위자를 futuere, fututor로, 항문 삽입을 pedicare, pedicator로, 구강 삽입을 irruamare, irrumator로 각기 달리 표기했다. 레이 로렌스, 182.

13 앨버트 벨, 『신약시대의 사회와 문화』, 오광만 역 (서울: 생명의말씀사, 2001), 425.

14 T. W. Africa, "Homosexuals in Greek History," *Journal of Psychohistory* 9(1982), 401-20.

15 Tanahill, *Sex in History*, 155.

16 Michael Vasey나 John Boswell은 13세기까지 동성애 욕망과 태도에 대해 그리스도인들은 대체로 수용적이었다고 주장하지만, 데이비드 라이트(David Wright)는 그 점을 확인시켜 주는 증거를 단 하나도 제시하지 못하고 있다고 지적했다. 존 스토트, 『존 스토트 동성애 논쟁』, 양혜원 역 (서울: 홍성사, 2006), 37.

17 Reay Tanahill, *Sex in History*, 153.

18 *Apostolical Tradition of Hippolytus*, II, 16, 20; *The Apostolical Tradition of Hippolytus*

(Cambridge: Archon Books, 1962), 44.

19 장 베르동, 『중세의 쾌락』(서울: 이학사, 2000), 65, 66.

20 Philip Schaff ed., *Nicene and Post-Nicene Fathers*, 1st Series Vol. XII(Grand Rapids: Eerdmans, 1989), 93.

21 Philip Schaff ed., *Nicene and Post-Nicene Fathers*, 355.

22 Philip Schaff ed., *Nicene and Post-Nicene Fathers*, 357.

23 Philip Schaff ed., *Nicene and Post-Nicene Fathers*, 358.

24 Reay Tanahill, *Sex in History*, 155.

25 유스티니아누스는 528년 10명으로 구성된 법률 편찬 위원회를 구성하고 로마법을 집대성하게 했는데, 『로마법 대전』은 4부로 구성되어 있다. 제1부, '학설집'(學說集)은 종래 고전 법학자들의 학설을 모아 수정한 것으로 전 50권으로 구성되어 있고, 제2부, 법학제요(法學提要)는 법학도들의 교과서로 편찬된 전 4권으로 구성된 법문이다. 제3부, 칙법집(勅法集)은 하드리아누스 황제 이래 역대 황제의 법을 집대성한 것으로 전 21권으로 구성되어 있고, 제4부 신칙법(新勅法)은 514년 이후 황제의 죽음에 이르기까지 발표된 158개 법칙을 수합한 것이다. 538년에 제정된 동성애 금지 법안은 이 신칙법에 포함되어 있다. 참고, 에드워드 기번, 『로마 제국 쇠망사』, 김영진 역(서울: 북프랜즈, 2005), 272.

26 제프리 리쳐즈, 『중세의 소외집단』, 유희수 역(서울: 느티나무, 2003), 270, Reay Tanahill, *Sex in History*, 156.

27 영문 역은 다음과 같다. "Therefore those offences which be contrary to nature are every where and at all times to be held in detestation and punished; such were those of the Sodomites, which should all nations commit, they should all be held guilty of the same crime by the divine law, which hath not so made men that they should in that way abuse one another. For even that fellowship which should be between God and us is violated, when that same nature of which He is author is polluted by the perversity of lust." P. Schaff ed., *A Select Library of the Nicene and Post-nicene Fathers of the Christian Church, vol.1 The Confessions and Letters of St. Augustine* (Grand Rapids: Eerdmans, 1994), 65.

28 John Boswell은 자신의 *Christianity, Social Tolerance and Homosexuality*(Chicago: Chicago Univ. Press, 1980)에서 두 가지 점, 곧 기독교가 근본적으로 동성애에 대해 적대적이지 않았다는 점과, 동성애에 대한 중세 초기의 관용적 입장이 후기에 불관용적인 입장으로 선회했다는 점을 주장하려고 했다. 그러나 그는 동성애의 실상을 과장했고, 기독교의 입장을 곡해했다는 비판을 받아왔다.

29 Michael Vasey, *Strangers and Friends* (London: Hodder and Stoughton, 1996), 46,

82-83. 스토트, 『존 스토트의 동성애 논쟁』, 37.

30 Reay Tanahill, *Sex in History*, 156.

31 Rule of St. Benedict, 22; Council of Tours(567), 14; Tanahill, *Sex in History*, 157에서 재인용.

32 Council of Toledo(693), 3. Lex Visigoth, III. 5. 7. Tanahill, *Sex in History*, 157에서 재인용.

33 베르동, 『중세의 쾌락』, 66.

34 베르동, 『중세의 쾌락』, 65.

35 Pierre Payer, *Sex and the Penitentials* (Toronto, 1984). 리처즈, 『중세의 소외집단』, 271.

36 베르동, 『중세의 쾌락』, 66.

37 동성애 행위는 심지어는 수도원에서도 빈번했다. 시토 수도원의 원장 엘레드도 그 중 한 사람이었다. 이 점을 간파하고 있던 투르(Tours)의 대주교 힐데베르 드 라바르뎅은 심지어는 저명한 인사들을 포함하여 상당수 사람들이 동성애에 물들어 있다고 단언했을 정도였다. 베르동, 『중세의 쾌락』, 67.

38 리처즈, 『중세의 소외집단』, 276-7.

39 베르동, 『중세의 쾌락』, 68; 리처즈, 『중세의 소외집단』, 27.

40 김광연, "기독교 전통에 나타난 몸 신학과 현대적 몸의 재해석," 『한국개혁신학』 45(2015): 49.

41 리처즈, 『중세의 소외집단』, 281.

42 베르동, 『중세의 쾌락』, 49.

43 미국의 세인트루이스 시, 프랑스 파리의 생루이 섬, 브라질의 상루이스 시 등의 이름이 프랑스의 루이 9세의 이름에서 유래하였다.

44 최낙중, "대한민국 반동성애법 제정해야 한다," 『기독교연합신문』 1308(2015. 8. 30): 13.

45 칼빈, 『칼빈주석 로마서』(고양: 크리스천다이제스트, 2013), 53.

46 칼빈, 『칼빈주석 로마서』, 54.

47 Calvin, *Commentaries on the First Book of Moses Called Genesis* (Grand Rapids: Eerdmans, 1948), 496-7. 존 칼빈, 『구약 성경주석 1』(서울: 신교출판사, 1978), 504-5.

48 존 스토트, 『동성애 논쟁』, 30.

49 *Christianity Today*, 11, Nov., 1996. 존 스토트, 『동성애 논쟁』, 48.

3장 / '열린 예배' 어떻게 볼 것인가? ※

시작하면서

1990년대 이후 한국 교회에도 예배 형식의 새 바람이 일고 있다고 한다. 서울의 이름 있는 교회를 중심으로 찬양 중심의 예배가 성하고 있고, 드라마와 예배를 접목한 방식도 있고, 설교도 목회자의 일방적 선포가 아닌 토크 쇼 형식의 대화식 설교가 시도되고 있다고 한다. 이것은 예배에서 회중의 참여를 유도하고 '드리는' 예배보다는 '보여 주는' 예배의 시도라고 볼 수 있다. 이런 변화를 어떤 이는 '예배에서의 형식 파괴'라고 지적하기도 한다. 이러한 기존의 예배 형식으로부터 일탈하려는 움직임은 교회를 떠나는 젊은 세대를 겨냥한 새로운 시도이기도 하고, 또 변화하는 시대에 부응하기 위한 자기 몸부림일 수 있다. 그래서 이런 열린 예배의 시도는 한국 교회의 '예배 갱신'이라고 말하는 이도 있다. 이런 점에서 긍정적인 측면도 없지 않지만 이것이 진정한 의미의 예배 갱신일 수 있을까?

최근 이러한 열린 예배 의식에서의 형식 파괴에 대해 의견이 분분하다. 대한예수교장로회 합동 교단에서는 이런 예배 의식의 문제를 지적한 일이 있고,[1] 이 점에 대한 여러 논의가 없지 않았다.[2]

성경은 우리에게 예배할 것을 명시하고, 어떤 마음의 자세와 동기와 정신으로 하나님을 예배해야 할 것인가를 가르치고 있다. 즉 예배의 개념, 동기, 태도, 정신에 대해서는 여러 가르침을 주고 있다. 그러나 예배 형식에 대해서는 구체적으로 언급하고 있지 않다. 또 성경은 정해진 예배 순서를 규정하고 있지도 않다. 그러므로 예배 형식, 그 자체가 고정적이거나 절대적일 수 없다. 단지 우리는 교회사의 전통, 혹은 개혁교회의 전통을 존중하고 그 전통을 따라왔을 뿐이다. 전통적인 우리의 예배가 개혁교회의 전통을 따른 것이라고 할지라도 그것이 또한 절대적이라고 할 수는 없다. 말하자면 예배 형식은 가변적일 수 있다. 형식(型式)은 단지 내용을 담는 그릇이기 때문에 내용의 변질만 없다면 형식을 고정화할 필요는 없을 것이다.

그러나 예배 형식은 오랜 역사를 통해 다듬어져 온 것이고, 이제는 예배 형식이 단순히 형식으로만 머물지 않고 내용의 일부분이 되었다는 점에서 오늘의 소위 '열린 예배'가 단순한 형식의 문제만은 아니라는 데 우리가 주목해야 할 이유가 있다.

이 글에서는 예배에 관한 모든 문제를 다루지 않고, 오늘의 소위 '열린 예배'가 함의하는 문제에 대해 교회사적으로 평가해 두고자 한다. 예배가 무엇인가를 간단히 정리하고, 예배 의식에 대해 교회사적으로 살펴본 후 이런 역사적 맥락에서 오늘의 열린 예배와 같은 대중 지향성에 대해 종합적인 평가를 하고자 한다.

가. 예배란 무엇인가?

예배는 창조주이자 구속자이신 하나님께 대한 경배로서, 하나님의 명령에 대한 순종이며, 은총에 대한 응답이다. 따라서 예배란 주일에 시행하는 고정된 의식만으로 제한 할 수 없고, 삶의 모든 영역에서 하나님을 섬기는 보다 폭넓은 행위라고 할 수 있다. 구약에서도 예배란 하나님을 경외하고 그의 도를 행하며, 그의 모든 규례와 명령을 순종하는 폭넓은 틀 안에 있다는 점을 보여 준다(출 19:6, 시 15, 24, 미 6:8).[3] 신약에서도 동일한 정신이 강조되고 있다. 한 가지 분명한 강조가 바울의 권면인 로마서 12:1 이하의 교훈이다. 하나님이 받으실 만한 예배는 12장에서 15장까지에서 언급된 그리스도의 몸 안에서의 상호 유용한 사역, 기독교 공동체 밖에 있는 자들에 대한 사랑과 용서, 재림에 대한 기대, 신자들과의 사랑과 권면 등 신자의 삶 전 영역이 예배와 관련된다는 점을 보여 주고 있다.

개혁교회 전통은 이런 폭넓은 예배 개념을 발전시켜 왔다. 그 대표적인 경우가

'하이델베르크 교리문답서'(1563)이다. 이 교리문답서는 로마서의 구조를 답습하여, 인간의 죄와 비참(3-11문), 예수 그리스도를 통한 구속(12-85문)을 말하고, 그리스도인의 감사의 삶(86-129문)을 말하고 있는데, 이 부분은 십계명과 주기도문을 포함하고 있다. 즉 신자의 삶 전체는 예배, 곧 하나님께 대한 순종과 경배의 표현이라고 말하고 있다. 칼빈도 이런 광의의 예배 개념을 말했는데, 흥미로운 사실은 이 점을 로마서 12:1에 근거하여 말하고 있다는 점이다.[4] 특히 아브라함 카이퍼는 삶의 체계로서의 칼빈주의(Calvinism as a life-system)라는 강연에서 이 점을 강조했다. 그는 "예배란 삶의 전 영역에서 하나님을 섬기는 행위"라고 말하고, "교회에서 하나님을 찬양하고, 세상(교회 밖)에서 하나님을 섬기는 것이 상호 영감을 주는 힘"이라고 했다.

물론 우리가 '예배당 안에서' 행하는 의식으로서의 예배를 경시하거나 이를 배제해서는 안 된다. 우리는 특별히 정한 때에 회중이 함께 모여 예배하는 독특한 예배 의식을 중시하면서도 삶의 전 영역에서 하나님을 예배하는 고백적 삶을 발전시켜야 할 것이다. 이런 광의의 예배의 개념이 한국 교회 현실에서 강조되어야 하고, 이런 측면의 예배 갱신이 있어야 할 것이다.

그런데 이 글에서 말하는 열린 예배는 광의의 예배적 삶을 문제시하는 것이 아니라, 교회에서 드리는 공적인 예배에서의 형식의 문제이다. 그런데 공적인 예배는 광의의 예배적 삶을 가능하게 해 주는 동력이고, 그 원천은 하나님의 말씀이다. 따라서 말씀에 대한 선지자적 선포는 공적인 예배에서 가장 중요한 요소이다. 그것 없이는 예배적 삶은 불가능하다. 하나님의 말씀이 정당하게 선포되고 있는가 하는 점은 논의의 초점이다. 따라서 청중의 요구가 무엇인가 보다 우선하는 것은 예배 자체에 대한 성경적(신학적) 혹은 교회사적인 성찰이다.

나. 교회사에서 본 예배

신약 성경에는 예배 의식에 대한 분명한 언급은 없지만 사도행전과 서신서들, 그리고 요한계시록에는 보다 세부적인 암시가 있다. 종합해 보면 초기 교회에서 예배에 대한 다음의 4가지 사실을 알 수 있다. 첫째, 초기 그리스도인들은 정한 때에 예배를 드렸고, 성경 낭독과 해설은 예배의 필수적인 요소였다는 점, 둘째, 회집 때마다 아가페(agape) 혹은 애찬(love feast)이라고 알려진 공동 식사가 행해졌다는 점, 셋째, 애찬이 끝날 때 성만찬을 행했다는 점, 넷째, 특별한 은사의 체험으로 예언과 방언이 아주 주의 깊게 통제된 가운데 행해졌다는 점이다. 그런데 2세기 중반을 거쳐 가면서 두 번째와 네 번째 요소는 예배의 주된 흐름에서 사라졌다. 즉 말씀의 선포와 성찬이 기독교 예배의 주된 요소로 정착되어 갔다는 점이다.[5]

초기 교회의 예배는 단순하고 엄숙했다. 그러나 기독교가 공인을 얻고 국교화 되어 가는 4세기 이후 예배 의식에도 변질이 나타나기 시작하였다. 그 이유는 특히 황실(皇室)의식, 혹은 국가적인 제의(祭儀)의 영향을 받기 시작했기 때문이다. 결과적으로 말씀의 선포보다는 의식(rite, 儀式)과 형식 중심의 예배로 변모되기 시작했다. 헬라어 대신 라틴어가 교회의 공식 언어로 채택된 4세기 이후 라틴어 예전 용어(the liturgical language)가 나타나기 시작하였다. 이것은 초대 교회의 단순성(simplicitas)이 사라지고, 예배 의식이 복잡해지면서 의식 중심으로 변모되어 갔다는 점을 보여 준다. 특히 6세기를 거쳐 가면서 말씀은 가려지고 성례론적 미사, 의식적 예배 의식은 이교적 관습과 혼합되어 있었다. 사제들은 무식했고, 미사는 라틴어로 진행되어 회중은 구경꾼에 불과 했다. 결국 중세 예배는 진정한 말씀의 선포를 상실한 극적인 구경거리(dramatic spectacle)로 전락했다.

그래서 16세기 종교 개혁자들은 예배 의식의 개혁과 정화에 깊은 관심을 가졌다. 개혁자들에게 있어서 중요한 관심사는 무엇이 바른 예배인가 하는 점이었다.

그들은 희생 제사인 미사를 폐지하고, 제단을 성찬상으로 바꾸고, 무의미한 의식과 외적인 형식을 제거하였다. 무엇보다도 말씀과 성례 사이의 균형을 회복하였다. 성례의 중요성을 약화시킴으로서가 아니라, 무시되고 경시되었던 말씀의 중요성을 강조함으로써 바른 예배를 회복하려고 했다. 개혁자들이 시도한 예배의 회복은 말씀 선포의 중요성을 재확인한 것이었다. 그래서 필자는 종교 개혁은 바로 '예배의 개혁'이라고 말한 바 있다.[6]

취리히의 개혁자인 츠빙글리(Ulrich Zwingli, 1484-1531)에게 있어서 말씀의 선포는 예배에서 가장 중요한 요소였다. 그는 취리히 설교자로 부름 받은 후 마태복음에서부터 연속적인 설교를 시작하여 7년 만에 신약 성경 전권을 강해하였다. 그의 예배는 '설교 예배'(Preaching service)라고 할 만큼 말씀의 선포를 강조했다. 그는 성찬은 "또 다른 형태의 설교"로 이해하였다. 그래서 그는 칼빈과는 달리 (성탄절, 부활절, 성령 강림절 등) 연 4회 성찬식을 하는 것으로 만족했다. 그는 음악적 능력이 탁월했고, 작곡은 물론 다수의 악기를 연주할 수 있었으나 회중 찬송에는 관심이 없었다. 말씀의 선포를 보다 중시했기 때문이다.

예배에서 말씀의 선포를 중시했다는 점에서는 부써(M. Bucer, 1491-1551)도 동일했다. 그도 선별적인 설교보다는 연속적인 성경 봉독과 설교(lectio continua)을 중시했다. 그것은 하나님의 계시의 말씀은 우리의 요구와 관계없이 선포되어야 한다는 생각 때문이었다. 그가 츠빙글리와 다른 점은 말씀의 선포와 함께 성례를 강조하면서도 회중의 응답을 중시했다는 점이다. 회중의 반응을 중시했다는 것은 쿠리에(kyrie), 송영(Gloria), 거룩송(Sanctus), 그리고 축복송(Benedictus)을 도입하고 신앙 고백과 기도를 회중이 하게 했다는 것을 의미한다.[7]

칼빈의 예배관에 가장 큰 영향을 준 이는 부써로 알려져 있다. 칼빈은 이미 1536년 3월에 출판한 『기독교강요』 초판에서 교회의 공적인 예배 의식에 특별한 관심을 표명했다. 그는 온전한 예배 의식은 설교와 함께 성찬이 동시에 강조되어야 한다고 보고, 초대 교회의 모범을 따라 성찬은 적어도 일주일에 한 번씩 행해져야 한다고 보았다. 칼빈에게 있어서 예배의 갱신은 전적으로 새로운 예배 의식의 창안이나 개발이 아니라 초대 교회의 관습으로 돌아감으로서 중세 교회의 오도된 미신적 예배 의식을 개혁할 수 있다고 보았다. 이 점은 그가 1542년에 출판한 예배 의식문 『초대 교회의 관례에 따른 기도의 제형식』(The Forms of Prayers According to the Customs of the Ancient Church)이라는 제목이 잘 나타나 있다. 칼빈은 회중 찬송을 도입했으나 그 범위는 엄격하게 한정했는데, 곧 시편송만 고집했다는 점이다. 하나님을 찬양하는데 있어서 그 어떤 인간이 만든 노래라 할지라도 시편보다 더 좋은 찬송이 될 수 없다는 확신 때문이었다. 그의 시편 찬송은 후일 제네바 시편 찬송(the Genevan Psalter, 1562)의 모체가 되었다.

칼빈에게 있어서 중요한 점은 예배 본질에 대한 관심이었고, 청중들의 요구가 아니었다.[8] 칼빈은 츠빙글리와 마찬가지로 교회 내의 모든 미술품들을 제거했다. 이것은 "너는 새긴 우상을 만들지 말라"는 제2계명에 충실하고자 했기 때문만이 아니라, 그것이 아무리 성화(聖畵)라 할지라도 하나님의 말씀의 선포를 대신할 수 없다고 보았기 때문이다. 예배는 우리의 창조주시요 구세주이신 예수 그리스도, 아버지이신 하나님께 경외함으로 나아가는 행위였다. 루터가 예배에서 하나님을 향한 감사를 강조한 점에서 루터교 예배가 다소 주관적인 성격을 지니는 반면, 칼빈은 하나님께 대한 경외와 순종을 강조한 점에서 개혁주의 예배는 보다 객관적인 성격을 지니고 있다.[9]

정리해서 말하면 개혁자들은 예배 의식과 순서가 어떠했던가에 관계없이 말씀의 선포를 (성례의 시행과 함께) 참된 예배의 가장 중요한 요소로 파악했다는 점이다. 다시 말하면 오늘 우리의 요구보다는 성경의 선포를 우선시하였다는 점이다. 그래서 이 설교 중심의 예배는 개혁교회 예배의 전통이 되고 있다.

미국의 청교도들은 영국교회(Church of England)라는 국가 교회 체제하에서 경험 때문에 비성경적인 의식이나 축일을 제거하고 초대 교회의 단순한 예배를 회복하려고 했다. 이들에게는 의식보다는 순수한 말씀의 선포를 중시하였다. 비록 형식은 다소 차이가 있어도 말씀의 선포가 예배의 중심이었다.

그런데, 미국에서의 개신교 운동은 그 태생적 성격 때문에 비교적 자유로운 예배 의식을 추구하였다. 특히 유럽에서 국가 교회(Established church)의 탄압 하에 있었던 재세례파 그룹이나 영국의 비국교도(Non-conformists)에 속하는 신자들의 교회는 신대륙에서 종교의 자유를 누리면서 예배 의식에서도 자유를 구가하기 시작하였다. 전통적인 예배 의식을 배격하거나 극단적인 예배의 개혁을 시도하기도 했다. 특히 우리가 주목하고자 하는 것은 개혁자들의 유산인 말씀의 선포에 대한 강조보다는 개인의 종교적 체험이 중시되고, 청중의 요구가 무엇인가에 초점을 두기 시작했다는 점이다. 물론 19세기 중엽에 이러한 예배에 대한 반성이 있긴 했으나 개인의 종교적 체험을 중시하는 움직임은 분명한 현실이 되었다. 이런 경향성에 커다란 영향을 끼친 인물이 찰스 피니(Charles Finny, 1792-1875)였다. 그는, 예배 방식은 성경적인 규범이 없고, 시대 시대마다 달랐으며, 또 다를 수 있으므로 고정적일 수 없다고 보았다. 그래서 그는 소위 예배 의식에 있어서 실용적 접근을 시도하였다. 그는 주일 예배를 회심자를 얻는 것을 목적으로 하는 새로운 형태의 예배, 곧 구도자 중심의 예배를 강조하였다. 이것은 전통적 개혁교회 예배관으로부터의 분명한 일탈이었다. 알미니안적인 견해를 가졌던 찰스 피니는 오늘의 소위 '열린 예배' 시도의 연원이 된다. 이런 회중 지향적인 예배는 은사 운동을 강조하는 오순절 혹은 신오순절 계통의 교회들에 의해 새로운 예배 모델로 환영을 받았다. 심각한 설교나 교리적인 문제보다는 보다 감각적인 것을 지향하는 우리 시대에서 회중의 적극적 참여를 유도하고, 각종 악기를 동원한 찬양과 신체 표현의 예배 방식은 수적 침체를 막는 대안으로 제시되었다. 그것이 소위 성장하는 미국 교회의 현실이다.

전통적인 예배 의식의 탈피, 다양한 악기의 동원, 여흥 있는 예배를 통한 수적인 성장이 한국 교회에 영향을 준 것으로 보인다. 이것은 1980년대 후반부터 나타나기 시작한 미진한 교회 성장에 대한 대안으로 인식되기 시작하였고, 이런 추세가 이른바 '열린 예배'를 시도하게 된 배경이 된다.

다. 열린 예배, 어떻게 볼 것인가?

앞에서도 말했지만 예배 의식에는 고정된 것이 없다. 그러나 성경과 교회사를 통해서 볼 때 예배가 무엇이며 어떠해야 하는가에 대해 적어도 다섯 가지 기본적인 가르침을 주고 있다. 이 기본적인 가르침을 표준으로 오늘의 열린 예배를 평가할 수 있을 것이다.[10]

1) 평가의 기준

첫째, 예배는 그 동기나 과정이나 목표가 진정으로 하나님을 경배하는 의식이어야 한다. 둘째, 예배 의식은 성경적이어야 하고 신학적으로 타당해야 한다. 셋째, 예배의 내용은 하나님의 말씀의 선포(설교)와 하나님께 엄숙히 나아가고(기도), 교제하는(성찬) 행위여야 한다.[11] 넷째, 예배는 공적이고, 이해 가능한 것이어야 한다. 예배가 이해 가능한 것이기 위해서는 반드시 회중의 언어로 진행되어야 한다.[12] 다섯째 예배는 예배하는 회중의 신앙적 덕성을 함양할 수 있어야 한다. 즉 신앙과 인격도야에 도움을 줄 수 있어야 한다. 다시 말하면 예배를 통해 하나님을 사랑하고 이웃을 사랑하는 신앙적 성숙을 이루어야 한다는 점이다. 이런 다섯 가지 표준을 가지고 오늘의 열린 예배를 평가할 수 있을 것이다.

문제는 '열린 예배란 이런 것이다.' 라는 정의나 고정된 의식, 혹은 형식이 없다는 점이다. 교회마다 시행하는 방법도 각양각색이다. 다만 전통적인 예배 의식으로부터 일탈을 시도하고, 회중의 참여를 강조하여 회중 지향적 성격이 강하며, 다소 여흥적인 성격이 짙다는 공통점이 있다. 사안별로 각기 달리 평가해야 할 점이 없지 않지만 대체적으로 다음과 같이 판단해 볼 수 있다고 생각된다.

2) 긍정적인 측면

오늘의 열린 예배가 젊은 세대들에게 예배 참여의 동기를 부여하고, 교회의 침체를 막고 수적 성장을 이룰 수 있는 하나의 방법일 수 있다는 점에서 긍정적인 측면도 없지 않다. 비교리적 시대(undogmatic age)라고 불리는 오늘 우리 시대에서 교조적이거나 심각한 주제로 접근하기보다는 때로 회중 지향적인 방법을 통해 젊은 세대들을 교회 울타리 안으로 인도하는 것은 유용한 방법일 수 있다.

3) 몇 가지 고려해야 할 점들

그러나 열린 예배가 가져올 수 있는 효용성이나 실용성과 관계없이 다음의 몇 가지 점을 고려하지 않으면 안 된다. 첫째, 열린 예배는 미국의 일부 교회의 예배 방식에 대한 모방이라는 점이다. 좀 심하게 말하면 무분별한 도입이다. 그 이유는 단 한 가지, 그것이 교회의 수적인 성장을 이루는 수단일 수 있다는 점 때문이다. 유행처럼 일어나는 미국 교회의 경배와 찬양, 빈야드 운동, 열린 예배 등을 모방하는 것은 예배 신학적 고려에서 온 것은 아니다. 개혁신학을 추구하는 우리 교회에서 이런 문제들에 대해 먼저 신학적으로 성찰해 보는 노력이 있어야 할 것이다.

둘째, 이런 예배 형식의 변화를 추구하는 동기가 무엇인가 하는 점이다. 최근의 수적 성장의 둔화 현상을 극복하고 신세대들에게 신앙적 관심을 고양시키기 위해서 예배에서 변화를 모색하는 것은 권장할 만 한 일이기는 하지만 그 일반적 흐름은 예배의 대상에 대한 관심에서가 아니라, 예배드리는 자들을 위한 배려에서 시작되었다는 점은 부인할 수 없다. 솔직히 말하면 어떻게 하면 하나님을 보다 참되게 섬기고 예배할 것인가에 대한 '바른 예배'에 대한 동기보다는 어떻게 하면 회중들에게 더 흥미로운 예배를 보여줄 것인가(show)에 대한 관심이 지대하다. 오늘의 설교에 있어서도 본문(Text)에 대한 관심보다는 상황(Context)에 대한 관심 때문에 진정한 의미의 말씀이 가려지고 있는데 예배 형식에 있어서도 이런 현상이 심화되고 있다. 결국 예배 형식의 변화라는 것이 자칫 보는 즐거움을 더하는 '우리의 방식'의 예배로 변질될 위험이 있다. 어떻게 하면 예배를 흥미 있게 드릴 수 있을까, 어떻게 하면 새로운 세대들에게 지루하지 않는 예배 형식을 개발할 수 있을까 하는 회중 지향적 동기는 예배 형식을 '여흥적'으로 만들어 갈 위험이 있고, 하나님을 영화롭게 하기 보다는 우리의 즐거움을 구하는 자기 관철일 위험이 없지 않다. 또 젊은 세대가 아닌 장, 노년층에게는 그런 예배가 한낱 구경거리로 전락할 위험이 없지 않다.

이러한 현상은 비단 우리만의 현상은 아니다. 이미 20년 전에 저명한 교회사가인 스텐포드 리드(Standford Reid)는 "우리의 예배는 우리의 즐거움을 위한 것인가 아니면 하나님께 드리는 행위인가?"(The Church Service, Entertainment or Worship?)라는 제목의 글을 캐나다 장로교회의 기관지인 *The Presbyterian Record*(Jan. 1988)에 기고한 일이 있다. 그는 미국과 캐나다에서 일고 있는 소위 예배 형식의 변화라는 것은, 사실은 예배라는 형식으로 우리의 여흥에 더 큰 관심을 가지고 있다는 점을 지적하면서 형식의 변화보다는 예배자의 태도가 변화되어야 한다고 지적한 일이 있다. 특히 그는 우리 시대의 예배 형식의 파괴라는 것이 지나치게 대중을 의식한 것으로서 하나님께 대한 예배의 성격이 무시되거나 경시되고 있다고 지적했다.

셋째, 예배 형식의 변화가 내용까지도 변질시킬 수 있다는 위험성이다. 물론 형식 그 자체가 중요하지 않고 기존의 예배 형식 그 자체가 절대적일 수도 없다. 형식(型式)은 단지 내용을 담은 그릇에 지나지 않기 때문에 중요한 것은 형식이 아니라 내용이다. 내용의 변질만 없다면 형식을 고정화할 이유가 없지만, 동시에 고려하지 않으면 안 되는 것은 형식 그 자체가 때로는 내용을 변질 시킬 수 있다는 점이다. 해묵은 지적이지만 맥루한은 매체가 메시지를 대신할 수 있다고 지적하고 그 실제적 변질의 경우를 제시한 바가 있다. 예배에서도 형식이 내용을 대신할 수 있는 위험이 있다. 우선 찬양 중심의 예배는 강론 시간의 상대적 단축을 불가피하게 한다.

넷째, 하나님의 말씀에 대한 진지한 청종이나 순종보다는 회중의 반응에 더 큰 관심을 두고 있다는 점이다. 16세기 개혁자들이 시도했던 예배 갱신은 하나님의 말씀의 권위를 회복하고, 그 말씀의 진지한 선포였다. 그것을 위해 개혁자들은 싸웠다. 그 말씀의 권위와 중요성을 자각시키기 위해서 칼빈은 말씀이 선포되는 시간에 조는 사람에게는 일주일간 구류를 살게 하는 엄격한 치리를 시행한 일도 있다. 들어야 할 말씀에 대한 진지한 배려가 없다면 개혁주의 예배 정신에서 이탈했다고 볼 수 있다. 종교 개혁자들이 예배를 그처럼 소중하게 여기고, 미사를 개혁하고 예배 의식을 쇄신하기 위해 싸웠던 것은 중세적 예배가 하나님 이해를 변질시켰다는 자각 때문이었다. 예배 행위는 하나님에 대한 이해와 깊이 관련되어 있다. 다시 말하면 예배 행위는 예배의 대상에 대한 이해와 무관할 수 없다. 우리가 염려하는 것은 우리의 예배 형식의 파괴가 우리의 하나님 이해마저도 변질시킬 수 있다는 위험성이다

맺는말 : 종합적인 판단

정리하면, 어떤 고정된 예배 의식이 없듯이 열린 예배도 예배의 한 형태일 뿐 그것이 참된 예배이거나 유일한 대안일 수는 없다. 소위 열린 예배를 정죄할 필요는

없으나 그것이 가질 수 있는 약점을 헤아려 볼 줄 아는 안목이 필요하다. 이 공적인 예배에서 초대 교회와 개혁자들이 그처럼 중시했던 말씀에 대한 진지한 관심이 약화되지 않는 범위에서 지혜롭게 대처하는 지도자들의 '분별력'이 요구될 따름이다.

   오늘 우리에게 중요한 것은 열린 예배의 문제점을 지적하는 것만이 아니라, 오늘 우리의 개혁주의 전통의 예배를 통해서도 젊은 세대를 수용할 수 있는 목회자의 역량을 개발하는 일이다. 생명력 있는 설교와 성령의 역사가 분명한 생동감 넘치는 예배를 위해 영성을 개발하는 일이 시급하다. 오늘 한국 교회에 필요한 것은 형식이나 조직, 기술이나 프로그램이 아니라, 교회 지도자 특히 목회자들의 건실하고도 모범적인 생활과 이를 뒷받침 해주는 영적 자질이다. 18, 19세기 교회 부흥 운동 지도자들이 가졌던 복음에 대한 열정, 말씀에 대한 처절할 정도의 확신, 죄에 대한 민감성, 잃어버린 영혼에 대한 애틋한 사랑을 회복하는 것이 보다 시급하다. 이것 없이 조직이나 인간관계, 기발한 프로그램 혹은 테크닉으로 교회를 성장시키겠다는 사고 자체가 문제라고 볼 수 있다. "꿀과 송이꿀보다 더 단" 말씀으로 오늘의 젊은 세대들을 설복시킬 수 있는 목회자의 자기 개발과 갱신의 노력이 우선되어야 할 것이다. 물론 찬양, 연극, 음악 등 하나님께서 주신 다양한 재능과 문화적 자원을 신앙적 삶을 위해 효과적으로 이용하는 것도 바람직하다. 그러나 예배와 예배적 삶(문화)을 위해 규모 있고 분별력 있게 사용하는 것은 목회자들의 몫일 것이다.

3장 / '열린 예배' 어떻게 볼 것인가?

※ 이 글은 고신대학교 교내 위탁 연구로 고신대 편, 『열린 예배, 무엇이 문제인가?』(2009. 9)에 게재된 원고임.

1 1999년 5월 경기 노회는 예배 모범 연구 위원회가 작성한 열린 예배에 대한 연구를 총회에 헌의키로 하였고, 총회 신학부 열린 예배 위원회도 같은 달 보고회를 갖고, 열린 예배에 대한 총회적인 입장을 발표하고, 대안과 대책을 강구한 바 있다.

2 특히 『목회와 신학』은 1995년 10월과 1997년 4월호에 열린 예배 문제에 관한 특집을 게재한 바 있다.

3 Yoshiaki Hattori, "Theology of worship in the Old Testament," *Worship : Adoration and Action*, ed. D.A.Carson (Grand Rapids: Baker, 1993), 28-29.

4 Klaas Runia, "The Reformed Liturgy in the Dutch Tradition," *Worship : Adoration and Action*, 97.

5 참고, William Maxwell, 『예배의 발전과 그 형태』, 정장복 역(서울: 쿰란출판사, 1996), 13-14.

6 이상규, 『교회 개혁사』 (서울: 성광문화사, 1997), 23.

7 Runia, "The Reformed Liturgy in the Dutch Tradition," 98-103 참고.

8 이 점은 다음의 문서에 잘 나타나 있다. *Articles Concerning the Organization of the Church and of Worship at Geneva Proposed by the Ministers at the Council*, January 16, 1537, Trans. J. K. S. Reid, LCC, XXII, 53-54. See, Jane White, *Document of Christian Worship*, 105ff.

9 Horton Davies, The Worship of the English Puritans(Westminster: Clare Press, 1948), 13-23. 김영재, 『교회와 예배』(수원: 합동신학교 출판부, 1995), 101에서 재인용.

10 주로 칼빈의 예배관을 중심으로 5가지 기본적인 원칙을 제시하고자 한다. 김영재, 『교회와 예배』, 100-102 참고.

11 칼빈은 "나는 성경에서 도출된 전적으로 신적인 하나님의 권위에 근거한 인간의 제도들만을 시인할 뿐이다"(*Inst.*, IV, X, 30)고 했는데, 예배 의식에 관해서 그는 그의 『기도의 형태들』(*The Forms of Prayers*) 서문에서 사도행전 2:42 이하에 근거하여 예배에는 3가지 거룩한 규례(Three holy ordinances of the Lord)가 있다고 말하고, 주의 말씀의 선포, 공적인 엄숙한 기도, 성례의 시행을 들었다.

12 개혁자들이 미사를 폐지하고 자국어로 예배를 시도한 것은 참된 예배를 위한 조치였다. 칼빈은 교회음악에서도 회중의 이해 가능성을 중시했다. 그는 음악적 기교를 반대하고 단순한 멜로디를 원했고, 가사의 내용을 중시했다. 외국어로 하는 음악은 청중들에게 음악적 기교 외에는 아무런 유익을 줄 수 없다고 본 것이다.

4장 / 교회사에서 본 장례법, 화장과 매장 ※

시작하면서

이 장의 주제는 '한국 교회와 장례 문제'이지만 장례 전반에 대한 논의라기보다는 일차적으로 장례 방식에 대한 논의이다. 아마도 매장(埋葬) 혹은 토장(土葬)으로 인한 묘지 난에 대한 심각성 때문에 이런 논의의 장이 준비된 것으로 알고 있다. 현재 한국에서 묘지가 차지하고 있는 비율은 전체 국토의 1퍼센트에 해당하는 3억 평 규모로 알려져 있다. 전국의 무덤은 2천만 기이며 이중 40퍼센트인 8백 만 기는 무연고로 방치되어 있고, 매년 20만기씩 늘어 여의도 규모로 해당하는 3백만 평이 묘역으로 변하고 있다고 한다.[1]

이런 국토 잠식의 심각성 때문에 화장(火葬)이 그 대안으로 대두되고 있고, 기독교권에서도 이를 적극적으로 수용해야 한다는 주장이 일고 있다. 이런 오늘의 현실에서 바람직한 장법(葬法)이 무엇인가를 신학적으로, 그리고 교회사적으로 논의하는 일은 현실적 요청이다. 여기서는 장법으로서의 화장의 발전 과정을 살펴보고, 기독교회의 장례는 어떠했는지, 또 화장에 대해 어떻게 인식해 왔던가를 '역사적 측면'에서 말해 보고자 한다.

가. 이교적 장법으로서의 화장

1) 화장법의 역사적 개요

화장을 뜻하는 영어 크리메이션(Cremation)은 (불로) '태운다'는 뜻의 라틴어(cremo)에서 왔는데, 화장이란 시신을 불로 태워 그 흔적을 최소화하는 시신 처리 방식을 말한다.

일반적으로 고고학자들에 의하면, 화장은 기원전 3천여 년경 석기 시대로부터 시작되었다고 한다. 석기 시대 후기에 와서 화장 풍습은 북부 유럽으로 확산되었고, 또 슬라브계 민족들의 화장용 도자기에서 이런 흔적이 발굴되었다고 한다. 기원전 2500-1000년 어간의 청동기 시대를 거쳐 가면서 화장방식은 지금의 영국, 스페인, 포르투갈 등지로 옮겨갔고, 헝가리, 북부 이탈리아 등지에서는 화장막이 생겨났다고 한다. 스칸디나비아에서는 화장이 육신으로부터 영혼을 해방시키며, 또한 죽은 자가 산 자를 해치는 일을 막기 위해 화장을 했다고 한다. 말하자면 화장은 일종의 '종교적 인식'에 바탕을 둔 것이었다.

고대 이집트에서는 시신을 향료로 처리하여 미라로 보존하는(embalm) 방식을 취하기도 했지만, 약 기원전 1000년인 미케네 문명기에는 화장이 그리스인들의 빈번한 장법이 되었다고 한다. 그 후 기원전 800년경의 호메로스(Homer)때에 와서는 화장은 그 사회의 주된 장법이 되었다. 이 같은 화장은 전쟁으로 인해 피살된 군인들의 주검을 처리할 수 있는 편리한 방법이라는 이유에서 권장되었던 것이다. 피살된 군인의 시신을 수송하는 일이 현실적으로 불가능했기 때문이라 한다.

이런 헬라적 관습을 따라 초기 로마는 기원전 600년경을 전후하여 화장을 수용하였는데, 이것이 점차 보편화되었다. 5세기 중엽에는 로마 시내에서는 화장을 금지하는 법령이 발표되기도 했지만 기원전 400년부터 기원 후 1세기까지 화장은 정상적인 장례로 인식되었다고 한다.[2] 그래서 395년 까지는 화장이 광범위하게 시행되었고, 화장한 뼈 가루는 골호(骨壺)라는 정교한 항아리에 넣어 콜룸바리움[3]이라는 일종의 납골당에 보관되었다. 화장이 유행했으나 매장하는 경우도 적지 않았는데, 매장은 주로 기독교 공동체에서 행해졌다. 말하자면 로마 사회에서는 화장과 매장이 병존했다고 할 수 있다.

정리해서 말하면, 서양에서의 경우 장법으로서의 화장은 크게 두 가지 동기를 지니고 있다. 첫째는 종교적 동기였고, 다른 하나는 보다 편리하게 시신을 처리하고 자 하는 현실적 동기였다. 동양에서의 경우, 화장은 불교의 진원지인 인도에서 기 원한 것으로 알려져 있는데, 인도는 브라만교, 힌두교, 불교 등에서 보는 바처럼 윤 회 사상이 강한 곳이고,[4] 이 윤회적 사생관이 화장 제도와 무관하지 않는 것으로 알 려져 있다. 불교는 인도로부터, 남쪽으로는 스리랑카와 동남아시아로, 북쪽으로는 티베트로, 동족으로는 중국, 한국, 일본 등지로 확산되었다. 이런 지역에서는 화장 이 크게 성하다고 볼 수 있는데, 이것은 장법으로서의 화장이 불교의 사생관, 그리 고 교의 체계와 무관하지 않음을 보여 주고 있다.[5] 사후 존재 문제를 다루고 있는 브라마잘라 수타(Brahmajala Sutta), 곧 범망경(梵網經)[6]에서 석가모니(佛陀)는 사후 문제를 다음과 같이 분석하고 있는데, 논리적으로는 다음의 4가지 견해가 가 능하다고 볼 수 있다.[7]

1. 인간은 사후 육체를 떠난 영으로 존재한다는 설, 곧 사후유일회설.
2. 지상이나 다른 유성에서 다시 태어난다는 설, 곧 윤회 환생설.
3. 사후 완전히 멸절되고 더 이상 존재하지 않는다는 설, 곧 유물주의설.
4. 만족스런 해답을 발견할 수 없거나 그런 만족스런 해답이란 본래부터 없다는 설, 곧 회의론 혹은 불가지론.

위의 4개 조항에서 보는 바처럼 유물론적 윤회의 바다, 혹은 유물주의적 허무의 바다에서는 매장은 별 의미가 없다. 화장을 통한 완전한 소멸은 공(空)사상과 완전 히 일치한다. 따라서 화장이 불교에서의 주된 장법이 되었음을 알 수 있다. 다시 말 하면 불교는 석가모니의 경우를 모범으로 삼아 화장을 이상적인 장법으로 여기고 있고, 이것이 현재까지의 불교의 전통적 장법이 되었다. 정리하면 동양에서의 경 우, 화장은 불교적 배경에서 나온 '종교적 동기'를 지닌 장법이라는 점이다.

우리나라의 경우, 삼국시대 불교가 전래되면서 화장이 소개된 것으로 알려져 있고 고려 시대에도 화장이 성행했으나 조선시대에는 숭유 배불 정책에 따라 불교적 장법인 화장이 줄어들었고, 유교적 가정의례 준칙이라고 볼 수 있는 '주자가례'(朱子家禮)에 따라 화장이 크게 줄고 매장이 성행하여 오늘에 이르고 있다. 일제하인 1912년 조선 총독부는 '묘지, 화장, 화장장에 대한 취체 규칙'을 선포하고 화장을 강요했으나 성공하지는 못했다.

2) 19세기 말 화장 운동의 기원

앞에서 언급한 바처럼 기독교가 출현하기 이전까지는 화장이 중요한 장법이었으나 기독교가 제국의 종교로 영향력이 확대되기 시작하는 4세기 이후 오늘에 이르기까지 서구 사회에서는 매장이 주된 장법이었다. 말하자면 매장은 기독교의 전통이자 관습이었다. 그러나 약 1세기 전부터 화장법이 다시 출현하였다. 수년간의 실험적인 납골당 설치 등 예비적 단계를 거쳐 1873년 이탈리아의 브루에티(Brunetti) 교수의 의해 화장 방식이 처음 도입되었고, 그 결과 유럽과 북미 사회에서 다시 화장이 대두되었다.

영국에서의 경우 화장은 퀸 빅토리아(Queen Victoria) 병원의 헨리 톰슨 경(Sir Henry Thomson)에 의해 시작되었는데, 그는 1874년 『화장 : 육신의 사후처리』(*Cremation : The Treatment of the Body After Death*)를 출판하고 영국화장협회를 조직하였다. 이때로부터 10년 후인 1884년 매장과 함께 화장도 합법적이라는 인정을 받았다.[8] 유럽에 있어서 화장장은 1878년 영국의 보킹(Working)과 독일의 고타(Gota)에 설치되었다.

미국의 경우 1800년 이전에 화장을 했다는 2건의 기록이 남아 있으나 1876년 율리우스 레모네(Julius LeMoyne)가 펜실베이니아 주 워싱턴에 첫 화장장을 설치하면서 시작되었다. 1884년에는 펜실베이니아 주 랜카스터(Lancaster)에 두 번째 화장장이 설치되었다. 미국에서 이런 화장 운동이 일어난 배후에는 장례 관습을 개혁하려는 개신교의 일부 성직자들과 당시 묘지 주변의 의학적 상황에 관심을 가진 의료인들의 역할이 컸다고 한다.

화장장은 곧 버팔로, 뉴욕, 피츠버그, 신시내티, 디트로이트, 그리고 로스앤젤레스 등지에 설치되어, 1900년에는 전 미국에 20개의 화장장이 있었다.[9] 1913년 미국화장협회가 조직될 당시에 전국에 52개의 화장장이 있었고, 연간 화장 건수는 약 1만 건을 넘었으나 화장률은 미미했다. 실제로 미국에서 화장 비율은 1970년대 들어서도 사망자의 8퍼센트에 지나지 않았다. 1994년 현재 미국에는 1,100개의 화장장이 있고, 연간 47만 건의 화장이 행해지고 있는 것으로 알려져 있다. 1996년 통계의 의하면 미국의 사망자 중 21퍼센트가, 캐나다의 경우 36퍼센트가 화장을 하고 있는 것으로 알려져 있다. 반면에 불교의 영향이 큰 일본은 97퍼센트, 태국은 90퍼센트의 화장률을 보이고 있다.

나. 장례에 대한 기독교의 관습과 전통

성경은 죽은 몸을 불로 태우는 화장을 금지하지는 않았으나 매장이 원칙이었다고 할 수 있다. 족장들도 매장되었고, 하나님은 모세를 땅에 묻으셨다(창 34:5-6). 즉 유대인들은 시신을 화장하지 않고 매장하였는데, 돌무덤 매장(sepulcher entombment)은 저들의 전통이었다. 이 점에 있어서는 초기 기독교인들도 동일했다. 1세기 당시 초기 기독교 신자들은 앞서 언급한 바처럼, 화장이 주된 장법이었던 로마 제국의 풍습에도 불구하고 매장을 선호하였고, 화장을 이교적 풍습으로 간주하였다. 나사로가 무덤에 있었고, 우리 주님은 무덤에 장사지냈고 화장되지 않았다. 이교도들은 죽음을 패배와 슬픔으로 알아 그 흔적을 남기지 않으려고 하여 주로 야간에 장례를 치루고 화장을 선택했으나, 그리스도인들은 죽음을 승리와 기쁨으로 알아 대낮에 장례식을 하고 매장을 했다.

기독교인들은 육체의 죽음을 최종적인 어떤 것으로 보지 않았다. 그래서 죽음을 영원한 생명의 탄생, 곧 불멸의 생일(birthday of immortality)로 간주하였고,[10] 카타콤을 묘지가 아니라 '잠자는 곳'(a sleeping place)로 보았다. 그래서 초대 그리스도인들은 죽은 자를 '잠정적 안식'을 누리도록 적절히 매장하는 일에 큰 관심을 가졌다. 다시 말하면, 그리스도인들은 비록 시신이라 할지라도 인위적 처리(화장)가 아닌 자연적 소멸(매장)이 옳다고 인식하고 있었다.

이 점은 교부들의 가르침에서도 반영되어 있다.[11] 그 결과 매장이 기독교 공동체의 주된 장법이 되었다. 2세기 말에는 교회가 카타콤의 매장지를 소유하고 있었다. 대다수의 카타콤은 개인 땅이었지만 산 칼리스토(San Callisto)는 교회의 수중에 있었다고 한다.[12] 이런 현실 때문에 1세기와 2세기에 로마 정부는 기독교 집단 곧 교회를 종교적 차원에서 가난한 이들의 매장을 돕는 일종의 협회(collegia tenuiorum religionis causa)로 인식하여 제국 내에 있는 많은 매장 조합(burial society)중 하나로 간주했을 정도였다.[13]

당시 로마 제국은 매장을 제재하지 않았고, 단지 로마시 외곽지에 매장하도록 법으로 규제하였을 따름이다. 3세기 초에는 기독교인들은 로마의 지하 묘소(catacombs)를 포함하여 자신들의 또 다른 공동묘지를 소유하고 있었다. 히폴리투스(215)는 묘지 사용에 있어서 부담금이 과중해서는 안 되고, 묘지 이용료를 낼 수 없는 가난한 이들을 위해서는 공동 제정에서 그 비용을 지불하도록 배려해야 한다는 점을 주장하기까지 했다.[14]

어쨌건 초대 교회 당시 로마의 풍습과는 달리 매장을 기독교적 방법으로 이해하였고, 순교자나 화형을 당한 이들의 시신이나 뼈도 다시 매장하는 것을 순교자에 대한 예로 간주하였다. 예컨대, 서머나의 감독 『폴리카르푸스의 순교기』에 의하면 그는 156년에 화형을 당했는데, 그를 따르는 신자들은 그의 뼈를 '귀한 진주처럼' 추슬러 다시 매장하였다고 한다.[15]

당시 이교도들은 기독교인들의 몸의 부활 신앙을 파괴할 의도로 순교 당한 자를 불태우기도 했다. 그들은 이렇게 함으로써 부활이 불가능하게 될 것이라고 믿었다. 3세기 기독교 인물이었던 미니시우스 펠릭스(Minucius Felix)는 화장이 부활을 불가능하게 한다는 당시의 주장에 반박하면서, "당신들이 생각하는 것처럼 우리는 매장 방식에 있어 육체의 상함(곧 화형)을 두려워하지 않는다. 다만 우리는 과거의 더 낳은 관습을 좋아할 따름이다"[16]라고 했다.

그러다가 4세기 말, 곧 400년에 이르러 콘스탄티누스에 의해 제국이 기독교화한 결과로 극히 제한된 경우(예컨대, 전염병으로 인한 사망 등)를 제외하고는 매장(earth burial)이 기독교적 장례의 절대적인 방식으로 정착되었다. 그러다가 5세기 이후에는 화장은 완전히 사라졌다. 그 후 1500여 년간 유럽 전역의 기독교권에서는 매장이 중심을 이루어 왔다. 중세하에서는 여러 차례의 교회 회의를 통해 매장이 거듭 강조되었고[17] 그 전통은 오늘까지 계속되고 있다.

앞서 유럽과 북미 대륙에서 1870년대 화장을 권장하는 노력이 일어났음을 지적한 일이 있는데, 이에 대항하여 로마 가톨릭은 1886년 공식적으로 화장을 금지시켰다. 또 화장을 주선하는 교회원은 출교 조치되기도 했다.[18] 동방 정교회의 경우 1961년 "화장을 반대하는 동방 정교회의 공식적인 입장은 없다. 그러나 기독교적 매장을 선호하는 관습과 정서에 더 무게를 두고 있다"고 선언한 바 있다.

다. 화장이 유일한 대안인가

이상에서 살펴본 바처럼 기독교 전통에서는 화장보다는 매장을 선호하였고, 화장에 대해 부정적인 입장을 취해 왔다. 그 이유를 다음의 4가지로 정리할 수 있다. 첫째로, 성경에서 중요한 인물들이 매장되었고,[19] 화장한 경우가 없었다는 이유 때문이다.

둘째로, 성경에서 불태워 죽임, 곧 화형이 부정적으로 언급되고 있다는 점 때문이었다. 곧 행음한 연고로 화형에 처하도록 한 경우(창 38:24), 아내와 장모를 동시에 범한 경우 그들을 함께 불사르라고 한 점(레 20:14), 행음한 제사장의 딸은 불사르게 한 점(레 21:9), 고라당의 반역건과 관련하여 여호와의 불이 분향하는 250인을 소멸한 점(민 16:35), 범죄한 아간과 그에게 속한 자를 아골 골짜기에서 불사른 점(수 7:25)등[20]이 다 범죄에 대한 형벌의 성격이 강하다는 점 때문이다. 그래서 주검에 대한 화장 또한 사자(死者)에 대한 형벌로 간주하는 경향이 있었던 것이다.

셋째로, 화장은 이교적 혹은 반종교적 관습으로 이해되었기 때문이다. 화장은 기독교 신앙에 반하는 집단이 선호하였다는 이유 때문이었다. 실제로 1873년 처음으로 화장을 주창한 이탈리아 파두아(Padua)의 브루에티(Brunetti) 교수는 프리메이슨에 속해 있었고, 프리메이슨(the Freemasons)은 화장 운동을 전개하여 각국 정부로부터 화장을 허락받았던 것으로 알려져 있다.[21] 그 후 드레스덴(Dresden), 취리히, 런던, 파리 등지에서 이 운동이 조직적으로 일어났다. 그리고 프랑스의 뻬르 라쉐즈(Pere Lachaise)에서는 1889년 장례 의식의 자유권을 보장하는 법령이 발표되면서 화장장이 설치되었다.

넷째로, 의료-법률적 근거(Medico-legal sources)에서 화장을 반대하였다. 화장은 신체에 나타날 수 있는 폭력, 약물 흔적 등을 제거하고, 사안 추적 등을 불가능하게 하며, 의료-법률적 검시를 원천적으로 불가능하게 함으로써 불법적 생명의 파괴를 덮어둘 개연성이 있다는 점에서 반대하였다.

성경은 장례 방식에 대해 직접적으로 언급하거나 암시하지는 않고 있다. 그러므로 그 어느 것도 신학적으로 문제시 되지는 않는다고 볼 수 있다. 매장이던 화장이던 인간의 육신은 결국 흙으로 돌아간다는 점에서 동일하다. 그러나 역사적 측면에서 살펴본다면, 기독교 공동체는 매장을 보다 적절한 장법으로 이해하였고, 화장은 이교적 관습으로 인식하여 경원시해 왔다는 점을 확인할 수 있다.

매장은 기독교적 전통이었다. 물론 과거의 인식이나 전통이 오늘의 규범이 될 수는 없다. 그러나 역사를 통해 축적된 전통은 장례 양식에 대한 공동체적 신념을 담고 있으므로, 화장을 교회적 대안으로 제시하거나 이 문제를 교회 기구를 통해 일반화하는 시도는 무리일 수 있다. 묘지난의 심각성이라는 현실적 문제가 있긴 하지만 교회적으로 이를 적극적으로 수용하기에는 정서적 한계가 있다고 판단된다. 고승을 불태우고 사리를 남기는 화장은 불교적 장법이라는 인식이 여전히 우리 의식에 자리하고 있기 때문이다.

또 한 가지 지적되어야 할 것은, 오늘 기독교권에서 화장을 권장하는 것은 그것이 보다 기독교적인 장법일 수 있다는 점 때문이 아니라, 매장에 따른 국토 잠식이라는 문제를 해소하기 위한 현실적 동기에서 출발했다는 점이다. 그렇다고 한다면, 매장의 폐해를 줄임으로써 국토 잠식의 문제 등 현실적 문제를 해소해 갈 수도 있을 것이다. 따라서 화장만이 대안이 아니라 매장의 문제점을 점진적으로 개선 해가는 방법도 새로운 대안이 될 수 있을 것이다. 어떤 점에서는 매장의 폐해와 문제점을 개선하는 노력이 기독교 공동체에서는 보다 현실성 있는 요청이라고 볼 수 있다.

맺음말

1998년 11월 2일자 보도에 의하면, 행정 개혁 위원회는 금년 12월까지 각종 규제를 개혁할 계획이라고 발표했는데, 그 중에 화장장, 납골당 설치를 허가제가 아니라 신고제로 바꾸고, 사설 납골당 설치 장소 제한을 폐지한다고 했다. 또 묘지 면적을 개인은 9평으로, 집단은 3평으로 축소한다고 발표했다. 이러한 행정 개혁안은 화장을 권장하고 묘지 면적을 축소하려는 의도로 볼 수 있는데, 정부는 보다 더 현실성 있는 정책적 배려가 있어야 할 것이다.

예컨대, 묘지 면적을 개인 9평, 집단 3평보다 더 축소하여, 국민 1인당 묘지 면적을 표준화해야 한다. 국민 1인당 묘지 면적을 표준화해야 한다. 분묘의 크기는 미국이 0.5평, 캐나다가 1-1.5평 일본이 1.5-2평으로 제한되어 있으나, 현재 우리나라의 평균 면적이 15평 이라고 하는데, 이는 국민 1인당 주거 면적 4.3평보다 3배나 큰 것이다. 또 분묘 사용 연한을 30년 정도로 제한한다거나, 무연고로 방치된 묘는 철거하는 것도 하나의 방책일 수 있다.

기독교계에서는 다음의 두 가지 측면에서 장례 문화를 개선하는 노력을 해야 할 것이다. 첫째로, 다층 구조 묘지, 합장 혹은 가족 묘지를 통해 묘지 면적을 축소 해가는 것이 그 한 방법이다. 이스라엘은 매장이 절대적이고, 또 우리보다 작은 나라지만 매장으로 인한 문제가 전혀 없다는 점은 시사하는 바가 크다. 이는 국가 정책적으로나 국민 의식의 계몽을 통해 묘지 관리만 잘하면 매장으로 인한 문제를 해소할 수 있다는 사례가 된다. 우리나라에서도 다층 구조 묘지나 가족묘지 등을 통해 매장으로 인한 문제를 해소할 수 있다는 점을 한경철 교수가 제안한 바 있다.

둘째로, 장례 절차를 간소화하고, 검소한 장례를 치르도록 권장하고, 한국 교회적으로 장례 지침서를 만들어 이를 실행케 하는 것도 장례비(관, 수의, 음식 준비 등)을 줄이고 건전한 장례 문화 정착에 도움을 주리라고 본다. 이 점은 교회가 솔선수범하고 간소하고 검소한 장례를 치르도록 계도 해가야 할 것이다. 이런 일들을 보다 효과적으로 추진하고 실행해 간다면 현재 우리가 안고 있는 현실적 문제들을 점진적으로 해소 해갈 수 있을 것이다.

크리스토퍼 도우슨(Christopher Dawson)은 한 시대의 기독교 문화의 정도를 판단하는 척도는 그 시대 관혼상제(冠婚喪祭)가 얼마나 기독교적으로 변화되었는가에 있다고 말한 바 있다. 기독교가 전래된 이후 우리의 관혼상제에 많은 변화가 일어난 것은 분명하고, 장례 의식도 기독교적 예식으로 변모되었으나, 의식, 용어, 절차 등 여전히 개선할 여지가 많다. 이런 점에서 오늘의 이 모임이 한국 교회의 장례 문화를 개선해 가는 일보가 되기를 바란다.

4장 / 교회사에서 본 장례법, 화장과 매장

※ 이 원고는 1998년 11월 9일 한국복음주의협의회가 주최한 장례문화의 개선방안에 대한 토론회에서 발표된 논문으로서 『목회와 신학』 114(1998. 12)에 게재되었다.

1 『부산일보』, 1998. 9. 18.

2 Everett Fergusom, *Backgrands of Early Christianity* (Grand Rapids: Eerdmans, 1989), 192.

3 콜롬바리움(columbarium)이란 큰 무덤체라고 할 수 있는데, 이 형식의 건물은 부분적으로 지하에 있으며, 그 벽에 죽은 자의 재가 담긴 항아리나 서랍을 넣어 둘 수 있도록 하였는데, 일종의 납골당이라고 할 수 있다.

4 이 세 종교는 다 같이 '카르마'(Karma, 業報), '쌈싸라'(輪廻), '지바'(경험적 자아, 개별적 혼)를 강조하고 특정한 영적 길(마르가, Marga)을 따름으로써 해탈할 수 있다는 것을 전제로 하고 있다(W. D. O' Flaherty ed., *Karma and Rebirth in Classical Indian Traditions* (BerKeley: University of Californiapress, 1980). 139.

5 물론 티베트의 경우 시신을 새나 동물들이 먹을 수 있도록 하는 풍장(風葬)이 유행하기도 했지만, 상류층에는 여전히 화장이 주된 장법이었다고 한다. 페르시아의 마기족(the Magi in Persia)공동체에서는 지중해 세계에서 볼 때 이상하게도 풍장을 했는데, 이것은 땅이나 수질을 오염시키지 않으려는 의도였다고 한다(E. Ferguson. 1993).

6 이 경전은 문자적으로는 "종교적, 철학적 이론들의 그물"이란 뜻이라고 한다. 이 안에는 62개의 주제들이 나열되어 있는데, 과거나 미래 구도자들이나 브라만들이 구축한 모든 이론 체계들이 이 그물 속에 다 걸려 있다는 이야기라고 한다.

7 Edward J. Thomas, *The History of Buddhist Thought* (London: Routledge and Kegan Paul, 1967), 74.

8 『브리태니커』 7권, 424.

9 1905년 당시에는 프랑스에 3, 미국 29, 영국 12, 이탈리아 30, 독일 9, 스위스 4, 스웨덴 2, 덴마크, 캐나다, 아르헨티나, 호주에 각각 1개 처의 화장장이 있었다고 한다. 프랑스 파리의 경우, 1889년부터 1905년까지 73,330건의 화장이 행해졌는데, 이 중 가족들의 요청에 의한 화장 건수는 3,484건에 지나지 않았고, 37,082건은 병원에서 폐기한 시신을, 32,757건은 태아(낙태)를 화장한 것이라고 한다.

10 Ferguson, *Backgrands of Early Christianity*, 192.

11 Tertullianus. *De Anima*, 51; Origen, *Contra Celsus*, 5:23, 8:30; Augustine, *De*

Civitate Dei, 1:12-13.

12 Hippolytus, *Refutation of All Heresies*, XI. 7 , Ferguson, 107에서 증인.

13 칼 볼츠, 『초대 교회와 목회』, 박일영 역(서울: 컨콜디아사, 1997), 228.

14 Hippolytus, *Apostolic Tradition*, 34.

15 *Martyrdom of Polycarp*, 18; Carl Volz, 94. 순교자의 무덤은 특별한 존경의 대상이 되었다. 그래서 이곳에 모여 순교를 기념한 것까지는 좋았으나, 묘지에서 음식을 나누고 (refrigerium) 성찬식을 거행하는 등 오도된 방향으로 발전하였다.

16 "Nec, ut creditis, ullum damnum sepulturae timemus sed veterem et meliorem consuetudinem humandi frequentamus" *P.L.*, III, 362.

17 예컨대, Council of Brage(352), Nantes(7C), Mainz(9C) 회의 등이며, 교황 보니파키오 8세(1294-1303)는 1300년 2월 21일 화장을 금하는 칙령을 발표하기도 했다.

18 이와 같은 입장은 1886년 12월 15일, 새로운 교령을 통해 재확인 되었고, 1892년 7월 27일에는 프라이부르크 대주교를 통해 다시 공포되었다.

19 아브라함(창 25:8-10), 사라(창 23:1-4), 라헬(창 35:19-20), 이삭(창 35:29), 야곱(창 49:33, 50:1-13), 요셉(창 50:26), 여호수아(수 24:29-30), 엘르아살(수 24:33), 모세(수 34:6), 사무엘(삼상 25:1), 다윗(왕상2:10), 세례 요한(마 24:10-12), 아나니아와 삽비라(행 5:5-10), 스데반(행 8:2) 등이 대표적인 경우이다.

20 이외에도 불사름과 관계있는 부분으로는 삿 15:6, 삼상 31:11-13, 왕하 10:26, 렘 29:22, 암 2:1 등을 들 수 있다. 또 "누구든지 생명책에 기록되지 못한 자는 불 못에 던져지더라"는 요한계시록 20:15 또한 화장을 부정적으로 보게 한 요인이었다.

21 "Cremation" in *Catholic Encyclopedia*(The Encyclopedia Press, 1997) 참고.

5장 / 추모 의식에 대한 역사적 고찰 ※
초기 기독교에서의 순교와 순교자에 대한 추모 의식

시작하면서 : 문제점 제기

　죽은 자(亡者)에 대한 추모(追慕) 혹은 추도(追悼) 의식은 대부분의 민족에게서 나타나는 공통적인 현상이었다. 단지 현세관과 내세관, 이를 함의하는 종교적 성향에 따라 각기 다른 의식을 발전시켜 왔을 따름이다. 그렇다면 기독교 전통에서는 죽은 자에 대해 어떤 추모 혹은 추도 의식을 시행해 왔을까? 이런 질문에 답하기 위해 이 글은 작성되었다. 이 글은 기독교 전통에서 추모 의식이 있었는가? 있었다면 어떤 형식으로 발전해 왔는가, 그리고 한국 교회에서는 추모, 혹은 추도 의식에 대해 어떻게 이해하고 있으며, 이런 이해에 영향을 준 외적 요인은 무엇인가? 이런 점들에 대해 답하고자 한다.

　한국 교회에서 추도 의식인 추도 예배는 조상 제사(ancestor worship)와 관련되어 있다. 조상 제사는 한국 교회 초기부터 가장 논쟁적인 주제였고, 한국의 그리스도인들에게는 언제나 '넘어지게 하는 돌'이었다. 초기 내한 선교사들은 이 문제와 관련하여 씨름하였고, 조상 제사가 우상 숭배적 성격이 있다고 보아 이를 금지하면서 그 대안으로 제시한 것이 추도 예배였다.

　선교사들은 제사 금지를 입신(入信)과 수세(受洗)의 가장 주요한 조건으로 요구할 정도로 중시하였고, 제사에 대한 대안으로 제사의 정신을 살린 '추도회'를 제시하게 된 것이다.

　그러나 이 추도식에 대해서도 어떤 교회(단)은 신학적 부당성을 지적하고 이를 반대하기도 하는가 하면, 또 다른 교회는 이를 긍정적으로 수용하여 입교(入敎)의 장애를 제거해야 한다고 주장하기도 한다. 그런가하면 종교적 성격이 없는 단순한 조상, 혹은 죽은 자에 대한 경모(敬慕)의 의미로 간주해야 한다고 주장하기도 한다. 이런 점들에 대해 논의하기 위해 우선 4세기 이전의 초기 기독교에서의 추모 의식에 대해 고찰해 보고자 한다.

필자의 과문한 탓이라고 생각되지만 기독교 전통에서 추모 의식이 있었는가에 대한 논의나, 그 의식의 발전에 관해서는 단 한편의 연구도 본 일이 없다. 따라서 이 연구는 시론적(試論的) 연구이자 시론적(始論的) 모색이라고 할 수 있다. 이 글에서 추도 혹은 추모는 동의어로 사용하였다.

가. 순교와 죽음

초기 기독교 공동체는 죽은 자를 적절하게 매장하는 일에 큰 관심을 가졌다. 로마 사회에는 많은 자발적인 조직(collegium)이 있었는데, '매장 조합'(burial society)도 그중의 하나였다. 죽은 자에 대한 초기 기독교의 예모(禮貌) 있는 매장 때문에 로마 제국은 기독교를 매장 조합 중 하나로 간주한 일도 있었다. 실제로 기독교가 탄압을 받게 되었을 때 테르툴리아누스는 그의 『변증서』 39장에서 기독교회를 하나의 collegia, 곧 종교를 목적으로 한 조직(collegia religionis causa)으로 말한 바 있다. 3세기 초에 이르러 기독교회는 로마의 지하 묘소(catacombs)를 포함하여 자신들의 공동묘지를 소유하고 있었다. 로마의 북쪽 비아 살라리아(Via Salaria)에 그리스도인들의 초기 매장지가 있었는데, 이곳이 '브리스길라 공동묘지"(Cemetery of Priscilla)로 불렸다.[1]

3세기 중반 발레리아누스(Valeriaus)황제의 모진 박해가 있은 후, 그의 아들 갈리에누스(Gallienus)는 260년 황제가 되는데, 그는 칙령을 공포하여 교회에 관용을 베풀고 몰수된 예배당들과 교회 묘지들을 돌려주도록 명령했다. 이 점은 기독교 공동체가 다수의 묘지를 소유하고 있었다는 중요한 증거라고 할 수 있다. 기독교에 대한 완전한 자유가 주어지기 전에, 특히 공인된 교회당을 소유하기 이전에 교회 묘지들을 소유하고 있었다는 점은 교회 공동체가 믿음으로 살다가 죽은 자들과 이들의 매장에 대해 특별한 관심을 가지고 있었음을 반영한다. 히폴리투스(215)는 묘지 이용 부담금이 과중해서는 안 된다는 점을 지적한 일이 있고, 경비를 지불할 수 없는 가난한 이들을 위해서는 공동 재정에서 비용을 지불해야 한다고 충고하기도 했다.[2] 기독교 공동체가 죽은 자의 매장에 대해 이런 태도를 지니게 된 것은 거룩한 순교자들에 대한 숭모에서 비롯된 것으로 보인다. 필립 샤프(Philip Schaff)는 초기 그리스도인들의 매장에 대해 말하면서, "초기 그리스도인들이 죽은 자들을 적절한 방식으로 돌봄으로써 성도들과의 끊임없는 교통과 미래의 영광스러운 몸의 부활을 선명하게 보여 주었다"고 평가했다.[3]

초기 기독교회가 화장(火葬)을 범죄시한 것은 아니었으나 매장을 선호하였고, 매장을 이교적 화장과 구별되는 장법으로 간주하였다. 이교도들은 죽음을 패배와 슬픔으로 간주하여 그 흔적을 남기지 않으려고 화장을 선택했으나, 그리스도인들은 죽음을 승리와 기쁨으로 여겼고, '잠정적 인식'을 누리도록 적절한 매장을 선호하였다. 다시 말하면 그리스도인들은 비록 시신이라 할지라도 인위적 처리(화장) 보다는 자연적 소멸(매장)이 옳다고 보았다. 그래서 화형을 당한 순교자들의 유골을 다시 매장하였는데, 이것은 순교자들에 대한 예우의 차원 이전의 문제였다. 그 한 경우가 156년 화형을 당한 폴리카르푸스의 유골을 '귀한 진주처럼' 추슬러 다시 매장한 일이다.[4] 박해자들이 그리스도인들을 화형에 처한 것은 '몸의 부활' 신앙을 파괴하려는 의도가 있었다. 이교도들은 완전 소멸을 통해 부활을 불가능하게 할 수 있다고 여겼던 것이다.

기독교 공동체의 매장 혹은 장례 방식은 당시 로마인의 풍습과 크게 다르지 않앉다. 매장할 때 장식품을 무덤 안과 그 곁에 두거나 상복을 입는 기간이나 상복의 형태는 당시 사회의 풍습을 그대로 따른 것으로 보인다. 그러나 화장을 하지 않는 것, 과도한 슬픔을 표하지 않는 점, 만가(晚歌)를 부르지 않고 시편을 노래한 것이 큰 차이점이었다.

그리스도인들의 무덤 안에는 기독교적 신앙을 드러내는 몇 가지 상징이 발견 되었는데, 가장 많은 것은 비둘기나 소망을 나타내는 닻(錨), 혹은 구원을 상징하는 배(船)나 물고기(ixdus) 등이었다. 그 외에도 종려나무, 어린 양, 포도 등이 남아 있다. 이런 흔적들은 기독교인들의 신앙과 영생관의 표현이었다.

초기 기독교는 첫 30여 년 간 유대교의 박해는 받았으나, 로마 제국의 물리적인 박해는 없었다. 그러다가 AD 64년을 지나면서 로마 제국의 박해를 받기 시작하였는데, 이 박해는 313년(동부 323년)까지 계속되었다. 물론 간헐적인 자유의 기간이 있었지만 64년 네로(Nero)의 박해로부터 250년 데키우스(Decius) 황제까지 박해는 주로 지역적으로 산발적으로 일어났고, 정부의 박해 정책에 근거하기 보다는 비법률적인 폭력에 의한 것이었다. 그러나 250년 이후는 로마 제국의 정책에 의한 보다 광범위한 지역에서 박해가 행해졌다.

로마 제국에서 기독교는 황제 숭배를 거부했기 때문에 '불법의 종교'(religio illicita)로 간주되었고, 따라서 탄압을 받았다. 이런 상황에서 많은 순교자를 배출하게 되는데,[5] 유세비우스에 의하면 그 첫 인물이 팔레스타인의 프로코피우스(Procopius)였다. 그가 총독 앞에 끌려왔을 때, 그에게 네로 황제에게 희생 제물을 바치도록 명령했으나 이를 거절함으로 "즉시 참수되었." 곧 이어 안디옥에서 체포된 로마누스(Romanus)가 순교의 길을 갔다. 이때로부터 트라이아누스(Traianus) 황제 재임시였던 115년경 순교한 안디옥의 이그나티우스(?-115), 피우스 황제(138-161) 때 순교한 폴리카르푸스(69?-155?)를 비롯하여 여러 순교자들이 나타나게 된다. 이런 순교자들이 나타나게 되자 교회는 이들의 매장에 특별한 관심을 가지게 되었고, 이들에 대한 경모(敬慕) 사상이 대두하게 된다.

초기 기독교에서 순교자 혹은 고백자들(confessors)은 상당한 영광을 누렸다. 따라서 초기 교회에서는 순교에 대한 열망이 있었고, 순교자들에 대한 많은 기록은 그들의 영웅적인 태도에 대해 보고하고 있다. 동시에 이런 기록은 순교자들이 느꼈던 내면의 유혹을 드러내 보이기도 한다. 모든 순교자들이 스데반처럼 높은 경지에서 죽음을 받아들인 것은 아니었다. 순교자들은, 박해자들은 장차 올 세상에서 상응하는 보복을 당하게 될 것이라는 확신과 함께 자신이 누릴 영광스런 보상을 생각하며 현세의 고통을 인내했다. 이그나티우스의 경우에서 보는 바처럼 순교는 '그리스도를 본받음'(imitatio Christi)의 절정으로 묘사되지만, 어떤 이들은 로마 제국에 대한 부정적인 평가와 함께 즉시 낙원으로 옮겨간다는 환상 속에서 죽음을 자초하기도 했다. 일부의 지나치게 열광적인 이들은 순교를 위해 도발적인 행위를 감행하는 이들도 없지 않았다. 몬타누스주의자들이 그러했다. 어떻든 순교에 대한 열망은 순교자들에 대한 현세에서의 경모와 추모가 그만큼 컸기 때문이었다.

순교에 대한 지나친 열망이 있었으므로 교회 지도자들은 자발적으로 순교당하고자 하는 이들을 경계하기도 했다. 이런 상황에서 누가 순교자이며, 순교자라는 칭호를 얻기 위해서는 어떤 조건을 갖추어야 하는가 하는 순교자 개념 정리가 요구되었던 것이다.[6]

나. 순교자에 대한 숭모와 추모

초기 기독교에서 순교자들은 교회 공동체에 의해 상당한 칭송을 받게 되는데, 그 일례가 순교자들에 대한 기록인 『순교자 행전』(Acts of Martyrs)과 『폴리카르푸스의 순교기』(The Martyrdom of Polycarp), 그리고 『페르페투아와 펠리시타스의 순교기』(*The Passion of St Perpetua and Felicity*) 등에 나타난다. 이들의 용기 있는 증언, 불굴의 의지, 죽음 앞에서의 담대함은 신적 능력의 증거로 간주되었다. 따라서 순교기에는 슬레인(Craig J. Slane)의 지적처럼 상당한 과장이 불가피했다.[7]

오늘 우리는 거의 대부분의 순교자들의 이름을 알고 있는데, 그것은 당대의 사람들이 순교자들을 거룩한 인물로 기억되어야 한다는 생각에서 저들에 대한 기록을 남겨 주고 있기 때문이다.[8] 이는 순교자들이 특별한 영예를 누렸음을 보여 준다. 순교자들은 앞으로 올 하나님의 나라에서 보상뿐 아니라 현세에서도 영광을 누렸다. 이그나티우스가 로마로 압송되는 과정에서 각 도시에서 그리스도인들의 영접을 받고 칭송을 받았듯이, 로마에서 순교당할 자들 또한 동일한 영예를 누렸다. 이런 점에 대해서는 아타나시우스의 『성 안토니우스의 생애』(*The Life of St. Antony*)에 잘 나타나 있다.

그런데, 순교자에 대한 교회 공동체의 경모는 차츰 순교자에 대한 숭배로 발전하게 된다. 그 일례를 순교자의 모범으로 간주되는 폴리카르푸스의 경우에서 발견할 수 있다. 폴리카르푸스는 156년 화형을 당했는데, 그의 죽음 이후 그의 유골은 그의 제자들에 의해 수습되었고, 순교기에서는 "그의 거룩한 육신"은 "금보다 더 값진 것"으로 간주되고 있다.[9] 『폴리카르푸스의 순교기』에는 다음과 같이 기록하고 있다.

> 백부장은 유대인들의 완고함을 알아채고 폴리카르푸스의 시신을 가운데 놓고 그들의 관습에 따라 화장하였다. 그 뒤 우리는 보석보다 더 귀하고 금보다 더 값진 그의 유골들을 모아 적당한 곳에 매장하였다. 우리는 환희와 기쁨으로 가득 차 가능한 한 그곳에 모였다. 주님께서는 우리에게 이전에 투쟁한 사람들을 기억하고 앞으로 순교할 사람들이 단련하고 준비하도록 그가 순교한 날(ἡμέρα γενέθλιος)을 기념하는 것을 허락하셨다.[10]

이 순교기의 기록자는 "서머나의 그리스도인들은 매년마다 폴리카르푸스의 뼈가 묻혀 있는 곳에 모여 '순교자의 생일'(dies natalis)을 큰 기쁨과 즐거움으로 축하했다"고 말하고 있다. 위의 문서에서 처음 발견되는 '순교한 날'은 '생일'(ἡμέρα γενέθλιος)을 의미하는데, 폴리카르푸스의 사망일을 순교자의 불멸과 영원한 삶의 시작, 곧 생일로 여긴 것임을 보여 준다. 바로 여기서 순교자의 죽음을 애도하고 경모하는 의식이 시작되었다. 사람들은 매년 폴리카르푸스의 추도일에 묘지에 모여 성찬식을 거행했고 음식을 나누어 먹었다. 성찬식을 거행한 것은 사자(死者)들 역시 교회의 일부임으로 성찬 예식을 통해서 산자와 죽은 자들이 한 몸임을 확인하는 의미가 있었다. 이러한 관습에서 성자들의 축일이 생성되었다.[11] 순교자의 죽음을 '기념하다'(ἐπιτελεῖν)는 동사는 제의적 모임을 암시하는데, 이것이 일종의 추도 의식이었다고 할 수 있다. 이런 의식은 비단 순교자만이 아니라 경건한 그리스도인의 경우에도 그대로 적용된 것으로 보인다.

이와 같은 순교자의 추도일에 묘소에 모여 성찬식을 거행하고 음식을 나누는 일은 2세기부터 시작되었고, 기독교가 로마 제국의 종교가 되었던 3세기 일반적인 관습이 되어 있었다.[12] 이것이, 비록 초기 교회나 목회적 기록에서 정형화된 예배 의식으로 기록되거나 언급되지는 않으나, 오늘 우리가 말하는 추도 예배였다고 말할 수 있을 것이다.

그런데 칼 볼츠(K. Volz), 조셉 켈리(J. F. Kelly)를 비롯한 거의 대부분의 학자들은 이런 의식은 이교적 관습에서 유래한 것으로 해석했다.[13] 이교도들은 우상의 제단 앞에서 철야하는 습관이 있었는데, 이때 음식을 나누고 때로는 과도한 음주를 하기도 했다. 일반적으로 로마인들은 죽은 영혼을 숭배하는 한편 영웅들의 무덤에 깊은 관심을 가지고 장례일에 무덤 옆에서 연회를 개최하였는데, 이는 천상(天上)의 연회를 뜻하는 상징적인 의미를 지니고 있었다. 이런 이교적 관습이 교회에 도입되어 순교자의 무덤에서 모이는 추도 의식으로 화했다고 주장한다. 무덤에서 모이는 관습, 성찬의 시행, 무덤에서 갖는 식사(refrigerium) 등 추모 의식은 후일 '문제시' 되어 305년 엘비라 회의는 이런 모임에 여성들의 참여를 금지하였고, 아우구스티누스는 이런 관습의 개혁을 주장하기도 했다.[14]

다. 숭모 혹은 추모 의식의 변질

초기 기독교에서 순교자의 순교일에 묘지에 모이거나 성찬식을 거행하는 등 일정한 추도 의식은 있었으나 그것이 형식화된 추도 예배로 언급된 증거는 발견되지 않고 있다. 3세기 중엽 히폴리투스에 의해 편집된 『사도전승』(*Apostolic Tradition*)은 로마 지역에서의 예배에 대한 중요한 정보를 주고 있는데, 이 책에서는 추도의식 정보를 찾을 수 없다.

그런데, 순교자에 대한 경모 사상에서 무덤에서 모이는 추모 의식으로 발전하였는데, 여기서 성자들의 축일(祝日)이 생겨났다는 점은 이미 지적하였다. 이런 의식은 순교자에 대한 숭배 사상으로 변질된다. 처음에는 순교자의 신앙 정신을 기리기 위해 순교자의 무덤 앞에서 추모 의식을 행했으나 차츰 변질되어 그곳에 교회당을 건축하고, 그 교회당에 순교자의 유골을 간직하는 풍습으로 발전하였다.

순교자의 유물을 수집하고 신성시하는 것 또한 이교의 영향이었다. 여기서 성인들의 성유물(聖遺物)들은 기적적인 능력을 지닌 것으로 보는 미신적 신비주의가 대두되었다. 특히 순교자들의 유해나 유물은 육적 치료의 효과와 관련이 있는 것으로 믿었다.[15] 콘스탄티누스의 어머니 헬레나(Helena)는 예루살렘에서 327년 예수의 십자가를 발견한 후 이를 숭모하기 시작했는데, 이것이 이러한 경향에 영향을 주었다. 헬레나는 지금 우리가 알고 있는 예루살렘 성지의 여러 사적지(史蹟地)를 정하였고, 성유물을 간직하기 위하여 예루살렘에 성묘 교회(Church of the Holy

Sepulchre)를 세웠다. 335년 성묘 교회 헌당식 때부터 십자가에 입을 맞추고 무릎을 꿇는 의식(Adoratio Crucis)이 시작되었다. 순교자의 유물이나 유골은 이적을 일으킨다고 믿었기 때문이다. 이런 변화 속에서 순교자나 성자의 이름으로 기도하는 관행이 나타난다. 이런 불순한 관행을 거부하기 위해 테오도시우스 황제는 순교자의 유골을 판매하는 것을 금지하였고, 4세기 중반의 라오디게아 회의는 기독교인들의 집에서 천사를 예배하거나 우상을 모시는 일을 하지 않도록 경고했다.

로라인 뵈트너(Loraine Boettner)는 죽은 성자나 순교자에 대한 경모가 결국 숭배를 가져오고 교리적 변질을 초래했다는 점을 지적하면서 죽은 자들을 위한 기도(300년경), 천사들과 죽은 성인(순교자) 숭배 사상이 375년경 발현했다고 말하고 있다.[16]

맺음말 : 잠정적 결론

4세기 이전의 기독교, 곧 콘스탄티누스의 기독교 공인 이전의 기독교회는 순교자나 성인들에 대한 경모 사상에서 저들의 묘지에서 성찬식을 거행하거나 음식을 함께 나누는 의식이 있었는데, 이것은 앞서 죽은 자에 대한 일종의 추모 의식이었다고 볼 수 있다. 그러나 그것이 모든 신자들을 기리는 보편적 의식으로서 시행된 흔적은 없다. 또 순교자의 경우의 일로 한정하더라도 그것은 추모하는 의식이었지, '추모 예배'라는 형식으로 제도화된 것은 아니었다.

로마 사회의 영향으로 성자나 순교자를 지나치게 높이거나 성인시한 것은 후일 축일, 사자를 위한 기도, 유골에 대한 숭상 등 변질된 형태로 발전하였지만, 앞서 간 믿음의 사람을 기리고 그 정신을 계승하려 한 정신은 거부할 이유가 없다. 순교자들을 기리는 교회 공동체의 추모 의식에서 오늘의 추모 예배의 정신을 계승하고 이를 신학적 울타리에서 재해석하고 체계화한다면 오늘의 추모 예배의 근거로 볼 수도 있을 것이다.

5장 / 추모 의식에 대한 역사적 고찰

※ 서울 사랑의교회가 기독교학문연구회에 위촉한 추모 예식 연구 지원 사업으로 2010년 1월 25일에 개최된 연구모임에서 발표한 원고를 정리한 것임.

1 F. F. Bruce, 『신약사』, 나용화 역 (서울: 기독교문서선교회, 1979), 479.

2 Hippolytus, *Apostolic Tradition*, 34.

3 L. Boether, *Immortality* (Philadelphia: P&R, 1968), 53.

4 *Martyrdom of Policarp*, 18. 칼 볼츠, 『초대 교회와 목회』, 박일영 역(서울: 컨콜디아사, 1997), 94.

5 타키투스는 64년 네로 황제 치하에서 죽임을 당한 '막대한 수'(ingens multitudo)의 그리스도인에 대해 말하고 있으나 그 수를 확정하기 어렵다. 그러나 대체적으로 학자들은 천 명 이하였을 것으로 추산한다. 유세비우스가 예시하듯이 소수의 그리스도인들은 잔인한 고문과 처형을 받아들이기도 했으나 실제로는 많은 이들이 박해와 고문에 직면하여 신앙을 포기하는 경우가 많았다(*The Martyrs of Palestine*, 1850 ed.) 비록 64년 이후 기독교에 대한 탄압이 시작되었지만 데키우스(Decius) 황제의 조직적인 박해가 시작되기 이전까지 박해는 간헐적으로 이루어졌고, 그것이 로마법에 의한 것이라기보다는 폭도들에 의한 것이었다. 따라서 기독교 박해가 심각하지 않았다는 점을 지적한다. 오리게네스(Origen, 185?-254?)은 "전체 순교자 수는 적었고, 순교는 가끔 있어 온 일로서 열거하기도 쉬운 일"(Origen, *Contra Celsum*, III, 8)이라고 말했을 때, 그것은 데키우스 황제 이전의 상황을 말하는 것으로 이해할 수 있다. 그의 글, 켈수스 반박문이 기록됐을 때가 248년이었음을 고려해 보면 이 점을 이해할 수 있다. 초기 기독교에서의 박해와 순교에 대한 대표적인 연구가인 프렌드(W. H. C. Frend)에 의하면 순교자 수는 "수천 명이 아니라 수백 명"에 지나지 않았다고 주장한다(W. H. C. Frend, *Martyrdom and Persecution in the Early Church* [Grand Rapids: Baker, 1965], 413쪽). 타키투스(Cornelius Tacitus, 55/56-117)는 그의 『연대기』(*Annals*)에서 네로가 "엄청난 수"(*ingens multitudo*)의 그리스도인들을 학살했다고 기록했으나, 마르타 소르디(Marta Sordi)는 이 말은 수백 명이 희생자가 있었음을 의미하는 것으로 해석하고, 타키투스의 표현은 그 당시 일어난 기독교 탄압에 대한 심각한 분위기를 말하는 것에 지나지 않는다고 해석했다. 로드니 스타크도 이 견해도 동의했다. 박해가 일어났을 때, 실제로 박해한 경우는 놀라울 정도로 적었고, 체포된 이들은 감독들이나 지도적 인물들이었다고 주장한다. 그래서 이들에 대한 정보를 파악할 수 있을 정도였다고 한다(Stark, 180).

6 이 점에 대한 자세한 논의는 이상규, "교회사 속의 순교," 『구름 같은 증인들의 빛과 그림자』(서울: 창과 현, 2009), 171-97을 참고할 것.

7 Craig J. Slane, *Bonhoeffer as Martyr* (Grand Rapids: Brazos Press, 2004), 34.

8 Stark, *The Rise of Christianity* (Harper Collins, 1997), 182.

9 폴리카르푸스, 『편지와 순교록』, 하성수 역주 (왜관: 분도출판사, 2000), 179.

10 폴리카르푸스, 『편지와 순교록』, 179.

11 후스토 곤잘레스, 『초대 교회사』, 엄성옥 역 (서울: 은성출판사, 1988), 159.

12 칼 볼츠, 『초대 교회와 목회』, 229. J. F. Kelly, 『초대 기독교인들의 세계』(서울: 이레서원, 2002), 122.

13 칼 볼츠, 『초대 교회와 목회』, 229.

14 칼 볼츠, 『초대 교회와 목회』, 84.

15 Bernard Cooke, *Ministry to Word and Sacraments*, 356.

16 Loraine Boettner, *Roman Catholicism* (Philadelphia: P&R, 1972), 7.

6장 / 교회사에서 본 섬김과 봉사 ※

시작하면서 : 그리스도인의 삶의 방식

　이 땅을 사는 우리 그리스도인들이 고민하는 문제는 '어떻게 살 것인가?' 하는 삶의 문제라고 할 수 있다. 우리는 그리스도의 초림과 재림 사이, 곧 '중간 시대'에 살고 있다. 중간 시대를 사는 그리스도인의 삶의 의의는 무엇일까?[1] 근본적으로 그리스도인의 삶의 방식은 예수님께서 말씀하신 바처럼 이방인들과 같지 않다. 그것은 인간의 삶과 행위에 대한 출발점이 다르기 때문이고, 삶의 궁극성이 달라야 하기 때문이다. 성경이 가르치는 그리스도인의 삶의 방식은 자기중심의 이기적인 삶이 아니라, 주님을 섬기고 그리고 이웃을 섬기는 이타적인 삶이다. 이런 삶의 방식은 예수님께서 가르쳐 주시고 보여주신 삶의 방식이다. 예수님은 분명히 궁핍한 자들과 고통 받는 자들의 문제에 깊은 관심을 가지셨다. 초대 교회 또한 이웃을 섬기며, 봉사하는 일에 헌신적이었다. 사랑과 베풂, 나눔 등 봉사는 하나님께 영광을 돌리는 하나의 수단이었다(벧전 2:12). 권위 있고, 권세 높은 자를 큰 자라고 여겼던 이방 세계와는 달리 예수님은 겸손하게 섬기는 자가 큰 자라고 하셨는데(막 9:33-37, 눅 22:24-27), 이것은 제자들에게 심각한 도전을 주었다. 또 예수님은 "인자가 온 것은 섬김을 받으려 함이 아니라 도리어 섬기려 하고 자기 목숨을 많은 사람의 대속물로 주려 함이니라."(막 10:45)고 하셨다. 그리스도인의 삶의 방식은 섬기는 생활이며, 이웃을 섬기는 봉사는 교회가 수행해야 하는 사명이다. 그리스도인의 봉사는 우선적으로 믿는 형제들 안에 있는 사람들에 대한 것이지만(갈 6:10), 예수님께서 보여 주신 더 깊은 봉사는 그와 원수된 자들에게까지 외연된 것이었다(롬 5:6-8). 그리스도인은 봉사와 섬김을 통해서도 하나님께 영광을 돌려야 한다.

루터가 말했듯이 우리의 직업도 사실은 하나님과 이웃을 섬기는 수단이다. 루터는 직업에서의 '소명론'(召命論)에서 모든 직업은 위로 하나님을 섬기는 행위이고, 아래로 이웃을 섬기는 행위로서 모든 직업은 다 동등하게 소중한 의미를 지닌다고 보았다.

가. 이웃 섬김의 성경적 정초

1) 진정한 경건

바울은 "경건(敬虔)에 이르기를 연습하라"(딤전 4:7)고 했고, "경건은 범사에 유익하다"(딤전 4:8)고 하시면서 "경건을 추구하라"(딤전 6:11)고 했다. 우리가 '경건'이라고 말할 때 우리는 유교적 환경에서 이해하지만 성경이 말하는 진정한 의미는 우리의 일상의 삶과 관련된 통전적인 의미이다. 이 점을 해설적으로 가르치는 경우가 야고보서 1장 27절인데, "하나님 앞에서 정결하고 더러움이 없는 경건은 곧 고아와 과부를 그 환란 중에 돌아보고 또 자기를 지켜 세속에 물들지 아니하는 그것이니라"고 가르치고 있다. 경건한 삶은 두 가지 특징을 지니는데, 첫째는 이타적인 삶의 방식이고, 다른 하나는 이 세상의 가치와 다른 초월적 삶의 방식이다. 경건을 종교적이고 영적인 어떤 것과 관련된 것으로 생각하기 쉽지만 사실 경건은 우리의 일상의 삶에서 가난한 자, 약자, 병든 자, 소외된 자, 이웃을 배려하고 섬기는 일상의 삶이라는 점을 가르쳐 준다. 이점과 동일한 가르침을 주는 것이 구약 이사야의 선언이다.

> 나의 기뻐하는 금식은 흉악의 결박을 풀어 주며 멍에의 줄을 끌러 주며 압제 당하는 자를 자유케 하며 모든 멍에를 꺾는 것이 아니겠느냐. 또 주린 자에게 네 식물을 나눠 주며 유리하는 빈민을 네 집에 들이며 벗은 자를 보면 입히며 또 네 골육을 피하여 스스로 숨지 아니하는 것이 아니겠느냐. 그리하면 네 빛이 아침 같이 비칠 것이며 네 치

료가 급속할 것이며 네 의가 네 앞에 행하고 여호와의 영광이 네 뒤에 호위하리니, 네가 부를 때에는 나 여호와가 응답하겠고 네가 부르짖을 때에는 말하기를 내가 여기 있다 하리라. 만일 네가 너희 중에서 멍에와 손가락질과 허망한 말을 제하여 버리고 주린 자에게 네 심정을 동하며 괴로워하는 자의 마음을 만족케 하면 네 빛이 흑암 중에서 발하여 네 어두움이 낮과 같이 될 것이며, 나 여호와가 너를 항상 인도하여 마른 곳에서도 네 영혼을 만족케 하며 네 뼈를 견고케 하리니 너는 물 댄 동산 같겠고 물이 끊어지지 아니하는 샘 같을 것이라 (사 58:6-11)

진정한 경건은 이웃을 위한 섬김과 봉사인 것이다.

2) 약자들에 대한 배려

성경에는 가난한 자, 약자, 갇힌 자에 대한 관심과 배려가 많다. 특히 추수와 관련된 구약의 가르침에서 이 점이 확연히 드러난다. "너희 땅의 곡물을 벨 때에 너는 밭모퉁이까지 다 거두지 말고, 너의 떨어진 이삭도 줍지 말며, 너희 포도원의 열매를 다 따지 말며, 너의 포도원에 떨어진 열매도 줍지 말고, 가난한 사람과 타국인을 위하여 버려두라. 나는 너희 하나님 여호와니라"(레 19:9-10, 23:22, 신 24:19-22). 추수할 때 모든 곡물을 다 베지 말고, 다 거두지 말고, 포도나무의 열매를 다 따지 말고 일부를 남겨 두라고 했다. 그것은 추수에 참여하지 못하는 고아와 과부, 나그네를 위한 배려였다. 성경은 우리의 소유가 우리만의 것이 아니며 남을 섬기는 도구라는 점을 가르치고 있다. 나눔과 배려는 그리스도인의 삶의 방식이다. 독점은 우리 모두를 가난하게 하지만 나눔은 우리 모두를 풍요롭게 한다. 예수님께서 가르치신 비유에서도 가난한 자, 병든 자, 갇힌 자를 자신과 동일시했다.

> 내가 주릴 때에 너희가 먹을 것을 주었고 목마를 때에 마시게 하였고, 나그네 되었을 때에 영접하였고, 벗었을 때에 옷을 입혔고 병들었을 때에 돌아보았고 옥에 갇혔을 때

에 와서 보았느니라. 이에 의인들이 대답하여 가로되 주여 우리가 어느 때에 주의 주리신 것을 보고 공궤하였으며 목마르신 것을 보고 마시게 하였나이까. 어느 때에 나그네 되신 것을 보고 영접하였으며 벗으신 것을 보고 옷 입혔나이까. 어느 때에 병드신 것이나 옥에 갇히신 것을 보고 가서 뵈었나이까 하리니 임금이 대답하여 가라사대 내가 진실로 너희에게 이르노니 너희가 여기 내 형제 중에 지극히 작은 자 하나에게 한 것이 곧 내게 한 것이니라 하시고 … (마 25:34ff)

가난한 자 병든 자, 갇힌 자를 돌아보는 일은 하나님이 기뻐하시는 일이며 그것은 예수님께 행하는 것과 같은 귀중한 사역인 것이다. 구약 성경 레위기나 신명기를 보면 약자들에 대한 의무를 말하는 '약자 보호법'이 적지 않다. 예를 들면, 빈자 및 사회적 약자들로부터의 이자 수취 금지, 빈자 혹은 약자들로부터 저당물 장기 저당 금지, 나그네 종들에 대한 압제 금지, 나그네와 종, 동물들을 위한 안식일 준수, 토지를 소유하지 못한 이들을 위한 휴경, 안식년 및 희년 제도, 품삯 지불 연기 금지 등이 그것이다.

나. 교회사에서 본 사회봉사

1) 종교 개혁기의 개혁교회

(1) 칼빈 신학에서의 사랑과 자비

종교 개혁은 사회 전반에 광범위한 영향을 끼쳤다. 직업과 일, 노동과 경제 활동에서도 예외가 아니다. 무엇보다도 종교 개혁을 통해 일상의 세속적 직업도 성직자가 되는 것과 동일하게 유의미한 하나님의 소명이라는 점을 말함으로써 세속 직업을 하나님을 합당하게 섬기기 위한 적절한 영역으로 격상시켰다. 이 점은 종교 개혁이 가져온 커다란 공헌이었고, 이런 변화는 연쇄적인 변화를 재촉했다. 개혁자들의 직업과 노동의 가치에 대한 새로운 인식은 수도원의 탁발 행위에 대한 부정적인 인식을 초래했다. 실제로 루터는 탁발 행위를 일체 금지시켰고, 일할 수 있는 사람은 일해야 하고 일할 수 없는 이들은 도움을 받아야 하지만 누구도 구걸해서는 안 된다고 본 것이다.[2] 이 점에 있어서 칼빈도 동일했다.

이런 변화와 함께 자선에 대한 견해 또한 변화를 가져왔다. 중세에서 자선 행위는 선행으로 간주되어 그것이 수혜자에게 미칠 영향과 관계없이 베푼 자의 영혼 구원에 도움을 준다고 보았다. 종교개혁은 선행으로 구원을 이룬다는 개념을 거부하여 자선을 행하려는 통속적인 동기를 제거했다. 도리어 자선은 자기 영혼의 구원이 아니라 이웃사랑이 진정한 동기가 되어야 한다는 점을 보여 주었다. 즉 자선은 자기 구원의 방편이 아니라 하나님 사랑의 실천이라는 새로운 인식을 가지게 한 것이다. 이것은 종교개혁이 가져온 사랑과 선행에 대한 새로운 인식이었다.

칼빈과 칼빈주의 전통에서도 사랑과 구제 등 자선이 강조되었다. 당연한 것이지만 그것은 일차적으로 그리고 근본적으로 하나님과 이웃 사랑에 대한 응답이었다. 다시 말하면 사랑과 자선, 구제의 가장 중요한 동기는 사랑의 원리라고 말했다.[3] 칼빈은 의무적인 납세보다는 자발적으로 드리는 기부가 더 좋다고 보았다. 그는 자선을 격려하고 조직화하는 체계를 반대하지 않았다. 그가 제네바에서 프랑스 기금을 설립하고 이를 후원하고 폭넓게 관여한 사실에서도 확인된다. 칼빈에 의하면 근본적으로 재화(財貨)는 하나님의 섭리의 도구였다.[4] 돈은 이 재화를 대표하는 것으로서 하나님께서 인간과 그 공동체가 살아가는데 필요한 것들을 제공하는 도구인 것이다. 칼빈에게 있어서 인간은 하나님이 우리 각자에게 주신 것을 관리하고 그것으로 이웃을 돕는데 사용하는 청지기일 뿐이다.[5] 돈은 단순히 실용적 기능만 지니는 것이 아니라 영적 사명을 지니고 있다. 그것은 그의 자녀들이 살아가도록 주선해 주시는 하나님의 은총의 표였다.

칼빈은 하나님의 섭리를 따르는 부의 순환을 강조했다. 하나님의 섭리를 따르는 삶이란 인간의 호혜적 삶과 연대의 책임을 구체적으로 표현하는 재화의 끊임없는 순환을 의미했다. 그 순환의 동기가 '사랑'이었다. 부자(가진 자)는 하나님의 섭리에 따른 경제적 사명을 지니고 있는데, 가난한 이들이 더 가난해지지 않고 부한 자들이 더 부유해지지 않도록 자기보다 더 가난한 이들에게 자신의 부의 일부를 나눠 줄 책임을 지니고 있다. 그것이 바로 자선과 구호였다.

칼빈은 부자를 "가난한 자의 봉사자"라고 불렀고, 가난한 자들은 부유한 자들의 사랑과 신앙을 시험하기 위해 하나님 편에서 보내신 자들이라고 이해했다. 칼빈은 가난한 이들을 "하나님의 수취인"(receveurs de Dieu), 혹은 "하나님의 대리자"(procureurs de Dieu)라고 불렀다.[6] 그래서 사랑과 자선, 구제나 구호는 하나님과 이웃사랑의 도구로서 강조되었던 것이다. 바로 이런 이유 때문에 칼빈은 자신이 작성한 '교회 규정'(Ecclesiastical Ordinance)에서 가난한 일을 돌보는 일에 대해서도 언급했다. 또 칼빈은 사도행전에서 보여 주는 바처럼 초대 교회의 직분 중 가난한 사람들을 돌아보는 이들이 있었기 때문에, 이 직분의 회복을 시도했다. 사도행전 6장을 보면 가난한 과부의 생계를 돌보기 위해 7인을 선택하는 과정이 기록되어 있는데, 이 7인을 칼빈은 집사로 보고 있다. 오늘날의 성경학자 사이에서는 이를 '장로'로 보는 주장도 있으나, 개혁자들 특히 칼빈은 이 직을 집사로 이해하고 있다. 그는 이 직을 통해 자선이나 구호와 같은 사역을 감당케 했던 것이다.

(2) 칼빈과 제네바의 구호 자선 활동

사람이 사는 곳에는 시대나 장소를 초월하여 가난과 부의 불균형이 존재하기 마련이다. 제네바의 경우에서도 예외일 수 없다. 제네바는 피난민들의 주된 이주지였기 때문에 이곳에서의 부의 불균형은 다른 도시에 비해 더욱 심각했다. 16세기에는 수많은 종교적인 난민들이 있었는데, 제네바는 그 난민의 중심지였다. 이곳에 종교적 피난민이 이주해 옴으로서 구호 활동이 필요하게 된다.

해롤드 그림(Harold Grim)은 1536년 당시 제네바의 인구는 17,000명으로 산정하지만 다수의 학자들은 당시 인구를 13,000명 정도로 보고 있다. 제네바가 종교 개혁을 단행하자 많은 변화가 수반되었다. 제네바가 프로테스탄트의 도시가 된 후 가톨릭 신자들은 제네바를 떠난 반면 많은 종교적 피난민들이 제네바로 이주해 오기 시작했다. 1537년 당시 호구 조사에 의하면 제네바에는 약 10,300명의 피난민이 살았으나 인구는 1550년대부터 피난민의 수가 급격히 증가한다. 이 시기에 프랑스와 이탈리아, 그리고 합스부르크 영토에서 일어난 박해를 피해서 개신교 신앙을 가진 이들이 이곳으로 피신해 오기 시작한 것이다. 이런 피난민의 유입을 "첫 번째 피난"이라고 불렀다.[7] 그래서 1550년에서 1560년 어간에 이 도시 인구는 종전의 13,000명에서 2만 명 이상으로 증가되어 거의 두 배로 불어났다. 이들 이주자들은 이미 신앙의 문제로 탄압을 받았기 때문에 처음부터 가난한 이들이었다. 이들 중에는 감옥에 투옥된 경험이 있는 자들이 있었고 가족이나 배우자를 감옥에 둔 자들도 있었고, 심지어는 갤리선의 노예로 잡혀 있던 이들도 있었다. 많은 피난민들이 가난했고 일부는 몇 개의 옷가지만을 가지고 온 자들도 있었다. 이들 중에는 숙련된 수공업자들도 있었지만 아무런 기술이나 자활 능력이 없는 이들이 다수였다. 이런 현실이 구호를 필요로 하게 된 배경이 된다. 이런 상황에서 칼빈과 제네바는 어떤 조치를 취하며 어떻게 구호가 시행되었을까? 이 점에 대해 몇 가지 사례로 나눠 설명하고자 한다.

(3) 구빈원(The Hospitals)

종교 개혁 이전에도 중세 유럽에는 '구빈원'(救貧院, hospital)으로 불리는 기구가 있었다. 흔히 '병원'으로도 번역되는 구빈원은 그 기능이 치료나 의료적 활동만

이 아니라 어려운 사람들을 돕는 자선과 구호의 기능을 겸했기 때문에 구빈원으로 불리게 된 것이다.[8] 이곳은 어린이들을 교육하고 가난한 이들이나 과부나 고아들을 보호하며 생계를 지원하고 또 치료를 제공하는 다기능적 사회복지 기구라고 할 수 있다. 당시는 의학적으로 발전된 시기가 아니었기 때문에 사실은 의료적 기능보다는 사회복지 혹은 구호 기능의 성격이 컸기 때문에 구빈원이라고 번역하는 것이 부당하지 않다.

제네바에서 가장 오래된 구빈원은 노트르담에 있는 로네(Rhone) 구빈원으로 알려져 있다. 도미니칸 수도회에 의해 1269년 설립된 것으로 추정되는 이 구빈원은 교구 성당에 의해 운영되었으나 제네바에 거주하는 성직자나 평신도들의 기부금으로 운영되었다. 그 외에도 제네바에는 종교 개혁 이전부터 여행자들을 위한 구빈원, 병자들을 위한 구빈원, 가난한 사람들을 위한 구빈원 등 7개의 소규모 구빈원이 있었다. 칼빈이 제네바에 오기 전인 1535년 11월 29일에 시의회는 기존의 구빈원을 통합하여 제네바 시 중심지인 부르 드 푸르에 위치한 성 클레어(Sainte Claire) 수녀원에 새로운 종합 구빈원을 설립했다.[9] 원래 이 기구는 성 프란체스코의 정신을 모방하여 설립된 수녀원이었다. 그러나 제네바에 종교 개혁이 단행되어 이곳에 거주하던 수녀들이 더 이상 살 수 없게 되자 이 건물을 포기하고 타 지역으로 옮겨가게 되었다. 이렇게 되어 이 수녀원은 새로운 종합 구빈원으로 사용된 것이다. 이 구빈원은 성령의 구빈원으로 불려졌으며, 병자들, 노인들, 고아들 그리고 피난민들의 안식처가 되었고, 또 여행자들이 머무를 수 있는 숙소가 되기도 하였다.

구빈원 운영을 위한 수입은 제네바 시의 예산과 기부금으로 충당되었다. 제네바시 기금의 일 년 세출 예산의 일부가 공립 구빈원을 위한 경비였다. 예를 들면, 1544년에 최대의 공공 세출의 5분의 1인 1,477프랑이 배정되었고, 여기에 구빈원장의 봉급 100프랑과 의전관들, 외과 의사의 봉급 82.5프랑이 첨가되었다. 벌금도 정규 수입원으로서 1546년에 통과된 지방 교구 조례(The Ordinances for the Country Parish)에 의해서 징수된 모든 벌금의 수령액 3분의 1은 구빈원의 운영비로 할당되었다.[10]

기부금 또한 구빈원 운영의 수입원이었다. 1547년 5월 24일에 목사들은 구빈원에 전달된 교회의 동산과 부동산 수입 일부가 다른 곳으로 전용된 일에 대하여 시의회의 적절한 조치를 요구한 일도 있었다. 자선으로 헌납된 물건의 판매 수입도 구빈원 운영 기금으로 사용되었다. 이점에 대한 사례가 데오도르 베자(Theodore Beza)의 시편 주석의 경우이다. 가난한 피난민들의 관리를 맡은 집사들이 베자의 시편 주석의 나머지의 출판을 요청했을 때, 베자는 그들에게 10년간 판권을 대여했고, 그 수입금은 구빈원 운영 기금으로 사용하게 한 것이다. 이 일은 칼빈과 베자, 목사들의 협의로 동의 되었다.[11]

이런 사회 복지 기구가 제네바에만 있는 독특한 시설은 아니었다. 또 칼빈이 이 곳에서 활동했기 때문에 비로소 설치된 제도도 아니었다. 앞에서 언급한 바처럼 구빈원은 종교개혁 이전에 이미 설립되었고, 제네바 시의 한 시설로 운영되고 있었다. 그럼에도 불구하고 칼빈은 이런 시설에 깊은 관심을 표명했고, 칼빈이 1537년 제네바로 이주한 후 괄목할 만한 성장을 했다. 이것은 칼빈이 회복한 집사직을 통해 강조되었다. 즉 칼빈이 구빈원을 조직화하고 그 활동을 활성화시켰다는 점이다.

(4) 집사직(執事職)

칼빈이 3년간의 스트라스부르 생활을 청산하고 다시 제네바로 돌아온 후인 1541년 11월에 작성한 '교회 규정'(Ecclesiastical Ordinances)에서 가난한 이들을 돌보는 사역에 대해 언급하고, 이와 관련하여 집사직의 역할을 규정했다. 칼빈은 교회 규정에서 목사와 교사, 장로와 집사 등 4가지 직분을 말했는데, 이것을 하나님이 정하신 직분들(Jus Divininum)이라고 불렀다.

『기독교강요』에서 '치리 장로'(治理長老)에 대한 언급은 거의 없다.[12] 이것은 칼빈이 『기독교강요』가 장로파 이외의 교회에도 읽힐 것으로 기대하였고, 장로직에 대한 규정이 확립된 것은 보다 후기였기 때문인 것으로 이해할 수 있다. 또 칼빈은 '교사직'에 대해서도 『기독교강요』에서 구체적으로 언급한 경우가 거의 없다. 당시 개혁파 종교개혁에서도 교사직을 두지 않는 곳이 없지 않았다. 그런 경우 목사가 교사직을 수행하게 했기 때문이 아닌가 생각된다. 그러나 칼빈은 집사직에 대해서는 구체적으로 언급하고 있다. 사도행전에서 보여 주는 바처럼 초대 교회의 직분 중 가난한 사람들을 돌아보는 이들이 있었기 때문에, 개혁파 종교개혁에서는 이 직분의 회복을 시도했는데, 이를 가장 열성으로 실시했던 곳이 다름 아닌 제네바였다.

칼빈은 집사직을 구빈원의 사역과 관련지어 그 역할을 강조했다. 즉 칼빈은 위에서 언급한 구빈원이 시의회에 의해 운영되어야 하지만 교회가 목회와 봉사라는 차원에서 교회에 속한 집사들의 인적 봉사를 통해 관리되어야 한다고 보았다.[13]

구빈원에는 두 종류의 직원이 있었는데, 관리 집사들(procurators)과 봉사자들(hospitalers)이 그것이다. 전자가 주로 재정을 조달하는 등 재정적 업무를 감당하는 반면, 후자는 직접 가난한 자들을 돕고 후원하는 실무를 담당했다. 교회 집사들이 이 두 영역에서 봉사했지만 특히 후자의 영역에서 봉사했다. 구빈원 원장도 집사였다.[14]

앞에서 지적했듯이 사도행전 6장에 가난한 과부의 생계를 돌보기 위해 선택된 7인이 오늘날의 성경학자 사이에서 '장로'가 아닌가 하는 주장도 있으나,[15] 칼빈을 비롯한 개혁자들은 이 직을 집사로 이해하고 있다. 가톨릭교회는 집사직을 사제직의 하급직으로 보아 사제를 도와주는(助祭) 위치로 보았다. 그래서 빈민이나 병자의 지원을 교회가 아닌 수도회가 실시했던 것으로 보인다. 제네바에서 집사직은 도시의 복지 행정 담당자의 성격을 띠고 있었다. 이것은 구빈원의 활동을 활성화시킬 뿐 아니라 구빈원을 좀 더 조직적으로 정비하는 계기가 되었던 것이다.

칼빈은 집사직에 대해 말하면서, 구빈원에서의 역할을 중시했다. 즉 구빈원의 행정을 받은 집사들은 병자들을 돌보고 간호하며 가난한 사람들에게 지급하는 수당을 관리하도록 위임했다. 구빈원에는 4명의 집사들을 두며 그 중에 한 명은 구빈원의 모든 물품을 수납하는 수납계가 되어야 한다. 효과적인 직무 수행을 위하여 정당한 임금을 받게 해야 한다고 보았다.

(5) 프랑스 기금

제네바에서는 이상에서 살펴본 바와 같은 구호와 치료를 위한 구빈원의 활동 외에도 복지 기금 운용을 통해 구호 사업을 전개했다. 제네바에서 가난한 이민자들의 수가 증가하게 되자 이들 피난민을 돕기 위한 복지 기금이 생겨나기 시작했는데, 그 대표적인 경우가 부어스 프랑소아스, 곧 '프랑스 기금'이었다. 이 기금이 처음에는 '하나님의 말씀에 의해 이 도시로 피신한 가난한 프랑스 외국인을 위한 기금'이라고 불렸다. 이 복지 기금에는 칼빈이 깊이 관여한 것으로 알려져 있다. 칼빈은 이 기금을 중심으로 피난민 구호에 앞장선 것이다. 이 기금은 처음부터 피난민들, 특히 종교적 이유로 신교의 자유를 찾아온 이들을 위한 것이었기 때문이다.

사실 제네바 시의회는 예상치 못한 과도인 인구 유입에 대한 적절한 해결책을 제시하지 못하게 되자 1545년 6월 15일 시의회는 허가 받지 않은 모든 외국인의 추방을 결의하고 이를 명했다. 그러나 이 건은 바로 시행되지 못했고 데이비드 부샹통(David Busanton of the Hainault)이라는 부자의 기금을 통해 문제를 해소할 수 있게 되었다. 부샹통은 칼빈이 참석한 임종 현장에서 제네바와 스트라스부르에 있는 가난한 이들을 위해 2천 에쿠스를 기증하겠다고 유언했다.[16] 이 기부금이 제네바의 피난민을 위한 기금의 시작인 소위 프랑스 기금이었다. 처음에는 이 기금이 목사들에 의해 관리되었으나 1549년부터 부유한 프랑스 이민자인 집사 관리자들에 의해 관리, 운영되었다.

이 기금은 프랑스 국적의 피난민에게만이 아니라 다양한 국적의 난민을 후원했고, 후일 여러 사람들의 기부금으로 운용되었다. 이 기금의 사용 목적, 특히 일부의 피난민이 박해를 당했다는 사실이 알려지면서 영국을 포함한 먼 외국의 개혁교회와 개인들의 후원도 있었다. 말하자면 후원자들은 더욱 열성적으로 믿음 안의 지체들을 도우려고 했을 것이라고 추측해 볼 수 있다. 기부자 중에는 부유한 이민자나 피신자들도 없지 않았고 칼빈도 기부자 중의 한 사람이었다.[17]

프랑스 기금은 단순한 생계 지원만이 아니라 자립할 수 있도록 지원하기 시작했고, 거처 제공, 직업훈련과 직업 보도, 식량 지원, 그리고 의료 지원까지 담당한 것으로 알려져 있다. 기금 수혜자들에게는 모범적인 행동, 개신교 신앙 정신에 부합하는 생활 방식을 요구하게 되었고, 그렇지 못한 경우에는 복지 지원이 연기되거나 중단된 경우도 있었다. 프랑스 기금 수혜자였으나 후에 재정적으로 여유롭게 되자 이 기금에 기부한 이도 있었다. 어떻든 이런 일련의 활동이 제네바에서 시행된 구호 사역이었고, 이 일이 전적으로 칼빈 개인의 사역은 아니었을지라도 칼빈의 지도력 하에서 시행된 것이다. 칼빈은 검소한 삶을 살았고, 그는 거의 궁핍에 가까운 생활을 했다. 그럼에도 불구하고 자산이 없는 가난한 사람들을 돕는 칼빈의 활동은 지칠 줄 몰랐다.[18] 그는 시의회에 가난한 사람을 구호할 대책을 내어놓으라고 성가실 정도로 촉구하기도 했다.

1545년 프로방스(Provence) 신교도 학살 사건 이후 칼빈은 이들을 돕기 위한 모금 운동을 발기하였고, 그는 모금 활동을 위해 피난민들로 가득 찬 건물의 꾸불꾸불한 계단을 수없이 오르내렸다고 한다.[19]

(6) 사치 금지법(lois somptuaires)

제네바에는 중세의 다른 도시와 마찬가지로 사생활을 간섭할 수 있는 여러 법률이 있었다. 모든 중세의 도시들은 의복의 사치, 식음료의 호사스러움, 저주와 맹세, 노름이나 춤, 가면무도회 등을 금지하는 법령이 있었다. 이러한 법들은 결혼식, 만찬회, 그리고 무도회에 초청할 숫자를 규제하기도 했다. 또한 아버지가 지나치게 화려한 결혼 피로연을 열었다든가, 시민들이 교회의 축제일에 일했다든가, 어머니가 딸의 결혼식에 너무 아름답게 치장했다고 해서 시의회에 출두하는 등과 같은 오늘 우리들의 시각으로 볼 때 개인의 자유를 침해하는 '독재적'이라고 할 수 있는 시민 훈련 규범이 있었다.

그중의 하나가 '사치 금지법'이었다.[20] 흔히 '소비 억제법'이라고도 불리는 이 법안은 1558년 제정되었는데, 국가의 유익을 위하여 사치와 사적 지출을 제한하고 있다. 이 법안은 대부분 칼빈이 만든 것이고 그의 후계자들이 제정했다. 한 사회가 재화의 사용을 적절한 범위 내에서 하도록 하고, 사회의 상호 유익이 물적 재화 사용의 최종 목표가 되도록 해야 한다는 것이 칼빈의 생각이었다.[21] 이런 칼빈의 의지가 반영된 것이 '사치 금지법'이었다.

칼빈은 이 규제 조항을 통해 피난민의 유입으로 인해 발생한 경제적 혼란을 해소하고자 하는 의도가 있었다. 말하자면 이 법은 빈부의 격차를 가져오는 사치스런 소비를 막기 위해 제정된 것이다. 이 법 제정의 이유에 대하여 당시 니콜라스 데 갈라르(Nicholas de Gallars)는 시의회에 법 제정 의뢰서를 제출했을 때, "사치와 무절제가 감소하지 않고 증대되고 있기 때문에 우리를 그리스도인들로 생각하는 다른 사람들에게 심한 부끄러움이 되고 있다."고 했다.[22]

이 법에서는 의복과 음식에 관한 규정이 있는데, 지나치다고 생각되는 머리 모양과 몸치장을 금하고 있고, 연회의 경우 세 코스 이상, 또한 매 코스마다 네 접시 이상 되지 않도록 규제하였다. 게임에 대한 조항에서 카드와 주사위를 금지하였는데,

그 정신은 게임 그 자체보다 노름의 피해를 막고자 하는 의도였다. 노름은 가난한 사람들을 더 빈곤하게 만드는 주요 요인이기 때문이었다. 특히 성만찬이 거행되는 날에 거리나 공공장소에서의 게임을 금지했다. 이것은 모든 사람이 하나님의 은혜를 명상하게 하기 위한 의도였다. 당연한 것이지만 이 법은 부자와 가난한 사람들에게 동일하게 적용되었다.

이 소비 억제법은 6년 후인 1564년 6월 8일 새로운 포고령으로 통과되었는데, 그 목적은 절제였다. 이 법에서는 금 목걸이, 귀금속, 자수품들 및 여성들의 사치품에 관한 것만이 아니라 평범한 사람들의 옷 입는 문제에 대한 규정 등 현실적이지 못한 경우도 있었다.

그럼에도 불구하고 이 법은 제네바에서의 가난한 사람들, 병자들, 고아들, 그리고 쇄도하는 피난민들로 인한 경제적 혼란과 무질서를 막고, 부의 일방적 과도한 사용을 제어함으로써 재화의 유통과 순환을 이루려는 의도가 있었다. 실제로 이 법이 얼마나 이런 목적에 기여했는가에 대해서는 알 수 없으나 한 공동체에서 정신적 일체감과 연대 의식을 확보하는데 있어서는 상당한 의의가 있다고 판단된다.

이런 칼빈의 정신은 제네바의 구호 활동과 더불어 과도한 소비로 말미암아 제기될 수 있는 빈부의 격차에 대한 심리적 박탈감을 해소하려는 의도였다.

2) 종교 개혁기 이후

(1) 복음주의 운동과 사회봉사

존 웨슬리(John Wesley)와 조지 휫필드(George Whitefield) 등은 기독교인들의 사회봉사와 사회적 역할을 중시했다. 산업혁명 초기 영국은 사회적으로 혼란했다. 급격한 기계화는 노동 현장에도 변화를 가져왔고, 실업률은 급증하였다. 삶의 환경이 악화되자, 4, 5세 노동자들이 생겨났고 노동 시간이 크게 늘어나 광산 노동

자들은 15시간씩 노동했다. 잡다한 품팔이로 생계를 이어갔고, 소설 읽기 품팔이는 그나마도 선호하던 일자리였다. 삶의 환경이 악화되자 다수의 여성들은 유흥업으로 몰려들어 윤락과 매춘, 도박이 성행하여 사회적 부패를 가중시켰다. 이런 사회적 상황에서 복음주의 운동은 감옥 개선 운동, 빈민 구제 운동, 궁핍한 자들을 위한 급식소 설치, 여성 보호 시설 설립, 고아나 극빈자를 위한 보호소 건립, 그리고 신용 조합을 결성하기도 했고, 주일 학교 운동을 전개하고 특히 노예 무역 금지 운동을 전개하였다. 이런 사역은 교회에 의한 사회봉사 활동이었다.

(2) 윌리엄 부스와 구세군 운동

윌리엄 부스(William Booth, 1829-1912)는 영국 노팅엄 출신인데, 가난을 경험하고 살았다. 13살 때부터 파산으로 쓰러진 아버지를 대신하여 생계를 책임져야 했다. 감리교 목사가 되었고 후에는 구세군을 창시하게 된다. 빈민들의 비참한 삶을 목격한 그는 그리스도인이 빵과 복음을 전해야 한다는 신념에 따라 아내 캐서린과 함께 1865년 이스트 런던의 빈민굴로 들어가 그들에게 기독교 신앙을 전파했다. 이 운동은 1878년 구세군이라 이름으로 발전하였고, 그가 죽을 때까지 세계 56개국에 전파되었다. 『암흑의 영국과 그 나아갈 길』이라는 저술을 남겼는데 그의 활동은 가장 큰 사회봉사였다.

3) 한국에서의 섬김과 봉사

(1) 기독교의 전래 시기

기독교의 한국 전래는 일종의 혁명이었다. 기독교가 한국에 소개된 이후 기독교적 가치는 한국 사회 여러 분야에 많은 변화를 가져왔다. 물론 기독교가 사회 개혁이나 사회 변화를 위한 조직체이거나 그것을 일차적인 사명으로 여기는 단체는 아니었다. 그러나 기독교 복음은 자연스럽게 한 사회를 변화시켜 갔다. 이런 점에서 한국 사회의 변화는 기독교 복음이 가져온 '떨어진 이삭,' 곧 낙수(落穗)였다. 크리스틴 폴(Christine Pohl)이 지적했지만 기독교가 가르친 이웃사랑의 윤리는 서구 사회에서 섬김과 배려, 손대접의 전통을 심어 주었고, 일과 직업에 대한 새로운 인식을 보여주었다.

한국의 사회 변화를 가져온 가장 중요한 방편은 교육과 의료였다. 각처에 학교가 설립되면서 서양 문화가 소개되고 신식 교육과 교육의 대중화가 이루어졌다. 병원이 설립되면서 미신적이거나 민간 의료에 의존하던 우리 사회에 현대 의학이 도입되었다. 이런 일련의 과정에서 서양 의술에 눈을 뜨게 되었고, 구습과 미신적 굴레에서 해방되기 시작했다. 교육과 의료는 개화의 방편이었다. 민주 의식의 함양과 더불어 사물을 과학적으로 인식하는 안목을 길러 주었다. 또 기독교 복음은 자연스럽게 남녀평등과 여권 신장을 가져왔고, 인간의 존엄성과 인권에 대한 관심을 환기시켜 주었다. 서양 선교사들은 한국에서 주재하면서 기독교 윤리관과 서구적 합리주의에 기초하여 우리 사회의 폐습이나 문제점들을 보게 되었고, 이의 타파를 권면했다.

기독교가 한국 사회의 일상이었던 미신을 타파하고 합리적 삶을 구가하게 한 일은 또 하나의 사회봉사였다. 선교사들은 미신, 우상 숭배, 구습과 폐습을 적시하고 있었다. 헐버트(H. B. Herbert)는 『코리안 리포지터리(Repository)』에서 "조선인들은 자연을 불가사의한 것으로 가득 차 있는 세계로 알고 있으며, 도깨비에 대한 상상의 미신과 전설을 믿고 있다."[23]고 지적했다.

알렌은 "한국의 풍습, 무당"이란 글에서 이렇게 썼다. "서울의 밤은 매우 조용한데 정적을 깨뜨리는 소리 중의 하나가 무당이 내는 소리이다. 무당의 말을 믿는 사람들은 대부분 하층민이다. 사용하는 도구는 장구, 심벌즈, 구리, 막대기, 징, 바구니, 우산, 부채, 인형 등이며, 이중 바구니는 콜레라에 걸린 사람의 몸에 쥐가 있다고 믿고 고양이 소리를 내면서 긁는 도구이다. 그리고 환자의 상태에 따라 무당이 사용하는 도구나 인형 등이 결정된다."[24] 초기 내한 선교사들은 우상과 미신을 제거하고자 했다. 실제로 기독교회는 미신 타파에 앞장섰고, 기독교회에 입교한 후에 성황당 같은 미신적 신앙을 타파하고 집안의 복주나 토주, 삼신 항아리를 불사르는 일들을 전개했다.

여성에 대한 새로운 이해 또한 기독교가 가져온 가치관의 변화였다. 남녀유별(男女有別)은 차이의 개념이 아니라 차별의 훈계였다. 여성으로 태어난 것을 운명으로 여기며 가정에서의 천대와 사회적 차별, 그리고 현실의 제약을 받아 드리고 살아야만 했다. 여성은 남성과 동일하게 교육받아야 할 대상이 아니었다. 이런 상태에서 교회는 여성도 남성과 동일하게 하나님의 형상으로 지음 받는 존재이며, 여성도 교육받아야 할 대상이라는 점을 일깨워주고 의도적으로 여성들을 위한 학교를 열었다. 그 일례가 부산의 일신여학교였다. 고루한 마산에는 1908년 남녀 공학인 창신학교를 설립했다. 이는 여성도 남성과 동일한 교육의 대상이라는 점을 보여주기 위한 의도였다. 이런 점을 고려해 볼 때 한국의 기독교는 여성의 인권, 사회적 지위, 여권 신장, 여성 교육 등 여성의 사회적 상황에 커다란 변화를 가져왔다. 그것은 곧 섬김과 사회봉사였다.

(2) 한국에서의 섬김과 봉사 : 해방과 6.25 전란 시기

한국에서 '사회사업'(social work)이라는 단어가 처음 등장한 것은 1921년이었다. 이때에 비로소 '사회사업'이란 용어가 사용되지만 기독교는 그 이전부터 사회사업을 실행해 오고 있었다. 1944년 3월에는 조선구호령을 공포하고, 65세 이상의 노약자, 13세 이하의 유아, 임산부, 불구, 폐질, 질병, 기타 노동 할 수 없는 경우

생활 부조와 의료 부조를 실시하기 시작했다. 그러나 기독교회는 이보다 훨씬 앞서 이웃사랑에 근거하여 이런 사업을 실행해 온 것이다.

해방이 되자 일본 만주 중국 등 외국에 거주하던 이들이 귀환하게 되자, 교회는 귀환자 구호를 시작하고, 급식소를 설치했다. 정부 수립 직후인 1949년 당시 1인당 GNP는 80달러를 넘지 못했다. 국민들의 경제생활은 기아선상의 빈궁한 생활을 면치 못하고 있었고, 요보호자(要保護者)는 수백만 명에 이르고 있었다. 이런 현실에서 기독교회는 이재민을 비롯한 국민들이 필요로 하는 물자를 들여와 전달하는 등 구호 자선 활동을 전개했다.

한국에서 처음으로 사회사업학이 교육되기 시작한 것은 1947년인데 이 때 우리나라 최초로 이화여자대학교에 '기독교 사회사업학과'가 설치되었다. 대한적십자사 창설된 때는 1949년이었다. 1952년에는 한국 사회사업 연합회가 창립되었고, 1961년 사단법인 한국 사회 복지사업 연합회로 개칭되었다. 처음으로 '사회 복지'라는 용어가 등장한 것이다. 그리스도인과 교회가 이런 일을 주도하게 된 것이다. 1953년에 중앙신학교(현 강남대학교)에 사회사업학과가 설치된 것도 이런 배경이었다.

한국 전쟁기에 한국 교회는 구호와 자선 활동에 매진했다. 3년 1개월, 1129일간에 걸친 6.25동란 기간 중 북한 인구의 28.4%인 272만여 명이 죽거나 난민이 되었고, 남한에서는 133만여 명이 사망했다. 또 중국은 브루스 커밍스에 의하면 100만여 명 이상이 목숨을 잃었다. 미군의 사망자와 행방불명자는 6만 3천 명에 달했다. 이 전쟁 중 월남한 인구는 40-60만에 달했다. 이들을 포함해 5백만 명의 전재민과 1천만 명의 이산가족이 발생하였다. 즉 전쟁으로 400만 명이 목숨을 잃었고 행방불명자가 30만에 달했다. 전쟁미망인이 20만, 전쟁고아는 10만 명에 달했다. 피난민은 240만 명에 달했고, 북한에 의해 납치된 인사는 8만4천500여명에 달했다. 전쟁은 처참했다.

　전쟁 기간 중 교회가 입은 피해도 엄청났다. 장로교회의 경우 467개 교회가 파괴되었고 완전 소실된 교회는 152개 처에 달했다. 감리교의 경우 155개 교회가 파괴되었고 84개 처 교회가 완전히 소실되었다. 성결교회는 79개 처 교회가 파손되었고 27개 교회는 완전히 소실된 것으로 보고되고 있으나[25] 실제로 그 피해는 더 컸을 것이다. 이 동란 중 장로교 지도자 177명, 감리교 44명, 성결교 11명 등 교회 지도자들이 납치되어 그들의 생사에 대해서는 지금까지도 알려져 있지 않다.

　한국 전쟁은 결과적으로 미국을 중심으로 한 외국 기독교 단체의 구호 활동을 진작시켰고, 한국 교회와 기독교인들로 하여금 구제, 자선 등 사회사업에 관여하도록 이끌었다. 기독교세계봉사회, 국제선교협의회, 기독교국제연합 위원회 등의 기관을 통해 한국에 대한 원조를 개시하였다. 이들 단체 외에도 특히 전쟁고아를 위한 여러 기독교 단체가 한국에 구호 활동을 시작하였는데, 기독교아동복지회(CCF, Christian Children's Fund), 메노나이트 중앙위원회(MCC, Mennonite Central Committee), 선명회(World Vision), 컴패션(Compassion), 홀트아동복지회 등이 대표적인 기관이었다. 재침례파의 일파인 메노나이트교회는 한국에서 전쟁이 발발하자 전쟁미망인이나 고아, 극빈자 등 도움을 필요로 하는 이들을 위해 1951년 대구와 경산에 구호 기관과 기숙학교(boarding school)를 설립하고 1971년까지 구호, 기술 교육, 직업 훈련, 그리고 농촌 지도 활동을 전개하였다.

　또 한국 교회와 기독교 인사들에 의해 많은 고아원이 설립되었는데 극히 일부를 제외하고는 외국 구호 기관의 전적인 지원으로 운영되었다. 1949년의 경우 101개 고아원 시설에 7,338명의 아동이 수용되어 있었다. 1952년 8월에는 전국에 280개 아동 복지 시설이 있었고, 30,473명이 보호를 받았다.[26] 1949년과 비교하면 시설 수는 2.8배, 수용 아동 수는 4.2배 증가한 것이다. 1953년 7월 휴전 당시 고아들을 위한 시설은 440여개 처에 달했고 수용된 아동들은 53,964명에 달했다.[27] 1955년에는 고아원 수가 480개로 불어났다.[28] 이들 기관을 통한 구호, 자선 사업은 많은 아동과 부녀자들에게 생계와 주거 문제 등을 해결해 주었고 새로운 삶의 소망을 심어 주고 기독교의 박애 정신을 실천하였다. 이 때 외원단체협의회(KAVA)가 조직되기도 했다.

맺음말

이상에서 살펴본 바처럼 기독교회와 그리스도인들은 자기들이 속한 사회의 진정한 평안을 추구하는 자들이었다. 예레미야는 바벨론의 포로로 잡혀간 자기 백성들에게, "너희는 내가 사로잡혀 가게 한 그 성읍의 평안하기를 힘쓰고, 위하여 여호와께 기도하라."(렘 29:7)고 했는데, 그 도시의 복지를 구하라(Seek the Welfare of the City)를 구하라는 말씀이었다. 이 표현은 초기 그리스도인들의 사회적 삶의 양식으로 이해되었다. '공동의 유익'(public good, usui publico)은 그리스도인들이 예레미야가 말한 구약의 전통에 따라 그 처한 사회에서 실행하고자 했던 사회적 삶의 양식이었다. 이 점은 한국에서도 동일했다. 기독교회는 그 시대의 필요에 따라 가난한 자, 주린 자, 벗은 자들을 위로하며 섬기며 봉사하는 공동체였다. 그 동기는 그리스도의 사랑의 실천이었다.

6장 / 교회사에서 본 섬김과 봉사

※ 이 글은 2012년 10월 26일 부산진 사회복지관이 주최한 '교회와 사회복지'라는 주제의 세미나에서 행한 강연을 간추린 것으로써 『교회와 교육』 199호(2013. 봄), 6-21에 게재된 바 있으나 이를 일부 수정하여 『부경교회사』 44(2013. 7)에 재수록 되었다.

1 이 점에 대한 논의가 그리스도인의 문화적 사명에 대한 논의인데, 평이하게 말하면 무엇을 하며 하나님의 뜻을 행하며, 하나님의 영광을 드러낼 수 있을까 하는 문제이다. 스킬더 같은 화란의 신학자는 전도의 사명을 강조하고 그것이 인간이 행하는 모든 문화적 사명을 포괄하는 것이라고 말하면서 전도의 사명 완수가 중간 시대를 사는 그리스도인이 추구해야 할 삶의 방식이라고 말한다. 반면에 아브라함 카이퍼 같은 이는 문화적 사명 수행이 전도의 사명을 포함한다고 주장했다.

2 R. Bainton, 『종교 개혁사』, 이훈영 역(고양: 크리스천다이제스트, 2001), 221.

3 *Institute*, III, vii.7.

4 앙드레 비엘레, 『칼빈의 사회적 휴머니즘』, 박성원 역(서울: 대한기독교서회, 2003), 56.

5 William J. Bouwsma, *John Calvin : A Sixteen Century Portrait*(NY: Oxford University Press, 1988), 22.

6 비엘레, 『칼빈의 사회적 휴머니즘』, 58.

7 Jeannine E. Olson, *Calvin and Social Welfare*(Selinsgrove: Susquehanna University Press, 1989), 6.

8 참고, Robert Kingdom, "Calvinism and Social Welfare" *Calvin Theological Journal*, vol. 17, no. 2 (Nov. 1982): 212.

9 F. Graham, *The Constructive Revolutionary : John Calvin and His Socio-Economic Impact*(Atlanta : John Knox, 1971), 149.

10 Graham, *The Constructive Revolutionary*, 147.

11 Graham, *The Constructive Revolutionary*, 148.

12 와타나베 노부오, 『기독교강요란 어떤 책인가?』, 이상규 역(서울: SFC 출판사, 2000), 143.

13 비엘레, 『칼빈의 사회적 휴머니즘』, 65.

14 Graham, *The Constructive Revolutionary*, 153.

15 와타나베 노부오, 『기독교강요란 어떤 책인가?』, 145.

16 Olson, *Calvin and Social Welfare*, 6.

17 Olson, *Calvin and Social Welfare*, 8.

18 비엘레, 『칼빈의 사회적 휴머니즘』, 65.

19 비엘레, 『칼빈의 사회적 휴머니즘』, 66.

20 Graham, *The Constructive Revolutionary*, 163ff.

21 비엘레, 『칼빈의 사회적 휴머니즘』, 67.

22 Graham, *The Constructive Revolutionary*, 164.

23 *The Korean Repository*, 3권(1896. 10), 293; 유영렬, 윤정란, 『19세기말 서양 선교사와 한국 사회』(서울: 경인문화사, 2004), 187.

24 *The Korean Repository*, 3권(1896. 4), 69-71; 유영렬, 윤정란, 『19세기말 서양 선교사와 한국 사회』, 188.

25 민경배, 『대한 예수교 장로회 백년사』(서울: 대한예수교장로회 총회, 1984), 544.

26 부산사회복지사협의회, 『부산사회복지 50년사』(부산사회복지사협의회, 2002), 113. 115.

27 김영재, 『한국 교회사』(서울: 이레서원 2004), 269.

28 김흥수, "한국 전쟁시기 기독교외원단체의 구호활동" 『한국기독교와 역사』 23호(2005), 114.

7장 / 케직 사경회의 기원과 발전 ※

시작하면서

　이 글의 목적은 19세기 후반, 곧 1873-5년 어간 영국에서 시작된 케직 사경회 혹은 '케직 운동'(Keswick convention)의 역사적 배경과 시원에 대해 고찰하고, 이 운동의 전개 과정, 신학적 성격, 그리고 이 운동이 끼친 영향에 대해 검토하는 데 있다. 18세기 이후 전개된 영미 신학계의 복음주의 운동이라는 큰 흐름 가운데 생성된 케직 사경회와 이로부터 기원된 '케직 운동'은 성결한 삶을 추구하는 운동으로 시작되어 영미는 물론 영국의 영향하에 있던 호주와 뉴질랜드, 그리고 유럽의 여러 나라들로 확산되었고, 1985년에는 한국에까지 소개되어 부흥과 갱신, 거룩한 삶을 위한 새로운 영성 운동으로 인식되어 왔다.

　이 운동은 복음주의 운동과 함께 19세기 이후 교회 갱신과 영적 각성, 성결 운동과 실천적 삶에 상당한 영향을 끼쳤음에도 불구하고 이 운동의 연원과 발전, 특히 신학에 대해 한국 교회에 구체적으로 그리고 포괄적으로 소개된 바 없다. 물론 케직 운동에 대해서는 몇 종의 단행본이 역간된 바 있으나,[1] 케직 운동에서 선포된 설교문이 중심을 이루고 있고 역사적 배경이나 기원에 대해서는 개괄적으로 소개되지 못했다. 또 케직 운동과 관련된 논문도 발표된 바 있으나,[2] 케직 운동의 신학적 배경이나 연원, 특히 신학적 성격에 대해서는 충분히 논의되지 못했다. 기독교 학술원의 김영한 박사는 "케직 운동의 영성"이라는 논문에서 케직 운동의 역사와 전개, 그리고 성결 운동과 영성에 대해 소개하고 한국 교회의 자성을 촉구한 바 있는데, 이 글에서는 기존의 연구를 검토하되, 그간 소개되지 않았던 문헌에 기초하여 케직 운동의 배경 역사 전개, 신학 그리고 그것이 19세기 이후 서구 교회와 한국 교회 끼친 영향 등에 대해 고찰하고자 한다.

가. 역사적 배경

케직 사경회는 갑작스럽게 태동된 운동이 아니라 18세기 이후의 부단하게 지속되어 온 복음주의 운동이 결실이라고 할 수 있다. 보다 직접적으로는 19세기 미국 교회의 복음주의 운동, 특히 웨슬리안 성결 운동(Holiness movement)이 케직 운동의 배경이 된다.[3] 웨슬리안 성결 운동은 근본적으로 그리스도인의 완전이 지상에서 획득될 수 있다는 믿음에 기초하는데, 이들은 항상 기뻐하고 쉬지 말고 기도하고 범사에 감사할 수 있을 정도로 죄에 대한 전체적인 죽음, 사랑, 그리고 하나님의 형상에서 총체적인 변화를 경험할 때 그리스도인의 생활에서 칭의를 넘어서는 두 번째 단계가 있다고 가르쳐 왔다.[4]

이런 가르침은 거의 전적으로 감리교파에 제한되어 있었으나 웨슬리의 변증적 작품인 『기독교인의 완전에 대한 간명한 해설』(*Plain Account of Christian Perfection*)이 광범위하게 읽혀지면서 웨슬리안의 성결론에 대한 관심을 환기시켰고, 감리교 목사 윌리엄 아더(William Arthur)의 『불의 언어』(*The Tongue of Fire*, 1856)는 전통적 웨슬리안의 성결론, 곧 제2의 축복 개념을 약간 완화하여 신학적 저항을 제거한 가운데 성결에 대한 관심을 확산시켜 주었다.

이런 상황에서 1830년대 중반을 기점으로 미국 복음주의 교회에서 특히 세 가지 형태의 성결 운동이 일어났는데, 웨슬리안 전통의 팔머 부인(Mrs Phoebe Palmer)이 중심이 된 성결 운동, 미국 제2차 각성 운동이 중심인물이었던 찰스 피니(Charles Finney)의 부흥 운동, 그리고 19세기 후반에 시작된 초교파적인 '고상한 그리스도인의 생활'(Higher Christian Life) 운동이 대표적인 경우였다. 이런 운동의 성화관에는 다소 차이가 있었지만 넓은 의미에서 웨슬리안적 성격, 곧 중생과 구별되는 성화를 강조하는 웨슬리의 제2의 축복 교리에 기초하고 있다고 할 수 있다.[5] 이런 일련의 미국 교회의 복음주의 운동이 케직 사경회 시원의 배경이 된다. 이 배경에 대해 좀 더 부연해 보겠다.

미국 감리교회 곧 웨슬리안 운동은 완전 성화의 교리를 중시하였다. 웨슬리는 미국에 간 감리교 선교사들이 완전 성화 교리를 소홀히 할 것을 염려하여 그 교리를 계속 유지하도록 특별히 지시했을 정도였다.[6] 그래서 미국에서 사역한 프랜시스 아즈베리(Francis Asbury), 사무엘 시버리(Samuel Seabury) 등은 웨슬리의 가르침에 충실하여 회심 이후에 주어지는 성령의 획기적인 역사로서의 완전 성화를 강조했다. 그러나 1812-1840년 어간 이런 점은 미국 감리교회에서는 크게 강조되지 못했다. 그래서 회개가 일차적인 과제였고, 성화는 부차적인 것으로 취급되고 있었다.[7] 이런 성결의 쇠퇴 현상에 반대하여 1835년 이후 1850년대에 성화를 강조하고 성결 회복 운동이 일어났는데, 그 중심인물이 팔머 부인(Phoebe Palmer)이었다. 여성 부흥사이기도 했던 팔머 부인은 남편과 함께 화요 기도 모임(Tuesday Meeting for the Promotion of Holiness)을 개최하여 상당한 호응을 얻었고, 1886년에는 전국에 238개 처의 집회소가 형성 될 만큼 폭넓은 지지를 받았다.[8]

팔머는 자신의 『성결의 길』(Ways of Holiness)에서 제시한 바처럼 그리스도 자신이 제단인데, "제단이 제물을 거룩하게 만든다."(마 23:19)는 점에서 우리가 우리 자신을 제단에 드리면 제단, 곧 그리스도 자신이 우리를 거룩하게 만든다는 이른바 '제단 신학'(alter theology)을 제창했다.[9] 팔머는 제단에 자신을 드릴 것을 요구했고, 이것을 성결이라고 불렀다.[10] 그의 성결론은 웨슬리안 성결론의 핵심인 인간의 부패성과 거기로부터의 해방, 곧 부패성의 제거라는 성결의 개념을 결여하고 있는 것으로 평가되고 있으나,[11] 팔머의 성결 운동은 19세기 미국 감리교회에 큰 영향을 끼쳤고, 결과적으로 감리교의 벽을 넘어 성결 운동의 확산을 가져왔다. 특히 팔머는 자신의 저술만이 아니라 1859-1864년까지 장기간 영국을 방문함으로써 영국 감리교 안에 자신의 메시지를 뿌리내리게 만들었다.[12] 후에 구세군의 창립자가 되는 윌리엄 부스와 캐더린 부스를 성결 운동으로 이끈 이도 팔머 부인이었다. 바로 이런 이유에서 팔머 부인의 성화 교리는 구세군의 교리적 표준 속에 적절하게 반영되어 있다.

미국 오벌린 대학을 중심으로 전개된 성결 운동 또한 케직 운동의 배경이 된다. 오벌린 대학 신학부 교수였던 찰스 피니(Charles G. Finny, 1792-1875)와 학장인 아사 마한(Asa Mahan)은 이 운동의 중심인물이었다. 1824년 장로교 목사로 안수 받았던 피니는 1835년 장로교와 완전히 결별했는데, 웨슬리의 『기독교인의 완전에 대한 간명한 해설』의 영향을 받은 그는 자기 의지 및 결단을 강조했다. 1836년경에는 온전한 성화가 이 세상에서 가능하다고 굳게 믿게 되었다. 일반적으로 말해서 개혁주의 전통에서 중생은 전적인 심령의 변화로 이루어지지만 성화의 과정은 점진적이며 완전에는 이를 수 없다고 보고 있다. 인간의 육체는 죄성과 무관할 수 없고 육체가 존재하는 한 완전한 성화는 불가능하다고 보기 때문이다. 그럼에도 불구하고 칼빈은 그리스도와의 연합을 통해 성령의 능력을 힘입어 죄를 이기며 살아가는 성화의 과정을 중시했는데, 이런 칼빈의 긍정적인 측면을 강조한 것이 오벌린 대학 중심의 완전주의(Oberlin Perfectionism)였다. 그러나 오벌린 완전주의도 당시 미국적 상황에서 인간의 전적 타락을 강조하는 정통 칼빈주의 입장을 다소 완화하여 인간의 타락보다는 자유의지를 강조하며, 내적인 인간성의 변화보다는 외적인 도덕률의 준수를 중시했다. 벤자민 워필드는 오벌린 성결 운동이 자연인의 전적 부패와 전적 무능력을 간과했다는 점에서, 그리고 아담의 타락 이후 출생한 인간의 자연적 능력(natural ability)을 인정했다는 점에서 펠라기우스적 성향을 지닌 것으로 평가했다.[14]

오벌린 완전주의는 성결을 하나님의 율법에 대한 의지적인 순종으로 이해했다. 그래서 피니는 전통적인 구원 개념이 죄 중(in sin)에서의 구원이라면, 이제 필요한 것은 죄로부터(from sin)의 구원이라고 주장하였다.[15] 이런 구원은 지금 여기서 이루어지는 현세적 구원이어야 한다고 보았고, 현세에서 온전한 성화를 이룩할 수 있다고 보았다. 성화를 중생 이후 꾸준한 신앙 훈련으로 보는 개혁주의 전통에서는 낯선 것이었으나, 피니는 그리스도를 믿는 믿음에서 성화의 가능성을 주장한 것이다.[16] 이런 피니를 중심으로 한 오벌린의 성화론은 교의적 논리에 젖어 있던 사람들에게 새로운 활력으로 확산되었다.

그런데, 1840년대까지 이어진 오벌린 완전주의는 1850년대에 이르러 시들해지기 시작했고, 19세기 후반에는 새로운 형태의 성결 운동이 시작되었다. 그것이 '고상한 그리스도인의 생활'(Higher Christian Life) 운동이었다. 이 운동은 비감리교도들, 곧 장로교 퀘이커교도 혹은 영국 교회(성공회) 교인들 가운데서 전개된 초교파적 운동이었다. 그 중심인물이 장로교의 윌리엄 보드만(William E. Bordman, 1810-1886)과 퀘이커교도인 스미스 부부[Robert Pearsall Smith(1827-1899), Hannah Smith(1832-1912)]였다.

보드만은 신파 장로교회에 속한 목사로서 신파의 신학을 지향했다고 볼 수 있다. 신파(New school)는 18세기 신파(New side)의 후계자들로 신학적 관용주의를 표방하던 뉴잉글랜드 신학에 포용적이었고, 따라서 엄격한 신조주의를 거부했다. 이들은 학력이 다소 부족해도 목사로 안수하여 서부 개척 지역에서 목회하도록 해야 한다는 입장에서 1801년 회중교회와의 통합 계획을 지지했다. 당시 사회적인 관심사였던 노예 제도에 대해서는 적극적인 폐지를 주장했다. 이들은 구파로부터 웨스트민스터 신앙고백서에 철저하지 못한 포용주의자라는 비난을 받았다. 어떤 점에서 신파의 신학이란 엄격한 칼빈주의 신학을 복음주의적 알미니안주의 입장에서 재해석한 것이라고 할 수 있는데, 인간의 전적 타락을 인정하지만 그것을 육적 부패성(physical depravity)으로 해석하는 것을 반대했고, 인간의 자유의지를 인정하나 그것이 성령의 능력 아래에 있음을 인정하였다. 신파장로교회가 1837년 뉴욕의 어번에 모여 저들의 신학을 해명하는 어번 성명서(Auburn Declaration)을 발표하고, 칼빈주의 교리의 적극적인 수용을 선언한 것은 교리적인 오해를 불식시키기 위한 의도였다. 1838년 조직된 이 신파 장로교회가 19세기 미국 복음주의를 대표했다.[17]

보드만은 특히 독일 베를린 대학교 교회사 교수인 니안더(August Neander, 1789-1850)의 제자인 스위스의 종교개혁자 도비네(Merle D'Aubigue, 1794-1872)의 영향을 받았는데, 유대인 출신인 니안더는 "신학자를 만드는 것은 가슴이다"(Pectus est, quod theologum facit)라고 하면서 소위 '영혼의 신학'을 제창한 인물이다. 그에게 있어서 신학은 거룩한 경건이었고 삶이었다. 니안더의 영향을 받은 도비네는 칭의가 그리스도를 믿는 믿음으로 주어지듯이 성화도 믿음으로 가능하다고 보았는데, 보드만은 이런 가르침을 수용하여 그리스도는 칭의의 주이자 성화의 주라는 사상을 발전시켰다. 이런 배경에서 출발한 '고상한 그리스도인의 생활' 운동은 보드만의 저서『고상한 그리스도인의 생활』(The Higher Christian Life)와 사라 랭포드(Mrs Sarah A. Langford, 1806-1896)와 동생 팔머(Mrs Phoebe Palmer, 1807-1874)을 통해 미국과 캐나다로 확산되었고, 알버트 심슨(Albert B. Simpson, 1843-1919)에게 영향을 준다.

17세기 스코틀랜드의 언약도(Covenanters) 후손인 장로교 목사 심슨은 1887년 기독교 선교 연맹(Christian and Missionary Alliance)을 조직하였고, 자신의 『사중복음』(The Four Fold Gospel)에서 새로운 사중 복음을 제창했다. 즉 그는 주 예수 그리스도를 구원자, 성결케 하시는 이, 치료자, 장차 오실 왕이라는 중생, 성결, 신유, 재림의 4중 사역을 주장했다. 이런 그의 주장의 성결교회의 사중 복음(四重福音)의 핵심을 이루고 있다. 심슨은 성화의 체험을 죄로부터 분리와 하나님께 대한 헌신, 하나님의 형상과 뜻에 부합함, 그리고 하나님과 모든 인류에 대한 사랑이라고 말하고, 제2의 축복에 대해서는 강조하지 않았지만 순간적 헌신과 철저한 복종을 통하여 예수의 인격적 내주를 가져온다고 주장했다.[18] 그는 19세기 후반 무디와 함께 미국 복음주의 운동을 주도하게 된다. 1887년에는 C&MA(Christian and Missionary Alliance)을 창립했는데, 소속 교회는 미국의 2천여 곳에 산재해 있다.

'고상한 그리스도인의 생활' 운동은 특히 1870년대 스미스 부부의 사역을 통해 영국에 알려지게 된다. 부연하면, 보드만의 책은 1860년 영국에서 재출판되었고, 그의 주장은 영국으로 스며들었다. 또 스미스 부부는 1870년대 영국에서 큰 집회를 개최했는데, 이런 일련의 활동은 영국 교회에 큰 영향을 주었다. 그래서 감리교 성결 운동가는 이를 "미국으로부터의 중대한 물결"이라고 불렀다.[19]

스미스 부부는 회개로 인한 칭의가 구원의 기본 단계이지만 여기서 머물지 않고 한 걸음 더 나아가 차원 높은 신앙생활, 곧 성화의 삶을 살아야 한다고 주장했다. 일반적으로 칭의는 그리스도의 일이며 성화는 인간의 일이라고 생각해 왔으나, 이들은 그리스도는 칭의의 주일뿐 아니라 성화의 주라는 점을 강조하고 칭의만이 아니라 성화도 그리스도를 믿음으로 이루어진다고 주장했다. 따라서 이런 과정에서 성령의 역사가 필수적이라고 보았다. 이상과 같은 미국 복음주의 권의 성결 운동은 비록 성화론에 다소 이견을 보였으나 그리스도인의 성결한 삶에 대한 가치를 고양시켜 주었다. 이상과 같은 미국에서 전개된 성결 운동이 영국에서 시원한 케직 사경회 운동의 배경이 된다. 이렇게 볼 때 19세기 미국 교회적 배경의 성결 운동과 영국에서의 케직 운동은 연속성을 지니고 있다고 할 수 있다.

나. 케직 사경회의 시원과 발전

1870년대 영미 기독교권에서 구원과 거룩한 삶, 혹은 칭의와 성화는 두 가지 주된 담론이었다. 사실 영국에서도 1850년대 말부터 성결을 추구하는 소규모의 사경회가 개최되고 있었는데, 이런 케직 이전의 케직(pre-Keswick)도 영국에서의 케직 운동 형성의 저류를 형성했다. 이런 배경에서 영국 교회의 복음주의자들 가운데서도 어떻게 사는 것이 거룩한 삶인가에 대한 영적인 갈망이 일어났다. 어떻게 하면 죄를 이기고 보다 고결한 삶을 살며 하나님 안에서 영적 안식을 누릴 수 있을 것인가에 대한 관심은 새로운 신앙 운동을 요청하고 있었다. 이것은 당시 영국 교회의 이신론(deism)과 합리주의, 그리고 고교회의 의식주의(儀式主義) 등과 같은 영적 무기력에 대한 반작용이었다.

이런 상황에서 미국에서 전개된 '고상한 그리스도인의 생활'(The Higher Christian Life) 운동과 같은 성결 운동이 영국에 소개되었고, 보드만의 책, 『고상한 그리스도인의 생활』(The Higher Christian Life)과 감리교의 윌리엄 아더(William Arthur)의 『불의 혀』(Tongue of Fire, 1856)가 영국에서 널리 읽혀지고 있었다. 아더는 자신의 책에서, 하나님께서는 인류를 위해 두 가지 약속을 하셨다고 말하면서 첫째는 속죄를 위한 그리스도의 강림이고, 둘째는 중생을 위한 성령의 강림이라고 주장했다. 이 성령의 사역이 신자들의 영혼을 성결케 하며 현재의 삶속에서 신자들을 강건하게 한다고 주장했다.

또 무디와 동료 생키(I. D. Sankey)는 영국을 방문하고 1873년 6월부터 1875년 8월 어간 영국 전역에서 집회를 개최하고 죄의 심각성과 그리스도를 통한 구속, 성령의 역사로 말미암는 중생을 설교했다.[20] 무디 부흥 운동과 함께 스미스 부부의 대중 집회 사역은 커다란 반향을 불러일으키고 있었다. 스미스 부부는 1874년 7월 17일부터 3일까지 켐브릿지의 브로드랜드 공원 집회를 시작으로 옥스퍼드, 맨체스터, 노팅햄, 런던 등지에서 개최되었다. 여름 방학 기간에는 켐브릿지 혹은 옥스퍼드 학생들을 위한 집회가 개최되기도 했다. 특히 1875년 5월 29일부터 6월 7일까지 연인원 8천 명이 회집한 가운데 개최된 브라이튼(Brighton) 집회는 케직 운동의 태동이 된다. 초교파적인 브라이튼 집회에 참석했던 지도자들은 그해 여름 영국 북부 지방 휴양 도시인 케직(Keswick)에서 성결 운동을 위한 집회를 개최했다.

케직은 컴버랜드에 있는 인구 4천여 명의 작은 도시였다. 집회는 1875년 6월 29일 개최되어 7월 2일까지 진행되었는데, 이 때 집회에는 300-400명 정도에 불과했으나 곧 참석자는 크게 증가하였다. 집회는 영국 교회 목사 하트포드-베터스비(Hartford-Battersby)가 시무하는 성 요한 교회에서 개최되었는데, 아침 7시 회집하여 아침 식사, 10시 오전 모임, 11시 찬양과 간증, 그리고 기도회 개최 순으로 진행되었다. 오후 3시에는 여성들만의 모임이 있었고 4시에는 모든 참가자들이 모여 성경 읽기 등 묵상하고 저녁에 다시 집회가 개최되었다. 이것이 케직 사경회의 시작이 된다. 제1회 케직 사경회의 공식적인 집회를 전후한 다양한 집회와 그 성격, 그리고 케직 사경회의 영성에 대해서는 이미 김영한 박사에 의해 명쾌하게 정리되었으므로[21] 다시 상론할 필요는 없을 것이다. 여기서는 간략하게 개설하고자 한다.

케직에서 모인 첫 사경회 집회에 당초 스미스 부부가 주 강사로 초대되었으나 개최 2주전 갑작스럽게 모든 사역의 중단을 선언하고 철수하게 되어 첫 사경회의 인도자는 영국 교회의 강해 설교자 이반 홉킨스(Evan Henry Hopkins)였다.[22] 홉킨스는 런던의 쿠존(Curzon)에서 모인 스미스 부부의 대중 집회에 참석했던 인물로서 케직 운동의 신학자로 불리고 있다. 케직 운동은 그 성격상 기존 신자들을 대상으로 한 운동이었고, 중산층이 다수를 이루고 있었다. 이런 점에서 도시 빈민 탄광 노동자들을 주된 대상으로 했던 이전 시대 웨슬리의 부흥 운동과 구별된다.

1875년 시작된 케직 사경회는 매년 7월 개최되었고, 전 세계적으로 확산되었다.

통상 케직 집회는 5일간 개최되었는데, 다섯 가지 주제가 취급되었다고 한다. 즉, 죄의 심각성, 승리하는 그리스도인의 생활을 위한 준비, 헌신, 성령으로 사는 생활, 그리고 봉사였다.[23] 결국 케직 사경회는 구원 이후의 그리스도의 삶에 깊은 관심을 가지고 변화된 삶을 지향하는 영성 운동이었다. 케직이 중시했던 실천적 봉사에 대한 강조는 세계 전도 운동으로 구현되어 케직 운동의 또 한 가지 특징이 되었고, 결과적으로 해외 선교 운동에도 영향을 끼치게 된다.

케직 운동은 비록 영국 교회 인물이 주축이 되었으나 근본적으로 초교파적 운동이었고, 갈라디아서 3:28, "너희 모두는 그리스도 안에 하나이니라."는 말씀은 케직 운동의 연합적 성격을 표방하는 모토가 되었다. 그래서 영국 교회의 저교회나 고교회, 그리고 플리머스 형제단들을 포함한 비국교도들도 가담하였다. 이들은 '그리스도 안에서 하나가 되는 것'(all in Christ)을 '실제적인 성결의 증진'으로 인식했다.

다. 케직 운동의 영향과 확산

첫 케직 사경회는 영국 교회 복음주의자들로 시작되었으나 해를 거듭할수록 참가 인원이 증가하였다. 그래서 1885년에는 약 2천 명으로, 1905년에는 3천 명으로, 1907년에는 약 6천 명으로 증가되었고, 19세기 후반의 영국 복음주의 영성 운동의 구심점이 되었다. 곧 다른 나라로 전파되어 대륙 간 인적 연쇄를 형성하여 초교파적 운동으로 확산되었고, 결과적으로 세계 선교 운동에도 영향을 끼쳤다. 이 점을 몇 가지 항으로 소개하고자 한다.

1) 우선 케직 운동은 19세기 말 다시 미국으로 확산되어 무디에게도 영향을 주었고, 무디의 감화력은 학생자원운동(SVM)에 영향을 끼쳐 상당수의 선교사가 배출되었다.[24] 실제로 무디의 감화력이 영향을 끼쳐 1886년 여름 노스필드에 있는

헬몬산 집회에서 100여 명의 학생들이 선교 헌신에서 발단된 학생자원운동은 큰 호응 가운데서 확산되었다. 5년 후인 1891년에는 북미 지역의 350개 교육기관에 선교 단체가 조직되었고, 선교 자원자는 6,200명, 해외에 선교사로 파송된 인원은 320명에 달했다. 헬몬산 집회 20주년이 되는 1906년까지 2,953명의 자원자들이 선교지로 파송되었고, 학생 자원 운동이 시작된 지 50년이 되었을 때 약 2만5백여 명의 학생들이 해외 선교지로 파송된[25] 점을 고려해 볼 때 케직과 무디의 영향력이 적지 않았음을 확인할 수 있다. 물론 이를 케직이나 무디의 영향력으로만 볼 수는 없지만 적어도 케직을 중심으로 전개된 19세기 말의 영적 물결이 커다란 영향을 가져왔음을 부인할 수 없다.

뉴 잉글랜드 지역의 침례교 목사인 고든(Adoniram J. Gordon, 1836-1895)은 무디의 절친한 친구이기도 했고, 복음의 열망을 가진 인물이었다. 우리에게 익숙한 "내 주 되신 주를 참 사랑하고"의 작곡자이기도 한 그도 케직 운동의 영향을 주고받았고, 그 결실이 『성령의 사역』(The Ministry of the Spirit, 1894)에 드러나 있다. 그가 1889년 보스턴에 선교사 훈련원을 설립했는데, 후일 고든 대학과 고든-코넬 신학교로 발전하였다는 점은 널리 알려진 사실이다.

버지니아 유니언 신학교 출신인 장로교 목사 아더 피어슨(Arthur T. Pierson, 1837-1911)은 열성적인 설교가로서 케직의 대표적인 미국인 강사였다. 1878년 브리스톨의 조지 뮐러를 만난 이후 종래의 후천년설을 포기하고 전천년설을 신봉하게 되었고, 그리스도의 임박한 재림을 믿었다. 특히 그는 1897년 처음으로 케직을 방문하여 설교한 이후 1909년까지 계속 참가하여 설교하였고,[26] 케직에서 중요한 역할을 감당했다.[27] 1910년에도 참석키로 되어 있었으나 사경회 개최 두 달 전에 소천하여 참석할 수 없었다. 그의 유언으로 한국에 평택대학교의 전신인 피어선 신학교가 설립된 것은 케직 운동의 광범위한 영적 연쇄를 보여 준다.[28] 그는『세계

선교 평론』(*Missionary Review of the World*)의 편집인이기도 했다.

남아프리카 공화국의 작은 교회 목회자로 살았던 엔드류 머레이(Andrew Murray, 1828-1917) 또한 케직 운동에 영향을 주고받았다. 피어슨에게 케직 운동 참여를 독려하기도 했던 머레이는 1895년 케직 사경회에서 "육적이고 영적인 생활"(The carnal and spiritual life), "고상한 삶으로의 길"(The pathway to the higher life)이라는 제목의 설교를 통해 케직 운동을 지원하였다. 이 두 설교가 포함된 케직 사경회에서 선포한 말씀을 엮은 『영적 생활』(*The Spiritual Life*)[29]은 오늘날까지 수많은 독자들에게 감동과 영적 변화를 주고 있다.

예일대학교와 예일대학원 신학부를 졸업한 부흥운동가 토레이(Reuben Archer Torrey, 1856-1928) 또한 케직의 사람이었다. 무디의 권유로 무디 성경학원(Moody Bible Institute)의 전신인 시카고 복음화협회(Chicago Evangelization Society) 초대 원장을 역임한 그는 초기에는 고등 비평가였으나 복음주의적 교리를 회복하였고, 일생 동안 자유주의의 비판가로 살았던 신학자였다. 그는 케직 강단에서 성령의 인격과 사역을 설교하였고 성령 세례를 강조하였다. 김영한 교수는 그의 성령론이 캐나다 출신 선교사 로버트 하디(R. Hardie, 1860-1949)에게 영향을 끼쳐, 그것이 1903년 원산 부흥과 1907년의 평양 부흥의 배경이 되었다는 점을 지적한다. 토레이 가(家)는 4대에 걸쳐 한국 교회에 심대한 영향을 끼쳤는데, 그의 아들 토레이 2세는 중국 선교사로 사역하다가 한국 전쟁 때 한국으로 들어와 장애인과 고아들을 위해 사역하였고, 그의 손자 토레이 3세(대천덕)는 성공회 신부로서 강원도 태백에 예수원을 세웠다. 예수원은 현재 4세인 벤 토레이에 의해 운영되고 있다. R. A. 토레이는 목사, 부흥 운동가, 세계적 복음주의자, 저술가로 성령, 기도, 구원, 영혼 구령 등에 관한 40여 권의 책을 저술했다.

2) 케직 운동이 가장 신속하게 소개된 나라는 호주였다. 호주는 영연방이라는 점에서 영국과 밀접하게 관계되어 있었고, 따라서 케직 운동도 신속하게 소개되었다. 소개되었다기보다는 영국에서와 비슷한 시기에 독자적으로 출발했다고 볼 수 있다. 호주 멜버른 교외 코필드에 위치한 성 메리교회 매카트니(H. B. Macartney) 목사는 복음주의적인 지도자로 세계 교회 동향에 유념하였고, 해외 선교에 관심을 가진 선구적 인물이기도 하다. 그는 1873년부터 선교 잡지, *The Missionary at Home and Abroad*를 발행해 왔는데, 윌리엄 보드만의 '고상한 기독교적 생활' 운동에 감명을 받고 1874년 담임하고 있는 자신의 교회당에서 300여 명의 목회자들과 평신도들을 초청하여 집회를 개최한 바 있는데, 영국에서 제1회 케직 사경회가 개최되기 일 년 전의 일이었다. 이 집회가 호주에서의 첫 케직 사경회라고 할 수 있는데, 이 집회에서는 교파 간의 차이점을 강하게 드러내는 것은 사탄의 역사이며 차이점을 버리는 것은 하나님의 요구이자 성령의 역사라고 주장하고 교파의 벽을 넘은 각각의 신자들 간의 연합(unity of Jesus Christ)을 강조했다. 실제로 매카트니 목사는 호주에서의 '고상한 그리스도인의 생활' 운동의 선구자였다.[30] 1874년 자신이 발행하는 위의 잡지에 영국 옥스퍼드(St. Aldate)에서 모인 보드만과 로버트 스미스 집회에 대해 소개하면서, 이 집회에서 100여 명의 성직자들이 성령 세례를 받았다고 보도했다. 이런 영국과의 상호 연쇄 가운데, 케직 운동은 호주 멜버른에서 태동되었고, 영국에서의 전례에 따라 케직 사경회를 운영했다. 필자가 1987년 멜버른에 거주할 때 부활절 기간 멜버른의 단데농 마운틴에서 개최된 케직 사경회에 참석한 바 있다. 호주에서 케직 운동은 110년 이상 계속된 것이다.

주목할 사실은 케직 운동을 주도했던 매카트니 목사는 교회 연합과 함께 선교의 이상을 고취하였고, 그의 영향하에서 사라 데이비스(Miss Sarah Davies)는 인도 선교를 자원하였다. 사라는 1875년 호주 케직 사경회 기간에 애창했던 찬송 I am

Coming to the Cross (이 찬송은 한국 찬송에 "멀리 멀리 갔더니 처량하고 곤하여"로 번역되었다)에 큰 감동을 받은 것으로 알려져 있다. 사라는 호주에서 인도로 파송된 첫 여 선교사가 되었다.[31] 그가 바로 한국에 파송된 첫 호주 선교사인 해리 데이비스(J. H. Davies)의 누이였다. 데이비스 또한 누이 사라를 뒤이어 1876년 인도 선교사로 파송되었고, 그곳에서 약 2년간 사역하고 건강상의 이유로 호주로 돌아왔다. 그가 1889년 10월에는 한국 선교사로 내한함으로써 호주 교회의 첫 한국 선교사가 되었다. 매카트니 목사의 성 메리교회에서 다수의 젊은이들이 해외 선교를 자원한 것은 매카트니 목사의 영향이 컸고, 이는 케직 운동에서 비롯된 것이었다. 이런 점을 고려해 볼 때 영국의 케직 운동은 호주 교회의 한국 선교에 이르기까지 광범위한 영향을 끼쳤음을 알 수 있다.

3) 케직 운동은 웨일즈의 부흥과 중국 내지 선교회(CIM) 창립에도 영향을 준 것으로 지적되어 왔다. 아더 피어슨은 『웨일즈부흥』(1905)에서 웨일즈 지방 부흥은 케직에서 형성된 기도 모임의 결과라고 주장한다. 영국의 케직 사경회에 참석했던 13명의 웨일즈인들은 웨일즈에도 부흥을 달라고 기도했는데, 1903년 웨일즈에서 첫 케직 사경회가 개최되었을 때 기도가 응답되는 놀라운 역사가 일어났고, 성령의 임재가 계속되었다.[32] 1904년 8월에는 두 번째 케직 사경회가 개최되었다. 이때에도 부흥과 회심의 역사가 나타났다. 이를 계기로 성령 충만을 경험한 청년이 이반 로버츠(Evan Roberts, 1878-1951)였다. 광부 출신의 26세의 청년 로버츠는 그 어떤 것으로도 꺾을 수 없는 간절한 영혼의 열망을 가지고 목사 후보생으로 준비를 막 시작할 무렵이었다. 그는 웨일즈 부흥의 주역이 되었고, 걷잡을 수 없는 성령의 역사가 웨일즈를 부흥의 파도로 물결치게 만들었다. 부흥은 웨일즈 전역으로 확산되었고, 술집과 극장이 폐쇄되고 범죄자가 사라지는 역사가 나타났다. 연원적으로

보면 케직 사경회가 가져온 영적 연쇄였다.

4) 케직 운동은 허드슨 테일러와 세계 선교에도 커다란 자취를 남겼다. 케직 운동과 선교 관계에서 대표적인 사례가 허드슨 테일러(Hudson J. Taylor, 1832-1905)의 헌신이라고 할 수 있다. 물론 테일러의 일생의 헌신이 케직만의 영향이라고 할 수 없지만 당시의 복음주의 운동이라는 큰 흐름은 테일러의 헌신에 영향을 주었고, 아더 피어슨을 비롯한 당시 영적 인물들의 상호 연쇄는 케직 운동을 거점으로 하였으므로 테일러도 이런 영적 울타리에서 도피할 수 없었다. 무엇보다도 신앙에 근거한 성결에 대한 그의 관심은 케직 운동이 지향하는 목표와 동일했으므로 상호 관련은 자연스러운 것이었다. 그가 중국 복음 선교회 소속으로 처음으로 상해에 도착했던 때가 1854년이었다. 22세 때였다. 한 기(term)를 마치고 귀국한 그는 1865년 중국내지선교회(CIM)를 창립하는데 이 어간 케직 운동가들과의 교제는 그의 헌신과 활동에 큰 영향을 주었고, 케직 사경회의 후원을 받기도 한다. 그로부터 30년이 지난 1895년에는 641명의 중국내지선교회 선교사들이 중국 전역에서 활동했는데, 이들은 중국에서 활동하는 개신교 전체 선교사의 거의 절반에 해당했다.

테일러는 중국의 복음화라는 거대한 목표를 보다 빠른 기간에 달성하기 위해서 여러 운동을 전개하였다. 특히 1898년 3월 상하이에서 쓴 편지를 보면 중국 복음화를 위한 이른바 '전진 운동'(Forward Movement)의 일환으로 케직 대표단의 중국 방문을 위해 기도해 달라는 특별한 부탁을 하고 있다. 그는 하나님의 영이 보다 강력하게 역사하시기 위해서는 신실한 전도자들의 양성이 필요하고, 이를 위해서는 소명 받은 능력 있는 자들을 통한 말씀 전파가 필요하지만 동시에 그리스도인답게 사는 삶의 실천이 요구된다고 썼다.[33] 케직 대표단으로 아더 피어슨도 중국을 방문할 계획이었지만, 불가피한 사정으로 그는 가지 못했으나, 찰스 인우드 목사(Rev Charles Inwood)가 중국으로 가서 기독교의 기본 진리에서부터 기독교의 고상한 삶의 영역을 설교하고 가르쳤고, 이런 집회가 반복되었다.[34] 그는 1901년 은퇴했고 4년 후 창사(長沙)에서 세상을 떠났다.[35]

맺음말 : 정리와 결론

    이상에서 케직 운동의 역사적 배경, 기원과 전개, 그리고 케직 운동이 끼친 기여와 영향에 대해 개관하였다. 이 글을 마감하면서 두 가지 점에 대해 언급하고 한다. 첫째는 신학의 문제인데, 비록 이 글에서 신학의 문제를 구체적으로 논급하지 못했지만, 케직의 신학이 어떠하냐고 말할 때 인간의 죄와 죄의 폐해와 그 심각성을 중시하고, 성결(성화)는 그리스도와의 교제를 통하여 매 순간 이루어져야 하는 것으로 이해한다. 또 이들은 인간의 옛 본성이 믿음의 연륜과 더불어 점차 사라진다는 소위 기계적인 성화론이나, 개인의 노력이나 헌신적인 봉사 활동을 통해 이루어질 수 있다는 입장도 배격한다. 성화란 성령 안에서 그리스도께 순종하는 삶을 살며, 하나님의 뜻을 날마다 수행하는 성도들의 삶이라고 이해한다. 그러나 넓은 의미에서 케직 운동은 중생 이후의 2차적인 경험으로서의 성화를 지향했다고 할 수 있다. 이런 점에서 제임스 패커(J. Packer)는 케직의 신학이란 웨슬리주의를 약간 발전시킨 수정판 정도로 이해했다.[36] 일반적으로 케직 운동은 성격상 정통 복음주의와 웨슬리안 성결 운동 양 진영의 중도적 성격이 있었고 평가받아 왔다. 이 점은 케직 사경회가 웨슬리안을 열광주의자라고 비판하면서 사경회식 성결 운동을 전개한 점에서 확인할 수 있다.

    케직 운동 초기 신학은 이런 형식으로 논급할 수 있겠지만 그 이후의 신학을 일관하여 정의하는 일은 사실상 어렵다. 그것은 영국과 미국을 비롯한 다수의 인사들이 이 운동에 가담하였고, 이들이 동일한 신학적 일관성을 유지했다고 보기 어렵기 때문이다. 이런 점에서 케직의 신학은 18세기 이후의 복음주의 전통을 계승하되 약간의 견해차를 수용하면서도 성화론을 중시하는 복음주의 운동이었다고 볼 수 있을 것이다.[37]

다른 한 가지는 케직 운동은 18세기 복음주의 유산을 계승하면서도 19세기 중반 이후 영미 복음주의 그룹의 다양한 인사들의 이념 연쇄(idea-chains) 가운데 기원하고 발전하였다고 할 수 있다. 이들이 윌리엄 보드만(William E. Bordman, 1810-1886), 로버트 스미스(Robert Pearsall Smith, 1827-1899), 엔드류 머레이(Andrew Murray, 1828-1917), 허드슨 테일러(Hudson J. Taylor, 1832-1905), 고든(Adoniram J. Gordon, 1836-1895), 무디(D. L. Moody, 1837-1899), 아더 피어슨(Arthur T. Pierson, 1837-1911), 토레이(Reuben Archer Torrey, 1856-1928) 등이다. 말하자면 19세기 복음주의 운동의 중요한 인물들이 케직 운동이라는 공동의 토대에서 상호 협력과 부조를 통해 중생과 구원, 회개와 각성, 성결과 성화를 추구하며 교회의 갱신과 쇄신, 그리스도인의 성결한 삶과 그 가치를 고양하며 전도와 선교의 책임을 다했다는 점이다. 이런 점에서 약간의 신학적 차이를 인정하더라도 복음주의자들의 상호 협력과 연대는 한 시대의 기독교적 가치를 지켜 가며 선교적 책임을 다하는 데 있어서 매우 중요하다는 점을 일깨워 주었다고 평가된다.

7장 / 케직 사경회의 기원과 발전

※ 이 논문은 2015년 10월 16일 기독교 학술원에서 행한 강연을 수정 보완하여 『고신신학』 19(2017.9)에 게재된 글이다.

1 이를 출간 연대순으로 정리하면 아래와 같다. 영국 케직 사경회, 『왕 되신 우리 주』(서울: 두란노, 1986), 아더 피어슨, 『케직 운동』(서울: 생명의말씀사, 2001), 김명혁, 『케직, 암스텔담 메시지』(서울: 성광문화사, 2002), 존 스토트, 『그리스도처럼 : 케직 사경회 설교 1965-2007)』(서울: 포이에마, 2013), 아더 피어슨, 『영국케직 집회 이야기』(평택: 평택대학교 출판부, 2014).

2 케직 운동과 관련된 국내 논문으로는 (발표순), 김광열, "19세기 미국의 성결 운동과 케직 교훈의 성화론에 대한 개혁신학적 평가," 『신학지남』 67/2(2000. 6), 174-91; 천영숙 "케직 교의에 나타난 성화론과 오순절 신학의 관계," 『한영논총』 10(2006); 조규형, "어더 피어슨과 케직 사경회," 『피어선 신학논단』 3/1(2014.2): 77-99 등이 있다.

3 케직 운동의 역사적 배경에 관한 대표적인 연구는 데이비드 베빙톤, 『영국의 복음주의』, 이은선 역(서울: 한들, 1998)이 있다.

4 F. Whaling, *The Classics of Western Spirituality*(London: 1981), 334. 베빙톤, 『영국의 복음주의』, 240에서 재인용.

5 B. Warfield, *Perfectionism*(NY: Oxford University Press, 1932), 563.

6 John Peter, *Christian Perfection and American Methodism*(NY: Abingdon Press, 1956), 67-80.

7 Peters, *Christian Perfection and American Methodism*, 120.

8 김광열, "19세기 미국의 성결 운동과 케직 교훈의 성화론에 대한 개혁신학적 평가," 『신학지남』 67/2(2000. 6): 177.

9 베빙톤, 『영국의 복음주의』, 257.

10 박명수, 『근대사회와 복음주의』(서울: 한들출판사, 2008), 183.

11 박명수, 『근대사회와 복음주의』, 183.

12 베빙톤, 『영국의 복음주의』, 257.

13 박명수, 『근대사회와 복음주의』, 191.

14 워필드는 피니의 성결론을 인간의 자유의지를 강조하는 점이 있다는 점에서 펠라기안주의라고 보았다. 그러나 웨슬리안들은 피니의 성결론은 웨슬리안 성결론의 변형으로 인식했다.

15 Charles Finny, *Principle of Sanctification* (Minneapolis: Bethany Pub., 1986). 박명수 『근대사회와 복음주의』, 192 재인용.

16 이런 피니의 성화론이 19세기 수많은 사회 개혁을 가져올 수 있는 근거가 되었다고 평가하기도 한다. 박명수, 『근대사회와 복음주의』, 192.

17 George Marsden, *The Evangelical Mind and the New School Presbyterian Experience* (New Haven: Yale University Press, 1970), 215-6.

18 심슨은 1891년 "내 주 하나님 넓고 큰 은혜는"(302장)과 1897년 "주와 같이 길 가는 것 즐거운 일 아닌가"(430장)를 작사 작곡하기도 했다. 심슨의 생애와 사역에 대한 자세한 논의는, 노윤식, "위대한 선교동원가: A. B. 심슨의 생애와 사역," 『한국선교 KMQ』 54(2015, 여름), 152-61을 참고할 것.

19 I. E. Page ed, *John Brush* (London, 1912), 146, 베빙톤, 『영국의 복음주의』, 256 재인용.

20 이런 점에서 무디의 메시지는 흔히 3R, 곧 Ruin by Sin, Redemption by Christ, Regeneration by the Holy Ghost로 요약하고 있다.

21 기독인 뉴스, http://www.kidokin.kr

22 케직 초기의 신학을 홉킨스의 신학적 입장에서 유추하기도 한다. 그는 원죄를 인간 본성에 내재해 있는 죄성으로 이해하기보다는 죄에 대한 경향성으로 이해했다. 따라서 성결은 원죄의 제거보다는 죄에 대한 경향성을 제어하는(counteraction) 것으로 이해했다. 이 제어는 단 한 번에 이루어지는 것이 아니라 믿음으로 그리스도와 연합할 때 가능한 것으로 보았다. 이런 점에서 홉킨스의 입장을 케직의 성화론으로 말하기도 한다.

23 김광열, 184; 최재건 편, 『근현대 부흥운동사』(서울: CLC, 2007), 178-9.

24 김영한, "케직 운동의 영성," http://blog.naver.com/PostView.nhn?blogId=yoonh20&logNo=220374578736.

25 Herbert Kane, 『기독교 세계선교사』, 박광철 역(서울: 생명의말씀사, 1981), 148; Herbert Kane, 『세계선교의 어제와 오늘』, 104.

26 조규형, "아더 피어슨과 케직 사경회," 『피어선신학논단』 3/1(2014. 2): 79, 82.

27 J. Pollock, *The Keswick Story*, 117-18.

28 김영한, http://blog.naver.com/PostView.nhn?blogId=yoonh20&logNo=220374578736

29 최근 본으로는 A. Murray, *The Spiritual Life* (New Kensington : Whitaker House, 1996)가 있다.

30 호주 멜버른의 매카트니 목사와 데이비스, 그리고 케직 운동에 관해서는 Mark Durie, "H. B. Marcartney and J. H. Davies: Fulfilling the Great Commission from Australia"

(unpublished paper)를 참고함.

31 Keith Cole, *A History of the CMS of Australia* (Melbourne: The Ruskin Press, 1971), 130.

32 박용규, 『세계부흥 운동사』(생명의 말씀사, 2014), 588-590.

33 H. Taylor, *Hudson Taylor : In Early Years The Growth of a Soul* (London: CIM, 1949), 568.

34 Taylor, *Hudson Taylor*, 573.

35 J. D. Douglas and Earle E. Cairns ed., *The New International Dictionary of the Christian Church* (Grand Rapids: Zondervan, 1978), 953.

36 제임스 패커, 『성령을 아는 지식』, 홍종락 역(서울: 홍성사, 2002), 205.

37 굳이 케직의 신학을 말한다면 중심 주제는 성화론이라 할 수 있는데, 이 점에 대해서는 여러 연구가 있으므로 이 글에서는 재론하지 않았다.

제4부

기독교와는 다른 전통들

1장   유사 기독교와 이단
2장   이단 사상의 계보 : 종말론 이단의 경우
3장   이단 사상의 계보 : 정경관 이단의 경우
4장   윌리엄 밀러의 그리스도 재림론
5장   종교 다원주의, 어떻게 볼 것인가?

1장 / 유사 기독교와 이단 ※

시작하면서

　한국에서의 복음 전도에 부정적 영향을 주는 다양한 요인 중의 하나는 유사 종교와 이단, 그리고 사이비 유사 기독교의 활동이라고 할 수 있다. 특히 유사 기독교는 정통 기독교와의 '유사성' 때문에 기독교의 복음 전도에 악영향을 끼치는 집단이라고 할 수 있다. 이런 점에서 유사 종교나 유사 기독교의 발흥 원인과 배경, 활동, 그리고 복음 전도에 있어서 역기능에 대해 살펴보는 일은 의미 있는 일일 것이다.

　사이비 기독교의 활동이 오늘의 복음 전도에 끼치는 부정적 영향에 대하여 피부로 감지할 수 있을 만큼 구체적으로 보여준 경우가 1992년의 시한부 종말론자들의 활동이었다. 시한부 종말론자들의 광신적 포교 활동, 주장의 허구성, 그리고 몰 이성적 행태들이 가져온 역기능 때문에 교회의 전도 활동은 상당한 어려움을 겪고 있다.

　사례 발표에 의하면, 시한부 종말론의 열풍이 지난 이후 전도가 잘되지 않고 주일 학생 전도 또한 상당한 어려움이 있다고 한다. 어른들은 자식들을 교회에 보내 주지 않기 때문이라고 했다. 심지어는 "교회 가면 신세 망친다."고 까지 악담을 하는 이들을 자주 만난다고 한다. 1980년대 말부터 한국 교회 성장은 둔화 현상을 보이고 있고 1990년대 이후 주일 학교는 급격한 감소 현상을 나타내고 있어 서구 교회에서 보는 바처럼 한국 교회의 신자들의 고령화 현상이 나타나고 있다. 1980년대 말부터 구체화되고 있는 한국 교회의 성장 둔화 현상 및 교회 출석율의 감소는 여러 가지 요인들로 설명될 수 있으나 다음의 4가지로 정리될 수 있을 것이다.

　첫째, 사회적 안정과 경제적 성장, 곧 생활 수준의 향상으로 인한 종교적 열망의 쇠퇴 현상이다. 서구 교회 역사에서 보는 바처럼 안정된 생활은 종교적 열성을 상대적으로 약화시키고, 세속화 현상을 초래했다고 할 수 있다.

둘째, 자동차의 보급으로 인한 생활 양식과 여가(餘暇)문화의 변화를 들 수 있다. 이것은 위에서 언급한 첫 번째 요인의 결과인데, 대중교통 중심의 제한적 한계 안에서의 생활 양식은 자동차의 급격한 보급을 통해 여가 지향적 생활 양식과 탈도시적 여가 문화를 보급하였다.

셋째, 교회의 영적, 도덕적 퇴보, 혹은 윤리적 권위의 상실 또한 한 가지 원인으로 지적되고 있다. 교회나 교회 지도자들의 도덕적이지 못한 생활이나 탈선이 가져온 역기능을 들 수 있다.

넷째, 유사 기독교나 이단들의 활동이 가져온 부정적 영향이다. 1992년 10월에 우주적 종말이 있을 것이라는 '다미 선교회'와 그 아류들이 가져온 허구적, 반지성적, 반사회적 주장과 활동, 구원파와 오대양 사건의 비도덕적, 반인륜적 사건, 그리고 영생교, 정명석(JMS) 집단이나 정통 기독교를 가장한 여러 사이비 집단의 사교적(邪敎的) 활동이 신문에 발표되면서 기독교회와 신앙 행위 그 자체에 대한 불신을 심화시켰기 때문이라고 할 수 있다.

이상의 4가지 요인 중에서 이 글에서는 특히 네 번째의 경우가 복음 전도에 끼친 영향에 대해 언급해 보고자 한다.

가. 이단, 유사 기독교란 무엇인가?

1) 이단과 유사 기독교

이단(heresy)이란 무엇인가? 흔히 이단이란 '기독교의 기본적 가르침에서 이탈한 자'를 가리키는데, '이단'이란 말은 헬라어 αἵρεσις(hairesis, 하이레시스)에서 유래하였다. 이 말은 원래 '선택', '선택의 행위', '선별'을 의미했으며 '교리', '학파',

'수용된 의견들'을 의미하는 단어로 사용되었다. 이 말은 사도행전에서는 "사두개인의 당파"(행 5:17), 또는 '바리새파'(행 15:5), '나사렛 이단의 괴수'(행 24:5) 등의 경우처럼 파, 당파, 분파, 종파라는 뜻으로 사용되었다.

그 후 하이레시스는 공인된 가르침으로부터의 분리를 나타내는 분파나 분쟁과 같은 의미로 사용되었다(고전 11:18,19, 갈 5:20, 벧후 2:1 등). 이 용어가 보다 부정적으로 사용된 것은 교부들의 문서에서부터였다. 교부들 가운데, 이 용어를 처음 사용한 인물은 속사도 교부인 이그나티우스(Ignatius)였는데, 그는 이단은 교회의 단일성을 해치는 자로서 기독교와 상관없는 이들로 보았고, 이레니우스(Irenaeus)는 "바른 교리의 표준으로부터의 이탈"로 이해하였다. 이러한 과정을 거쳐 오늘에는 이단은 일반적으로 성경의 기본적인 가르침으로부터 이탈한 자와 그 집단을 칭하는 의미로 사용되고 있다.

그러면 유사(類似) 혹은 사이비 기독교(pseudo-christianity)란 무엇인가? 이점에 대한 통일된 정의는 없으나 일반적으로 이단적 성향이 있는 준이단이나 정통이 아닌 이단을 통칭하는 개념으로 볼 수 있다. 일반적으로 이단 사상을 가진 이들이 교회를 떠나 별도의 집단을 형성했을 경우를 이단이라 칭하고, 교회 조직 속에 남아 있을 경우를 사이비라고 하지만 반드시 그렇지는 않다. 이종성 박사는 자신이 제시한 7가지 기본 교리, 곧 창조주 하나님, 그리스도의 신성과 대속적 죽음, 부활과 재림 및 성령의 삼위일체론적 위치와 역사 안에서의 활동성, 성경의 신언성, 교회밖에는 구원이 없음, 그리스도의 대속적 죽음으로서만 구원이 가능함, 예수의 재림을 통한 최후 심판과 구원의 완성 등 전체를 부인하거나 이설을 주장하면 이단이요, 부분적으로 부인하면 사이비라고 하였다.

일반적으로 유사 기독교를 이단적 성향을 가진 준이단 정도로 이해하고 있으나 엄밀한 의미에의 정통이 아닌 모든 형태의 이단은 사이비 곧 유사 기독교라고 할 수 있다. 단지 주장이나 가르침에 있어서 일견 정통 기독교와 유사한 것처럼 보이기 때문에 붙여진 이름이라고 할 수 있다. 유사 기독교는 이름 그대로 정통 기독교의 가르침이나 교의를 부정하거나 왜곡하지만 정통 기독교처럼 위장하는 경우라고 할 수 있다. 이 글에서는 '유사 기독교'를 이단과 이단적 성향의 가르침과 그 조직을 의미하는 보다 광의의 개념으로 이해하려고 한다.

2) 이단 혹은 유사 기독교의 분류

유사 기독교를 그 주장과 성격, 특징을 기준으로 하여 다음의 3가지로 부류로 정리할 수 있을 것이다.

첫째, 구원론을 강조하는 부류 : 이 부류는 구원론을 강조하는 사이비 기독교로써 특히 지파만이 구원의 종파인 것처럼 자파의 고유성이나 독특성을 강조하므로 타종교는 물론 기성 교회와의 차별성을 강조한다. 구원파가 그 대표적인 경우라고 할 수 있다.

둘째, 신비적 능력과 치유를 강조하는 부류 : 이 부류는 자파의 우수성과 소위 영적 탁월성, 종교적 신비성을 강조하는 의미에서 신비적 능력, 치유를 강조한다. 신유나 치유를 강조하는 것은 추종자를 얻는 가장 효과적 방안이기도 하다. 그 대표적인 경우가 영생교이다.

셋째, 재림의 임박성을 강조하는 부류 : 이 부류는 우주적 종말을 강조하여 사회적 불안을 야기하고 열정적 신앙 행위를 강조하는 집단이다. 말하자면 종말의 임박성이라는 충격 요법을 통해 신도들의 맹신을 강요하는 부류라고 할 수 있다.

위의 3가지 유형의 부류는 유사 기독교 집단의 특징과 성격을 보여주는 것으로써, 이들 종파가 기독교회의 복음 전도에 미치는 영향의 폭을 이해하는데 도움을 준다.

나. 유사 기독교의 특징과 전도에 미치는 영향

일반적으로 기성 종교가 아닌 신흥 종교나, 기성의 정통 교회가 아닌 이단, 유사 기독교의 특징으로 그 추종자의 소수성, 포교 활동에 있어서(음성적) 폐쇄성, 영향력의 제한성, 교리나 주장의 복합성 등을 말해 왔다. 또 넬슨(G. K. Nelson)은 "컬트의 개념"이란 논문에서 이단 혹은 이단적 부류의 현상적 특징으로 "규모가 작은 편이며 생명이 짧고, 종종 국지적으로 나타나며 카리스마가 있는 지도자를 중심으로 발전한다."고 하였다. 이런 설명이 유사 기독교나 신흥 종교의 특징을 보여 주는 것은 사실이지만, 항상 그렇지는 않다. 오늘날에는 다양한 이단과 유사 기독교, 신흥 종파들이 공개적으로 포교하고 있을 뿐만 아니라 적극적으로 언론 매체를 이용하거나 기관지를 창간, 배포하고 있다. 그 결과 그 추종자들이 상당수에 이르고 있어 결코 소수 집단이라고 할 수 없을 정도이다.

신흥 종교의 경우 여전히 음성적, 폐쇄적 성격을 띠고 있으나, 산간 지방이나 농어촌 지역 중심으로 형성되던 과거와는 달리 서울, 부산, 대전 등 대도시 집중 현상을 보이고 있다. 신흥 종교들도 이제는 농촌이나 민도가 낮은 지방이 아니라 도시에 집중되고 있고 서울 주변에 산재한 집단의 수가 가장 많은 것으로 보고되었다. 이와 같은 점은 이단이나 유사 기독교의 경우도 동일하다. 이런 점들은 이단적 종파들의 영향력이 보다 확대되고 있음을 보여주는 징표라고 할 수 있다.

특히 한국에서의 신흥 종교 혹은 이단적 집단들은 정치권력과의 결탁이나 정치적 영향력을 힘입어 자파의 보위와 교세 확장을 꾀하고 있다. 또 어떤 신흥 종교는 특정 정치인에게 정치자금을 제공하고 권력의 비호 아래 교세 확장을 꾀한 종파도 없지 않았다.

이와 같은 유사 종교들의 대도시 중심의 활동, 다수의 추종 세력 확보, 정치 권력자와의 결탁 등은 복음 전도 활동에 부정적 영향을 주는 요인이 되고 있다. 복음 전도에 부정적 영향을 주는 더 심각한 문제는 유사 (기독교)종파들의 주장 혹은 교리가 지니는 다음의 3가지 특징이다.

이 3가지는 기독교의 교리와 근본적으로 다른 이단적 요소나 이단성을 지니고 있으면서도 동시에 기독교 교리와 유사성을 지니고 있어 자파 추종자들에게는 정통 교회의 약점을 보완한 보다 충분한 복음으로 설명하고 있고, 비신자들에게는 기성의 건실한 기독교의 일파인 양 호도함으로써 자파의 비도덕적, 반윤리적 사교성(邪敎性)을 은폐하고 있다. 즉 일반인들로 하여금 이단과 정통, 거짓과 참, 그릇됨과 옳음의 분별력을 제거함으로써 자파의 사교성을 은폐하고 동시에 공개적인 교세 확장을 꾀하고 있다.

이와 같은 유사 종교의 행태는 역으로 기성의 정통 교회의 전도 활동에는 치명적인 악영향을 끼치고 있다. 즉 일반인들은 기성 교회의 전도 활동을 사교의 그것과 동일시하고 있기 때문이다. 이제 구체적으로 유사 기독교의 3가지 특징들에 대해 설명해 보고자 한다.

첫째는 반동성(Reactivity)이다 : 유사 기독교와 이단은 기존 정통 교회의 약점이나 어떤 극단적 성향에 대한 반작용으로 일어난 '반동 운동'(Reaction formation)이라고 할 수 있다. 예를 들어 권신찬씨로부터 시작된 구원파(공식 명칭 기독교복음침례회), 구원파의 분파인 박옥수의 대한예수교침례회 등은 다른 종파와 마찬가지로 종교적인 반동 운동의 결과로 나온 이단이라고 할 수 있다. 이들이 비록 "침례회"라는 명칭을 사용하고 있으나 1960년대 초 장로교에서 파생된 집단이다. 한국에 극동방송을 설립 운영하던 팀(TEAM)선교회의 마트슨(Vernon Marterson) 총재는, 구원파는 1950년대 일부 장로교회의 복음 전도의 비적극성, 유아 세례 강조, 지나친 성직자 우대, 예정에 대한 강조, 헌금에 대한 강요 등에 대한 반발로 시작된 반동 운동으로 진단한 바 있다.

유사 기독교는 기독교의 공통 기반 위에서 출발하지만, 그 발전 과정에서 기독교의 기본적인 가르침에서 이탈하여 교주의 신격화, 교리의 주관화 현상을 지니게 된다. 그 대표적인 경우를 박태선의 전도관, 문선명의 통일교, 신천지 집단에서 찾아볼 수 있다. 김득렬 교수는 전도관 집단 조사 연구 보고서에서 전도관 신자를 상대로 그 출신 교회를 조사한 바 있는데, 비기독교계 신앙생활 경험자는 불과 11%에 지나지 않고, 89%의 전도관 신자는 기성 교회의 신앙생활을 경험한 신자로 구성되었음을 밝힌 바 있다. 이점은 유사 종교가 기성 교회의 반동적 성격을 지니고 있음을 보여 주고 있다.

둘째로 절충성(Eclecticism)이다 : 한국의 이단이나 신흥 종교의 대표적인 성격은 교리의 혼합성 혹은 절충성이다. 유사 기독교의 경우도 다르지 않다. 기독교적 기반에서 생성된 반동적 성격과 함께 자파에게 유리한 타종교의 주장들을 절충하여 우월성이나 독자성, 혹은 특이성을 강조한다. 그래서 유사 기독교는 대체적으로 기성 교회와 동일한 용어들을 사용하고 있는데 이점이 일반인들에게 정통 교회와 사이비 기독교를 혼돈케하는 요인이 되고 있다.

유사 기독교나 이단의 절충성 혹은 혼합주의적 교리를 용문산 기도원, 통일교의 문선명, 전도관의 박태선 등과 조희성의 영생교(승리 재단) 등에서 찾아볼 수 있다. 1970년대 이후 유사 기독교 종파는 특히 기독교 교리와 민간 신앙을 혼합하고 신비적 경험이나 치병(治病) 등을 강조하며 현세적 안녕과 축복을 강조하는 기복적 성격이 강하다. 바로 이런 점 때문에 많은 추종자를 얻고 있다. 이들이 기독교의 가르침을 곡해, 왜곡하고 타종교나 전통 사상, 기층문화와 샤머니즘적 무교 사상을 혼합하고 있으면서도 기독교적 용어나 의식을 사용하고 있으므로 이교라고 할 수 없는 점이 있다. 그러나 사실은 이교 못지않은 비기독교적, 반기독교적 성향을 지니고 있다. 그래서 김의환 박사는 통일교와 관련하여 다음과 같이 말한 바 있다.

"통일교 운동을 하나의 기독교 분파 운동(즉 유사 기독교)으로 볼 것이 아니라 성약(聖約)을 내세워 성경을 폐기시키고, 성(Sex)을 내세워 기독교 윤리를 무너뜨리고, 반공을 내세워 종교 분리 원칙을 뒤엎는 운동이며, 문선명을 내세워 예수 그리스도를 다시 십자가에 못 박는 운동이다."

셋째는 유사성(Similarity)이다 : 세 번째 특징은 앞서 언급한 두 가지 성격의 결과적 현상인데, 얼핏 보기에는 유사 기독교가 기성의 정통 교회와 외형상 유사한 것처럼 보인다. 한국의 대표적인 이단과 유사 종파의 교주들의 거의 전부가 기성 교회 신자였음을 고려해 볼 때 이들 종파의 기독교회와의 유사성을 감지할 수 있다.

고든 루이스(Gordon Lewis)는 이단은 "그리스도나 성경의 공인을 받았다고 주장하면서도 부가적인 계시를 주장하고 근본적인 신앙 신조를 이차적인 것으로 대치시킴으로써 기독교의 중심 메시지인 복음을 소홀히 하거나 왜곡시키는 종교 운동"이라고 했는데, 이것은 유사 기독교의 기성 교회와의 유사성을 잘 지적해 준다.

유사 기독교 집단의 용어, 예배 의식, 그 주장의 유사성 때문에 일반 사회나 불신자들에게는 정통 기독교회와 동일시되고 있다. 그래서 기성 교회의 건실한 종교 활동이나 신앙생활이 사교시(邪敎視) 되고 있다. 이점이 복음 전도 운동에 치명적인 저해 요인으로 작용한다.

다. 유사 기독교의 역기능

이상에서 우리는 유사 기독교의 성격과 특징을 통해 기독교의 건실한 전도, 선교 활동에 부정적 영향을 끼치고 있음을 지적하였다. 이제 좀 더 구체적으로 유사 기독교의 활동이 가져오는 역기능에 대해 언급해 보고자 한다. 유사 기독교의 현존과 활동이 가져오는 역기능을 두 가지로 나누어 설명할 수 있다.

우선 기신자에게 끼치는 영향을 들 수 있다. 유사 기독교나 이단들의 활동은 기

신자들에게 건실한 신앙적 관심을 마비시키는 역할을 한다. 시한부 종말론의 경우를 예로 들 수 있다. 1992년 10월 28일, 예수님이 재림한다는 시한부 종말론자들의 주장은 그 주장의 허구성 때문에 기신자들로 하여금 종말과 재림에 대한 건전한 관심을 마비시켰고 종말론 자체에 대한 관심을 배제 시킴으로서 기독교 신앙의 중요한 한 부분을 약화시키는 결과를 가져왔다. 다시 말하면 재림에 대한 소망 가운데 살아야 하는 신자들에게 종말에 대한 건실한 관심 그 자체를 무의미하게 만든 것이다.

또 김기동과 성락교회 측의 마귀론은 그 일방성과 독단성 때문에 결과적으로는 마귀론에 대한 건실한 관심 그 자체를 경원시하고 그 정당한 관심을 무의미하게 만들었다. 이것이 바로 유사 종교 집단의 가져온 역기능이다. 이처럼 유사 기독교의 주장은 신자들에게는 건실한 종교적 관심을 퇴락시키는 역할을 한다.

두 번째로 일반 사회와 불신 사회에 끼치는 역기능이다. 최근 문제시되는 영생교, 정명석(JMS) 집단, 신천지 등에서 보는 바처럼 유사 기독교나 이단 집단의 교주의 절대화, 열광적 맹신주의, 비윤리적 신앙 행태, 그리고 반사회적 활동은 종교의 사회적 순기능을 마비시키고 있다. 마치 모든 종교 행위가 다 그러한 것처럼 오도함으로써 종교가 담당할 수 있는 사회 정화나 사회 계도적 역할 그 자체를 불신하게 만든다. 그래서 건실한 교회의 전도 활동을 이단이나 유사 기독교의 그것과 동일시하여 '정상적이지 못한 사람의 어리석은 일'로 간주한다. 이와 같은 오해는 앞서 언급한 이단과 유사 기독교의 '나쁜 열매들' 때문이다. 월터 마틴(Walter Martin)의 말처럼 '나쁜 열매'는 "교리적-신학적, 윤리-도덕적 영역에도 동일하게 나타난다. 특히 기존의 건전한 기독교회와 유사 기독교 집단을 구별하지 못하는 일반인들은 이단들의 '나쁜 열매'를 보편화, 일반화시킴으로서 기독교회의 복음 전도 운동을 불신하게 만든다. 이와 같은 점들이 유사 기독교가 끼치는 역기능들이다. 시한부 종말론의 열광적 활동, 영생교의 반사회적 활동, 이단 연구가 탁명환 살인 등에 나타난 이단들의 반윤리적 행태는 오늘의 복음 전도 활동을 무력화시키는 주된 원인이 된다.

맺음말 : 종합 정리

이상에서 우리는 유사 기독교가 복음 전도에 끼치는 문제점과 영향에 대해 살펴보았다. 이제 결론적으로 이와 같은 사이비 유사 기독교의 활동이 복음 전도에 끼치는 악영향을 최소화하기 위해 한국 교회가 해야 할 일에 대해 몇 가지 지적해 두고자 한다.

첫째, 유사 기독교의 출현을 예방할 수 있는 교회의 자기 정화와 쇄신의 노력이 있어야 한다. 이것은 개교회나 교단의 문제가 아니라 한국 교회의 과제이며, 한국 교회가 할 수 있는 최선의 대안이라고 할 수 있다.

둘째, 이단 사이비 기독교를 정통 기독교회와 분리시키는 작업이 있어야 한다. 앞서 언급한 바처럼 일반 사회나 불신자들은 유사 기독교를 정통 교회와 동일시하고 있기 때문이다. 우리는 이단이나 유사 기독교를 비판할 뿐 아니라 이들이 건실한 기성 교회와는 근본적으로 다른 사교적 종파임을 홍보해야 한다. 이와 같은 작업은 기독교계 언론이 감당해야 할 사명이다.

셋째, 이단 혹은 사이비 기독교를 연구, 관장할 수 있는 전문기구의 설치 및 전문 인력을 양성해야 한다. 즉 이단이나 사이비 종파의 기원, 역사, 활동, 문제점 등을 즉각적으로 연구, 홍보함으로써 신자들과 교회의 피해를 최소화할 수 있는 상설 기구와 전문 인력을 양성해야 한다. 이를 보다 구체화하기 위해서는 사이비 대책 위원회, 혹은 이단 문제 연구소 등과 같은 전문 기구를 설치, 운영하고 이단 및 유사 기독교 연구자들을 양성해야 한다.

넷째, 범교단적 대책 수립과 공동 노력이 있어야 한다. 한국 교회에는 이단이나 불건전한 사이비 기독교에 적절히 대처할 수 있는 한국 교회적 기구가 없다. 물론 한기총 내의 이단 대책 위원회가 있으나 이 기구는 한국 교회의 일부의 교단과 관계되어 있다. 한국 교회가 거 교단적으로 이단이나 사이비 종교에 대해 공동 전선을 형성한다면 보다 효과적으로 이단이나 사이비 기독교에 대처할 수 있을 것이다.

1장 / 유사 기독교와 이단

※ 이 글은 2010년 7월 8일 부산 경성대학교에서 모인 '한국기독교대학 신학대학원 협의회' 제10차 대회에서 행한 강연을 정리한 것임.

2장 / 이단 사상의 계보 : 종말론 이단의 경우※

시작하면서 : 이단 사조의 재현

교회사를 보면 이단들은 매 시대마다 새로운 옷을 입고 나타나지만 그것은 결코 새로운 것이 아니라는 점이다. 이 점은 솔로몬이 이미 지적한 바이다. "이미 있던 것이 후에 다시 있겠고 이미 한 일을 후에 다시 할찌라. 해 아래는 새것이 없나니… 이것이 새것이라 할 것이 있으랴 오래 전 세대에도 이미 있었느니라."(전 1:9-10). '해 아래 새것이 없다'는 말은 헬라적 의미의 역사의 반복을 말한다기보다는 타락한 인간이 하는 일에 어딘들 새로운 그 무엇이 있겠는가라는 인간의 한계와 제약성을 말하는 말이다. 실제로 인간의 역사에는 동일한 사건이 수없이 반복된다. 동일한 본성을 지닌 인간의 역사에는 유사한 사건이 반복적으로 일어나게 되어 있다. 그것은 인간 본성의 노출이다. 말하자면 역사는 인간 본성의 연장(extension)인 셈이다. 이런 점에서 역사는 자연과학과는 다르지만 역사에는 예측 가능성(predictability)은 존재하기 마련이다. 이런 예측 가능성 때문에 역사에는 교훈적 기능이 있다. 이 것이 역사 연구의 목적이기도 하다.

이단의 역사에서도 이 점은 분명하다. 오늘 한국에서 창궐한 이단이나 이단적 주장들은 따지고 보면 이미 서구 교회의 역사에서 반복되었던 옛 것이다. 단지 이름만 달리하여 한국에서도 나타났을 뿐이다.

이글에서는 우선 거짓 계시와 종말론적 이단이 한국에서 일어난 새로운 전통이 아니라 서구 교회의 역사 속에 간간히 나타났던 뿌리 깊은 이단이라는 점을 제시하고자 한다.

가. 이단의 계보

교회사에 나타난 모든 이단이 그러했듯이 한국 교회에 나타난 이단, 혹은 이단 집단들에게도 하나의 공통된 특성이 있는데, 그것은 '새 예언'(new prophecy)이나 '새로운 계시'(new revelation)를 주장한다는 점이다. 이들 이단들은 계시의 충족성이나 계시의 종국성을 믿지 않고, 신적 계시의 직접성과 계시의 계속성을 주장한다. 이것이 바로 '거짓 계시,' 곧 위경(僞經) 사조이다. 이런 거짓 계시 운동은 2세기에 이미 일어났던 사조(邪潮)로서 새로운 것이 아니다. 이런 위경 운동은 초기 기독교에서만이 아니라 중세기와 16세기 그리고 19세기 미국에서도 출현한 바 있다.

거짓 계시는 주로 종말론에 집중되어 있고, 예수님의 재림의 때에 대한 예언과 계시가 그 중심을 이루고 있다. 그것은 재림의 때에 대한 관심은 교회사의 모든 세대에 있어서 가장 호기심을 끄는 주제였기 때문이다. 그럼에도 불구하고 성경은 이 점에 대해 침묵하고 있다. 따라서 이 때를 산정해 보려는 시도가 있었으나 이런 시도 자체가 불순하다. 교회는 '기록된 말씀 밖에 넘어가지 말라'는 경고를 받고 있으나(고전 4:6, 계 22:18 참고), 이 경고에 대해서는 자제력을 상실해 왔다. 이처럼 재림의 때에 대한 호기심은 교회의 관심사였다. 그 첫 관심이 표출된 때가 2세기였고 중심인물이 몬타누스(Montanus)였다.

1) 초기 기독교의 거짓 계시, 몬타니즘

교회 사상의 모든 운동이 그러하듯이 몬타누스 이단 운동도 시대적 상황, 곧 2세기 당시 교회의 현실에 대한 반작용으로 일어났다. 초대 교회는 예수님의 임박한 재림에 대한 기대 속에 살았으나, 임박하리라고 믿었던 재림은 이루어지지 않고 종말은 무한히 계속되는 역사 속에 중성화(中性化)되어 가자, 교회는 차츰 역사 안에 제도화되어 갔다. 즉 교회의 영적, 도덕적 강조가 약화되고 사도 시대에 있었던 성령의 은사에 대한 열망은 점차 교회의 제도화로 대치되었다. 곧 공교회(公敎會)주의 혹은 보편 교회적 성격(catholicism)이 심화되었다. 신국의 도래를 대망하던 종말론적 기대가 식어지고 신국은 제도로써 교회 안에 있다는 신념으로 대치되어 가자 교회에는 도덕적인 순결성과 거룩한 생활, 엄격한 규율을 회복하고자 하는 이들이 나타나게 되었다.

몬타누스 운동(Montanism)은 바로 이러한 2세기적 상황에서 발생했다. 이들은 교회의 속화(俗化)와 제도화에 반기를 들고 성령의 은사에 대한 강조와 주님의 임박한 재림에 대한 예언, 그리고 엄격한 금욕을 주장하며 당시 교회에 커다란 반향을 일으켰다. 보다 심각한 문제는 종말에 대한 예언에 있어서 기록된 성경을 넘어서는 거짓 계시였다. 이 점은 1990년대 초 한국 교회 일각에서 경험했던 시한부 종말 운동처럼 교회에 상당한 혼란을 초래하였다.

이들은 기존의 교회에 대한 불만과 불신에서 출발하였기 때문에 예언, 방언 등 영적 은사를 강조하였고, 금욕의 엄격한 실행을 통해 기존의 교회와 구별하여 영적 우수성을 과시하였다.

이런 이단 운동의 창시자인 몬타누스에 대해서는 별로 알려진 것이 없다. 히에로니무스에 의하면 소아시아의 프리기아(Phrygia) 출신으로써 시벨(Cybele)이라는 여신전에서 종사하였던 이교 제사장 출신이었다. 약간의 견해차가 상존하지만 그는 172년경부터 자신이 성령에 의해 사로잡혀 있음을 주장하면서 예언 활동을 시작하였다. 처음에는 소아시아의 프르기아(Phrygia) 지역에서 활동했으나 차츰 지역을 넓혀 갔다. 그는 그리스도의 탄생과 함께 성부의 시대가 끝나고 성자의 시대가 시작되었으며, 이제 성자의 시대는 막을 내리고 성령의 시대가 시작되었다고 주장하면서 자신이야 말로 요한복음에서 약속한(요 15:26) 보혜사의 대언자(Mouthpiece)라고 주장하였다. 후일에는 그 자신이 바로 보혜사라고 주장하기에 이르렀다. 보혜사가 임한 것은 종말이 임박했음을 가르친다고 주장하고 프리기아에 있는 작은 마을 페푸자(Pepuza)에 새 예루살렘이 세워질 것이라는 시한부 종말론을 주창했다. 그래서 몬타누스와 그 추종자들은 보혜사의 세대가 이미 시작되었다고 믿었고, 이전 시대보다 더 높은 수준의 도덕과 철저한 금욕과 더욱 완전한 세상을 용감하게 극복하고 순교를 감수해야 한다고 가르쳤다.

프르시킬라(Pris[cill]a)와 막시밀라(Maximilla)라는 두 여인이 여선지자로써 몬타누스 예언 운동에 가담하였는데, 이들은 몬타누스를 추종하고 함께 예언 활동을 하기 위해 가족을 버린 여인들로서 매우 신비주의적 인물이었다. 그 지방 감독들은 이 두 여인을 귀신에 사로잡힌(demon possessed) 여인들이라고 판단할 정도였다. 몬타누스의 고향이자 이 운동의 발상지라고 할 수 있는 프리기아 지방은 이지적인 헬라 계통의 도시와는 달리 열정적인 종교적인 특성을 지니고 있었고 바로 이런 이유 때문에 잡다한 미신적인 신앙 양태들의 발상지이기도 했다.

교회사에서 간헐적으로 나타났던 모든 메시아니즘, 유토피아 사상, 혹은 천년 왕국 운동, 종말론적 이단 사상은 많은 점에서 몬타누스주의와 유사한 점들이 있는데 금욕 생활은 신국의 도래를 위한 준비이자 이를 촉진하는 요소로 강조되었다.

몬타누스 운동의 가장 심각한 문제는 예언 활동, 곧 거짓 계시 운동이었다. 이들은 예언과 방언 운동을 통해 기록된 말씀의 범위를 넘어서면서 거짓 계시 운동으로 발전되어 갔는데, 이점은 몬타누스 운동의 이단적 성격의 핵심이었다. 몬타누스는 보혜사의 대변인이라고 자처했고, 그는 오직 성령이 그로 하여금 하게 하시는 바를 예언한다고 주장하였다

그러나 172년에 종말이 오고 새 예루살렘이 페푸자에 임한다는 시한부 종말론은 "그날과 그때는 아무도 모르나니 하늘의 천사들도, 아들도 모르고 오직 아버지만 아시느니라."는 마태복음 24:36의 말씀을 명백하게 위배하는 거짓 계시

였다. 더욱이 몬타누스는 "나는 천사도 아니고 대사도 아니며 나는 바로 성부 하나님이시니라."고 선언했는데, 4세기의 알렉산드리아의 기록에 의하면 그는 "나는 성부요 성자요 보혜사니라"라고 했다고 한다. 한때 당대의 최고의 신학자 테르툴리아누스(Tertullianus)마저도 이 이단 운동에 가담하였던 것을 보면 그 영향력을 짐작해 볼 수 있다. 몬타누스파의 예언은 이루어지지 않았으므로 저들의 새로운 예언은 거짓 계시로 판명되었으나 소멸되지 않았고 소아시아 지방은 물론 갈라디아, 시실리아, 로마, 고울 그리고 북아프리카 지방에 까지 확산되었고 5세기를 경과하면서 서서히 소멸되어 갔다. 그러나 완전한 소멸은 아니었다. 3세기의 노바티안(Novatianists)과 4세기의 도나티스트(Donatisis), 중세기의 요하킴 피오레(Joechim de Fiore, 1130-1202), 종교 개혁기의 재침례파들(Anabaptists)은 부분적으로 몬타누스 운동의 일면을 계승하였고, 특별히 거짓 계시 운동은 교회의 변혁기마다 거듭 반복되었다. 특히 역사의 전환기마다 그리스도의 재림에 대한 희미한 기대가 있어 왔다. 초기 기독교회는 교회가 설립된 지 100년이 지나면 재림이 있을 것을 기대하였고, 590년 그레고리가 교황에 취임했을 때를 재림의 시기로 간주하기도 했다. 16세기 교회 개혁이 진행될 때 이것을 종말의 전조로 여기는 이들도 있었다. 30년 전쟁으로 알려진 구교와 신교 간의 전쟁의 얼룩진 역사가 종식되는 1648년 웨스트팔리아 화의가 이루어졌을 때도 당시 교회는 종말이 올 것을 예기하기도 했었다.

2) 종교 개혁기의 멜키오르 호프만

거짓 계시와 이에 근거한 종말 사상은 16세기에도 나타났는데 대표적인 인물이 멜키오르 호프만(Melchior Hoffmann, 1495-1543)이었다. 1495년 경 독일 쉬바비아에서 출생한 그는 정상적인 교육을 받지 못하고, 모피상으로 여러 지역을 순례하던 인물이었다. 1522년 루터와 접촉한 후 루터교도가 되었으나 곧 과격한 재침례파가 되었고, 1523년부터는 자칭 설교자가 되어 순회 전도자로 활동했다. 그는 리보니아(Livonia)를 거점으로 여러 지역을 다니며 설교했는데 상당한 인기를 누렸다. 1524년에는 도르팟(Dorpat)에 정착했는데, 여기서 그는 성상(聖像)제도를 반대하고 비밀 고해의 부당성을 지적하기도 했다. 루터가 초기에는 호프만을 후원해 주었고, 호프만이 루터란이라 하지만 그의 지나친 종말론적인 주장에 불안을 느끼고 있었다. 차츰 그는 루터파와 멀어지게 되었고, 자신은 영감 받은 예언자로서 성경을 해석, 설교할 수 있다는 소위 '영적 자유'를 주장하면서 주관주의적 성격을 드러내기 시작하였다. 이런 과격한 사상 때문에 리보니아에서 추방당한 호프만은 북유럽 국가들을 순회하며 더욱 심화된 종말 사상을 선포했다. 특히 그는 『다니엘서 12장 주해』라는 소책자에서 1533년 스트라스부르에 예루살렘이 임한다는 시한부 종말론을 주장하였다. 이런 묵시적 신령주의(apocalyptic spiritualism)로 루터파를 떠난 그는 1533년까지 스트라스부르를 중심으로 종말 사상을 설파하고 다녔다.

호프만은 자신이 요한계시록 11:3의 두 증인 중 한 사람이며 엘리야의 재현이라고까지 주장했고, 스트라스부르가 십사만 사천 전령자들의 궁극적 본부가 될 것이라고 선언하여 이를 따르는 많은 추종자들이 생겨났다. 이런 상황에서 소위 종말 사상과 천년왕국에 대한 환상적 계시를 받았다는 이들이 출현하였고, 갖가지 예언과 묵시가 회자되고 있었다. 프리즈랜드 출신의 한 늙은 예언자는 호프만은 반년간 감옥에 수감된 후 풀려나 그리스도의 재림에 있어서 엘리야의 역할을 할 것이라고 예언했다. 호프만은 이 예언을 주님의 계시로 받아들였다. 호프만은 이 계시에 따라 투옥되기를 원했으나 아무도 그를 투옥하지 않았다. 스스로 투옥되어야 한다는 강박감에서 재침례를 요구하는 협박적인 편지를 스트라스부르 시 당국에 보냈다. 온건한 종말론자가 이제 과격한 인물로 변모되었다. 재침례는 금지되어 있었으므로 스트라스부르시 당국은 그를 체포하였다. 호프만은 자신에 대한 예언이 성취되고 있다는 기쁨과 6개월 후에는 석방될 것이라는 기대를 안고 감옥으로 향했다. 그러나 그의 기대는 무너지고 투옥 기간은 길어졌다. 1533년 스트라스부르가 새 예루살렘이 될 것이라는 시한부 종말론은 거짓임이 판명되었다. 투옥된 호프만은 점차 잊혀져 갔고, 재침례파들로부터도 배척을 받았다. 1543년, 죽음이 그를 감옥에서부터 벗어나게 해 주었다. 6개월이 지나면 석방되어 새예루살렘의 도래를 볼 것이라는 기대를 가지고 감옥에 간지 꼭 10년 뒤였다. 1533년에 종말이 임할 것이라고 믿었던 수많은 이들에게 고통스런 결과를 안겨주었다. 거짓 계시의 맹종은 헛된 꿈이었다. 칼빈이 1538년부터 1541년까지 이 도시에 있었으므로 칼빈은 호프만과 그의 거짓 계시를 알고 있었을 것이다. 끌라스 스킬더(Klas Schlder)가 그의 『계시와 사회생활』에서 말했듯이 "미래에 관해서는 주께서 그의 때에 하시도록 보류해 두셨다"는 말은 진실이었다.

3) 미국에서의 윌리엄 밀러

거짓 계시와 시한부 종말론은 19세기 미국에서 일어났다. 그가 윌리엄 밀러(William Miller, 1782-1849)였다. 윌리엄 밀러는 1782년 미국 매사추세츠주 핏츠필드(Fittsfield)에서 농부의 아들로 출생하였다. 그는 침례교도였던 부모 밑에서 자랐으나 신앙 없는 회의론자에 지나지 않았다. 정상적인 학교교육을 받지는 못했으나 독학을 하면서 농업에 종사하였고, 지역 보안관으로 봉사하기도 하였다. 1812년 영국과의 식민지 전쟁 당시에는 대위로 근무하였고, 군에서 제대한 이후에는 버몬트 지역에서 멀지 않은 뉴욕의 로우 헴톤(Law Hampton)에서 농부로 정착하였다. 1816년 회심한 그는 독자적으로 성경 연구를 시작하였다. 그는 정상적인 신학 교육 없이 14년간 성경 연구에 몰두하였고, 그 결과 시한부 종말론을 주장하게 되었다. 그는 주로 구약 예언서, 특히 다니엘서와 요한계시록에 심취하였는데 이 책들을 구원의 말씀으로 여기지 않고, '미래를 미리 보여 주는 안내서'로 이해하였다. 즉 성경에 대한 바른 원리를 알지 못한 가운데서 성경을 공부함으로써 그리스도 중심에서 떠났던 것이다. 그 결과 밀러는 1818년 그의 종말의 때를 계산하는 주석 집필을 끝내면서 "나는 1818년, 2년간의 성경 연구를 끝마치면서 엄숙한 결론에 도달하였다. 그것은 이제부터 25년 후에(곧 1843년이 됨) 세상의 모든 것들이 종말을 맞게 될 것이라는 점이다"라고 하였다. 이렇게 하여 밀러는 예수 그리스도의 임박한 재림을 말하게 되었고, 또 재림의 때를 말함으로써 시한부 종말론자가 된 것이다. 이때로부터 1822년까지 4년 동안은 자기의 연구를 다시 분석해 보고 예언 연구를 계속한 결과 자신의 주장에 더욱 확신을 갖게 되었다. 그래서 그는 자신을 따르는 소집단에서 그간의 연구 결과를 발표함으로써 종말의 때를 공식적으로 표명하기에 이르렀다. 그것이 1836년 『1843년경 예수 그리스도의 재림에 대한 성경과 역사로부터의 증거』(Evidence from Scripture and history of the Second coming of Christ, About the year 1843)란 이름으로 출판되었다.

그렇다면 밀러의 1843년 재림설의 근거는 무엇인가? 밀러는 다니엘서 8:14의 이천삼백 주야에 대한 환상을 다니엘서 9:25의 예루살렘을 중건하라는 말과 연결시켰고, 그것을 다시 에스라 7:11과 26절에 나오는 아닥사스다 왕이 에스라에게 내린 조서와 연결시켜 예수님의 재림의 때를 산출한 것이다. 즉 밀러는 다니엘서 8:14의 이천삼백 주야를 이천삼백 해(year)로 계산하였다. 민수기 14:34의 "너희가 그 땅을 탐지한 날 수 사십일의 하루를 일 년으로 환산하여 그 사십 년간 너희가 너희의 죄악을 질지니…"라는 말씀에 기초하여 이천삼백 주야를 이천삼백 년으로 본 것이다. 그리고 다니엘서 8:14의 "성소가 정결하게 함을 입으리라"는 말씀의 성소 정결을 지상(地上)이 정결케 된다고 이해하였다. 그리고 이때를 다니엘서 9:25의 "그러므로 너는 깨달아 알지니라, 예루살렘을 중건하라는 영(令)이 날 때부터…"에 기초하여 산정하려고 하였다. 즉 밀러는 아닥사스다 왕이 에스라로 하여금 예루살렘으로 돌아가도록 포고령을 내린 해로부터 이천삼백 주야, 곧 이천삼백 년 이후가 예수님의 재림의 때라고 본 것이다. 그래서 그는 웃서(Ussher)의 연대 계산법에 기초하여 아닥사스다 왕이 조서를 내린 때를 기원전 457년으로 정한 후에 여기에 이천삼백 년을 더하면 1843년이 된다. 그래서 그는 이때가 예수님의 재림의 해라고 주장하였는데, 그 후 그는 날짜까지 더하여 1843년 3월 21일부터 1844년 3월 21일 사이라고 주장하였다.

밀러의 1843년 예수 재림설은 명백한 오류이다. 성경 해석상의 오류는 물론 연대 계산상에 있어서 문제점을 지니고 있고, 십자가 사건을 AD 33년으로 본 것부터가 부정확하다. 밀러의 연대 계산의 오류와 문제점을 보면서 인간의 사색이 얼마나 위험한 것인가를 깨닫게 된다.

밀러의 시한부 종말론은 많은 지지를 얻었고 많은 사람이 그의 종말론을 추종하였다. 1832년경부터 그는 임박한 종말론을 설교하기 시작하였고, 여러 지역을 순회하며 설교와 강연을 통해 그의 주장을 확산시켜 갔다. 수많은 이들이 소위 그리스도의 재림을 대비한다면서 직장과 일터를 버리고 1843년 재림을 설교하고 전파하기에 힘썼다. 그 결과 1833년에는 보스턴(Boston)에서 『시조』(時兆, Sign of the Time)라는 잡지가, 뉴욕에서는 『밤중의 외침』(The Midnight Cry)이라는 잡지를 발간되었다. 밀러의 재림설은 명백한 오류였고, 결국 실패로 돌아갔다. 밀러 자신은 1849년 그의 나이 67세에 시력을 잃고 지내던 중 로우 헴톤(Low Hampton)에서 사망하였다. (*밀러에 대한 상세한 설명은 이후 4장을 참고할 것.)

나. 한국 교회에서의 거짓 계시 운동

거짓 계시 운동은 긴 역사를 지니고 있다. 한국에서의 경우 그 첫 인물이 황국주(黃國主, 1909-1952)였다. 그는 황해도 장연(長淵) 출신으로 북간도 용정에 이주하여 용정중앙교회에 출석하던 청년이었다. 그는 정상적인 신학 교육을 받지 못했고, 또 교회적 신앙 전통에 대한 이해가 없었던 평범한 청년에 지나지 않았다. 1933년경부터 그는 자신의 주장을 계시화 하고 추종자를 얻음으로써 열광적인 신비주의자가 되었다. 그는 백일 간의 기도를 마친 후 묵시를 받았다고 주장하기 시작하였고 자신을 신언(神言)의 대변자로 자처하였다. 그리고 외형적으로 장발의 머리를 길게 내리고 수염을 길러서 흡사 예수님처럼 자신의 외모를 꾸미고 예수님의 화신(化身)으로 자처했다. 그는 "머리도 예수의 머리, 피도 예수의 피, 마음도 예수의 마음, … 전부가 예수화 하였다."고 주장하고, 예수와의 영체(靈體) 교환을 실현하였다고 주장했다. 이렇게 하여 그는 자신의 체험과 경험을 신언화(神言化)하고 계시적 권위를 주장하기에 이른 것이다. 그는 자신의 주장을 공포, 확산하기 위해 1933년 5월 『영계』(靈界)라는 잡지를 발간하였는데, 이 잡지의 창간사에는 그의 거짓 계시 운동의 일단이 나타나 있다. 그는 예수의 화신으로 이해되었고 그의 설교는 새로운 계시로 주장되었다.

황국주는 후일 삼각산에 기도원을 세우고, 소위 '목가름,' '피가름'의 교리를 가르치고 실행하였는데, 이것은 영체 교환이란 이름의 혼음(混淫)이었고, 통일교의 혼음 교리의 선례가 된다. 황국주 일파의 신비주의적 거짓 계시 운동은 윤리적 방종을 동반하였음으로 1933년 안주(安州)노회와 평서 노회에 의해 "위험한 이단"으로 정죄되었다. 황국주 일파는 이단적이라기보다는 새 계시를 빙자한 사교적(邪敎的) 성격을 띤 집단이었다.

또 한 가지 집단이 원산의 신비주의자들이었다. 1930년대 함경남도 원산(元山)

에서는 일종의 신비적 체험과 예언과 방언을 중시하는 신령파 운동이 전개되고 있었다. 이 운동은 원산의 감리교회 유명화, 원산의 장로교회 목사 한준명, 원산 신학산(神學山)의 백남주 등이 관계된 일종의 거짓 계시 운동이었다. 유명화(劉明化)는 원산 감리교회 여신자였는데 1927년경 입신의 체험이 있은 후부터, 예수가 자기에게 친림(親臨)했다고 주장하고 자신을 예수화하고 방언과 예언을 행하며 거짓 계시를 말하였다. 특히 그는 예수의 친림과 예언의 진실성을 주장함으로써 자신을 특수화하고 여러 곳에서 집회를 인도하며 교회를 소란하게 하였다.

이와 같은 유명화의 거짓된 신비 운동에 가담한 사람이 한준명(韓俊明)이었다. 간도 출신인 한준명은 어학에 능했던 인물인데, 평양에서 3일간 소위 입류강신극(入流降神劇)을 자행하였는데 그는 이때 이유신(李維信)과 함께 거짓 예언을 주도하였다. 한준명의 거짓 예언 운동이 문제를 야기하자 평양 노회는 1932년 11월 28일 이들을 이단으로 정죄했다.

백남주(白南柱, ?-1948) 또한 앞에서 언급한 유명화와 한준명과 결탁하여 신비주의적 거짓 예언 활동에 가담하였다. 평양 신학교 출신인 그는 '원산신학산(元山神學山)'이라는 일종의 사설 신학 교육원을 운영하던 환상적 종교가였다. 백남주는 앞서 언급한 접신녀들인 유명화와 이유신과 결탁하여 교회 분립을 의도하였고 신탁(神託)이라는 거짓 계시를 빙자하여 이용도, 이호빈 목사 등과 모의하여 '예수교회'라는 일파를 설립하였다. 이것도 유명화의 거짓 계시에 의한 결과였다.

해방 이후 장로교 목사였던 이재명(李在明), 『영원한 복음』, 『말세론』을 썼던 한애녹, 김백문에게서도 이와 유사한 위경 사조를 볼 수 있다. 보다 심각한 것이 문선명의 통일교였다. 통일교에 대해서는 여기서 다시 언급할 필요가 없을 것이다. 또 고려신학교 출신인 이뢰자(李雷子), 1990년 이후의 사이비 종말론자인 이장림 등이 다 이런 부류들이다.

맺음말 : 종합과 정리

이들 개인이나 집단은 성경의 완전성과 충족성을 부인하고 성경 이외에 또 다른 신적 계시 곧 '새 계시'가 주어질 수 있다는 점을 강조한다. 이들은 정경의 범위를 넘어서 다른 종류의 계시, 곧 거짓 계시에서 인간적 사색의 기초를 찾으려고 한다. 이와 같은 거짓 계시 운동의 고전적인 예가 2세기에 있었던 몬타누스 운동이었고, 그 아류들이 중세와 16세기 그리고 그 이후에도 계속되었다.

한국 교회사에서 간간이 일어났던 종말론적 이단들은 일견 '새로운 것' 같이 보일지 모르나 몬타누스 이단들의 아류일 따름이다. 몬타누스 운동이 2세기적 상황에서 일어났듯이 한국 교회의 이단들은 한국 교회적 상황을 반영하고 있을 뿐이다.

예수님은 제자들에게 거짓 예언자들의 출현을 경고하였고(마 7:15-23) 때로 이런 거짓 예언자들이 많은 사람을 미혹할 것임을 예고하였다(마 24:11,24-25, 막 13:22-23 참고). 요한은 그 책을 읽는 자들에게 이와 유사한 경고를 주었다(요일 4:1-6). 또 사도 바울은 데살로니가 교회에 다음과 같이 경고하였다. "형제들아 우리가 너희에게 구하는 것은 우리 주 예수 그리스도의 강림하심과 우리가 그 앞에 모임에 관하여 혹 영으로나 혹 말로나 혹 우리에게서 받았다 하는 편지로나 주의 날이 이르렀다고 쉬 동심하거나 두려워하거나 하지 아니할 그것이라"(살후 2:1-2).

2장 / 이단 사상의 계보, 종말론 이단의 경우

※ 이 글은 "이단 사상의 역사적 계보: 시한부 종말론에는 시한이 없다"는 제목으로 목회와 신학 2009년 1월호, 62-67쪽에 게재된 바 있으나 일부 수정하였음.

3장 / 이단 사상의 계보 : 정경관 이단의 경우 ※

시작하면서

   기독교를 표방하는 모든 이단의 한 가지 특징은 '다른 성경'을 주장한다는 점이다. 이단이 말하는 소위 "새 계시"는 보다 높은 영적 은사(a higher gifts)이며, 이것은 기존의 정경에 대한 보충적 증거(supplementary evidence)라고 생각한다. 이들이 즐겨 인용하는 성경이 요한복음 16:12-13이다. 곧 "내가 아직도 너희에게 이를 것이 많으나 지금은 너희가 감당치 못하리라. 그러나 진리의 성령이 오시면 그가 너희를 모든 진리 가운데로 인도하시리니 그가 자의로 말하지 않고 오직 듣는 것을 말하시며 장래 일을 너희에게 알리시리라"는 말씀인데, 이단들은 이 말씀을 '새 계시'의 중요한 전거로 주장해 왔다. 소위 '새 계시' 혹은 '새 예언'을 말하는 열려진 정경관(open Canon)은 역사적 기독교 신앙과 정면으로 배치되는 거짓 계시며, 이것이 이단들의 중요한 특징이 되어 왔고, 한국에서도 동일했다.

   이런 입장은 사도적 신앙으로부터의 이탈일 뿐만 아니라 완성된 정경으로서의 성경의 권위(the authority of Scripture as a closed canon)를 부정하는 것이다. 다시 말하면 이단은 정통 기독교회가 그토록 강조하는 성경의 완전성과 충족성을 부인한다.

   마태복음 24:36, 사도행전 1:7, 데살로니가후서 2:1-3 등에서는 거짓 계시와 거짓 예언을 경고하고 있다. 특히 성경의 마지막 부분인 요한계시록 22:18-19에서는 기록된 계시의 가감을 엄격하게 금하고 있다. "내가 이 두루마리의 예언의 말씀을 듣는 모든 사람에게 증거하노니 만일 누구든지 이것들 외에 더하면 하나님이 이 두루마리에 기록된 재앙들을 그에게 더하실 것이요, 만일 누구든지 이 두루마리의 예언의 말씀에서 제하여 버리면 하나님이 이 두루마리에 기록된 생명나무와 및 거룩한 성에 참여함을 제하여 버리시리라."

정경의 가감에 대한 요한의 경고를 거부하는 이단들은 인위적으로 생산한 소위 '새 계시'를 정경적 위치(canonical status)로 규정하고 정경에 대한 보완적 문서로 간주한다. 그것이 교회사에서 범람했던 위경 운동이었다. 이런 경향의 대표적인 이단이 한국의 통일교였다. 소위 '성약서'라는 『원리강론』이 그것이다. 또 전도관의 '피의 복음,' 곧 『오묘 교리』, 소위 직통 계시를 말하는 이만희의 신천지 집단도 이런 유의 이단이다.

이 글에서는 정경관에 있어서의 이단을 역사적으로 추적함으로써, 한국의 통일교도 결코 새로운 이단이 아니라 교회사에서 있어 왔던 이단의 재현이라는 점을 지적해 두고자 한다.

가. 마르키온(Marcion)

아마도 마르키온은 정경관에 있어서 이설을 주장해 온 최초의 이단이었을 것이다. 마르키온은 85년 경 비두니아 지방인 본도(Pontus)의 해변 도시 시노페(Sinope)에서 출생했다. 유세비우스나 테르툴리아누스에 의하면 그는 부유한 선주의 아들이었다. 그러나 히폴리투스에 의하면 시노페 감독의 아들이었다는 상반된 기록도 있다. 그는 바실리데스와 발렌티누스 등 영지주의 사상에 매혹되었다가, 140년 혹은 150년경 로마로 왔다. 이미 로마에는 시몬 마구스(Simon Magus)와 메난데르(Menander)의 제자였던 케르도(Cerdo)가 구약 성경의 하나님을 부정하고 삼위일체의 하나님도 부정하는 교리를 가르치고 있었는데, 마르키온은 그의 제자가 되었다. 즉 마르키온은 마술사 시몬, 영지주의의 아버지였던 메난드로스, 케르도의 이단설을 계승하여 소위 마르키온파(Marcionites)를 형성하게 된 것이다.

140년 이래 로마에서 활동해 온 마르키온은 144년 경 로마 교회로부터 이단으로 정죄되었으나 165년까지 로마에서 가르치며 활동했다.

마르키온의 이단성은 구약과 신약을 구분한 점이나 반유대주의적 성격과 함께 잘못된 정경관을 제시하였다는 점이다. 즉 그는 구약의 하나님과 예수 그리스도 안에서 자신을 계시하신 신약의 하나님을 구분한 것이나 반유대적인 기초에서 바울만이 예수 그리스도의 복음을 오염시키지 않았던 인물로 본 사실 자체가 구약과 신약의 연속성을 부인하는 의미가 있고, 결국 정경관의 이설을 보여 준다.

마르키온이 구약을 부인했다는 사실 자체로도 엄청난 이단임을 알 수 있다. 마르키온은 신약의 정경성에 대해서도 언급한 최초의 인물이다. 그는 누가복음과 바울의 10서신만을 정경으로 인정하였다. 마르키온은 구약의 하나님은 오직 유대인만을 사랑한다고 보았으므로 구약 전체를 부인했을 뿐만 아니라 유대적 색체가 짙은 마태, 마가, 사도행전, 히브리서 등을 정경으로 인정하지 않았다. 또 자기들의 주장에 반대한다고 생각된 목회 서신도 정경으로 볼 수 없다고 부인하였다. 다시 말하면 마르키온은 구약을 배격할 뿐 아니라 신약 성경도 그리스도에 대한 순수한 교훈만을 간직한 책이 아니라고 본 것이다. 거기에는 유대인들의 사상과 그 영향이 포함되어 있다고 보아 그런 책들은 정경에서 제외시킨 것이다.

이렇게 볼 때 마르키온은 정경과에 있어서 최초의 이단이었다. 이런 그의 잘못된 정경관이 정통 교회로 하여금 정경 집성의 필요성을 깨우쳐 주었고, 신약의 정경성은 마르키온과 몬타누스주의자들과 싸움을 통해 확립되어 갔다. 그 결과 367년 아타나시우스(Athanasius)의 편지에서 현재 우리가 수납하고 있는 27권의 책 이름이 열거되었고, 동일한 정경 목록이 393년과 397년의 히포 레기우스(Hippo Regius)와 카르타고(Carthage) 공의회에서도 나타난다.

마르키온파의 영향력은 2세기경에 절정에 달했다. 유스티누스에 의하면 2세기 중엽 마르키온의 영향력은 인류 전체에 퍼졌다고 했다. 마르키온파의 영향력은 아라비아와 아르메니아, 그리고 이집트까지 전파되었다고 한다. 그 이후 약 200년간 계속되어 5세기까지 지속되다가 점차 소멸되었다. 그러나 정경관에 있어서의 이단적 주장은 다음 시기 새로운 이름으로 대두되었다.

나. 바울파(Paulicians)

바울파라고 불리는 집단의 역사적 기원에 대해서는 정확하게 알려져 있지 않다. 그러나 일반적으로 7세기 중엽 유프라테스 지역에서 일어나 아르메니아, 소아시아와 유럽 지방으로 확산된 것으로 알려져 있다. 창시자는 사모사타 근처의 마니교 마을인 마나날리(Mananali)의 콘스탄티누스 실바누스(Constantine-Sylvanus, c. 640)로 알려져 있는데, 그가 684년경 돌아 맞아 죽을 때까지 활동했고 그의 후계자는 시므온이었으나 그도 690년 순교했다.

바울파라는 이름은 사모사타에 살던 여성 마니교도 칼리니케(Kallinike)의 아들인 바울(과 요한)에서 기원했다는 주장이 있다. 그런가 하면 이 집단이 특히 바울을 숭상했기 때문에 바울파라고 불렸다는 주장도 있다. 후자의 경우가 더 많은 지지를 받고 있다. 이들 집단은 황제의 정책에 따라 부침을 반복했으나, 대체적 많은 박해를 받았다. 844년 여황제 테오도라(Theodora, 842-857)의 잔인한 박해로 바울파 교도 약 10만 명이 참수형과 교수형 혹은 화형을 당했다. 그럼에도 불구하고 동방에서 시원한 바울파는 알려지지 않는 경로를 통해 서방으로 전파되어 꾸준히 교세를 확장하였다. 13세기에 전성을 누리던 상태에서 교황 이노센티우스 3세(Innocentius, 1198-1216)에 의해 주도된 십자군에 의해 진압되었다. 그러나 완전히 소멸되지는 않았다. 1204년 십자군이 콘스탄티노플을 함락했을 때 그곳에서 바울파의 잔존 세력을 발견했다고 한다.

이 집단이 로마 가톨릭의 탄압을 받았다는 점 때문에 종종 개신교 운동의 선구로 오해되거나 잘못 평가된 경우도 없지 않았으나 바울파의 경우 정통 기독교라고 볼 수 없다. 바울파는 중세의 중요한 이단적 마니교와 마르키온의 전통을 계승한 이원론적 분파로서, 여러 면에서 영지주의나 마르키온의 체계와 비슷하다. 즉 이원론 사상, 물질(肉)에 대한 경시, 가현설, 금욕적 성향 등이 그러하다. 특히 이들 집단은 마르키온이 그러했듯이 이단적 정경관을 주창했다. 이런 점에서 바울파는 중세의 마르키온주의라고 할 수 있다. 이들은 구약이 데미우르고스(Demiurge)라는 악한 조물주에 의해 이루어진 것으로 보아 배격하였고, 베드로전후서도 배격하였다. 이들은 베드로를 거짓 사도로 간주하였기 때문이다. 바울파는 베드로는 기독교보다 유대교를 가르쳤고, 바울의 대적이었고, 가톨릭의 성직 위계 제도의 기둥이었다고 하여 베드로를 거짓 사도로 간주한다. 이런 점은 마르키온의 반유대적 성격을 그대로 보여 준다. 동시에 반교황적 반교권적 개혁 의지가 있었다는 점도 무시할 수 없다. 이 점은 중세기에 분파나 이단들의 공통적인 특징이다.

어떻든 바울파는 66권의 정경 중 4복음서와 사도행전, 14권의 바울서신, 야고보서, 요한 서신, 유다서만을 정경으로 받아들였다. 후기에는 마르키온을 답습하여 누가의 기록인 누가복음과 사도행전, 그리고 바울의 서신만을 받아들여 정경의 일부를 감하였고, 라오디게아에 보낸 서신도 소유하고 있다고 주장하였다. 필립 샤프는 이 책이 에베소서와 동일한 책이었다고 말하지만 동일한 책이 아니었다면 이들 집단은 '일부'를 정경에 포함시킨 이단이기도 하다. 오직 66권만이 정경이라는 정통 기독교회의 가르침은 이름을 달리하는 이단들에 의해 거듭 주장되어 왔던 것이다.

다. 보고밀파(Bogomiles)와 카타리파(The Cathari)

서방 기독교 역사에서 아리우스파 이후 약 500여 년간은 이단의 출현이 거의 없었다. 그러나 11세기 이후 여러 분파 운동이나 이단적 집단이 출현하기 시작했다. 두 대표적인 중심지가 북부 이탈리아와 남부 프랑스의 투르였다. 이 당시의 이단적 분파 운동은 제후들이나 학자들에 의해서가 아니라 민중들에게서 시작되었다는 특징이 있다. 이 점은 여러 가지 암시하는 바가 있는데, 성직자들의 탐욕과 세속주의, 교회의 타락에 대한 평신도들의 저항이라는 측면이 있다. 또 당시 교회의 계급 구조와 냉랭한 교리에서 만족을 얻지 못하는 영적 배고픔이 있었다는 점이다. 이런 현실에서 이단들은 교회의 권위에 대항하며 새로운 주장을 가지고 배고픈 영혼에게로 다가갔다.

이 당시의 이단이나 분파운동은 비교적 무지한 대중들이었다는 특징도 있다. 이 당시에 일어난 반교회적, 반교황적 분파의 유형에 대해서는 분명히 알 수 없으나, 1238년 프리드리히 2세가 공포한 법률에는 카타리파, 파타리아파, 베긴파, 아놀드 파를 비롯하여 19개 분파들이 열거되고 있으나 이것은 일부에 지나지 않는다.

중세의 분파들, 특히 11세-12기 이단들이 종종 개신교 운동으로 분류되어 왔으나 항상 옳지는 않다. 이들이 반교황적 성격을 지니고, 로마 가톨릭의 교계 제도를 부인했다는 점에서는 개신교 운동으로 볼 수 있으나 신학에 있어서는 그렇게 볼 수 없다. 이런 집단 중의 한 집단이 보고밀과 카타리파였다. 이들에 대한 기록은 반대자들에 의한 간접적인 기록만이 현존하기 때문에 그 실체를 파악하는데 있어서 한계가 없지 않다.

보고밀(Bogomile)은 마케도니아의 한 시골 사제의 이름인데, 11세기 후반 불가리아에서 시작된 집단으로 알려져 있다. 이들은 사벨리우스적인 삼위일체론을 주장했고, 성례관에서도 당시 교회와 달리 물질적 성례를 반대하였다. 물세례 대신

기도와 안수로 대체했고, 성찬에서의 물질적 요소(빵과 포도즙)의 사용을 반대하였다. 빵과 포도주가 그리스도의 몸으로 변할 수 없다고 믿었기 때문이다. 즉 이들은 화체설을 거부했다. 그래서 영적 세례와 영적 성찬을 강조하였다.

이들에게도 영지주의적 혹은 마르키온적 요소가 강하게 남아 있다. 특히 정경관과 관련하여, 이들도 구약을 거부했다. 이 점은 바울파의 주장과도 동일했다. 보고밀파는 모세오경에 나오는 족장들은 실제적으로 사탄의 영감을 받았다고 선언하고 그 이후의 구약마저 부인한 것이다. 이런 점에서 정통 교회가 받아들인 정경관에서 완전히 이탈하였다. 이들은 지구의 창조는 사탄에게 맡겨진 일이라고 보아 피조물은 근본적으로 악하고, 영적인 것만 선하다고 보아 영지주의적 이원론을 답습했다. 그 일례가 결혼을 불결한 관계로 규정한 점이다.

정경관에 있어서 이단적 경향은 카타리파의 경우에서도 동일했다. 카타리(Cathari)라는 말은 '순수하다'는 의미의 헬라어 '카타로스'(catharos)에서 기원했는데, 이들 역시 이원론적 경향이 깊어 혹자는 이 집단을 '새 마니교'라고 불렀다. 이 집단은 이탈리아 밀라노에서는 파타리아파(Patarenes)로, 프랑스 남부에서는 저들의 중심 거점이 알비(Albi) 시(市)였다는 점에서 알비파(Albigenses)라고 불리기도 했다. 카타리파는 독일, 영국, 이탈리아, 프랑스 등지로 확산되었는데, 특히 12세기 프랑스에서 세력이 크게 확장되었다. 도미닉 수도회 수사인 라이네리우스(Rainerius)는 카타리파의 인구를 약 4백만 명으로 추산했다. 이들도 바울파와 보고밀의 이원론을 답습한 엄격한 이원론자들이었다. 바울이 물질을 가리켜 '분토'(糞土)라고 하지 않았는가라고 질문하고 물질은 악한 신의 산물로 보았다. 육식을 거부하고 부부 관계, 성생활에 대해서는 금욕주의적 입장을 견지했다. 사제의 복장과 재단, 십자가상을 우상 숭배로 간주한 것이나, 연옥과 면죄부를 거부한 일이나, 교황을 적그리스도로 간주하고 로마 교회를 계시록에 나오는 창녀로 간주하여 반로마교적 입장을 취한 것은 종교개혁적 의미가 있었다.

그러나 이들 집단도 성경관에 있어서는 정통 기독교의 가르침에서 이탈했다. 비록 이들이 성경을 애용하고 무수히 인용했으나 성경의 기적들을 영적으로 해석했고 그 사실성을 받아들이지 않았다. 비유들을 은유적(Allegorical)으로 해석했다. 선한 사마리아인의 비유에서도 강도 만난 사람은 아담으로서 그의 영혼이 하나님의 명령으로 하늘에서 땅으로 내려와 강도들 사이에 떨어졌다고 해석할 정도였다. 제사장과 레위인은 멜기세덱과 아론으로서 이들도 강도 만난 자를 도울 수 없었다고 해석했다. 이런 해석의 문제와 함께 카타리파는 구약 성경을 정당하게 받아들이지 않았다. 서양 교회사에서 끊임없이 제기되었던 이원론적인 관점에서 구약의 효용성을 거부하고 배격했다. 물론 이 점에 있어서 카타리파가 일관성을 보인 것은 아니다. 카타리파에는 수많은 분파가 있었는데 거의 대부분은 구약을 배격하고 오직 신약 성경만을 받아들였다. 어떤 분파는 구약은 마귀의 산물이라고 주장하고, 구약에서 가르치는 하나님은 악한 신일뿐이라고 주장했다. 이와 같은 구약 배격의 근저에는 구약과 신약은 상호 배타적인 대치가 존재한다는 잘못된 이해에 근거하고 있다.

이상을 통해서 볼 때 마르키온으로부터 시작된 정경관의 이단적 사상은 중세 시대를 거쳐 가면서도 계속되었다는 점이다. 더 심각한 발전이 서구 기독교의 주류를 형성했던 로마 가톨릭의 경우였다.

라. 중세의 로마 가톨릭교회

개신교나 로마 가톨릭은 66권의 성경이 하나님의 영감 된 말씀이라는 점에 대해서는 의견을 같이한다. 그러나 개신교와는 달리 로마교는 7권의 외경과 전통도 하나님의 말씀과 동등한 권위를 가진 것으로 이해한다. 즉 로마교는 66권의 성경 외에도, 토비트서, 유딧서, 지혜서, 집회서, 바룩서, 마카베오상, 하권 등 외경(外經)을 성경과 동일한 권위로 받아들인다. 로마교는 이런 책들을 외경이라고 부르지 않고 '제2경전'이라고 부른다. 또 '전통'(傳統)을 성경과 동일한 권위로 받아들인다. 로마교는 전통은 '구전으로 내려오는 것으로서 성경의 원천이며, 성경에 기록되지 않는 것을 더욱 확실히 밝혀 주는 것'이라고 믿고, 이를 '성전'(聖傳)이라고 부른다. 로마교에서 말하는 전통이란 교회 초창기부터 전해 내려오는 교리, 가르침, 실천적 관행과 행동 규범, 경신(敬神)의식, 종교적 체험 등과 공의회의 문헌과 역대 교회의 문헌, 교부들의 문집 등을 가리킨다. 그래서 로마교는 성경과 외경과 전통의 3중적 권위(threefold basis of authority)를 주장한다.

로마교는 66권의 성경과 함께 외경을 받아들이고 있는데, '외경'을 뜻하는 아포크리파(Apocrypa)는 헬라어 아포크루파(apokrupha)에서 기원했는데, 숨겨진 비밀, 기원이 알려지지 않는, 신비로운, 인정되지 않는 일들을 의미한다. 외경을 수용하기 위해 로마 가톨릭은 알렉산드리아의 70인 역본을 받아들이지만, 유대 역사가 요세푸스는 90년경에 작성한 유대 율법서와 예언서 목록에서 외경을 언급하지 않았다. 외경은 오리게네스, 테르툴리아누스, 아타나시우스, 그리고 심지어는 라틴어 벌게이트본의 역자인 히에로니무스조차도 배척했던 것을 보면 교회 전통에서 66권의 성경과 동일시되지 않았음을 알 수 있다. 그럼에도 불구하고 트렌트 공의회(1545-1563) 53명의 감독들은 외경도 정경이며 성경과 동일한 권위를 지닌다고 선언했다. 말할 필요도 없이 로마교가 이런 책들을 정경으로 받아들인 것은 자기들의 교리와 교회적 관행을 정당화하기 위한 조처였다.

또 로마교는, 교회에는 기록된 말씀 외에도 기록되지 않는 말씀, 곧 구전(oral tradition)이 있다고 주장하는데, 이 구전이 그리스도와 사도들에 의해 가르쳐져 왔지만 성경에 기록되지 않고 수 세대를 거쳐 구두로 전승되었다고 말한다. 이 기록되지 않는 말씀은 크게 3가지로 정리될 수 있는데, 교황의 칙령(Papal decrees), 교회 회의의 결정 사항, 그리고 교회가 관습적으로 시행해 오던 관행들이다. 그런데 문제는 이런 것들이 66권의 정경보다 우선권을 가지며, 기록된 말씀의 불분명한 부분을 해명한다고 말한다.

물론 개신교도 모든 전통을 거부하는 것은 아니다. 그것이 성경의 가르침과 일치하고 그것이 성경의 가르침에 근거하고 있는 경우 그것을 신중하게 취급한다. 그러나 그것이 성경과 동일한 절대적 권위를 가질 수는 없다고 인식한다. 무엇보다도 성경의 책들은 하나님의 영감된 책으로서 무오하지만, 교부들의 전통, 교회 회의의 결정 사항이나 선언들은 무오할 수 없고 때로는 오류와 모순, 상호 불일치를 포함하고 있다는 점이다.

17세기 로마교의 논객이자 예수회 소속 추기경이었던 벨라르민(Bellarmine, 1542-1621)은 전통은 3가지로 분류되는데, 신적인 것, 사도적인 것, 교회적인 것이라고 했다. 신적인 전통은 그리스도 자신이 가르쳤으나 기록되지 않는 것들이고, 사도적인 것은 사도들이 직접 가르쳤으나 기록되지 않는 것이며, 교회적인 전통은 수 세기를 걸쳐서 축적되어 온 교회의 선언들과 교령들이라고 했다. 그런데 문제는 이런 것들의 전승 과정에서의 무오류를 어떻게 담보할 수 있는가? 무오류를 담보한다 할지라도 그런 이유에서 그것이 성경과 동일한 권위로 받아들여질 수 없을 것이다.

그런데 로마교는 트렌트 공의회(1546)에서 외경을 66권의 책과 동일한 성경으로 받아들였을 뿐만 아니라 전통도 성경과 동일한 권위를 지닌다는 사실을 확인했다. 즉 트렌트 공의회는 하나님의 말씀은 성경과 전통 양자 속에 담겨져 있으며, 이 둘은 동등한 권위를 가지며, 양자에게 동등한 숭배와 존경을 돌리는 것이 그리스도인의 의무라고 선포했다. 말하자면 마르키온에서 시작된 정경관의 이단들은 성경의 일부를 삭제하거나 폐기하였으나 로마 가톨릭교회는 성경에 일부를 더하는 오류를 범한 것이다. 이런 점에서 개혁자들은 로마교의 성경관을 통렬히 비판하였고, '오직 성경'을 말하게 된 것이다. 개혁자들의 눈에 비친 로마 가톨릭의 성경관은 명백한 오류였고, 전통에 근거한 교황 체제는 적그리스도였으며, 외경과 전통을 설교하는 것은 하나님의 말씀의 신실한 선포로 받아들일 수 없었다. 그래서 로마 가톨릭은 참된 하나님의 교회라고 볼 수 없는 이단이다. 말하자면 바른 정경관으로부터의 이탈은 모든 신학적 오류의 시작이었다. 그래서 개혁자들은 개혁(Reform)만을 말하지 않고 로마교로부터 분연히 떠나는 교회 개혁 혹은 종교 개혁(Reformation)을 단행하게 된 것이다.

마. 조셉 스미스

현대에 있어서 성경관의 대표적인 이단은 조셉 스미스(Joseph Smith)라고 할 수 있다. 모르몬교의 창시자인 그는 모르몬경을 계시로 제시하였고 이 책에 근거하여 모르몬교를 창시하였다. '예수 그리스도 후기 성도 교회'라고 불리는 모르몬교는 여호와의 증인, 통일교, 안식교와 함께 세계 4대 이단으로 분류된다. 모르몬교는 최근 한글 공식 명을 '말일 성도 예수 그리스도 교회'에서 '예수 그리스도 후기 성도 교회'로 바꾸었다.

모르몬교는 한국에 23개 지부를 두고 있으며, 그중 서울에만 8개 지부가 있다. 신도 수는 약 7만 명인데, 전국에 약 500명의 미국인 모르몬교 신도들이 포교 활동하고 있다. 일부다처제 교리와의 관련성이 꾸준히 제기되고 있는 모르몬교는 2006년에 한국 포교 50주년을 맞아 문화 공연 등의 행사를 개최한 바 있다.

3장 / 이단 사상의 계보 : 정경관 이단의 경우

※ 이 글은 『한국교회와 역사』 6(2012. 9), 7-30에 게재된 바 있음.

4장 / 윌리엄 밀러의 그리스도 재림론 ※
시한부 종말론의 한 유형

시작하면서

1990년 초부터 한국에서는, 1992년 10월에 휴거가 있고 7년간의 대환란이 있은 후 예수 그리스도의 재림이 있을 것이라는 시한부 종말론이 유행한 일이 있다. 이 거짓된 가르침은 한국 교회에 혼란을 야기하였고 선량한 성도들을 오도하고 한국 교회를 어지럽게 했다. 그런데, 이와 같은 시한부 종말론은 결코 새로운 것은 아니라는 점을 앞에서 지적했다. 이런 부류의 이단적 종말 사상은 역사적으로 볼 때 2세기에서부터 있었고,[1] 역사의 변혁기나 교회가 속화되고 생명력을 잃어갈 때마다 재현되었다. 예수님의 재림의 때에 대해서는 "아무도 모르나니 하늘의 천사들도, 아들도 모르고 오직 아버지만 아시느니라."(마 24:36)고 함으로써 재림의 때에 대해서 성경은 침묵하고 있다.

그래서 재림의 때는 호기심의 주제였고 그 날을 산정해 보려는 강한 유혹을 받아왔다. 성경이 침묵하고 있는 재림의 때를 인간적 사색으로 산정하려는 거짓 계시 운동은 이단 운동의 특징이기도 했다. 여기에서는 19세기 미국에서 있었던 윌리엄 밀러의 시한부 재림론의 경우를 살펴봄으로써 시한부 종말론의 문제점을 지적해 두고자 한다.

가. 윌리엄 밀러의 생애

윌리엄 밀러(William Miller, 1782-1849)는 1782년 미국 매사추세츠주 핏츠필드(Fittsfield)에서 농부의 아들로 출생하였다. 침례교도였던 부모 밑에서 자랐으나 그는 신앙 없는 회의론자에 지나지 않았다. 그는 정상적인 학교교육을 받지 못했으나 독학을 하면서 부모의 고향인 버몬트(Vermont)의 폴트니(Poultny)에서 농업에 종사했다. 한 때 지역 보안관으로 봉사하기도 했고, 1812년 영국과의 식민지 전쟁 당시에는 대위로 근무하였다. 군에서 제대한 이후에는 버몬트 지역에서 멀지 않는 뉴욕의 로우 햄프턴(Law Hampton)에서 농사에 종사하였다.

이 당시 합리주의와 이신론(Deism)이 유행했는데, 이 영향하에 있었던 밀러는 1816년 회심하였다. 이때로부터 그는 독자적으로 성경 연구를 시작했다. 그는 교회와 관련하여 성경을 배우거나 연구한 것이 아니라, 아무의 도움이나 정상적인 신학 교육 없이 성경 연구에 몰두하였다. 즉 신앙 고백이나 신학적 체계 없이 성경을 공부한 것이다. 이럴 경우 성경 공부는 독단이나 주관주의에 빠질 위험이 있다.

밀러는 신학 체계나 교회 전통과 관계없이 14년간 성경을 공부하였고, 그 결과 그는 예수님의 재림의 때를 산정하는 '시한부 종말론'을 주장하게 되었다.

밀러는 주로 구약 예언서 공부에 집중했다. 특히 구약의 다니엘서와 신약의 요한계시록에 심취하였는데 그는 이 책들을 구원의 말씀, 곧 우리를 향한 은혜와 말씀으로 여기지 않았다. 도리어 '미래를 미리 보여 주는 안내서'로 이해하였다. 즉 성경과 성경 이해에 대한 바른 원리를 알지 못한 가운데서 성경을 공부함으로써 그리스도 중심에서 떠난 것이다. 종말의 때(時)에 대한 관심으로 성경을 연구하던 밀러는 1818년 그의 종말의 때를 계산하는 주석 집필을 끝냈다. 그는 주석을 끝내면서 이렇게 선언했다. "나는 1818년, 2년간의 성경 연구를 끝마치면서 엄숙한 결론에 도달하였다. 그것은 이제부터 25년 후에(곧 1843년이 됨) 세상의 모든 것들이 종말을 맞게 될 것이다." 이렇게 하여 밀러는 예수 그리스도의 임박한 재림을 말하게 되었고, 또 재림의 때를 말함으로써 시한부 종말론자가 된 것이다. 이때로부터 1822년까지 4년 동안 자기의 연구를 다시 분석하고 예언 연구를 계속한 결과 자신의 주장에 더욱 확신을 갖게 되었다. 그래서 자기를 따르는 소집단에서 그간의 연구 결과를 발표하여 종말의 때를 공식적으로 표명하기에 이르렀다.

1832년에는 자기의 연구 결과를 공개적으로 발표하고 4년 후인 1836년에는 『1843년경 예수 그리스도의 재림에 대한 성경과 역사로부터의 증거』(*Evidence from Scripture and history of the Second coming of Christ, About the year 1843*)라는 이름으로 출판되었다.

나. 밀러의 재림설

그러면 밀러의 그리스도의 1843년 재림설의 근거는 무엇인가? 밀러에게 있어서 다니엘서 8:13-14절은 긴요한 예언이었고 미래를 안내해 주는 전거였다.

> "내가 들은즉 거룩한 자가 말하더니 다른 거룩한 자가 그 말하는 자에게 묻되 이상에 나타난바 매일 드리는 제사와 망하게 하는 죄악에 대한 일과 성소와 백성이 내어 준 바 되며 짓밟힐 일이 어느 때까지 이를꼬 하매 그가 내게 이르되 이천삼백 주야 까지니 그때에 성소가 정결하게 함을 입으리라 하였느니라."

밀러는 다니엘서 8:14의 이천삼백 주야에 대한 환상을 다니엘서 9:25의 예루살렘을 중건하라는 말과 연결시켰으며 그것을 다시 에스라 7:11과 26절에 나오는 아닥사스다 왕이 에스라에게 내린 조서와 연결시켜 예수님의 재림의 때를 산출한 것이다. 밀러는 다니엘서 8:14의 이천삼백 주야를 이천삼백 해(year)로 계산하였다. 그는 민수기 14:34의 "너희가 그 땅을 탐지한 날 수인 사십 일의 하루를 일 년으로 환산하여 그 사십 년간 너희가 너희의 죄악을 질지니"라는 말씀에 기초하여 이천삼백 주야를 이천삼백 년으로 본 것이다.

그리고 밀러는 다니엘서 8:14의 "성소가 정결하게 함을 입으리라"는 말씀의 성소 정결을 지상(地上)이 정결케 된다고 이해하였다. 그리고 이때를 다니엘서 9:25의 "그러므로 너는 깨달아 알지니라. 예루살렘을 중건하라는 영(令)이 날 때부터"에 기초하여 산정하려고 하였다.

정리하면, 밀러는 아닥사스다 왕이 에스라로 하여금 예루살렘으로 돌아가도록 포고령을 내린 해로부터 이천삼백 주야, 곧 이천삼백 년 이후가 예수님의 재림의 때라고 본 것이다. 그래서 그는 웃서(Ussher)의 연대 계산법에 기초하여 아닥사스다 왕이 조서를 내린 때를 기원전 457년으로 정한 후에 여기에 이천삼백 년을 더하면 1843년이 된다. 그래서 그는 이때가 예수님의 재림의 해라고 주장하였는데 그 후 그는 날짜까지 더하여 1843년 3월 21일부터 1844년 3월 21일 사이에 재림이 있을 것이라고 주장하였다.

밀러는 자신의 재림의 때와 날짜 계산법을 확신하고 있었다. 왜냐하면 그는 예수님의 십자가 사건에 대한 자기 방식대로의 계산이 정확하다고 믿었기 때문이다. 즉 그는 다니엘서 9:24의 "네 백성과 네 거룩한 성을 위하여 칠십 이레로 기한을 정하였나니 허물이 마치며 죄가 끝나며 죄악이 영속되며 영원한 의가 드러나며 이상과 예언이 응하며 또 지극히 거룩한 자가 기름 부음을 받으리라"는 말씀의 칠십 이레를 70주(week)로 이해하였다. 그래서 70주는 490일이 된다고 보았다(70주X7일=490일). 앞서도 언급했지만 그는 하루를 일 년으로 산정하므로 490일은 490년이 된다고 본 것이다. 그래서 그는 아닥사스다 왕이 조서를 내렸던 때라는 기원전 457년에서 490년을 더하면 기원후 33년이 된다. 곧 밀러는 예수님이 십자가에 달린 해를 기원후 33년으로 보았고, 이것이 그의 계산 방식으로 증명되었다고 확신했던 것이다. 밀러는 다니엘서 9:24은 예수님의 십자가 사건, 특히 그의 십자가에 못 박힌 해를 미리 안내해 주는 예언으로 이해한 것이다. 이와 같이 밀러는 예수님이 십자가에 달리신 해에 대한 자신의 연대 계산법이 옳다고 보았기 때문에 예수님의 재림의 때에 대한 자신의 계산도 정확한 것이라는 확신을 갖게 된 것이다.

다. 거짓된 계시

밀러의 1843년 예수 재림설은 명백한 오류였다. 그것은 그의 예언이 이뤄지지 않았다는 거짓된 예언이었기 때문만이 아니라 그의 재림설의 근거가 가설과 오류에 가득 차 있기 때문이다. 그의 재림설은 가설과 독단에 기초하였을 뿐만 아니라 성경 해석상의 오류를 지니고 있고, 특히 연대 계산상에 있어서 문제점을 지니고 있다. 무엇보다도 밀러 자신이 확신했던 예수님의 십자가 사건이 있었던 때라고 본 기원후 33년 그 자체도 정확하지 않다. 우리는 밀러의 연대 계산의 오류와 문제점을 보면서 인간의 사색이나 연대 계산이 얼마나 위험한 것인가를 깨닫게 된다.

사실 다니엘서 8:14의 성소 정결에 관한 말씀은 근본적으로 예수님의 재림과는 무관하며 예수님의 재림의 때를 암시하는 말씀도 아니다. 일반적으로 개혁주의 신학자들은 이 본문은 예루살렘에 있는 성전을 두고 한 말씀으로 이해하며 안티오코스 에피파네스(Anthiochus Epiphanes)왕의 파괴 행위 후에 있을 성전 재건을 의미하는 것으로 해석한다. 알렉산더 대왕 사후 사분된 제국 중 수리아 지역 왕이었던 안티오코스 에피파네스[2]는 유대인에게 악행을 저질렀던 왕으로서 기원전 171년에서 165년경까지 활동했는데 성전 정결은 에피파네스의 파괴 행위 후 이천삼백 주야가 지난 후 이루어질 것을 말씀한 내용이다. 유대인들은 주야로 제사를 드린 점을 고려해 볼 때 이천삼백 주야란 말을 해(year)로 환산하면 약 3년 반 정도가 된다. 사실 이 3년 반 동안 에피파네스는 유대인들과 저들의 종교 행위에 대해 극심한 탄압을 가했는데, 다니엘서 8:14은 하나님의 위로의 말씀이었다. 그런데, 인간의 사색적인 숫자 계산으로 말미암아 이 위로의 말씀의 의미가 제거되었고 그 뜻이 왜곡되었다. 말할 것도 없이 기원전 457년을 기점으로 예수님의 재림의 해를 산정한 것은 명백한 오류였다.

　1843년 3월 21일에서 1844년 3월 21일간에 예수님의 재림이 있을 것이라는 밀러의 주장은 많은 지지를 얻었고 많은 사람들이 그의 종말론을 추종하였다. 1832년경부터 그는 여러 지역을 순회하며 임박한 종말론을 설교하기 시작하였고, 그의 주장을 확산시켜 갔다. 여러 지역에서 추종자들이 일어났고 그리스도의 재림을 대비한다면서 직장과 일터를 버렸다. 밀러는 1833년에는 보스턴(Boston)에서 『시조』(時兆, Sign of the Time)라는 잡지를, 뉴욕에서는 『밤중의 외침』(The Midnight Cry)이라는 잡지를 각각 발간하였다.

　밀러 자신은 1843년 정식으로 침례교 목사로 장립 받았다. 이후 밀러의 재림설은 상당한 인기를 얻으며 확산되어 갔고, 주수아 히네스(Joshua Vaughan Hiness, 1805-1895)는 밀러의 추종자가 되었다. 후일 그는 밀러파의 지도적 인물이 되었는데, 그는 1839년부터 공개적으로 재림설을 전파하였고 밀러의 추종자를 확보하는데 기여하였다.

　밀러 자신의 확신과 밀러를 따르는 소위 밀러파(Millerite)의 희망찬 기대에도 불구하고 예수 그리스도는 1843년에 재림하지 않았다. 예수의 재림을 고대하며 사방에서 몰려들었던 약 5만 명의 재림파들은 깊은 실망에 잠기게 되었다.[3] 밀러의 시한적 종말론이 이루어지지 않게 된 일을 보통 '첫 번째 실망'(The first disappointment)이라고 부른다.

　밀러의 재림론이 거짓인 것이 판명되자 많은 사람들이 실망하여 밀러파를 떠났으나 밀러파의 운동은 계속되었다. 이들은 기성 교회로부터 비난을 받았고 밀러 자신은 침례교회로부터 이단적 가르침을 유포한 일로 추방되었다. 이렇게 되자 밀러를 따르는 밀러파 집단은 기성 교회를 비판하며 자기들의 교회를 절대시하는 아집과 독선의 벽을 높여갔다. 교회사에서 흔히 보는 자기 집단의 절대화, 혹은 영적 우월성을 강조하며 밀러파는 자기 집단을 특수화시켜 갔다. 그리고는 기성 교회를 영적 바벨론이라고 비난하고 배교적 집단으로 몰아세웠다.

밀러는 자신의 재림설이 잘못되었음이 증명되자 또 다른 재림의 때를 계산하지 않으면 안 되었다. 그래서 그는 마태복음 25:1-14의 '10처녀 비유'를 사용하여 더 정밀한 예수 재림일을 계산하였다. 마태복음 25:5의 "신랑이 더디 오므로" 라는 말로 재림의 지연을 당연시함으로써 이탈자들을 믿음 없는 자로 비난하는 한편 추종자들의 불신을 잠재우는 이중적 효과를 시도하였다. 이것은 밀러파에서의 이탈을 예방하고 그 내적 결속을 다져 가는 방편이기도 했다.

밀러는 "더디 오므로"라고 할 때 '더디'(delayed)가 얼마나 되느냐가 문제였다. 밀러파는 마태복음 25:6의 "밤중에 소리가 나되 보라 신랑이로다. 맞으러 나오라"는 말씀에서 '밤중'이라는 말을 이용하여 이것은 반날 더디 온다고 생각하였다. 그래서 그는 6개월 지연된 것으로 이해하였다. 그래서 밀러는 예수님이 재림하는 기간으로 보았던 1844년 3월 21일로부터 6개월을 더한 1844년 10월에 예수님이 재림할 것이라고 주장하기에 이르렀다. 특히 이들은 유대인들의 전통적인 계산법을 이용하여 재림의 날짜까지 계산하여 이번에는 1844년 10월 22일에는 그리스도가 틀림없이 재림한다고 주장했다. 이렇게 되자 도처에서 재림을 갈망하는 군중들의 흥분은 절정에 달했다.[4] 이번에도 재림론자들은 직업과 생계 수단을 버리고 한곳에 모여 재림을 대망하였다. 성경은 이와 같은 태도를 옳지 않다고 경고하고 있지만, 이들은 일상의 삶을 떠나 모두가 하늘을 쳐다보고 재림의 노래를 부르며 주의 강림을 대망하였다. 그러나 1844년 10월 22일에도 아무 일 없이 지나고 말았다. 이것은 보통 두 번째 실망(The Second disappointment)이라고 부른다. 1884년 10월 22일이 아무런 변화 없이 지나갔을 때 밀러파의 한 사람의 말은 이 당시의 실망을 잘 대변해 준다. "우리는 막달라 마리아와 함께 말해야 한다. 내 주를 어디 갖다 놓은 지 알지 못하노라."

재림의 때에 대한 계산에서 두 번째로 실패한 밀러와 그 추종자들은 다시 재림의 때를 계산하려고 시도하지는 않았다. 사실 밀러의 재림의 때의 계산은 그 자체가 잘못이었고 신학적 오류였다. 재림의 때를 잘못 계산한 것이 오류가 아니라 재림의 때를 확정하려는 노력 그 자체가 잘못이었다. 밀러의 이단성은 재림의 때를 잘못 계산한 것에 있지 않고 도리어 재림의 때를 인간적 사색으로 계산하려는 노력 그 자체였다. 밀러의 예수의 재림 주장이 두 번이나 실패로 돌아가자 1845년 밀러파 내부에는 혼란이 일어났고 모든 조직이 해이해졌다. 다수의 추종자들은 밀러의 집단을 이탈하였다.

몽상에서 깨어난 밀러는 각지에 흩어져 있는 추종 세력을 규합하고 소위 재림 운동(Advert Movement)을 시작하기 위해 1845년 전국 대회(大會, Conference)를 개최했으나 성공적이지 못했다. 이 대회에서 밀러의 집단은 저들의 입장을 확정하고 조직을 정비하려고 시도했는데, 크게 두 가지 형태의 교파로 발전하였다. 그중의 하나는 재림기독교회(The Advent Christian Church)인데, 1916년 통계에 의하면 30,597명의 추종자가 있었던 것으로 추정된다.[5] 또 다른 교파는 1863년 정식으로 조직된 제7일예수재림교, 곧 안식교(The Seventh-day Adventists)였다. 안식교는 앞서 말한 재림기독교회보다 훨씬 큰 집단으로 1916년의 통계의 의하면 미국에서만도 79,335명의 추종자를 가진 교파였다.[6]

이렇게 볼 때 밀러의 재림설은 재림기독교회와 안식교로 계승된 것이다. 밀러 자신은 1849년 그의 나이 67세에 시력을 잃고 지내던 중 로우 햄톤(Low Hampton)에서 사망하였다.

라. 안식교의 출현

앞서도 언급하였지만 두 번의 재림 주장이 실패로 돌아가자 밀러는 더 이상 재림의 때를 추정하지 않았다. 그러나 그의 주장을 계승했던 안식교는 새로운 해석을 시도하였다. 다시 말하면 안식교는 밀러의 계산 오류를 인정하지 않고 새로운 해석을 시도함으로써 밀러의 재림설에 정당성을 부여한 것이다.

밀러는 다니엘서 8:14의 '성소'를 이 땅으로 생각하여 성소 정결을 지상(地上)의 정결로 이해하였지만, 그의 추종자들은 '성소'를 지상의 처소로 생각지 않고 하늘의 지성소(Heavenly Sanctuary)로 본 것이다. 그래서 이들은 밀러가 주장했던 1844년 10월 22일에 예수님이 재림하시지 않는 것이 아니라, 단지 이날 예수님은 하늘 지성소로 들어갔다고 주장함으로 밀러의 재림일 주장이 오류가 아니라고 주장하였다. 여기서 대단히 중요한 것은, 이 주장이 바로 안식교라는 교파의 시작인 동시에 저들이 말하는 소위 새로운 '구원의 역사'(History of Salvation)가 시작되었다는 점이다. 이 새로운 해석은 실패로 돌아간 밀러의 재림설에 정당성을 부여하는 동시에 밀러파로부터의 이탈을 막고 그 추종자들에게 새로운 소망을 주기 위한 것이었다.

이와 같이 밀러파의 실망을 극복하고 새로운 해석을 시도했던 대표적 인물은 하이럼 에드슨(Hiram Edson)이었다. 안식교 창설의 주도적 인물이기도 했던 에드슨은 밀러파의 열렬한 추종자로서 그도 다른 많은 광신자들과 마찬가지로 그리스도의 재림을 기대하며 소망 가운데 인내하며 지냈다. 그러나 1843년에도, 그리고 1844년 10월 22일에도 그리스도의 재림이 없자 크게 실망하였다. 그는 심리적 갈등을 경험했고 당시의 상황에 부응하는 새로운 해석, 곧 소망의 근거를 제시하지 않으면 안 되었다. 그래서 그는 실망을 가슴에 안고 헛간에 들어가 기도했다고 한다. 특히 그는 다니엘서 8:14의 이천삼백 주야의 비밀을 알게 해달라고 기도하였다고 했다. 그리고 다른 동료 한 사람과 재림을 기대했던 실망에 쌓인 이들은 위로하기 위해 들판을 지나는 중 놀라운 환상을 보았고, 큰 깨달음을 얻었다고 주장하고 있다. 그의 주장은 다음과 같다.

> "우리도 깜짝 놀랐다. 넓은 들을 지나고 있는 동안 나는 그 들판의 중앙에 멈추어 섰다. 나에겐 하늘 문이 열리는 것 같이 보였으며, 또 내가 분명히 본 것은 우리의 대제사장이 하늘의 지성소에서 이천삼백 주야가 끝나는 일곱째 달 제10일에 나와서 이 지상에 오시는 대신에 그는 처음으로 그 지성소의 둘째 지성소로 들어가는 것이었다. 그것은 이 땅에 재림하시기 전에 지구의 성결 작업을 행하신 것이다."

에드슨은 기도의 응답으로 나타난 환상에 대하여 그의 동료들에게 말했다. 그는 이 계시를 근거로 이 주장을 비약하여 예수께서는 이천삼백 주야의 끝날에 지상에 재림하시는 것이 아니라 하늘의 성소에서 나와 하늘의 지성소로 들어가셨다고 역설했다.[7] 그 후 몇 달 동안 에드슨은 그의 동료 에프 비 한(F. B. Hann)과 크로지어(O. R. L. Crosier) 등과 더불어 열심히 성경을 연구하였으며, 특히 구약과 히브리 문헌들에 기록된 성전 봉헌에 대하여 고찰하였다. 그들은 그리스도의 직분을 구약 제사상 직분 수행의 완성으로 보고 구약에서 매일 드리는 제사가 대속죄일에 성소 청결을 행한 것과 마찬가지로 대제사장이신 그리스도께서 하늘의 지성소에 들어간 때에 성소 청결이 이루어졌다고 보았다. 이 성소 청결 후에 구약 대속죄일의 두 마리 산양 중(레 16) 광야로 내어 쫓김을 당하는 아사셀 산양의 머리에 모든 백성의 죄가 넘기어진다는 그 비유가 2천 3백 주야 후인 1844년에 그리스도께서 하늘 지성소에 들어가심으로 실질적으로 완성되었다는 것이다.

그리고 이들은 사죄 문제에 두 가지 국면이 있다고 주장했다. 즉 구약 제사장 직분 수행에 있어서 성소에 매일 드리는 제사는 죄를 용서하는 의식이요(The forgiveness of sins), 대속죄일에 지성소에서 한번 행하는 제사는 죄를 도말(말살)하는 의식(blotting out of sins)이라는 것이다.

    이러한 사죄의 두 양상은 신약 시대에도 마찬가지로 2천3백일 이전까지 그리스도가 행하는 성소의 사역은 '죄의 용서' 사역이요, 2천3백일 이후인 1844년 10월 22일 그리스도께서 지성소에 들어가심으로 그때부터는 '죄의 도말' 작업을 수행하고 계신다는 것이다. 이렇게 함으로써 밀러의 예수 그리스도의 재림 예언의 실패로 말미암은 실망을 극복하고 이들 추종자들을 안식교라는 또 하나의 종파에로 이끌어간 것이다. 상식적인 이야기지만 안식교는 조셉 베이츠(Joseph Bates), 그리고 특히 엘렌 지 화이트(Ellen G. White, 1827-1915)를 통해 보다 분명한 조직을 갖추면서 발전되어 갔다. 그러므로 윌리엄 밀러는 재림파의 창시자가 되었고 그의 시한부 종말론, 곧 거짓 계시 운동은 이단적 기독교 운동의 기초를 제공한 것이다.

4장 / 윌리엄 밀러의 그리스도 재림론

※ 이 글은 "William Miller의 예수 재림론"이란 제목으로 「이데올로기비판」 8(1991. 12), 29-38에 게재된 바 있음.

1 제2세기에 있었던 시한부 종말론, 곧 거짓 계시 운동에 대해서는 필자의 "교회사에서 본 예언 운동, 몬타누스파(Montanism)의 거짓 계시 운동" 『고려신학보』 20(1991. 2): 26-37을 참고할 것.

2 흔히 안티오코스 4(Anthiocus IV)세로 알려진 그는 매우 사악하고 광적인 성격의 소유자였다. 그는 광신적으로 헬라화 작업을 추진했으며 유대인들에 대해서는 매우 배타적이었다. 특히 그는 알렉산더(Alexander the Great)나 그의 전임자들과 마찬가지로 스스로를 'Theos epiphanes,' 곧 올림프스 산의 제우스(Zeus)신의 가시적(可視的) 현현신이라고 선포하고 자기를 예배할 것을 요구하였다. 안티오코스는 기원전 168년 예루살렘에 들어가 돼지고기를 제단에 놓고 성전을 모독하였고 유대교 의식을 정지시켰다(참고 I Macc. 1:41-44). 또 안식은 준수를 금지시키고 율법 사본을 찢어 버리도록 명령하기로 했다. 그리고 제우스신을 모시는 제단을 성전 안에 세우고 그 앞에 절하도록 강요하였다. 이것이 다니엘서(9:27, 11:31, 12:11)와 마카비 1서(1:54)에 다 같이 기록되어 있는 "멸망케 하는 가증한 물건"이다.

3 1844년 여름을 기준으로 한 통계에 의하면 이 당시 스스로를 재림파(Adventists)라고 주장하는 약 5만 명의 밀러파(Millerite)가 있었다고 한다. 참고 Geoffrey J, Paxton, *The Shaking of Adventism, A Documented Account of the Crisis Among Adventists over the Doctrine of Justification by Faith* (Grand Rapids: Baker Book House, 1975), 53.

4 참고 *Dictionary of American Biography*, Vol. IX, 60, Vol. XII, 641-643; Clara Endicott Sears, *Days of Delusion* (Boston, Houghton Co., 1924, xvi, 262), *passim*; Froom, *The Prophetic Faith of Our Fathers*, Vol. IV, 429 ff.; Nichol, *The Midnight Cry*, 1-260, Francis D, Nichol, "The Growth of the Millerite Legend," in *Church History*, December, 1952.

5 Nichol, *The Midnight Cry*, 261 ff.; Bureau of the Census, *Religious Bodies*, 1916, Vol. I, 19, Vol II, 12-17, K. S. Latourette, *Christianity in a Revolutionary Age* Vol. III. *The 19th Century Outside Europe* (Grand Rapids: Zordervan, 1976), 119에서 재인용.

6 Bereau of the Census, *Religious Bodies* Vol. I (1916), 19.

7 The Seventh Day Adventists believed that no mistake had been made in regarding 1844 as the predicted date, but that the nature of the event had been misunderstood-that then had come the cleaning of the sanctuary in heaven which was to precede the second advent of Christ. K. S. Latourette, 119.

5장 / 종교 다원주의, 어떻게 볼 것인가? ※

시작하면서

　종교 다원주의는 상대주의 사상의 산물이다. 상대주의가 현대의 시대정신으로 자리잡으면서 배타주의는 전근대적 독선적 사고의 표본으로 이해되면서 신학에도 영향을 끼쳤다. 그래서 신학자들 스스로 기독교의 유일성을 부인하기까지 이르렀는데 이것이 종교 다원주의 사상이다. 종교 다원주의는 최근 한국에서 논의되고 있는 가장 중요한 토론의 주제가 되었다. 이 점에 대해서는 이미 많은 논문들과 논쟁적인 글들이 출판되었다.[1] 그럼에도 불구하고 종교 다원주의에 대한 이해가 부족하고 이에 대한 평가나 비판이 만족스럽게 이루어지지 못하고 있다. 그래서 이 글에서는 종교 다원주의의 발전 과정과 주장, 그리고 문제점에 대해 개혁주의적 관점에서 평가함으로써, 한국 교회적 이해를 돕고자 한다.

가. 종교 다원주의란 무엇인가?

　종교 다원주의(宗敎多元主義)란 무엇인가? 이 말은 '다원주의'라는 말에 '종교'라는 단어가 덧붙여진 단어인데 다원주의에 대한 종교적 해석, 곧 종교 다원론에 대한 종교학적(신학적) 입장이라고 말할 수 있다. 우리가 살고 있는 이 시대는 일률적으로 한 가지 사상이나 문화, 종교만 존재하는 것이 아니라 다양한 문화나 이념, 사상, 종교가 있고 그 다양한 문화적 실체들이 공존하고 있는데, 이 문화적 다원 현상에 대한 동가적(同價的) 혹은 가치 중립적 평가가 다원주의라고 할 수 있다. 즉 종교 다원주의란 여러 종교들을 동일한 지평에서 보는 가치 중립적 입장이며, 다원적 종교들의 궁극적인 것(the ultimate)은 동일하다는 주장이다. 그래서 기독교를 특수하고 고유한 종교로 보지 않고 다양한 종교 중의 하나라고 본다. 따라서 기독교만이 구원의 유일한 종교가 아니라 모든 종교는 나름대로 구원의 길이 있다고 주장한다. 기독교는 그 여러 종교 중의 하나일 뿐이다.

그래서 종교 다원주의는 모든 종교는 상대적이며, 본질적으로 동일하다는 기본 명제를 전제로 하고 있다. 이렇게 볼 때 종교 다원주의는 하나님의 구원 계시가 기독교뿐만 아니라 타종교에도 있으며, 기독교만이 구원의 유일한 길이 아니라 타종교에도 구원의 길이 있다는 것을 주장하는 신이교주의(新 異敎主義) 사상이라고 할 수 있다.

나. 종교 다원주의의 역사적 발전

종교 다원주의 사상은 타종교와의 대화, 이해, 그리고 수용과 절충의 단계로, 혹은 종교에 대한 상대주의적(相對主義的) 견해에서 포용주의(包容主義)로, 포용주의에서 다원주의(多元主義)에로 발전의 과정을 밟아 왔다고 할 수 있다. 그러면 종교 다원주의는 어떤 이념적, 역사적, 현실적 원인과 배경에서 대두되었는가? 종교 다원주의 배경에는 회의론적 인식론,[2] 서구 기독교의 쇠퇴와 종교 간의 교류,[3] 포스트모더니즘과의 영향[4] 등을 들 수 있으나 신학적 관점에서 볼 때 자유주의 신학, 제2차 바티칸 공의회를 전후한 로마 가톨릭교회 신학의 변화, 그리고 에큐메니컬 선교 신학의 영향[5]이 지대하였다.

이런 점에서 이 글에서는 종교 다원주의의 선구적 역할을 한 자유주의 신학, 제2차 바티칸 공의회를 전후 한 로마 가톨릭교회 신학의 영향, 그리고 에큐메니컬 운동과 WCC의 종교 신학 등 3가지 관점에서 종교 다원주의의 역사적 발전과 그 주장을 소개하고자 한다.

1) 종교 다원주의의 선구자들

서구의 자유주의 신학자들은 기독교의 절대성을 스스로 포기하고 타종교에도 구원의 가능성이 있음을 인정하기 시작하였는데 슐라이어마허(F. Schleiermacher, 1768-1834)는 그 선구자였다. 그는 기독교의 유일성을 부인하고 기독교는 현존하는 여러 종교 중의 하나라고 하여 기독교의 상대화의 길을 열어 놓은 대표적인 인물이었다. 그의 신학적 주관주의(Thoelogical subjectivity) 혹은 주관주의적 신학은 그 이후의 자유주의 신학에 커다란 영향을 끼쳤다.

슐라이어마허와 함께 트뢸치(E. Troeltsch, 1865-1923) 또한 기독교를 상대화 한 선구적 인물이었다. 루터교 목사이기도 했던 그는 괴팅겐, 본, 하이델베르크, 베를린 대학 등에서 교수했는데, 19세기 종교사학파(Religionsgeschichtliche Schule)의 대표적인 학자였다. 종교사학파에 속하는 리하르트 라이젠슈타인(Richard Reitzerstein, 1861-1903)과 빌헬름 부세트(Wilheim Bousset, 1865-1923)와 같은 학자들은 기독교 자체를 고대 세계의 다양한 자료들로부터 유입된 종교적, 절충주의적 종합물로 취급함으로써 기독교를 상대화하였다. 특히 라이젠슈타인은 신약 성경에 나타난 구속 사상이 사실은 기독교 이전의 영지주의 신화로부터 기원되었다는 극단적 견해를 주장하기도 하였다.[6] 이 견해는 후일 루돌프 불트만(R. Bultmann)에게 지대한 영향을 주었다. 어떻든 종교사학파는 기독교의 독특성에 의문을 제기하고 고대 근동의 여타의 종교와 동일한 지평에서 접근함으로써 기독교를 상대화했다.

트뢸치는 1901에 출판한 『기독교의 절대성』(The Absoluteness of Christianity, 1972년 영역), 1922년 출간된 『역사주의와 그 문제』(Der Historismus and seine Probleme)와 임종 직전에 출간한 것으로 알려진 『세계종교 가운데 기독교의 위치』(The Place of Christianity among the World Religions)라는 제목의 논문에

서 기독교 신앙을 포함하여 모든 역사적 현상은 절대적이거나 보편타당할 수 없다고 주장하였다. 특히 『기독교의 절대성』이라는 저서에서 하나님은 초월적 존재로서, 유한한 것들과 동일시 될 수는 없으나 신성(神性)도 역사 속에서 상대적인 것이 될 수밖에 없다고 하여 기독교의 절대주의를 거부하고 종교 상대주의를 제창하였다.[7] 모든 종교는 상대적이라는 그의 '역사적 상대주의'는 전통적인 기독교 신앙에 대한 반론이었다.

결과적으로 그는 기독교를 포함한 현존하는 어떤 종교도 절대적이거나 최종적일 수 없다고 주장하였다. 어떤 특정한 종교는 그 종교의 신봉자들에게만 절대적이거나 규범적일 수 있을 뿐이라고 했다. 결국 트뢸치는 종교학에 대한 상대주의적 방법론을 통해 기독교의 유일성과 절대성을 부인함으로써 종교 다원주의의 선구자가 된 것이다. 결국 슐라이어마허(Friedrich Daniel Ernst Schleiermacher)로부터 시작된 19세기 자유주의 신학은 오늘의 종교 다원주의의 선구적 역할을 한 셈이다.

2) 제2차 바티칸 공의회(1962-1965)를 전후한 로마 가톨릭의 변화

19세기 후반 로마 가톨릭 신학의 변화가 나타났다. 이 점을 반영해 주는 것이 1870년 개최된 제 1차 바티칸 공의회인데, 이때 신앙과 도덕 문제에 대한 교황의 무오성을 강조한 것은 당시의 상황에 대한 뚜렷한 반영이었다. 그 후 영국의 헨리 뉴만(John Henry Newman, 1801-1890)과 독일 로마 가톨릭교회의 신튀빙겐 학파의 학자들이 교회의 전통적 가르침에 변화를 주었으나 로마 가톨릭교회의 거대한 흐름에 변화를 주기에는 역부족이었다. 19세기 말에는 르와지(Alfred Loisy, 1857-1940), 티렐(George Turrell, 1861-1909) 등이 "현대주의 운동(Modernist Movement)"이라는 프로테스탄트의 자유주의에 비견되는 진보적 신학 운동을 주도하였으나 1907년 이 운동이 피우스(Pius) 10세에 의해 정죄되면서 탄압을 받기도 했다. 그러다가 1960년대에 와서 로마 가톨릭교회는 변화의 길을 가기 시작하였는데, 이 변화의 뚜렷한 증거가 제2차 바티칸 공의회였다.

제1차 바티칸 공의회(1869-1870) 이후 무려 90년 만에 당시 교황이었던 요한 23세(재임 기간, 1958-1963)에 의해 소집된 제2차 바티칸 공의회(1962. 10. 1 - 1965. 12. 8)는 실로 커다란 변화를 가져왔다. 이 변화를 로마 가톨릭의 현대화(Modermization)라고 할 수 있다. 이 회의가 트렌트 공의회 이후 지난 400여 년간 건재해 온 이전의 노선을 급변시키리라고는 아무도 예측하지 못했다. 그러나 이 회의에서는 예배 의식의 개혁, 신학적 변화만이 아니라, 개신교와 타종교에 대한 입장도 놀라울 정도로 변화되었다.[8]

이전까지는 개신교를 배교자 혹은 열교자, 분리주의자 등 이단으로 간주했으나 이 회의에서 처음으로 '나누어진 형제들'(Separated bretheren)이란 표현을 사용하였다(Gravissimum Educationis, 1965, 12, 28). 또 전통적으로 '로마 가톨릭교회 밖에서는 구원이 없다.'(Extra Ecclesiam nulla salus)[9]고 가르쳐 왔으나 처음으로 타종교에도 구원의 여망이 있음을 인정하였고, 로마 가톨릭이 아닌 타교파들과의 화해를 모색하고 그 의지를 분명히 표명했다. 타종교뿐만 아니라 이교(異敎)에 대해서도 적극적으로 평가하고 비기독교 세계와도 대화하고자 했다. 그래서 동방 정교회, 프로테스탄트들과 타종교에 대한 정죄보다는 이해와 동정심을 표명하였다.

제2차 바티칸 공의회의 특징을 한마디로 말하면 '개방성'(Openness)이라고 할 수 있다. 개방성이란 교황 요한 23세가 말한 표출되고 있는 현재적 상황(현대화, Aggiornamento)에의 개방성, 새로운 상황에 대한 적응이며, 교황과 주교직, 사제와 평신도 관계에 대한 개방성이며, 로마 가톨릭교회 이외의 다른 교회들에 대한

개방성을 뜻하는 것이었다. 또 이 개방성은 다른 종교와 타종교인에 대한 개방성을 뜻하는 것이었다.[10]

이 회의에서는 '일치 운동에 관한 교령'(Unitatis Redintegratio, 1964. 11. 21 공표), '동방 교회에 관한 교령'(Orientalium Ecclesiarum, 1964. 11.21 공표), 그리고 '비그리스도교에 대한 선언'(Nostra Aetate, 1965. 10. 28)이라는 타종교와의 관계에 관한 문서를 채택하였는데, 여기서 비그리스도교에 대한 하나님의 보편적 사랑과 관용을 강조하였다. 특히 주목할 것은 제2차 바티칸 공의회에서는 구체적으로 그리스도에 대한 신앙 고백에 이르지 못한 것이 자기의 책임이 아닌 경우에 있어서의 구원의 가능성을 논의했다. 즉 예수님 탄생 이전에 살았던 사람이나, 기독교 선교가 이루어지지 못한 지역의 사람들의 구원 문제는 어떻게 되는가? 이들은 구원의 가능성에서 완전히 배제되는가? 이 점에 대해서 바티칸 공의회는 구원의 가능성을 조건부로 시인하였다. 만일 어떤 사람이 열심히 하나님을 추구하고, 도덕적으로 선한 생활을 도모하는 도덕적이고도 양심적인 사람이라면, 기독교의 구원이 그에게도 가능하다는 것이다. 이 회의에서 채택한 가장 중요한 문서 중 하나인 '교회 헌장'(Lumen Gentium) 2장 16항에서는 다음과 같이 명시하였다.

> 아직 복음을 받아들이지 못한 사람들도 여러 가지 이유로 하나님 백성에 관련되어 있다. (토마스 아퀴나스, 『신학대전』, III, q.8, a.3, ad 1. 참고) 사실, 자기의 탓 없이 그리스도의 복음과 교회를 알지 못하지만, 성실한 마음으로 하나님을 찾으며 양심의 명령으로 알려진 하나님의 뜻을 은총의 힘으로 실천하려고 노력하는 사람은 아직 명백하게 인정하지는 못할지라도, 하나님의 은총으로 올바로 살아보려고 노력하는 사람에게는 하나님의 섭리가 구원에 필요한 도움을 거절치 않으신다.

또 다른 문서인 '현대 속의 교회' 1장 22항에서는,

> 구원이란 그리스도인들에게 뿐만 아니라, 보이지 않는 방식으로 그들의 마음에 베푸
> 는 은혜의 사역을 따라 선한 의지로 사는 모든 사람의 것도 된다. 왜냐하면 그리스도
> 께서는 모든 사람을 위하여 죽으셨고, 인간의 궁극적 부르심이 하나이며 신적인 것이
> 기에 하나님만이 아시는 방법 안에서 각인에게 이 유월절의 신비와 관련되어 있는 바
> 의 가능성을 제공한다는 것을 우리가 반드시 믿어야 하기 때문이다.[11]

고 하였다. 이렇게 볼 때 제2차 바티칸 공의회는 복음에 대해 '불가피하게 무지한' 자들, 곧 자기 탓 없이 복음을 알지 못한 이들의 구원의 가능성을 인정한 것이다.

다시 말하면 제2차 바티칸 공의회는 "로마 가톨릭교회만이 구원이 있다."고 하던 종래의 입장에서 타종교에도 구원이 있을 수 있다는 보다 개방적 교회관, 곧 포용주의로 전환한 것이다. 이 글의 주제와 관련하여 볼 때 로마 가톨릭교회는 제2차 바티칸 공의회를 시발점으로 하여 타종교에도 구원의 가능성을 인정하는 종교 다원주의로의 변화를 보여준 것이다. 그래서 제2차 바티칸 공의회를 거치면서 로마 가톨릭교회는 에큐메니컬 운동의 중요한 역할을 감당하게 된다.

제2차 바티칸 공의회에 참여하였을 뿐만 아니라 교회에 대한 교의학적 구조, 에큐메니즘에 대한 교령(敎令), 타종교와 교회 관계에 대한 선언 등에 영향을 끼친 대표적인 신학자들로는 예수회 소속 신부인 앙리 드 뤼박(Genri de Lubac), 스트라스부르에 있는 도미니크회 수도원 감독이었던 이브 콩가르(Ives Congar), 그리고 예수회 신학자였던 칼 라너(Karl Rahner) 등이 있다.

이 중에서 칼 라너는 '현대화'와 '개방성'을 지향한 대표적인 신학자였다. 예수회 신부이자 인스부르크(Innsbruck)대학의 교의신학 교수였던 라너는 『신학적 탐구들』(*Theological Investigations*, 1961년 영역), 『기독교 신앙의 초석』(*Foundations of Christian Faith*, 1976) 등의 저서를 출판하였는데 '익명의 그리스도론'(anonyme christen)으로 유명하다.

칼 라너는 기독교가 절대적인 종교이기는 하나 다른 종교에서도 그리스도는 나타났으며 다만 이름이 숨겨졌을 뿐이라는 점에서 '익명의 그리스도'론을 주장하였던 로마 가톨릭 신학자였다. 그는 "하나님은 모든 사람이 구원에 이르기를 원하신다."(딤전 2:4)는 신의 보편적 구원 의지, 낙관론적인 구원관, 그리고 초자연적인 실존(das übernatürliche Existential)으로서의 인간 이해를 결합시켜 비그리스도교 종교들도 신의 구원 계획에 긍정적으로 포함될 수 있다고 보았다.

다시 말하면 교회에 속하지 않은 이, 그리스도의 이름을 알지 못하는 이들도 우리의 생각을 뛰어넘는 신의 보편적인 구원 경륜에 의하여, 그리고 모든 인간의 초자연적인 본성 안에 이미 주어진 선험적 계시에 의해 구원에 참여할 수 있는 가능성이 주어졌으며 신의 무한한 사랑에 포함 되어 있다고 했다. 그는 만민에게 주어진 '복종의 가능성'(Potentia obedientalis)을 '익명의 기독교인'(Anonymous Christians)이라는 말로 표현하였다. 라너는 자신의 종교(로마 가톨릭)가 중심적 진리라는 점을 견지하면서도 에큐메니컬적인 관용 정신에서 타종교를 정죄하지 않으려는 관심을 힉(John Hick)은 포용주의라고 지적하였다.[12]

라너의 '익명의 그리스도인' 개념은 틸리히(Paul Tillich)가 말하는 '잠재적그리스도인'(Latent Christian) 개념과 비슷한 개념이라고 할 수 있다. 틸리히는 트뢸치를 자신의 스승으로 말할 정도로 트뢸치의 종교관을 추종하였다. 그는 교회 안의 신자는 나타난 신자이고, 교회 밖의 사람들은 잠재적 그리스도인이라고 하였다.

3) 에큐메니컬 운동과 WCC에서의 종교 다원주의

20세기를 넘어오면서 사회 각 영역의 변화는 다른 인종과 문화권과의 상호 교류와 만남을 가능케 해주었다. 다양한 문화의 조우는 종교 생활 전반에 걸쳐 심각한 영향을 미치게 되었다. 이러한 변화는 기독교회에도 자극을 주었고 결국 교회와 신학의 에큐메니컬화 현상을 가져왔다. 신학적 토론과 논쟁은 종파의 담을 넘어 대화를 모색하였고 상호 연합을 위한 노력이 강구되었다. 이러한 에큐메니컬 운동은 기독교인들 간의 만남과 대화에만 국한될 수는 없었다. 이제는 기독교와 타종교와의 관계 또는 긴급한 현안으로 대두되었다. 이것이 20세기에 나타난 전환기적 분위기였다. 즉 에큐메니컬 운동, 타종교와의 만남은 교회와 신학과 선교 운동에 커다란 변화를 초래한 것이다.

기독교와 타종교와의 대화는 이미 1893년 시카고에서 열린 세계종교회의(World's Parliament of Religions)에서 부터 시작되었다고 하지만 구체적인 시도는 20세기의 전환기적 분위기에서 구체화 되었다고 볼 수 있다. 즉 1910년 에딘버러에서 모인 국제선교대회(IMC)에서 문화 인류학의 관점에서 타종교에 대한 관심이 구체적으로 표명되었다. 이 회의에서는 기독교와 타종교를 비교하면서 타종교에도 '소량의 진리'(Modicum of truth)가 있음을 인정하고 기독교의 절대적 진리를 강조하였다.[13]

타종교에 대해 보다 적극적 태도를 보인 것은 1928년 예루살렘에서 모인 선교대회에서 부터였다. 이 회의에서는 타종교는 비록 기독교보다 열등하지만 타종교에도 진리가 있으며, 기독교는 타종교의 부족을 보완, 완성시켜 준다는 소위 '성취설'(fulfillment theory)이 대두되었다.[14] 그래서 예루살렘 대회는 기독교와 타종교와의 관계를 진리와 거짓으로가 아니라 우월과 열등의 관계로 이해하고 타종교와의 대화를 촉구하였다. 이 대회 이후 타종교와의 대화를 적극적으로 주장한 사람은 윌리엄 호킹(William Hocking)이었다. 그는 1931년과 1932년 중국, 일본, 인도를 방문한 후 쓴 『선교에 대한 재고』(Rethinking Mission)라는 보고서에서 동양 종교의 가치를 새롭게 평가하고 기독교 선교는 유교도들을 기독교도로 개종시키는 것이 아니라 더 좋은 유교도가 되게 하는 것이라고 주장함으로써 전통적 기독교 선교관에 도전하였다.

1938년 마드라스(Madras) 대회에서는 타종교와 문화가 중요한 의제로 취급되었고 타종교의 '경험적 가치와 도덕적 우수성'을 인정하기에 이르렀다.[15]

1947년의 휘트비(Whitby) 대회에서는 타종교에 대한 특별한 논의는 없었으나 전후(戰後)상황은 타종교와의 대화를 더욱 촉진하게 하였다. 그리하여 1955년 국제 선교회는 WCC와 공동으로 "하나님의 말씀과 인간의 살아 있는 제 종교"에 관한 주제로 공동 연구를 시작하고 종교 간의 대화를 모색하였다. 이 공동 연구의 제안에 따라 1961년 뉴델리에서 모인 WCC 제 3차 총회에서는 타종교에도 하나님의 역사하심을 인정하고 타종교를 '산 신앙'(living faith)으로 표현함으로써 대화를 더욱 권장하였다. 이러한 일련의 과정 속에서 타종교에 대한 전도는 대화로 대치되었다.

오늘 우리가 말하는 종교 다원주의는 하루아침에 형성된 것이 아니다. WCC의 종교 신학에서 보다 분명하게 타종교와의 대화를 넘어 타종교의 구원의 가능성을 인정하게 된 것은 1960년대 이후였다. 이런 점에서 1960년대는 종교 다원주의 사상의 중요한 전환점이 되었다. 왜냐하면 기독교와 타종교와의 대화는 궁극적으로 구원관에 있어서 교회 안과 교회 밖(intra muros et extra muros)의 차이를 철폐하는 종교 다원주의의 길을 갔기 때문이다.

1961년의 WCC 뉴델리 총회에서는 타종교를 '다른 신앙' 혹은 '산 신앙'으로 표현했을 뿐만 아니라 하나님은 다른 신앙을 통해서도 말씀하시며 성령이 역사한다고 하였다. 인도 신학자인 더바난단(P. Devanandan)은 비기독교 종교들을 '성령의 창조적 사역'에 대한 응답이라고 해석하고 복음을 비기독교적인 실존 철학적 신앙의 개념으로 해석해야 한다고 주장하기까지 했다. WCC는 공식적으로 "개종은 외압으로부터 자유로워야 하는 인간의 권리를 침해하는 것"으로 규정하고 "우리가 살고 있는 시대는 종교적 다원주의의 세상"이라고 선언하기에 이르렀다. WCC는

1970년대의 크고 작은 여러 회의에서 불교, 힌두교, 회교, 유대교 등 타종교 지도자들을 초청하여 종교 간의 대화를 구체화 하였고 1971년에는 인도 신학자 사마르타(S. J. Samartha)를 종교 간의 대화 프로그램의 책임자로 임명하였다.

사마르타는 종교 혼합주의적 대화를 본격적으로 추진한 인물인데 그는 종교 간의 대화가 종교 다원주의 사회에서 유일한 희망이라고 피력하고[16] 성경적 진리 개념과 힌두교적 진리 개념이 상호 보완되어야 한다고 주장하였다. 특히 그는 힌두교의 범(梵, Brahman)사상과 기독교 삼위일체설을 용해시킴으로써 범신론적 혼합주의에 빠졌다. 그는 타종교 속에서도 그리스도가 얼마든지 있을 수 있다는 '보편 기독론'을 주장하여 마호멧, 크리쉬나, 짜라투스트라 등을 예수와 동일시하였다. 결국 그의 혼합주의적 보편 기독론은 기독교의 기독론과 힌두교의 범사상을 혼합시킨 것으로 볼 수 있다. 그는 힉(John Hick)과 폴 니터(Paul Knitter) 등과 더불어 가장 대표적인 종교 다원주의자로 알려져 있다.

레이몬드 파니카(R. Pannikar)는 비록 로마 가톨릭 신학자이지만 WCC의 종교 신학과 견해를 같이 하고 있다. 인도 출신인 그는 칼 러너와 마찬가지로 힌두교 안에 '익명의 그리스도인'이 있다고 주장하는데 힌두교에서의 보이지 않는 그리스도를 이슈바라(Ishvara)라고 하였다.

이상에서 우리는 타종교에 대한 견해, 곧 종교 다원주의 사상의 전개 과정을 살펴보았는데 이상의 주장들은 정리하면 다음의 3가지로 요약할 수 있다.

첫째, 타종교에도 신적 계시가 존재한다는 주장이다. 즉 기독교와 타종교 간의 연속성을 인정하는 범종교적 신적 실체를 주장한다. 그래서 기독교만이 독특하고 유일한 종교일 수 없다고 하여 기독교를 상대화하였다.

둘째, '우주적 그리스도론' 혹은 '보편 기독론'이다. 즉 그리스도는 기독교에만 존재하는 것이 아니라 타종교에도 나타난다는 사상이다. 예수는 그리스도이지만 그리스도는 꼭 예수일 수만은 없다는 주장이다.

셋째, 타종교에도 구원의 가능성이 있다고 주장한다. '잠재적 신자', '익명의 그리스도인'이란 표현은 타종교 신봉자 속에 있는 그리스도인을 의미하는데 이런 주장은 전통적 의미의 개종을 무의미하게 만든다. 이것이 종교 다원주의의 핵심적 사상이다.

다. 존 힉의 종교 다원주의

타종교와의 대화란 이름으로 종교 다원주의의 길을 제시한 대표적인 학자는 존 힉(John Hick)인데 이제 그의 종교 다원주의를 소개하고자 한다.

그는 기독교와 타종교와의 관계를 3가지 유형으로 요약하였는데, 첫째는 배타주의(exclusivism)이다. 배타주의란 구원 또는 해방이 한 종교에서만 독점적으로 가능하다고 보는 입장이다. 기독교가 이러한 배타성이 강하며 이러한 입장 때문에 '교회밖에는 구원이 없다'(extra ecclesiam nulla salus)고 주장했다고 한다. 그러므로 기독교 이외의 종교에서 구원의 가능성을 전적으로 부인한다. 이러한 배타주의가 기독교의 전통적인 견해였지만 오늘의 종교 다원적 사회에서는 더 이상 타당성이 없다고 힉은 보고 있다. 그런데 힉에 의하면 이러한 배타주의에 대한 극복은 타종교인의 삶에 대한 올바른 인식과 함께, 종교 이해에 있어서 '자기중심주의'(self centeredness)에서 '철저하게 신 중심적인 재조정'(a radical recentering in the divine)이 이루어질 때 가능하다고 주장한다. 이러한 인식의 전환은 포용주의적 성찰을 가능케 한다는 것이다.

둘째는 포용주의(inclusivism)이다. 그리스도의 십자가를 통한 구원과 하나님의 용서가 신앙을 명백하게 표현하는 사람에게만 국한되는 것이 아님을 주장하는 입장이다. 온 인류를 구원하려는 것이 하나님의 뜻이었다면, 예수에 대해 들은 적이 없는 사람이나, 그리스도의 십자가를 알지 못하는 사람에게도 구원의 가능성은 열려 있어야 한다는 것이다. 힉은 이것이 바로 가톨릭교회의 공식적인 입장이라고 보았다. 제2차 바티칸 공의회(1963-1965)에서는 그리스도에 대한 신앙 고백에 이르지 못한 것이 자기의 책임이 아닌 경우에 있어서의 구원의 가능성에 대해 논의한 바 있는데 앞서 언급한 바처럼 타종교에도 구원의 가능성을 부분적으로 인정함으로써 포용주의적 입장을 견지하였다. 완전히 배타적인 입장이 아니라, 그리스도 밖에서의 구원의 가능성을 부분적으로 수용하기 때문에 포용주의라고 부르게 된 것이다.[17]

포용주의에 만족하지 않는 힉은 구원이나 해방이 예수 그리스도 밖에서도 가능하다면, 그러한 구원의 가능성을 솔직하게 시인하여 다원주의를 긍정해야 한다고 강조한다. 그래서 그는 셋째 유형으로 다원주의를 말하는데 다원주의는 모든 세계 종교에서 각각 다른 방법으로 구원이 성취된다고 주장한다. 다시 말하면 구원의 길은 오직 기독교로만 국한될 수 없다는 말이다. 그러므로 '교회 밖에는 구원이 없다'거나, '기독교 밖에는 구원이 없다'는 명제를 더 이상 견지할 수가 없다고 주장한다.[18]

종교 다원주의란 포용주의에서 진일보한 보다 포괄적인 입장이다. 힉에 의하면 세계의 고등 종교들은 '궁극적인 것'(the Ultimate) 또는 '실재하는 것'(the Real)에 대해 서로 다른 역사적 체험과 전통, 문화적 개념을 주장하고 있다고 한다. 따라서 이러한 종교들은 각각 그 나름대로 '궁극적 실재'에 대한 이해를 견지하고 있는데, 이것은 결국 모든 종교에 내재한 보편적인 궁극적 실재를 인정하므로 모든 종교가 추구하는 '구원'은 결국 동일하다고 보는데 이것이 종교 다원주의의 본질이라고 한다. 이점을 좀 더 평이하게 설명해 보자.

종교 다원주의를 주장하는 힉에게는 가설적 전제(前提)와 이에 수반하는 토대(土

臺)가 있는데, 이점을 이해하는 것은 그의 종교 다원주의를 이해하는데 중요하다. 힉은 종교사(宗敎史)를 고찰하면서 기원전 10세기부터를 계시 종교의 시대로 파악하였다. 그런데 계시를 특정 종교에 국한된 것으로 보지 않고 보편적인 것으로 본다. 이 계시에 따라 각기 다른 지역에서 종교가 발생하였는데 지리적인 격리 때문에 각기 다른 종교 형태로 발전하였다는 것이다. 마치 기독교라는 이름 아래 여러 교파가 있을 수 있듯이 여러 종교가 생성되었다고 한다. 그래서 근본적으로 모든 종교가 주장하는 신적 실재나 종교적인 경험은 동일한 것이라는 가설적인 전제로 출발한다. 다시 말하면 모든 종교는 각기 다른 형식을 지니고 있으나 근본적으로는 동일하다는 것이다. 예를 들면 신적 실재(神的實在)를 인격적으로 인식하는 종교가 있는가 하면 비인격적으로 파악하는 종교도 있는데 이러한 차이는 왜 생겨났는가? 이점에 대해서 힉은 궁극적인 실재로서의 신적 실재는 인간의 사유나 언어를 초월하기 때문에 인간의 언어로 표현된 신적 실재는 신적 실재 자체와는 다르다고 말한다. 인간은 신적 실재에 대하여 제한된 인식의 틀로써 경험한 것을 표현할 뿐이라고 말한다.

칸트(I. Kant)는 '물자체(noumenon)와 경험된 사물인 '현상'(phenomena)을 구별하고 물자체를 인식하려는 인간 능력의 제한성을 지적한 바가 있다. 힉은 이러한 물자체와 현상의 구별을 수용하면서, 신적 실재 자체는 똑같은 하나의 실재(noumenon)인데, 인간의 인식 능력의 제한성 때문에 각각 다른 현상으로 설명하게 된다는 것이다. 즉 동일한 신적 실재가 때로는 인격적으로, 때로는 비인격적으로 파악되는 이유는 인식의 제한성 때문이라는 것이다. 그러므로 그러한 차이를 모순된 것으로 생각하지 말고 상호 보충적으로 이해할 것을 주장한다. 그러면서 오로빈도(Sri Aurobindo)가 제시하는 '무한자의 논리'를 이용한다. 즉 유한자의 경우에는 모순된 두 개의 개념이 (인격성과 비인격성 등) 무한적 실재에 관련될 때에는 양

립될 수가 있다고 말한다. 종교들 간의 교리적 차이도 마찬가지다. 교리란 역사적, 문화적 조건에 의해 생성된 사유의 산물이므로, 이것 역시 인간의 제한성의 결과로 교리적 차이가 나타난 것이므로 이러한 차이도 극복될 수 있다고 보고 있다. 그래서 힉은 하나의 세계인 오늘날 세계의 종교들이 서로 대화와 교류를 통해 하나의 종교로 수렴되어 갈 것이라고 보았다. 결국 힉은 종교현상에 대한 귀납법적인 검토의 결론으로 다원주의를 주장하게 된 것이다.

종교 간의 동질성을 주장하는 힉의 입장은 구원 개념에도 적용되고 있다. 그는 구원과 해방을 동일한 것으로 이해하는데, 자기중심으로부터 실제중심(reality-centeredness)으로의 전환을 구원으로 파악하고 있다.[19] 그리고 구원 또는 해방에 이르는 방법은 하나만이 아니라고 보고 있다. 그래서 '교회 밖에는 구원이 없다'는 교회 중심의 입장이나 '기독교(말씀 또는 예수 그리스도)밖에는 구원이 없다'는 그리스도 중심의 신학에 반대하여 '신중심주의'를 주장한다. 그것은 모든 종교의 배후에 하나의 신적 실재가 있는데, 그는 그 신적 실재를 하나님이라고 부르는 것은 유신론적 해석이라 하여 거부하고, 불교 같은 종교에 적합한 '실재하는 것'(the Real) 또는 '참된 것'(the True)이라는 용어를 사용한다.

종교 다원주의자들이 포용주의를 넘어서 다원주의에로 진전하는데 있어서 '거치는 돌'이 있는데 이것은 기독교의 성육신 교리이다. 성육신(成肉身)교리는 기독교의 독특성을 보여주는 반면 동시에 타종교에 대해 배타적이게 해 준다고 보기 때문이다. 그래서 힉은 기독론을 재해석하여 예수가 자신을 신의 아들로 자칭하지 않았다고 한다. '신의 아들'이란 다만 유대교의 '신의 아들' 이미지에서 발전한 신화와 은유라는 것이다. 이러한 '신의 이미지'는 그에게 있어서 '야훼, 알라, 크리슈나, 과람, 성육신, 브라만, 니르바나' 등이며, 세계종교들이 다 하나의 신적 실재에 대한 응답이라는 것이다. 그는 또한 선재하는 로고스의 수육과 동등한 방법으로 '선재하는 부다의 수육론'이 발전했다고 하여 '불교적 성육신'론을 펴고 있다. 이것은 그가 말하는 소위 '차등 기독론'(degree-christology) 인데 예수 그리스도의 위상을 정도의 차이라는 도식으로 이해하는 입장이다.

이와 같이 힉은 예수 그리스도의 신성과 성육신을 다 부정하고, 성경적이고 전통적인 기독론을 배척한다. 그는 우리가 예수의 신성과 인성의 공존을 믿는다면 그것은 이단이고, 또 그의 성육을 문자적으로 믿는 것도 이단이라고까지 말한다.

이상에서 말한 힉의 종교 다원주의를 정리해서 말하면, 힉은 각 지역별 종교가 지닌 특수성, 절대성을 포기하면 세계 공통의 보편적인 신적 개념을 상정할 수 있다고 보았다. 특히 그는 타종교들이 나의 종교를 중심으로 회전한다고 믿는 '톨레마이적 시각'(Ptolemaic perspective)을 청산하고 나의 종교를 포함하여 모든 종교가 진리의 태양을 중심으로 운행된다는 '코페르니쿠스적 시각'(Copernican perspective)을 갖추어야 한다고 주장하였다.[20]

이러한 주장을 고려해 볼 때 힉의 신중심주의(神中心主義)와 종교 다원주의는 하나님의 계시를 부정한 무신론적인 사상이며 타종교에도 구원의 가능성이 있음을 주장함으로써 기독교의 유일성과 독특성을 부인하였다.

역사학자 토인비(Anold Toynbee)는 현대의 각종 문제들, 물량주의, 사회악, 핵무기의 위험, 인구 폭발, 공해 등에 적절히 대처하기 위해서는 자기 종교의 독자성과 우월성을 포기해야 한다고 주장하고 여기서 진일보하여 기독교는 타종교와의 공존을 위해 기독교의 배타성과 유일성을 제거해야 한다고 주장하였다는 점에서 그도 종교 다원주의와 맥을 같이 하고 있다. 그는 "나의 종교만이 유일하고 참되다고 믿는 배타적 심성(exclusive-mindedness)은 사악한 심성이며 그런 주장은 교만을 범하는 것"이라고 주장하였다.[21]

그 외에도 종교 다원주의 입장에 서 있는 대표적인 학자들로는 틸리히, 엘리아데

(Mircea Eliade), 캅(John Cobb Jr.), 니터 등이다. 이상에서 언급한 종교 다원주의자들의 견해는 약간의 차이가 있으나 대체적으로 "신에 대한 지식은 기독교를 포함해서 모든 종교에 있어서 부분적일 수밖에 없으므로 이런 각 종교들은 신에 대한 보다 완전한 진리가 인류에게 제공되게 하기 위해서는 서로가 서로를 필요로 한다는 사실을 인정해야 한다."는 알란 레이스(Alan Race)의 견해에 동의하고 있다.[22]

맺음말 : 종교 다원주의에 대한 비판

이상에서 말한 종교 다원주의는 다음과 같은 문제점을 지니고 있다.

첫째, 코페르니쿠스적 신(神) 중심주의를 주장하는 종교 다원주의는 기독교의 신론, 기독론, 구원론을 근본적으로 부인하고 타종교의 범신론을 수용하고 있다.

둘째, 종교 다원주의는 모든 종교에는 구원이 있으며 각자의 종교는 구원에 이를 수 있는 다른 길에 불과하다고 주장한다. 그래서 종교 다원주의는 예수 그리스도의 유일성(Uniqueness), 우월성(Superiorty), 규범성(Nomative Aspects)을 부인한다. 결국 선교의 필요성을 약화시킨다. 선교란 개종을 의미하는데 다른 종교에도 구원이 가능하다면 선교는 무의미하다. 따라서 선교의 무효화 혹은 선교 무용론을 초래하고 만다.

셋째, 성경은 하나님의 말씀, 곧 신적 계시의 산물이며 신앙과 생활의 유일한 규범임을 부인한다. 이들은 성경(계시)을 타종교들의 경전들과 동일시하는 소위 '지평 융합'을 통해 성경을 상대화하고 있다.

넷째, 종교 다원주의는 종교 간의 차이를 무시하고 모든 사람이 구원을 얻는다는 '만인 구원론'적 입장을 지지한다. 이들은 어떤 종교가 독특성을 주장하면 타종교를 모욕하는 것으로 규정하고 모든 종교의 평등을 주장한다. 만일 하나님이 사랑의 하나님이시라면 모든 사람이 모든 종교를 통해서도 구원을 얻을 것이라고 주장한다. 그래서 종교 다원주의는 타종교에 대한 지나친 낙관론에 기초하고, 인간 종교를 통해 역사하는 악령의 심각성을 간과하고 있다.

이렇게 볼 때 신·구약 성경이 가르치고 지난 2000년간 기독교회가 믿어 온 기독교의 중심적인 신앙 내용인 다음의 3가지 진리는 거부되고 만다. 첫째 예수 그리스도는 전적으로 하나님이요 또 전적으로 인간으로서 유일하게 성육신하신 분이라는 사실. 둘째, 예수 그리스도 외에 다른 이름이나 사역으로 구원받을 수 없다는 점에서 예수 그리스도만이 구원의 길이라는 사실. 셋째, 성경은 유일한 하나님의 계시로서 우리의 신앙과 삶을 주관하는 유일한 법칙이라는 사실이 그것이다.

여기서 기독교의 유일성에 대해 정리해 둠으로 종교 다원주의의 비기독교적 성격을 보다 분명히 제시하고자 한다.

(1) 성경에서는 창조주 하나님은 유일하신 신이심을 여러 곳에서 계시하였고(출 20:1-5, 신 5:6-7, 7:1-6, 13:1-14:2, 수 24:14-25, 시 115, 사 49:18-20, 41:5-7, 렘 10:1-16, 44:2-4) 예수 그리스도만이 구원의 유일한 길임을 증거하고 있다(요 3:16, 행 4:12, 16:30-31, 딤전 2:5 등). 특히 사도행전 4:12에서는 "다른 이로서는 구원을 얻을 수 없나니 천하 인간에 구원을 얻을 만한 다른 이름을 주신 일이 없음이니라"고 밝히고 있다.

(2) 특히 구약 성경에서는 종교 혼합주의와 우상 숭배, 종교 다원주의 위험성을 부단히 경계하였다(렘 2:3, 사 55:1-2 등). 이스라엘 백성들의 역사에서 우상 숭배는 실패와 패망으로 인도하는 주된 원인이었고, 하나님과 바알을 동시에 섬기려는 종교 혼합주의는 이스라엘 백성들을 패망으로 이끌어간 범죄였다. 종교 다원주의가 종교 간의 배타주의를 상대화하는 것은 일견 종교 분쟁을 해결하는 것 같지만 사실은 다른 신들을 섬기게 하는 무서운 유혹이다. 한국 교회 일부 신학자들은 종교 다원주의를 외치면서 타종교와의 평화적 공존을 주장하지만 회교나 힌두교는 종

교가 정치와 사회 문화 전 영역을 지배하는 정치적 종교이므로 기독교와의 공존이란 있을 수 없다. 이것은 교회사와 오늘의 현실이 증거하고 있다. 교회사적으로 초대 교회 성도들은 타종교와 타협을 시도한 적이 없었다. 그래서 초대 성도들은 유대인들에게는 이단시되었으며, 로마 제국 내의 신비 종교가들에게는 배척을 받았다.

이런 성경적, 역사적 사실에 근거하여 '로잔 언약'(The Lausanne Covenant, 1974)에서는 그리스도의 유일성을 강조하였다. "우리는 전도의 방법은 여러 가지이나 구세주는 오직 한 분이시요, 복음도 오직 하나임을 확인한다. ⋯ 우리는 여하한 형태의 혼합주의를 거부하며, 그리스도께서 어떤 종교나 어떤 이데올로기를 통해서도 동일한 말씀을 하신다는 식의 대화는 그리스도와 복음을 손상시키므로 이를 거부한다. 예수 그리스도는 유일하신 신인(神人)으로 죄인을 위한 유일한 대속물로 자신을 주셨고, 하나님과 사람 사이의 유일한 중보자이시다. 예수 이름 외에 우리가 구원받을 다른 이름은 없다."[23] 로잔 언약은 이 그리스도의 유일성에 기초하여 복음 전도의 긴박성을 강조하였고 거짓 이데올로기나 왜곡된 성경 해석에 대한 영적 싸움에 대해서도 특별한 주의를 환기시키고 있다.[24]

또 '마닐라 선언문'(The Manila Manifesto, 1989)에서는 "우리는 점차 다원화되어 가는 세상에 그리스도를 선포하도록 부름 받았다. 세상에는 옛 종교의 재흥도 있고 새로운 종교가 발생하기도 한다. 기원후 1세기에도 '많은 신과 주'(고전 8:5)가 있었다. 그러나 사도들은 예수 그리스도의 유일성, 필수성 및 중심성을 담대히 주장하였으며 우리도 그와 같이 해야 한다."[25]고 하고 '21개항의 고백'(Twenty-one Affirmations) 제 7항에서는 "우리는 다른 종교나 이데올로기가 하나님께 나아가는 또 다른 길이라고 볼 수 없으며, 그리스도만이 유일한 길이기 때문에 그리스도로 말미암아 구속되지 않는다면 인간의 영은 하나님께 이르는 것이 아니라 심판에 이른다는 것을 믿는다."[26] 라고 하였다. 이상과 같은 성경과 교회의 가르침을 종

합해 볼 때 종교 다원주의는 혼합주의적 사상이며 신이교주의라고 할 수 있다.[27]

5장 / 종교 다원주의, 어떻게 볼 것인가?

※ 이 글은 "종교다원주의에 대한 역사와 그 비판"이란 제목으로 「개혁신앙」 14(개혁주의신행협회, 1992), 33-52에 게재된 바 있음.

1 특히 1991년 10월 한국 기독교 학회는 종교 다원주의에 관한 학술 세미나를 가진 바 있는데, 이때 발표된 논문들은 『종교 다원주의와 신학적 과제』(『신앙과 신학』 제 7집)라는 책으로 출판되었다(대한기독교서회, 1990). 또 복음주의 신학회는 1991년 10월, "그리스도의 유일성과 종교 다원화"란 주제의 신학 논문 발표회를 가졌는데, 이때 발표된 글은 『성경과 신학』 제 11집에 발표되기도 했다(기독지혜사, 1992). 그 외에도 H. 카워드(Harold Coward)의 『종교 다원주의와 세계종교』(*Pluralism, Challenge to World Religions*, N.Y: Orbis Books, 1985) 등 여러 책들이 번역 출판되기도 했다. 그 외에도 여러 논문들이 『기독교 사상』, 『목회와 신학』, 『신학사상』 등 교계 잡지와 신문에 발표되었다.

2 18세기 및 19세기 흄(David Hume), 칸트(I. Kant) 등 서구 철학자들은 기독교를 회의론적으로 인식하기 시작했는데 이 회의론은 급속히 지성 세계에 인식론적인 회의론을 심어 주었다. 따라서 어떤 주장이 종교적인 진리를 대변할 수 있다는 이론에 반기를 들게 만들었다. 이러한 회의론은 20세기 사회과학, 특히 인류학에 커다란 영향을 끼쳤는데 인류학자들은 모든 사회가 상대적인 특수성만을 가졌다고 주장하였다. 따라서 특수한 국가나 특수 종교가 다른 국가나 종교보다 우월하거나 탁월할 수 없다고 주장하였다. 즉, 이들은 어떤 문화나 종교의 우월성이나 독특성을 부인하고 모든 문화와 종교는 상대적 가치만 지닌다고 주장한다. 모든 종교를 '객관적' 관점에서 연구한다는 소위 '과학주의'는 종교학(宗敎學), 혹은 종교 사학(宗敎史學, History of Religions. Religionswissenschaft)에서도 종교 다원론을 정당화시켰다.

3 서구를 지배하던 기독교의 점진적인 쇠퇴와 타종교, 특히 동양 종교들 간의 교류는 전통적 의미의 기독교의 우월성을 논할 수 없게 만들었다. 기독교의 쇠퇴와 함께 이슬람의 강력한 도전, 동양 종교의 서구 유입은 복수 종교 현상을 현실화하였고 타종교의 실제를 인정하지 않을 수 없는 상황에 이르렀다. 과거는 보다 문명된 국가의 종교(기독교)가 아시아나 아프리카로 일방적으로 전파되었으나 이제는 종교적 교류가 쌍방화(both-way traffic)되었고 종교적 다원화가 이루어졌다. 이러한 현실적 상황이 타종교에 대한 관계 정립을 재촉하였고, 이것은 관용적인 포용주의로 발전하였다. 결국 종교 다원주의 대두에 직접적인 영향을 주었다.

4 포스트모더니즘은 제2차 세계 대전 이후 1960년대로부터 1980년대 초까지 유럽에서부터 전 세계로 확대된 지적 유행인데 그 특징은 괴이하거나 새로운 것, 대중적인 것, 합리성을 포기한 문화 현상, 초현실주의, 무정부적 경향, 수평적 해체주의, 생활 세계의 자율성, 시민 사회의 다원성 등으로 설명될 수 있다. 이러한 포스트모더니즘의 원천은 19세기말 프랑스와 이탈리아에 번졌던 '모더니즘'이라고 할 수 있다. 그 때의 '모던 신학'은 급진적 자유주의로 학문의 자유를 주장했는데 이 모더니즘의 뒤를 따라 나타난 지적 운동이 포스트모더니즘이라고 할 수 있

다. 포스트모더니즘은 관용(tolerance)과 개방성(openness)을 강조하는데 이것은 결국 진리나 도덕, 종교를 상대화하였다. 결국 이 포스트모더니즘은 상대주의 혹은 다원주의를 표방하는데 탈규범성을 중시하여 오늘의 종교 다원주의에 영향을 주었다.

5 에큐메니컬 선교 신학 또한 자유주의 신학 운동의 한 양상이지만 종교 다원주의 대두에는 WCC의 에큐메니컬 신학, 곧 진보적 선교 신학의 영향 또한 지대하였다. 자유주의 선교 신학자들은 전통적, 개혁주의적 선교는 무모한 개종을 강요하는 것이라고 비판하고 선교지의 문화와 종교를 적극적으로 수용해야 한다는 종교적 관용주의에서 출발하여 종교 간의 대화와 타협을 주장하였고, 드디어는 모든 종교는 나름대로의 진리와 구원이 있다는 종교 다원주의로 발전하였다.

6 A. Heron, 『20세기 신학 사상』, 한숭홍 역 (서울: 성지 출판사. 1992), 91.

7 이 점에 대한 트뢸치의 접근은 비판(criticism), 유비(analogy)및 상관성(correlation)의 원리를 따르고 있다. 비판이란 모든 증거에 대한 비판적 평가를 의미하며, 유비란 연구 대상인 사건들이 우리가 직접 경험하는 사건들과 그 종류에 있어서 본질적으로 유사하다는 것을 의미한다. 상관성이란 역사 내의 모든 사건이 다른 것과 연관되어 있으며, 역사 전체는 일종의 이러한 상호-관련성의 체계(조직)을 의미한다. 그래서 트뢸치는 역사 내의 어떤 단절도 존재하지 않는다고 주장한다. 특히 그는 모든 것(사건)이 그 자체로서 독특하고 개별적이고 특이하기는 하나 다른 모든 것과 질적인 면에서 다를 수 없다고 본다. 그래서 그는 어떤 종교도 '절대적'이거나 '최종적'일 수 없다고 주장한다.

8 A. Heron, 『20세기 신학 사상』, 251.

9 플로렌스 공의회(The Council of Florence, 1439-1445)는 1442년에 "우리 주이시며 구세주의 말씀으로 설립된 로마 정교회는 가톨릭교회 밖에서 존재하는 사람들, 즉 이교인 뿐만 아니라 유대인도, 이단자도, 열교자들도, 만일 이들이 죽기 전에 가톨릭교회에 들어오지 않으면 영원한 생명에 참여할 수 없고 오히려 악마와 그의 졸도들을 위해 마련되어 있는 영원한 불에 빠지게 되리라고 굳게 믿고, 고백하고 선포한다."고 선언하였다.

10 A. Heron, 『20세기 신학 사상』, 251.

11 토니 레인, 『기독교 사상사』, 김웅국 역 (서울: 나침반, 1991), 489.

12 칼 라너의 이런 입장에 대해서는 K. Rahner, "Christianity and the Non-christian Religions", *Theological Investigations*, V (1966), 115-34 와 "Salvation of the Non-evangelized", in *Sacramentum Mundi*, vol. 4 (NY: Herder and Herder, 1969), 79-81. 그리고 *Schriften zur theologie*, VI (1965), 545-54 등을 참고할 것.

13 에딘버러 선교 대회(IMC)의 타종교에 대한 보고서 *The Missionary Message in Relation to Non-christian Religions*(NY: Helming H. Revell, 1910)을 참고할 것.

14 예루살렘 회의는 타종교에 대해 다음과 같은 성명서를 채택하였다."타종교들의 모든 진리들이 기독교에 있을 뿐 아니라 기독교는 타종교의 진리보다 더 균형이 있으며 정확하다. 힌두교는 하나님이 가까이 있다고 가르치지만 하나님은 거룩하시다는 것을 말하지 않는다. 회교는

하나님이 위대하다고 가르치나 하나님은 사랑이라는 것을 가르치지 않는다. 회교는 왕으로서 하나님을 말하나 이 세상 속에 보내사 일하라고 하셨음을 가르치지 않는다. 유교는 인간은 사회 구조 속에 산다고 가르치지만 하나님과의 산 교제를 가르치지 않으며 하나님이 영원히 거하시는 곳이 우리의 집임을 말하지 않는다. 타종교가 가르치지 않거나, 모르는 것을 기독교는 진리의 성취로서 우리에게 모든 것을 가르쳐 준다"(I.M.C.. *The Christian Life and Message in Relation to non-Christian System* [London. Oxford Univ. Press. 1928], 356-57, 전호진. "기독교와 타종교와의 대화의 문제". 『한철하 박사 회갑 기념 논문집』, 235에서 재인용).

15 W. R. Hogg. *Eccumenical Foundations* (N.Y.: Harper & Brothers. 1932), 165.

16 김영한, "종교 다원주의와 한국 토착화신학," 『목회와 신학』(1992,7): 63.

17 나학진, "종교 다원주의, 무엇이 문제인가?", 『한국기독공보』 제1871호(1991.12.21.).

18 나학진, "종교 다원주의, 무엇이 문제인가?"

19 나학진, "종교 다원주의, 무엇이 문제인가?(2)", 『한국기독공보』 제1872호(1992. 1. 4).

20 John Hick, *God and the Universe of Faith* (London: Macmillan. 1973), 124.

21 Toynbee. *Christianity among the Religions of the World* (N.T. : Scribners. 1957), 97.

22 Alan Race. *Christians and Religious Pluralism : Pattern in the Christian Theology of Religion* (N.Y.: Orbis, 1982), 72.

23 "We affirm that there is only one Saviour and only one gospel, although there is a wide diversity of evangelistic approaches. We also reject as derogatory to Christ and the gospel every kind of syncretism and dialogue which implies that Christ speaks equally through all religions and ideologies. Jesus Christ, being himself the only God-man, who gave himself as the only ransom for sinners, is the only mediator between God and man. There is no other name by which we must be saved."

24 조종남 편, 『세계 복음화 운동의 역사와 정신』(서울: IVP, 1992), 60-64 참고.

25 "We are called to proclaim Christ in an increasingly pluralistic world. There is a resurgence of old faiths and a rise of new ones. In the first century too there were 'many gods and many lords'(1 Cor. 8:5). Yet the apostle boldly affirmed the uniqueness, indispensability and centrality of Christ. We must do the same."

26 "We affirm that other religions and ideologies are not alternative paths to God, and that human spirituality, if unredeemed by Christ, leads not to God but to judgement, for Christ is the only way."

27 『개혁 신앙』, 제14호(개혁주의신행협회, 1992), 33-52. 『기독교 사상연구』, 제2호(1995. 2), 21-46.